四大名園 × 民國故址 × 名橋運河 × 畫舫古
渠道縱橫湖泊遍布，探索古典園林

六朝遺風

江蘇舊影──歲月流轉的
見證與滄桑

当飛，章曉曆 主編

▶《西遊記》的花果山原來真實存在！原型究竟是哪座山？
▶ 跨年夜瘋去寒山寺聽鐘，〈楓橋夜泊〉連日本人也熟讀？
▶ 明明不靠海卻也拜媽祖，鄭和下西洋前都來南京求保庇？
▶ 走入徐州獅子山楚王陵，墓內竟然飄著一股奇特的異香？

上有天堂下有蘇杭，江南風光美不勝收
漫步江蘇的街巷，感慨多少樓臺煙雨中

目 錄

前言	005
歷史江蘇	009
名勝江蘇	041
風習江蘇	127
飲食江蘇	199
娛樂江蘇	241
住宿江蘇	273
購物江蘇	309
交通江蘇	315
名人江蘇	337

目錄

前言

地處中國東南沿海、長江下游的江蘇省歷來享有「魚之鄉」的美譽。這從江蘇的簡稱——「蘇」就可見一斑：「蘇」意即草木繁茂，魚豐盈。千百年來，在這片肥沃的土地上，勤勞善良的勞動人民用自己的雙手創造了豐饒的物產和悠久的文明。「上有天堂，下有蘇杭」，富庶安定的江蘇令人神往。

江蘇境內自古以來鍾靈毓秀，人文薈萃。這裡形成了以蘇、錫、常為中心的吳文化，以寧、鎮為中心的金陵文化，以揚州為中心的維揚文化和以徐、淮為中心的楚漢文化等，使江蘇文化豐富多彩。江蘇歷史上名人輩出，燦若繁星。在古代，政治家、軍事家有孫武、伍子胥、劉邦、項羽、韓信等；科學家有祖沖之、沈括、徐光啟、徐霞客等；文學家有劉勰、李煜（南唐後主）、范仲淹、秦觀、范成大、施耐庵、吳承恩、曹雪芹、吳敬梓、馮夢龍、劉鶚等；書畫家有顧愷之、張旭、米芾、唐寅、文徵明、祝枝山和以鄭板橋為代表的「揚州八怪」等；思想家有顧炎武等。在近代和當代，江蘇依然是群星閃耀，大放異彩。中國近代民族工業的重要創始人有張謇、榮宗敬、榮德生、劉國鈞等；近代和當代著名的科學家有華羅庚、周培源、茅以升、錢偉長等；近代文化名人有柳亞子、朱自清、葉聖陶等；著名書畫家有徐悲鴻、劉海粟、傅抱石、錢松喦、林散之等；著名表演藝術家有梅蘭芳、周信芳、趙丹等。

江蘇旅遊資源十分豐富。這裡有獨特秀麗的水鄉風貌、悠久厚重的文化底蘊、眾多的名勝古蹟和歷史文化名城，構成了「青山襯秀水，名園依古城」的特色旅遊資源。省會南京是中國「四大古都」之一，徐州、揚州居天下古九州之列。

前言

　　江蘇的自然旅遊資源以水光山色為佳。長江橫穿東西，京杭大運河縱貫南北，江河上的綺麗風光和兩岸的自然、人文景觀相映成趣。太湖煙波浩渺，景色之佳居中國五大淡水湖之首。洪澤湖波濤萬頃，雄渾浩瀚。揚州的瘦西湖、南京的玄武湖和莫愁湖、徐州的雲龍湖、常州的天目湖等都是著名的湖泊。

　　江蘇名泉極多，有鎮江中泠泉、無錫惠山泉、蘇州虎丘憨憨泉以及南京湯山溫泉和連雲港東海溫泉等，都有較高的知名度。

　　江蘇的山雖不甚高，但貼近城市，多負盛名。南京的鍾山、清涼山襟江帶湖，雄峙石城，呈虎踞龍盤之勢。鎮江三山（金山、焦山、北固山）沿江屹立，蒼翠雄秀。句容與金壇交界處的茅山是中國東南道教中心，有道教「第一福地」和「第八洞天」的美譽。南通狼山雖不是很高，卻是全國佛教八小名山之一。陶都宜興號稱「洞天世界」，境內洞壑深邃，蔚為奇觀。連雲港的花果山瀕臨黃海，因與《西遊記》結緣，是孫悟空的老家而聞名海內外。其他名山還有江蘇最高峰雲臺山玉女峰（海拔625.3公尺）、佛教律宗聖地句容寶華山、揚州蜀崗、蘇州洞庭太湖的東山和西山等。

　　江蘇多有植物觀賞地。蘇州鄧蔚山的香雪海、南京的梅花山、無錫的梅園等都是著名的賞梅勝地；南京的棲霞山、蘇州的天平山是著名的賞楓勝地；宜興省莊的滿山翠竹則是著名的竹海觀賞地。

　　江蘇的人文旅遊資源更是獨領風騷。蘇州園林、南京明孝陵為世界文化遺產，被稱為「百戲之祖」的崑曲為「人類口述和非物質文化遺產代表作」。連雲港錦屏山將軍崖岩畫被稱為「中國最早的一部天書」，孔望山東漢摩崖造像比敦煌石窟還早一兩百年，有「九州第一窟」之譽。常州春秋淹城是中國目前保存最古老、最為完整的地面古城遺址。徐州漢畫像石、南京和丹陽帝王墓前留下的六朝石刻是中國古代雕刻藝術的瑰

寶。徐州獅子山發現的西漢兵馬俑被考古學界稱為世界奇蹟之一。南京明城牆是世界上最大的磚城之一。

江蘇古典園林舉世聞名，這些園林是利用山石、水體、植物和建築物等物質要素，經過藝術處理而創造出精緻的空間藝術品，融建築、園藝、雕刻、繪畫、詩文、書法、工藝美術於一體，其造詣之精湛、保存之完好世所罕見。

江蘇省內主要宗教有佛教、道教、伊斯蘭教和基督教。現存的南京棲霞寺、鎮江金山寺、揚州大明寺、蘇州寒山寺、常熟興福寺、常州天寧寺、句容隆昌寺等都是著名古刹。

江蘇擁有眾多的傳統民居、陵墓、宮殿和古城遺址，擁有無數的古人雕刻繪畫藝術瑰寶，這些都是品味極高的人文景觀，具有很高的遊覽價值。

本書的編寫目的正是為了全面地向讀者介紹關於江蘇的歷史、地理、文化、景點以及食、住、行、遊、購、娛等方面林林總總的旅遊資訊，以期能吸引更多的人來江蘇觀光旅遊，讓更多的人了解江蘇——「情與水的中國文化之鄉」。此書在編寫過程中參考了不少專家、學者和旅遊界同行的有關資料，限於篇幅，恕不一一說明，在此表示由衷感謝。由於時間倉促，學識有限，書中未免掛一漏萬，瑕疵難掩，還敬請各位批評指正，以便來日修正。

前言

歷史江蘇

■「江蘇」省名從何而來

　　地處長江下游的江蘇位於中國東南沿海，北接山東，南鄰上海、浙江，西連安徽，東瀕黃海，是中國最早開發和產生文明的地區之一。江蘇具有悠久的歷史。有人說，「江蘇」的名稱由來是因為長江穿境而過，「人間天堂」蘇州也位於此地，故取名「江蘇」。但是，這種說法並不準確。江蘇建省始於清康熙六年（西元1667年），其省名取當時的江寧、蘇州兩府首字合稱而得，簡稱「蘇」據《尚書‧禹貢》等古籍記載，現在的江蘇在上古時代是「天下九州」中徐、揚二州的一部分。

　　江蘇地區在中國歷史上是很多朝代政權的政治、經濟和文化中心，屬地區劃的沿革變遷情況也比較複雜。如春秋時曾分屬吳、楚、宋、魯等國。戰國時分屬越、楚、齊等國。秦時屬九江、會稽、泗水、江海等郡。漢代屬徐州刺史部和揚州刺史部的一部分。三國時期，現在的蘇北大致屬魏之徐州，蘇南屬吳之揚州。南北朝時期，現在的江蘇在劉宋時全屬南朝；齊梁時大部分歸屬南朝，北方先後屬魏和東魏；陳時僅江南為南朝，江北屬齊。隋開皇年間設蘇州、揚州、徐州，大業年間改為吳、毗陵、丹陽、江都、下邱、彭城、東海諸郡。唐初分屬江南、淮南、河南三道，現淮河以北分屬河南道之徐州等三州；江淮之間分屬淮南道之楚州和揚州；江南主要屬江南東道之潤州、常州和蘇州。五代時期，淮北地區先後屬梁、唐、晉、漢、周，淮南先後屬楊吳、吳越和南唐。北宋時，淮北屬京東西路和京東東路；江淮之間和江南分屬淮南東路、江南東路和兩浙路。南宋時，淮北屬金。元代分屬江浙、河南二行中書省。明代江蘇與安徽同屬應天府，直隸南京。清初則屬江南省，康熙六年（西元1667年）拆江南省為江蘇、安徽兩省，這時的江蘇省範圍與現在已大致相同。太平天國時期先後設立江南省、天浦省、蘇福省。

民國十七年（1928年），南京為特別市。1949年後，設蘇南、蘇北兩個行政公署區，南京為中央人民政府直轄市。1953年又合併成立江蘇省，省會南京。現江蘇省設南京、蘇州、無錫、常州、鎮江、揚州、徐州、淮安、鹽城、連雲港、南通、泰州、宿遷等13個省轄市。目前全省總面積為10.26萬平方公里，總人口8,040萬，人口密度居全國各省（區）之首，是全國經濟最發達、生活最富庶的地區之一。

南京為何古稱「金陵」

南京在歷史上曾有過很多名稱，如金陵、秣陵、建鄴、建康等等。這其中最古老雅致而又廣為人知的當首推「金陵」，並一直沿用至今。溯其來歷，主要有這麼幾種說法：一是認為因南京鍾山在春秋時稱金陵山而得名。西元前333年，楚威王滅越後，就在今清涼山上修築了一座城邑。因為那時紫金山叫做金陵山，它的餘脈小山都還沒有自己的名字，楚邑建在清涼山上，而清涼山當時是金陵山的一部分，所以把此城命名為金陵邑。唐代的《建康實錄》明確記有楚威王是「因山立號，置金陵邑」，即用山名作為邑名。由於當年的長江還在清涼山的西麓下流過，金陵邑臨江控淮，形勢十分險要，所以楚威王選在這裡置金陵邑，欲藉長江天塹為屏障以圖謀天下。

與越王勾踐在今南京中華門外長干里建築的越城相比，金陵邑是南京歷史上的第二座古城。從城區結構上看，金陵邑貌似小城堡，但從性質上講，已和越城迥然不同，它是一座具有行政區治所性質的古城，象徵著南京設置行政區劃的開始，也是南京稱為金陵的發端。得名「金陵」的另外一說，即埋金之說。相傳金陵的名稱是因秦始皇在今城北龍灣金陵崗埋金以鎮王氣而得。《景定建康志》記載：「父老言秦（始皇）厭東南王氣，鑄金人埋於此。」並說在秦始皇埋金的金陵崗曾立一碑，上刻：「不

在山前，不在山後，不在山南，不在山北，有人獲得，富了一國。」又傳說秦始皇並沒有真的埋金，而是詭稱在山中埋金，這樣，讓尋金的人在山的前後南北「遍山而鑿之。金未有獲，而山之氣洩矣」。這是秦始皇驅人鑿斷山脈破壞王氣風水地形的計謀。這一說法與秦始皇后來改「金陵」為「秣陵」似乎可以相互印證。

　　據說秦始皇統一六國後，為顯示自己至高無上的權威，他曾經五次出巡，其中有兩次路過今天的江蘇。西元前 210 年，秦始皇第五次出巡回歸至金陵時，幾個陪同的望氣術士見金陵四周山勢峻秀，地形險要，就對秦始皇說金陵有天子氣。秦始皇大為不悅，命人開鑿方山，使淮水流貫金陵，把王氣洩散，並將金陵改為秣陵。「秣」是草料的意思，意即這裡不該稱金陵，只能貶為牧馬場。此外，還有楚威王埋金說，據說當時楚威王以為南京「有王氣」。於是吩咐手下在今獅子山以北的江邊（古稱龍灣）埋金。《景定建康志》記載：「周顯王三十六年（西元前 333 年）。楚子熊商敗越，盡取故吳地。以此地有王氣，因埋金以鎮之，號曰金陵。」還有一種說法是南京地接金壇，其山產金，故名。

■「六朝古都」符合南京的實際建都史嗎■

　　有著 6,000 多年文明史和 2,400 多年建城史的南京，是中國與北京、西安、洛陽齊名的四大古都之一。長期以來，南京就有一個流傳甚廣的美名，號稱「六朝古都」。這是因為三國時的孫權將這裡作為東吳的政治中心，名為「建業」，意欲據此以建帝王大業。孫權稱帝後（西元 229 年）建都於此，這是南京第一次成為帝王都城，開創了南京都城史的新紀元。三國後期，西晉滅東吳，改「建業」為「建鄴」，以消「建立帝業」之意。後建鄴又因避西晉最後一位皇帝晉湣帝司馬鄴的名諱而改名「建康」。之後的東晉王朝（西元 317～420 年）和南朝宋、齊、梁、陳四代

（西元 420～589 年）相繼在此建都，前後長達 360 年，「六朝古都」的雅號應運而生。

其實歷史上在南京建都的政權還不僅僅是這六個朝代。此後還有五代中的南唐（西元 937～975 年）在此定都。朱元璋起兵攻下南京後，改名應天府，開始了規模浩大、長達 20 年之久的築城工程。明洪武元年（西元 1368 年），朱元璋以應天府為大明王朝的都城，並正式使用「南京」這一名稱，這也是南京第一次作為全國的政治中心。從西元 1853～1864 年太平天國領袖洪秀全也以南京為都城，改稱天京。1912 年中華民國建立後，臨時政府和後來的國民政府都以南京為國都，直至 1949 年 4 月 23 日南京淪陷。

這樣從東吳、東晉、宋、齊、梁、陳到南唐、大明、太平天國和中華民國，南京叫「十代都會」更符合歷史實際。儘管近年來，還有其他一些聲音認為建都南京的歷史政權還遠不止這十個，如明末偏安一隅、苟延殘喘的南明弘光政權也以南京為都等等，但「六朝古都」、「十代都會」的叫法已經深入人心。如今南京以六朝文化、明文化、民國文化為主要城市歷史文化特色，精心打造「博愛之都」，以吸引更多的遊客。

■「上有天堂，下有蘇杭」的說法從何而來 ■

「上有天堂，下有蘇杭」的說法已經有相當長的歷史，最早可能出自明代的《七修類稿》和《古今小說》。蘇南民歌〈姑蘇風光〉中也有這樣的句子，這首歌又名〈大九連環〉，是由幾首民歌連綴起來的，後面的歌詞：「杭州西湖，蘇州麼有山塘，哎呀兩處好地方。」可以證明「上有天堂，下有蘇杭」的說法，講的確實是蘇杭兩地。再往前追溯到唐代，詩人任華曾在〈懷素上人草書歌〉中寫道：「人謂爾從江南來，我謂爾從天上來！」任華第一次把江南比作了天堂，而蘇杭就是江南的代表。

後白居易因歷任杭、蘇二州的刺史，在任上寫過不少誇讚兩地的詩篇。任杭州刺史時，他稱：「知君暗數江南郡，除卻於杭盡不如。」再任蘇州刺史時，又稱蘇州「甲郡標天下，環封極海濱」。從此他便以蘇杭並稱，「杭土麗且康，蘇民富而庶」，頗以曾為「蘇杭兩州主」而自豪，並對蘇、杭二州念念不忘。他曾在一首詩中寫道：「江南名郡數蘇杭，寫在殷家三十章。君是旅人猶苦憶，我為刺史更難忘。境牽吟詠真詩國，興入笙歌好醉鄉。為念舊遊終一去，扁舟直擬到滄浪。」不言而喻，「上有天堂，下有蘇杭」正是這一品題與將江南比作天上的口碑的合流。

蘇杭受到文人們如此推崇，當然與兩地的富庶有關，但這並不是「人間天堂」的全部含義。蘇杭周邊也有很多一些城市相當富庶，但沒有成為江南的代表，這與當地的自然風光比不上蘇杭不無關係。若論自然風光，蘇杭兩地確實首屈一指。韋莊有一首詞的上闕是這樣寫的：「人人盡說江南好，遊人只合江南老。春水碧於天，畫船聽雨眠。」描寫的就是蘇杭二州的春色。另白居易也留下了很多關於蘇杭美景的佳作，如在著名的〈憶江南〉中這樣描繪杭州的勝景：「山寺月中尋桂子，郡亭枕上看潮頭。」而蘇州的賞心樂事則為「吳酒一杯春竹葉，吳娃雙舞醉芙蓉」。此情此景，只有在天上才能領略得到。也因此，蘇杭兩地受到歷朝歷代文人的吟詠和誇讚，「上有天堂，下有蘇杭」的古語在中國各地廣為流傳，知名度非常高。

■ 蘇州古稱「姑蘇」的由來 ■

相傳商代末年，周君古公亶父有三個兒子：長子泰伯、次子仲雍和幼子季曆。古公亶父想把君位傳給季曆，泰伯、仲雍為尊重父意，避讓君位，來到當時的「荊蠻之地」的江南，自行「斷髮文身」，入鄉隨俗。在梅里，泰伯建立「勾吳」國，傳播他們從中原帶來的先進文化和農業生

產技術，受到了當地人們的擁護。從泰伯起十九代傳至壽夢，正式將都城遷至蘇州，規模不斷擴大。西元前 514 年，吳王闔閭下令伍子胥督造水陸雙棋盤格局的城池，從此，蘇州的地理位置一直沒有變動過。西元前 522 年，秦始皇在吳都城設會稽郡、吳縣，當時的蘇州稱為吳縣，或有時稱為吳州。西元 589 年，隋改吳州為蘇州。這就是蘇州名稱的由來。

除此之外，蘇州還有很多的別稱，最有名的應該算是「姑蘇」了，有唐朝詩人張繼的〈楓橋夜泊〉詩為證：「月落烏啼霜滿天，江楓漁火對愁眠。姑蘇城外寒山寺，夜半鐘聲到客船。」這首〈楓橋夜泊〉膾炙人口，流傳千古，也使得「姑蘇」城名揚天下。那麼蘇州城為什麼又稱為「姑蘇」呢？這是因為在蘇州城西有一座山叫姑蘇山，山上還有一個臺，為吳王闔閭所建，名姑蘇臺。至於姑蘇山及姑蘇臺到底在什麼位置，一直沒有定論。很多人把姑蘇山和靈岩山看做同一座山，但與史實不符。關於「姑蘇」一名的由來，還有另一種說法。相傳，在夏朝的時候有一位很有名望的謀臣，名叫胥。胥不僅有才學，而且精通天文地理，因為幫助大禹治水有功，深受舜王的敬重。舜把他封為大臣，並且把吳地冊封給了胥。從此，蘇州一地就有了「姑胥」之稱。年長日久，「胥」字又不太好認，而且在吳語中，「胥」和「蘇」兩字發音很接近，於是「姑胥」就漸漸演變成「姑蘇」了。

吳王夫差最終在吳越爭霸中敗給越王勾踐，真的是因為西施嗎

西元前 494 年，越國被吳國打敗，越王勾踐到吳國去當了三年人質。越王勾踐這個人很有心計，百般討好夫差。有一次夫差生病，勾踐前往探病，竟親口嘗夫差的糞便。夫差大為驚奇，想考驗一下自己的兒子，叫兒子也嘗嘗自己的糞便，兒子卻面露為難之色。透過這件事，夫

差對勾踐更加信任。他不顧伍子胥等人的反對，堅持讓勾踐回越國。勾踐回國後，發誓要報仇雪恨，「十年生聚，十年教訓」。

「臥薪嘗膽」的典故就是講勾踐不忘恥辱、奮發圖強的。他召集大臣范蠡與文種，定下了許多「滅吳之計」，如休養生息、團結民眾、訓練士兵等。文種提出的「滅吳九術」中有「一術」就是抓住「吳王淫而好色，宰佞以曳心」的弱點，把西施獻給夫差。西施是春秋時期越國人，姓施名夷光，因她住在越國苧蘿西村，故而得名西施。西施天生麗質，美豔絕倫，入吳後得到了夫差的寵愛。之後，夫差大興土木，在姑蘇山上築姑蘇臺，在靈岩山建館娃宮，終日與西施歡鬧嬉戲，沉湎於酒色，荒廢朝政，使之放鬆了對勾踐的警惕，為越國東山再起贏得了時間。夫差的貪於享樂受到了伍子胥等忠臣良將的反對。後來，伍子胥又得到情報，知道勾踐在養兵備戰，無奈夫差已被勾踐表現出的忠心所矇蔽，不僅不信伍子胥的話，反而對伍子胥產生懷疑。最後，伍子胥被逼自殺，臨死時讓士兵把他的頭掛在城門上，讓他親眼看到吳國怎樣滅亡。

吳王夫差因勝利而驕傲自滿，腐化墮落，在越王勾踐及其謀臣精心離間之下，偏信奸佞之臣伯嚭，殺害忠誠的相國伍子胥，寵倖越女西施，政治日趨腐敗。吳國滅亡的原因不僅如此，這還跟夫差不顧國力北上爭霸有關。西元前481年，他乘齊景公剛剛去世，出兵攻打齊國獲勝，次年與中原諸侯到黃池開會。在會上吳國達到了稱霸的目的。就在夫差參加黃池之會時，越王勾踐率兵攻進吳都，俘虜了太子友。夫差聞訊，急忙撤軍回國，但終因長途跋涉，疲勞不堪，不敵越國。夫差派伯嚭攜帶禮物向越國求和，越王勾踐假意同吳國講和，以積蓄實力。

西元前478年，越國再次攻吳國，吳國大敗，國力迅速衰退。西元前473年，越軍第三次大規模進攻吳國，將夫差包圍在姑蘇山上。伍子胥的話應驗了。夫差再次求和，但遭到勾踐的拒絕。最後夫差自殺而

亡，臨死前他對手下說：「我死後你們用巾蓋著我的臉，我在地下無面目見尚父也！」「尚父」就是指伍子胥，他生前尊伍子胥像父親一樣。

總之，夫差失敗的原因是多方面的，西施的出現只是加速了吳國的滅亡。

■ 從「有錫」到「無錫」—— 無錫地名趣談 ■

　　無錫古稱梅里、吳墟，歷史上還叫過有錫呢！「無錫」這一名稱最早見於《漢書》，相傳周平王東遷（西元前 220 年）之時，惠山的東峰發現有錫礦，因而將山命名為錫山。在春秋時期，兵器、農具、生活用具等主要都是青銅製作的，而青銅是銅錫的合金，冶煉時離不開錫，當人們發現了這座寶山，都爭先恐後地前來開採錫礦。為此土著居民與外地人常常發生爭執，甚至鬥毆流血，使這個地區很不安寧，紛爭不斷。到戰國末期，錫山已經過 500 多年的爭奪開採，錫礦已基本採盡。

　　西元前 224 年左右，秦國大將王翦率軍路過此地時，曾發現一塊古碑，上面刻有「有錫兵，天下爭，無錫寧，天下清」。王翦不知其意，便召來土人詢問。當地人答道：此山乃惠山之東峰，自周平王東遷雒（今河南洛陽），此山遂產鉛錫，因名錫山。400 年來，取用不竭，近日出產漸少，此碑不知何人所造。王翦嘆道：「此碑出露，天下從此漸寧矣。豈非古人先窺其定數，故埋碑以示後乎？今後當名此地為無錫。」從而「無錫」一名流傳至今，其名含有天下太平之意。無錫還叫過有錫，那是在王莽篡漢時期。王莽實行所謂新政，大改郡縣名稱。而且也喜歡顛倒原意，將「無錫」改為「有錫」。東漢時期，無錫重新恢復原名，一直沿用至今。而無錫的古稱梅里、吳墟的得名，是因為 3,000 多年前，泰伯奔吳，開創江南，建立了「句吳」國，建都梅里（今無錫市梅村鎮）。無錫地區，在戰國時期被稱為「故吳墟」，所以也有認為無錫是「吳墟」的音轉。

017

歷史悠久的「吳文化」發祥地在哪裡

「吳文化」是中國傳統文化的重要組成部分，其發祥地就在今天的無錫梅村。據傳，3,000多年前的商代末期，發源於陝西岐山的姬姓部落逐漸興起，當時的周太王古公亶父想將王位傳於三子季曆（就是後來的周文王之父），但當時的傳統是長子繼承制，因此泰伯、仲雍為了成全父意，就假託為父採藥終南山（今衡山），主動讓賢而來到了江南（今無錫梅村）一帶。當時江南一帶尚屬蠻荒之地，文化和生產技術較為落後。泰伯、仲雍到來後，傳播當時黃河流域先進的文化和生產技術，帶領當地人民一起開發江南，並建立了吳國，定都梅里（今無錫梅村），下傳二十三君，歷時600多年，直至二十四世吳國闔閭時才遷都姑蘇。春秋時吳國崛起，演繹了一段吳越爭霸的悲壯歷史，「臥薪嘗膽」、「范蠡與西施」等許多膾炙人口的歷史故事就產生於此。這一時期，無錫梅里歷史上又稱為故吳墟，因此「吳文化」發祥地就在無錫梅村。

黃埠墩──無錫建城的起點

黃埠墩，舊名「小金山」，位於無錫市古運河的起點的吳橋附近，面積220平方公尺。這裡原為「古芙蓉湖」中的一個小島。在古代，這個水墩的周圍原來是一個面積有太湖三分之一的大湖──古芙蓉湖。古芙蓉湖又稱射貴湖、無錫湖。春秋時期，吳王夫差因伐齊的需要，在這一帶開鑿了古運河。西元前486年，他率領數萬水軍，乘著千艘戰船，浩浩蕩蕩地由運河北上征伐齊國。路過此地時，他的戰船就在黃埠墩旁停泊，並在墩上大宴群僚。從那時起黃埠墩成為通過運河運輸的一個重要停靠休憩之地，也使無錫作為蘇南運河的重要樞紐而進入歷史的視野。戰國時，無錫成為楚國春申君黃歇的封地，他率領當地人民興修水利，

疏濬無錫湖（古芙蓉湖）。後人將水墩稱為「黃埠墩」，以紀念春申君黃歇的功績。芙蓉湖的治理擴大了無錫這一地區的陸地面積，為今天的無錫奠定了基礎。

唐宋以來黃埠墩已成為無錫運河中的一處勝蹟。南宋末年，元軍東下，當時民族英雄文天祥任右丞相，他被派往元軍營中談判，被元軍拘留。北行時，他在這裡停留，寫下了〈過無錫〉詩一首：「金山冉冉波濤雨，錫水茫茫草木春。二十年前曾去路，三千里外作行人。英雄未死心先碎！父老相從鼻欲辛。夜讀程嬰存國事，一回惆悵一沾巾！」明朝著名的清官海瑞任應天巡撫時到無錫，曾為黃埠墩上的環翠樓寫下「玩山臨水第一樓」的匾額。清朝時，康熙、乾隆南巡，也曾多次在這裡停留暫住，康熙題下「蘭若」一匾，乾隆題有詩句。

經過歷代不斷地治理與疏濬，也因為生態條件和社會經濟的變化，芙蓉湖已消失，但黃埠墩卻透過承載著歷代名人的讚譽和足跡而使無錫享譽華夏。它不但記載著無錫水運的歷史，也見證了自16世紀起無錫成為布碼頭和四大市之一所帶來的繁榮。

■ 為什麼無錫在民國初年有「小上海」之稱 ■

眾所周知，無錫是中國近代民族工商業的起源地，市場發育基礎較好，文化底蘊深厚，投資和商務環境良好。這裡的人們歷來有重商、安商、親商的觀念。早在宋代，無錫經濟發展就在全國領先，明清時代無錫發展成為蘇南地區貿易中心，以市、布市特別出名。

無錫的經濟基礎為近代民族工業的誕生準備了良好的土壤。1895年，楊藝芳、楊藕芳在無錫東門外興隆橋籌建業勤紗廠，這是無錫最早的一家企業。榮德生為中國近代史上著名企業家，他以工業為本，以

「裕國富民」為宗旨，與兄長榮宗敬一起艱苦創業，終於成為中國的「麵粉大王」和「紡織大王」，在中國近代工業史上寫下壯麗篇章。1820年代開始，在沈瑞州的努力下，在無錫生產加工的順風牌桐油成為中國重要出口物質，沈瑞州成為中國桐油大王。無錫蠶繭出名，北塘和南門等都有絲市。1904年周禹卿開設第一家絲廠。1929無錫就開始舉辦大型國貨博覽會。無錫近代民族工業的發展不僅帶動了當地經濟發展，而且為無錫社會進步例如文化教育事業發展產生推動作用。此外，還有一大批無錫籍工商業人士在上海等地積極創辦民族工商業。在經營過程中，他們透過上海這一遠東最大外埠口岸，積極地學習了當時的先進生產技術和管理技術，取得了成功，並把生產和管理技術帶回了無錫。代表物有「蠡園」的主人王虞卿，「漁莊」的主人陳梅芳等。

同時，無錫的商業也十分繁榮。在民國初年無錫存在著數量可觀的各業公所，或稱同業公會、會館等。根據民國二十三年（1934年）出版的《無錫工商業名錄》，在1930、1940年代，無錫工商業會所就可謂琳瑯滿目，各行業會所多達70多個，成為「小上海」工商繁榮的見證。

水運發達的無錫在20世紀初已成為華東地區一個商品流通中心。所謂「碼頭」和「布碼頭」之稱並非是指無錫的和布名聞全國，而是指每年透過這裡流轉的巨額貨運量引人注目。供應京師和中原地區的大和來自兩湖穀倉的糧食，都在無錫集中，然後分別經長江和運河轉運出去。另外，無錫已成為江蘇西部土特產的集散地，這些土特產被集中在這裡，然後被轉運蘇州和上海。棉花從蘇北、松江、太倉、常熟運來，加工成品後又銷往南北各地，棉布市場因而發育繁榮。絲織品是當時無錫的大宗出口物品，絲的流向大約是南下蘇杭，北上江北，遠至蘇北和中原。這裡的銀錢放貸涉及蘇州、鎮江、揚州等地。「四大碼頭」像一個強力磁場，吸引了大量來自各地的商人。「客商雲集」的直接後果就是大量

外地商人的會館在無錫應運而生。可見,「小上海」的美譽對於當時的無錫來說是名副其實。

■ 吳王的闔閭城建在何地 ■

大家都知道,春秋時期吳國有一個著名的王叫闔閭,他在楚國人伍子胥的幫助下,迅速使吳國強大起來。西元前514年,吳王闔閭派伍子胥率大軍伐楚,取得了勝利,在班師回國後,他又命伍子胥築大小二城,並將國都從梅里(今無錫梅村)遷至大城,名為姑蘇,即今天的蘇州,而小城即闔閭城。闔閭城在今天無錫市胡埭鎮湖與武進市雪堰橋鎮城鄉村之間。現僅存遺址。古城遺址坐東向西,城的形制分東、西兩城,整個城址周長1.5公里,土城牆高出地面2～3公尺,牆基寬約20公尺。闔閭城內外古蹟甚多,西城東南部有一土墩,傳為兵器庫遺址,西城外有練兵場和點將臺,城東北胥山傳為伍子胥屯兵點。整個城址依山面湖,形勢險要,是扼守太湖北部的軍事戰略要地。因此,闔閭城是春秋晚期吳國的一座軍事的城堡。

■ 常州「龍城」美譽從何而來 ■

常州,地處滬寧線中段,距上海180公里,距南京110公里。它瀕長江臨太湖,自古「舟車會百越,襟帶控三吳」,得舟楫之便,有魚之利。隋朝大業年間開通大運河。運河穿城而過,千年以來一直為一方生民提供水乳之哺。常州歷史上使用過「延陵」、「毗陵」、「毗壇」、「晉陵」、「蘭陵」、「常州」等名稱,並有一別稱「龍城」。在民間,有一個優美的傳說:

很早以前,常州城西北有座九龍山,山上有座古廟,當家和尚叫弘智。一天晚上,他夢見龍王的九太子請求他協助把前來搶占山頭的八位

兄長趕跑。於是弘智和尚召集僧眾集中在大殿，擊鼓撞鐘，協助九太子打退了他的八位兄長。當天晚上，九太子又走進了弘智的夢裡，告訴他經過激戰，兩條為首的惡龍已逃往宜興的山裡，另外六條龍都逃到了常州。九太子希望弘智慧去安撫他們，希望六條龍能造福百姓。弘智一夢醒來便打點行李趕往常州，並在城裡散布了六龍已來到常州的消息，於是老百姓就造起六色龍船，五月初五那天在白雲古渡賽起了龍舟。從此，五月初五划龍船、「六龍競渡雲溪」的風俗就流傳了下來。常州也被稱為「六龍城」、「龍城」。

這當然僅僅是一個傳說，但常州還是與龍有著千絲萬縷的連繫的。常州現在還有很多以龍命名的地名，例如化龍巷、龍船浜、龍遊河、青龍港、烏龍庵等。

另據史料記載，明隆慶六年（西元1572年），常州知府施觀民在今局前街小學校址建龍城書院。書院取名龍城，可見在400多年以前，常州就有龍城之名。清光緒《武陽志餘》載：「吾郡古號六龍城」，也是龍城由來一種。清朝乾隆皇帝六下江南，曾御筆為天寧禪寺題寫「龍城象教」，匾額至今仍懸掛在大雄寶殿上，也是常州稱為「龍城」的又一有利佐證。

■ 鎮江為什麼古稱「丹徒」

鎮江最早稱「宜」，這裡是周康王時所封宜侯的領地，後鎮江又改稱過「朱方」、「谷陽」。到了秦朝，秦始皇將現在的鎮江更名為「丹徒」。據說，秦始皇三十七年（西元前210年）秦始皇東巡到此，隨巡有善望氣的奇士密奏說：這地方形勝，滿盈天子之氣。秦始皇聞奏大驚，為保其一統江山萬古千秋，秦始皇慌忙傳旨，急驅3,000名赭衣囚徒（穿著紅衣服的犯人）星夜趕往京峴山，遍毀山中秀木，挖巨坑，劈山削嶺，斷其「龍脈」。秦始皇還煞費苦心地將其更名為「丹徒」，意思是赤衣囚徒之地。

其實,望氣之說應該是迷信和藉口,秦始皇在這裡築馳道、鑿河道是具有軍事和經濟目的的。築馳道、鑿河道不僅便於其東幸巡遊,也促進了水陸交通和地方經濟的發展,更加強了中央對東南地區的政治軍事控制。

為什麼鎮江被封為「天下第一江山」

封鎮江為「天下第一江山」的是南朝的梁武帝蕭衍。一些不了解鎮江的人一定會認為這位梁朝皇帝不是在誇大其詞就是目光短淺。其實不然,一直以來,鎮江除了被群峰環抱外,更有大江橫陳,而且在六七千年前,長江就在鎮江的東面入海,只是後來由於河流挾帶泥沙的沖積關係,江口東移。

據史料記載,在隋唐以前,鎮江、揚州之間的江面寬達 40 餘里,以古人的交通技術條件,渡江絕非易事,長江就是真正意義上的「天險」。在三國到南朝期間,南京是政治中心,因此鎮江成為六朝首都的遮罩,是控制大江南北交通的渡口和軍事要地。杜佑《通典》說:「京口因山為壘,緣江為境,建業之有京口,猶洛陽之有孟津。自孫吳以來,東南有事,必以京口為襟要。京口之防或疏,建業之危立致。」可想而知,當梁武帝登臨直伸長江腹地的京口北固山峰,眼前是一覽無遺的萬里江面,耳邊是奔騰直下、不時捲起千堆雪的滔滔江水的轟鳴聲,又是在這樣雄踞國家門戶的山巔之上,這樣的氣勢、這樣的豪情怎能不讓滿懷壯志和得意的梁朝開國皇帝發出「天下第一江山」的感慨呢?

鎮江什麼時候曾被設為江蘇省會

1927 年 3 月 23 日北伐軍到達鎮江,全面接管了英租界警權。由於國民政府將南京作為了首都,因而決定將鎮江作為江蘇省省會。1929 年,

國民黨江蘇省政府自南京遷到鎮江，同時將丹徒縣更名為鎮江縣，城郊區劃為省會，建造了省黨部新屋，由蔣中正的直系軍人顧祝同任江蘇省主席。1933年陳果夫接任了主席之位。今天的京口飯店所在就是當時省會關鍵人物休憩行樂的地方，名為「省廬」。

1931年7月日本發動全面侵華戰爭，國民政府撤退四川，12月8日鎮江被日軍占領，鎮江人民開始了長達8年的亡國奴的生活。1945年抗戰勝利，國民政府遷回南京，同年10月15日，國民黨江蘇省黨部、江蘇省政府遷返鎮江。

天下九州說「揚州」

揚州，地處江淮平原南端，京杭運河交會處。東近大海，南瀕長江，北接淮水，素稱蘇北的門戶，水陸交通的樞紐。

揚州一詞，最早見於《尚書·禹貢》：「淮、海惟揚州」，因其「州界多水，水揚波」遂得州名，為古九州之一。作為九州之一的揚州位於淮海之間，東南臨海，西北至淮，它的疆域實際上包括今天的江蘇、浙江、福建、江西、安徽和廣東等省。

揚州城的開發始於春秋戰國時期，西元前486年，吳國滅邗國，為爭霸中原修築了邗城，並開鑿邗溝以通江淮，揚州自此逐漸發展。漢代，揚州是封建藩王的封國，吳王劉濞開鹽河（今通揚運河前身），進一步奠定了揚州水陸運輸的基礎。魏晉南北朝時期，揚州屢經戰亂，但由於勞動人民數百年的開發，揚州的經濟地位逐步上升。隋代開鑿了大運河，揚州成為南北水運樞紐。唐代，揚州是江南漕糧和淮南鹽運中心，也是對外貿易交往的中心之一，出現了前所未有的繁榮。所謂「江淮之間，廣陵大鎮，富甲天下」，有「揚一益二」之稱。清代，揚州成為中國

中部各省食鹽供應的基地和南漕北運的咽喉，再度出現了經濟和文化上的繁榮。19世紀中葉以後，京杭大運河山東段淤塞，漕糧改由海運，兩淮鹽運也在21世紀初由鐵路轉輸，加上其他社會和歷史原因，揚州日趨蕭條。

揚州是人文薈萃之地。千百年來，這裡孕育了眾多的文化名家，引來了無數的騷人墨客。李白、杜甫、白居易、歐陽脩、蘇軾等唐宋詩文大家無不用他們的名篇佳作表達對揚州風物的讚頌和對歷史風雲的感嘆。湯顯祖、蒲松齡、吳敬梓、曹雪芹等明清文學巨匠在他們的創作中無不留下了揚州社會生活的印痕。這裡產生了「揚州八怪」畫派、「揚州學派」，還有朱自清、梅蘭芳、王少堂等揚州文化名人，他們創造性的勞動，豐富了揚州文化的內涵，也在中國文化史上留下了重要的篇章。

長期的文化累積為揚州留下了許多名聞遐邇的人文勝蹟。蜀崗唐城遺址、隋煬帝陵、大明寺、高旻寺、高郵文遊臺等處都有很高的歷史價值。清代「揚州以園亭勝」，个園、寄嘯山莊（何園）、小盤谷、冶春等，各以其富有個性的風姿顯示了揚州園林兼具北雄南秀的藝術特色。典雅秀麗的瘦西湖，蜿蜒曲折，水木明瑟，錯落有致地點綴著長堤春柳、四橋煙雨、小金山、五亭橋、二十四橋等名勝。她猶如一幅舒展不盡的絢麗畫卷，是中國東南地區的遊覽勝地之一。

■ 為什麼說徐州是兩漢文化的發源地 ■

提出「兩漢文化看徐州」的依據是：

◆ 兩漢文化之根在徐州

兩漢文化的發展和繁榮，不能不歸功於劉邦和他的「豐沛政治集團」。劉邦和他的豐沛老鄉——蕭何、曹參、周勃、王陵、樊噲——以及他在沛縣娶來的結髮妻子呂后掌握著西漢的最高權力，並制定了西漢

的文化發展政策決定了西漢的文化發展方向，他們身後，這些文化政策也一直延續下去，形成了獨特的兩漢文化。劉邦還在沛縣親自創造了氣勢磅礴、流傳千古的〈大風歌〉。因此，想要真正探索兩漢文化之源，挖掘兩漢文化之根，就不能不到劉邦等人的家鄉來。這裡不僅有劉邦等人的遺跡，如歌風臺等等，而且還有大量關於他們的美好傳說。

◆ 徐州有豐富的兩漢文化遺存

這包括徐州的「文物」三絕：楚王陵墓、漢兵馬俑和漢畫像石。劉邦登基後，把徐州作為一個封國，先派大將韓信做楚王，韓信到任不久，又改派他的同父異母弟弟劉交。之後，兩漢的18任楚王和彭城王均是劉氏皇族子孫。他們的實際地位高於其他封國。他們死後，幾乎都厚葬徐州周圍山中人工開鑿的陵墓。這些陵墓現已發現和發掘了8座。其中，龜山劉注墓、獅子山楚王墓和北洞山楚王墓規模之大、文物之多都令人「拍案驚奇」。

◆ 兩漢時期的徐州籍人在經學、文學、目錄學等方面都做出了貢獻

經學家、散文家劉向編著《新序》、《說苑》等書。還有諷諫詩人韋孟、目錄學家劉歆。漢高祖的孫子劉安主持編寫了巨著《淮南子》，是當時道家最成熟的著作。而東漢時期徐州豐縣人張道陵則是中國道教的創始人。

◆ 徐州的民俗文化在兩漢時期傳遍中國

因為跟隨劉邦起義的豐沛人有數萬之多，劉邦登基後，陸續將其中許多人封為相、將、侯，委以重任。他們在老家形成並帶出去的風土民情，便有意無意地向全國傳播。劉邦還令蕭何等人在長安附近建了一座新豐城，實際上是克隆豐邑城，並將眾多豐民移居於於此，自然也移去了徐州民俗。

因此徐州人提出了一個涉及三座歷史文化名城的口號:「秦唐文化看西安,明清文化看北京,兩漢文化看徐州。」這還是比較恰當的。

為什麼徐州自古乃「兵家必爭之地」

徐州,地理位置重要,有 6,000 年的人類居住史。在有歷史記載的 4,000 多年中,徐州發生了 400 多次戰爭,平均每 10 年打一回仗。

發生在徐州的最早的一次有記載的戰爭是彭伯壽征西河,時間是西元前 21 世紀,距現在已有 4,200 年歷史。時為中國第一個奴隸主專政的王朝夏朝。當時,夏王啟把爭權奪利的小兒子武觀放逐到西河(今河南省安陽縣)。不料武觀發動叛亂。夏王啟便命令擔任大彭國國君的彭伯壽率軍征討西河。結果武觀被捉。

發生在徐州的最後一次大戰當數徐蚌會戰。其戰場以徐州為中心,東起海州,西止商丘,北起臨城(現名薛城),南達淮河。集結在這個地區的國民黨部隊共有 5 個兵團和 3 個綏靖區部隊,加上增援部隊,共 80 多萬人。共產黨領導的人民解放軍及地方武裝,共投入 60 餘萬人。此戰歷時 65 天,最終人民解放軍勝利,共殲滅國民黨軍隊 55.5 萬人。

在這 400 多例戰爭中,多數是在徐州交戰,也有不少戰爭戰場在外地,徐州只是指揮部,如兩晉末年,劉裕兩次北伐,均以彭城為前沿指揮陣地。1938 年 1 月 4 日至 5 月 19 日的中日徐州會戰,第五戰區司令長官李宗仁就駐守徐州指揮。其中震驚中外的臺兒莊戰役的主戰場在山東省的臺兒莊。

徐州在打仗時固然兵多,無仗時,也有重兵在此把守,例如:

- 西楚霸王 —— 項羽:在徐州建都,擁有重兵。
- 唐朝:在徐州設武寧軍、感化軍,管轄徐、泗、濠州。

- 五代十國宋金：在徐州設武寧節度使。
- 元朝：在徐州置兵馬司。
- 明清朝：在徐州設總兵。
- 北洋軍閥時期：張勳在徐州設定武軍總司令部、長江巡閱使公署；張宗昌、孫傳芳兩軍也在徐州設過司令部。
- 日偽時期：日軍在徐州設三個師團部及淮海省保安司令部。
- 國民黨軍：蔣中正兼總司令的第一集團軍司令部、李宗仁的第五戰區司令長官部、薛岳的綏靖公署、顧祝同任陸軍總司令的徐州司令部、劉峙的「剿總」（剿匪總司令部）等等，均設在徐州。當時，駐徐的兵比徐州當地人還多，有「百萬軍隊，百萬百姓」之說。

總之，說徐州是「兵家必爭之地」，主要依據有三：一是地理位置重要，二是打仗多，三是駐軍多。

徐州「城下城」奇觀從何而來

徐州「城下城」奇觀中最有價值的是古彭廣場的「城下城」。由於黃河流經徐州千餘年，又常常決堤，徐州城遭受的水害便不計其數。徐州曾三次被淹沒。最慘的一次發生在明朝天啟四年六月二日（西元1624年7月16日）夜，黃河在徐州郊區的奎山決口，濁浪滔天，沖垮了徐州城東南面的城牆，城中水深達4公尺多，死人無數，房屋也多半倒塌。由於洪水來得突然，官民均在所難免，倖存者紛紛逃往南郊的戶部山、雲龍山等高處避難。這次大水，將徐州全城吞沒，且三年不退，河水還不斷漫灌。直到崇禎元年（西元1628年）洪水才退去。水退後的徐州城，到處是黃河水攜帶的泥沙，薄則1公尺，厚則7公尺，低窪之處甚至有10公尺。這座建於明洪武年間，已具有270多年歷史的城池，幾乎全部

埋於黃沙之下。

當時，官府曾上奏皇帝，建議徐州城遷址重建，但沒有得到批准，理由主要是經費困難和遷址後河道運輸不便。於是，便仿照古城原地建新城。後人將淹沒的城稱為「洪武城」，所建的城稱為「崇禎城」，以表示徐州城建設的年代。

1986年冬天，在徐州市中心興建古彭廣場和古彭地下商場時發現了「城下城」奇觀。最下邊的是天啟年間淹沒的「洪武城」，疊於其上的是「崇禎城」。這表明，當年重建的「崇禎城」也被後來的大水所淹沒。此外，還在地下發現過楚漢建築遺址。

■「淮安」與「淮陰」究竟是不是一個地方 ■

淮安和淮陰，自古以來有分有合，你中有我，我中有你。現淮安市為地級市，淮陰和楚州（原縣級淮安市）是市屬的兩個區。淮安市地處蘇北腹地，淮河下游，轄清河、清浦、淮陰、楚州四個區和漣水、洪澤、金湖、盱眙四個縣。商、周時期，這裡為古淮夷的中心地區之一。司馬遷《史記》說這裡是「飯稻羹魚」的好地方，古有「交通灌溉之利甲於全國」之說，秦滅楚以後，設淮陰縣，古淮安是西漢元狩年間從淮陰析置而來。清乾隆以前，兩處治所相距約20公里，自唐武德至今約1,400年中，時有分合。明清兩代，淮陰縣一直歸淮安府管轄。辛亥革命以後至今，淮陰、淮安兩縣都是淮陰地區專員公署轄縣，1983年地改市時都屬淮陰市，2001年原地級淮陰市更名淮安市。

秦時在泗水入淮口的右岸今淮陰區碼頭鎮地方建甘羅城。秦滅楚以後，秦王政二十四年（西元前223年），在此置縣。山南為陽水南為陰。此縣因位於淮河南岸，故名淮陰。南宋咸淳九年（西元1273年）於淮陰

縣北境置清河軍，三年後地入元，改清河縣，因治所位於大清河口，故名清河。唐武德七年（西元 624 年）併淮陰入山陽縣（淮安曾用名），乾封二年（西元 667 年）復置淮陰縣。清乾隆二十五年（西元 1760 年）治所從清口遷清江浦（今淮安市主城區），清河縣名沿用至清末，1914 年因與河北省清河縣重名，復稱淮陰縣，2001 年地級淮陰市區擴大更名淮安市，改為市轄淮陰區。

西元前 486 年，吳王夫差為北進中原爭霸，開邗溝於末口匯入淮河，溝通長江與淮河之間的水上通道，漢元狩六年（西元前 117 年）由淮陰縣境析置射陽縣，治所位於今白馬湖畔，為淮安建縣之始。東晉永和八年（西元 352 年）北中郎將荀羨鎮守淮陰，在末口營造城池。義熙七年（西元 411 年）於末口設山陽郡，並置山陽縣。因境內有山陽道和山陽瀆，故名。南宋時曾改名淮安，寓淮地安康之意。元代起，仍名山陽，1914 年，因與陝西省山陽縣同名，復名淮安。1984 年，淮安縣升格為縣級市，2001 年淮陰市區擴展更名淮安市，原縣級淮安市改設市轄楚州區。

淮安市歷史悠久，文化內涵豐富，境內有周恩來紀念館、總理故居、總理童年讀書處、韓信故里、明代第一陵——明祖陵、古水下泗州城等名勝，著名軍事家韓信、漢詞賦大家枚乘和枚皋、抗金英雄梁紅玉、《西遊記》作者吳承恩、《老殘遊記》作者劉鶚、瘟病學家吳鞠通、抗英英雄關天培、京劇一代宗師王瑤卿和周信芳、著名教育家李更生，都為這一方水土所養育的偉人和名人。

淮安是淮揚菜的發源地，軟兜長魚、平橋豆腐、朱橋甲魚、欽工肉圓、開洋蒲菜、清蒸白魚久負盛名。今世緣系列酒以其「無色透明，窖香濃郁，入口綿順，回味悠長」的獨特風格享譽海內外。

明清時淮安為何能成為運河沿線的「四大都會」之一

南北朝以後，中國的農業經濟重心已轉移到江、淮等南方地區。而歷代的政權又大多建在北方，致政治中心遠離經濟重心，南糧北調的漕運事業成為維繫統治者生存的生命線。隋、唐、北宋三代，南北漕運是由長江經淮河，在古泗州（今盱眙對岸）溯流入汴，進入京畿地區。據《宋史‧食貨》記述，淮安的楚州、泗州和揚州的真州、揚州，是江北運河上四大漕運中心。元明清三代建都北京，大運河從清口（今淮陰區碼頭鎮附近）向北改道經山東直達北京。黃河、淮河、運河三大水系在清口交會，水、沙情勢複雜，影響漕運暢通。明萬曆六年（西元1579年）潘季馴治河，用「束水攻沙」、「借清釋渾」的方略，大築高家堰，建成洪澤湖水庫，借淮河清水來參與黃河攻沙，補給運河水。由於黃河水面遠高於運河，南來北往的船隻到清江浦（今淮安主城區）或清口要通過四座節制閘。

每座閘的水位差，一般都在兩三公尺以上，船舶過閘非常艱難。張煦侯在《淮陰風土記》記述當年漕船過閘的情景：「伏秋水怒，漕舟上閘，難若登天，每舟用縴夫三四百人，猶不能過，用力則斷纜沉舟。」這種狀況一直持續到近代中國。政府進行大規模的治淮和運河整治工程，對運河實施梯級開發，在梯級節制閘旁同時興建船閘，使這些「難若登天」的險關，變成了通途。當年船沿運河到清江浦北上，過閘進入黃河，正常情況下至少要費時5～7天。每年從南方運往京都的漕糧多達四五百萬石。漕船達12,000多艘，「帆檣銜尾，綿亙數里」，護航的漕軍十餘萬。運河又必須服從漕運，行人至清江浦以後，都捨舟登岸，過黃河至王家營，由陸路北上，比乘船快捷。王家營有「日發千車」之說。南下的行人，沿陸路行至王家營捨車渡過黃河，在清江浦再乘船南下。清江浦遂

有「南船北馬，九省通衢」的美譽。

明清以來黃、淮、運（河）治理工程的重點（清江浦河、中河、清口、高家堰等）都集中在淮安，這裡是治理和管理的重心，明、清以來漕運總督署和江南河道總督署都設在淮安。明代在清江浦設戶部分司，負責行政、治安和漕運等事，同時設工部分司，負責管理造船。這裡又是淮北海鹽的集散中心港口。清雍正七年（西元1729年），在清江浦設立江南河道總督署，有關黃河、淮河、運河治理和管理的重大決策的制定多在這裡做出。據《黃河志‧人文志》，自清康熙十七年（西元1678年）靳輔治河開始，到咸豐五年（西元1855年）黃河北徙漕運終止，先後有55任河道總督計44人常年駐紮清江浦。許多河道總督、漕運總督逝世後都在此立祠祭祀。淮安素有運河之都之稱，大小官衙鱗次櫛比，都市興盛繁華。到清乾隆間，「夾河二十里，人口達五十四萬」，成為沿運河的四大都會之一。

鹽城的製鹽業始於何時

古稱「煮海之利，重東南，兩淮為最。」兩淮鹽區的中心在淮河，橫斷鹽阜鹽區，淮河以南稱淮南鹽區，淮河以北稱淮北鹽區。淮南淮北所產之鹽皆稱淮鹽，其粒大色白，飲譽古今，名聞遐邇。相傳，湘、贛一帶嫁女，多選淮鹽為饋物，而雲南一些地方的少數民族嫁女，則必以淮鹽相陪方為嫁妝齊全。

遠在春秋戰國以前，鹽阜先民們在漁獵、採貝以維持生計的同時，已注意利用近海之利，汲海水而煮鹽。到了漢代，吳王劉濞立國廣陵（今揚州），「招致天下亡命者盜鑄錢，煮海水為鹽（即直接煎煉海水取鹽），以故無賦，國用富饒」。「此吳王所以富國強兵而抗漢室也」（《史

記‧吳王濞列傳》）。此時，地處淮南的鹽城已「有海鹽之饒」之記載（《史記‧貨殖列傳》）。漢武帝元狩四年（西元前 119 年）在此設置鹽瀆縣，同時又在鹽瀆縣境設置鹽鐵官署（沿海 29 縣中設此官署僅有 2 縣），專司管理製鹽鑄鐵。至東晉安帝義熙七年（西元 411 年）改鹽瀆縣為鹽城縣，鹽城已是「為民生利，乃城海上，環城皆鹽場」。到了南北朝時期（西元 420～589 年），這裡的鹽業已相當發達。阮升之《南兗州記》稱：「有鹽亭一百二十三所，縣人以漁鹽為業……公私商運，舳艫來往，恆以千計。」宋時，鹽城「去海不過一里」，境內有海陵監的虎墩（即富安）、梁堆，鹽城監的五佑（即伍佑）、紫莊（即劉莊）、南八遊（即草堰）、北八遊（即白駒）、丁溪、竹溪、新興、七惠、四安（又稱四海）共 11 個鹽場，年產鹽 100 多萬石（約合 2,700 多噸），生產規模超過四川的井鹽工廠，居淮南產鹽之首。

鹽城為何舊稱「瓢城」

　　鹽城「又雲瓢城，以城形似瓢也」。當代出版的《鹽城市建設志》中記載：「鹽城於西元前 119 年設縣。因地處海邊，漁樵兩便，東漢熹平元年（西元 172 年）成為縣治，始築土城，西狹東闊，狀如葫蘆瓢，取瓢浮水，不被淹沒之意。」可惜，後來這原始土城未被水淹卻遭人禍。三國鼎立之時，整個江淮之地民皆驚走，鹽瀆及其附近古射陽、海陵等諸縣皆廢，鹽瀆土城自然難逃毀滅之厄運。東晉義熙七年（西元 411 年），鹽城再築土城，形似瓢。此後，由於歷經戰爭烽火，「瓢城」時興時廢。至唐太宗統一全國之後，一時國泰民安，「瓢城」終於得以修復如初。

　　古之鹽城因濱海而建，人們以瓢形建城，取瓢浮水，永不沉沒之意。現時鹽城的城市建設亦早已今非昔比，然而，鹽城人民卻時常重溫著這段「瓢城」春秋，仍舊親切地將時下這座日新月異的現代化城市稱為「瓢城」。

■「連雲港」的市名由何而來 ■

　　連雲港市原名新海連市，此前再早為東海、海州。連雲港市名稱來源於連雲港。連雲港市原來的港口叫大浦港，池小水淺，大船難以進出。1925 年，隴海鐵路由徐州修到新浦，繼而向海邊延伸。在此期間，荷蘭人在黃海邊、雲臺山下的一個叫老窯的漁村開始築港。到 1933 年，隴海鐵路修到了海岸邊，1936 年夏港口也基本建成。這個港叫什麼名字呢？因港口介於連島和雲臺山之間，便各取一個字，就叫連雲港。為彰顯港口的帶動功能，1961 年 10 月 1 日，原新海連市更名為連雲港市。

■ 秦始皇為什麼要在朐縣設立全國唯一的門戶

　　司馬遷在《史記》中對秦始皇東巡的歷史有這樣的記載：秦始皇三十五年東巡時，他在東海的朐縣境內立石為闕，作為秦國的東大門，朐縣是連雲港秦朝時的稱謂，也是秦始皇首次分封的郡縣之一。朐縣在秦都咸陽的正東方，這兩個地方同在北緯 34 度 30 分的緯度線上，開東方國門，在阿房宮中迎接海上日出，預示著國泰民安，如日中天，這似乎非常符合秦始皇的心願。「秦東門」還可以看做是秦始皇幻想著走出國門、走向世界的始發港。

■ 歷史上為什麼稱連雲港是「少昊之墟」 ■

　　少昊原是上古時代傳說中的一個東夷族的首領，在《史記·五章本紀》中列為上古五帝之一。清《嘉慶海州直隸州志》記載古海州（連雲港市）為「少昊之遺墟」。據《左傳》記載，孔子向古代連雲港地區的歸屬地

鄰國的國主請教少昊的歷史。又據《山海經》所說：「東方海外之大壑，少昊之國。」1981 年，蔡洪甫在《徐州師範學院學報》上發表「少昊之墟辨」一文，得到學術界廣泛認同。大約在 6,500 年前，一次巨大的全球性的海侵開始，海平面急劇升高，今日連雲港市周圍形成一個 3,000 多平方公里的深入內陸的海灣，吳山、朐山、大伊山、羽山都成為臨海的孤島，它就是古史傳說中的「桑墟」，是少昊氏的故鄉。連雲港市古城址及 30 餘處新石器遺址的發現，確證了古羽山（連雲港臨海山脈的總稱）是東夷部落起源地之一。連雲港市是少昊部落的誕生地，從 6,000 年前到夏商周，少昊文化連續不斷，給它冠以「少昊之墟」則名正言順。

南通 —— 中國近代第一城

　　南通南倚長江，東枕黃海，是江蘇長江北岸江岸線最長的城市，也是江蘇沿江城市中唯一擁有深水海岸線，可建 10 萬～ 20 萬噸大型海港碼頭的城市，位於中國「黃金海岸」和「長江黃金水道」結合部，因此南通又稱江海門戶。據古文化遺址考證，遠在 5,000 多年前的新石器時期，南通境內海安青墩地區就有原始氏族部落繁衍生息。今市區一帶，五代設郡，稱靜海。後周顯德五年（西元 958 年）築城，定名通州。宋天聖元年（西元 1023 年）改稱崇州，又名崇川，從此被譽為「崇川福地」。辛亥革命後，廢州設縣，稱南通縣。歷史上，南通是一個人文薈萃，名賢輩出之地。范仲淹、王安石、苗、文天祥等諸多名家在南通留下傳世之作和軼聞逸事。三國名臣呂岱、宋代傑出教育家胡瑗、明代名醫陳實功、清代「揚州八怪」之一的李方膺、清末狀元張謇等名人為南通歷史增色添彩。江海大地還孕育了當代表演藝術家趙丹、國畫大師王個簃、著名數學家楊樂等。

　　100 多年前的上世紀初，南通曾經「驚世崛起」。清末狀元張謇（西元

1853～1926年）在家鄉南通興實業、辦教育。在此基礎上，創造性地開展城市建設，既繼承歷史傳統，又相容西洋風尚，領時代潮流，開風氣之先，影響及於全國。在中國近代史上，南通以創辦第一所師範學校、第一座民間博物院、第一所紡織學校、第一所刺繡學校、第一所戲劇學校、第一所中國人辦的盲啞學校和第一所氣象站等七個第一而占有重要地位。張謇以南通城區為主體，構建了「一城三鎮、城鄉相間」的獨特城市格局，把世界近代城市物質文明、精神文明的諸多要素包容其中，辦工廠、開農墾、修水利、興教育、發展交通，還振興商業，改善環境，推動市政建設，籌建電廠、電燈電話公司等等，集多方面的成就於南通一地，開花結果，澤及後代。張謇透過中國近代史上這一了不起的「早期現代化試驗」，將濱江臨海的南通建成為一個「新世界的雛形」，這是南通發展的輝煌時期。據此，兩院院士、中國清華大學教授吳良鏞稱南通是「中國近代第一城」，這一觀點得到社會各界認同。南通從此以「一山（狼山）、一水（濠河）、一人（張謇）、一城（中國近代第一城）」聲名遠颺。

南通——中國「紡織之鄉」

江蘇南通地處江海平原，氣候和土壤條件特別適宜種植棉花、黃麻和飼養桑蠶。元末紡織業從江南傳到此地，得到了進一步的發揚光大。明清時期，通州植棉興盛，已成為大宗棉花土布的集散中心。據史料記載，「通產之棉，力韌絲長」、「紡紗鳴機杼，百里聲相聞」。1895年，清朝末年狀元、著名企業家張謇先生以「實業救國」的崇高精神，墾牧植棉，集資50萬兩銀子，在這裡興辦了中國第一家聞名海內外的股份制紡織企業——大生公司，開創了近代民族機器紡織工業之先河，並創辦了中國第一所紡織專業高等學校，為南通動力機器紡織工業的發展奠定了

堅實的基礎，使南通成為蜚聲海內外的紡織基地。南通作為中國紡織工業的搖籃，從此成為全國知名的「紡織之鄉」。南通的紡織業特別是家紡業得到迅猛發展，以床上用品的加工、生產、銷售為代表，創造出一個個輝煌的業績。南通已成為中國家用紡織品服裝出口基地之一。

據中國海關統計，南通的家用紡織品出口額占了中國的四分之一。為介紹南通悠久的紡織歷史，展示中國紡織業發展歷程，1985年10月，南通建成中國第一座紡織專業博物館——南通紡織博物館。該館位於南通市城區東南文峰古塔旁，全館占地1.8萬多平方公尺，建築面積4,500平方公尺，分主館與輔館兩大部分。主館由6個展廳、藏品庫、辦公樓等組成。輔館透過典型復原再現清末民初南通植棉、土布生產、商業行莊及近代紡織工廠的歷史風貌。該館藏品中的文物、史料大部分是南通本地的，比較珍貴的有海安青墩出土的陶紡輪和張謇1894年中狀元的捷報以及大生紡織廠早期的股票、帳本、商標及產品等。當代紡織品的標本是全國各廠獲得金、銀質獎的產品。基本陳列有「中國紡織擷英」、「南通紡織史」、「當代優秀紡織品標本」等。

泰州為何又名「鳳城」

泰州位於長江北岸、里下河平原的南緣，是長三角新興的旅遊城市。南唐時，在泰州城東門外有座迎春橋，橋北面有一個三面環水的高臺地，傳說曾有彩鳳落此地，是一塊風水寶地，故名「東鳳凰墩」。西鳳凰墩就坐落在西門橋下的城河之畔，其地形和位置與東鳳凰墩呼應，它們就成為泰州鳳凰城兩隻飛翅。宋代，泰州城東南貢院前有一個泮池，一位州官在泮池中築了一個高臺，曾有人見高臺上有鳳凰棲息，邑人一傳十，十傳百，這樣高臺就有了「鳳凰臺」的美稱，一改「泮池」為「鳳池」。明清時期，泰州城南門外有條濟川河，河上架起一座貫通南北的高

大石橋，好似鳳凰之首，故稱「鳳頭橋」。

由高橋往北至東、西打漁灣，是一條狹長的街道，人曰鳳凰之頸。與之連接的四四方方的泰州古城，構成了鳳凰的身軀。而城內西山寺的木塔，便是鳳凰之膽（一說城中鐘樓巷的大銅鐘為鳳凰的金膽）。在城北門四五里處，還有一座趙公橋，人稱「鳳尾橋」。橋畔亦有一座寶塔，如同鳳凰的尾巴翹向天空。從空中俯瞰泰州，還真像一隻展翅欲飛的鳳凰。有詩詠曰：「泰州又號鳳凰城，頭在南門尾北門。膽乃西山寺木塔，東西雙翼兩高墩。」

如今，泰州新城區新開的寬廣大道命名為「鳳凰路」。穿過鳳凰路是集觀光旅遊、排灌於一體的十里長河──「鳳凰河」。現在泰州將整個城市定位為「中華鳳城」，鳳凰展翅是泰州人的美好願望和永久情結。

泗州古城的變遷史

泗州古城為「東南之戶樞，中原之要會」，是兵家必爭之地，今宿遷市泗洪縣為其本州之土。泗州一帶夏商周時曾屬徐國，春秋戰國時期先後屬吳、越、楚，秦屬泗水郡，漢屬臨淮郡與淮陵郡，北魏時屬南徐州，北周末期改稱泗州，治所在今江蘇省宿遷市宿城區鄭樓鄉境內。唐開元二十三年（西元 735 年）泗州移治臨淮（今盱眙城北淮河對岸）。唐代名僧僧伽大師（俗稱泗州和尚）圓寂後歸葬於此。北宋歐陽脩曾到此追尋過父親的足跡（其父曾任泗州通判），作〈先春亭記〉。蘇軾曾多次流連於此，寫下詩文多篇。南宋名將韓世忠曾駐防泗州，保土抗金。

泗州城是遐邇聞名的古城。這裡地處南北要衝，州城規模較大，汴水穿城而入淮，河西為唐時建的臨淮縣城，河東為宋時建的土城，二城由一座汴泗橋相連。明初二城合而為一，砌以磚石。泗州轄境相當於現

在的江蘇泗洪、泗陽、宿遷、邳州、漣水、盱眙、淮南、睢寧及安徽泗縣、天長、五河等地。

　　泗州城地勢低窪，自南宋以來，由於黃河奪泗、奪汴入淮的長期水患，城池經常迫於城危人亡險境。明代，朱明王朝為保其泗州城北祖陵，曾令治黃專家河道總理潘季馴在今泗洪縣歸仁鎮境內築歸仁堤以攔水，但終究沒阻擋住洶湧的黃河洪水。清康熙十九年（西元 1680 年），一場特大的洪水終於將繁華的泗州城淹沒於洪澤湖底。後泗州治所遷在盱眙山腳下數十年。清乾隆四十五年（西元 1777 年），安徽巡撫閔某上書請裁虹歸泗，建議將泗州州城遷至虹（即今安徽泗縣縣城），又在州東半城（今屬江蘇泗洪）設州判一員。1912 年州廢，泗州本土改稱泗縣。1949 年 4 月，泗州本土東部地區與泗陽、宿遷一部合併，新建泗洪縣，隸安徽省，1955 年劃歸江蘇。

歷史江蘇

名勝江蘇

孫中山為何選擇南京紫金山為歸宿地

　　鍾山巍巍，林海蒼茫，這裡矗立著一座舉世聞名的中山陵。一代偉人、中華民國國父孫中山先生就長眠於此。孫中山先生是廣東香山（今中山市）人，為何選擇紫金山作為自己的歸宿呢？這是有著深刻的歷史原因的：1911年10月10日，武昌起義成功，消息傳出，各省紛起回應。南京新軍在上海同盟會的組織下，聯合滬軍、粵軍、蘇軍、浙軍等革命黨人的軍事力量組成江浙聯軍，與盤踞南京的清廷張勳的辮子軍展開殊死搏鬥，最終攻克紫金山天堡城，打得張勳渡江北逃。南京光復，使長江中下游的東南半壁江山大局穩定，有力推動了辛亥革命的勝利。12月4日南京光復後兩天，各省代表議決南京為中央臨時政府所在地。12月29日，已獨立的17省代表45人齊聚南京，召開臨時大總統選舉會，孫中山先生在17張有效票中以16票的絕對多數，當選為臨時大總統。1912年1月1日，孫中山在南京原兩江總督署大堂暖閣內就任中華民國臨時大總統，時年46歲。

　　之後孫中山在南京任職的三個月時間裡，廉潔奉公，平易近人，贏得了所有人的讚譽，他也將自己的身影和足跡留在了南京城內外的每一個角落。孫中山先生特別喜愛南京，他在《建國方略》中稱讚「此地有高山，有深水，有平原。此三種天工，鍾毓一處，在世界中之大都市誠難覓此佳境也。」他認為如果今後長江流域東區富源獲得合理開發，那麼「南京將來之發達，未可限量也。」由於南京對辛亥革命和中華民國臨時政府意義重大，再加上自己對南京的鍾愛，孫中山生前就明確表示死後要葬在此地。

　　1912年4月1日是孫中山宣告解除臨時大總統職務的日子，清早，他和胡漢民以及幾名貼身隨從去東郊打獵。途中在一片山坡上休憩時，孫中山環顧四周，指著遠處的方山和環繞的秦淮河慨嘆道：「這裡的地勢比明孝陵的獨龍阜還要好，有山有水，真不懂明太祖為何不葬於此。」

胡漢民說：「先生說得對，這裡真比明孝陵好，在風水上，叫前有照，後有靠，左右山丘環抱，前有秦淮環繞，是大風水，明孝陵與之相比，實為小風水。」孫中山接著笑道：「我將來死後葬在這裡，向國民乞一抔土爾，那就極好了。」

1925年3月12日，孫中山因病逝北京，終年58歲，孫中山在病中再三叮囑：「吾死之後，可葬於京紫金山麓，因南京為臨時政府成立之地，所以不可忘辛亥革命也。」現位於鍾山第二峰小茅山南坡的陵址是孫科、宋慶齡等人參與選定的。由當時年輕的建築設計師呂彥直設計的中山陵，平面布局猶如一隻巨大的自由鐘，象徵著孫中山先生為民主、自由奮鬥終生的革命精神。

為何明孝陵前的神道要轉個大彎

明孝陵是明朝開國皇帝朱元璋的陵墓，位於南京東郊鍾山南麓，是中國現存建築規模最大、最有特色的古代帝王陵墓之一。明孝陵的神道在全國的帝王陵墓中也與眾不同，它不像其他皇陵那樣筆直延伸，而是分石像路和石翁仲路兩部分，由石像路的東西向改成石翁仲路的南北向，拐了個大彎。這是為什麼呢？相傳是為了避開路邊的孫陵崗，神道就是在這裡繞成弓背形。

孫陵崗，又稱吳王墳，最早是三國東吳大帝孫權與夫人步氏的合葬墓所在，現稱梅花山。1929年山上始植梅花，每逢初春季節，梅香似海，遊人如織，已成為全國著名賞梅勝地之一。相傳當年籌建孝陵時，有人建議將孫權墓遷走，朱元璋卻說：「孫權也是一條好漢，就留著他給我守門吧！」這樣孫陵崗得以保存，遷走的只是陵前的石麒麟。據說神道彎曲的真正原因是朱元璋為了加大神道長度，以增添陵墓的氣勢，並且他篤信從入口處不能一眼望到陵寢的「風水」。所以，孝陵神道的平面布局

不取統一的南北中軸線，完全依山勢的迴旋變化，任其自然，彎曲布置，這確實是朱元璋突破傳統的一個創新。近年來專家研究指出，明孝陵在整體規劃上採用北七星圖式環繞的天象布局，以求天地相融，天人合一。

曲彎的神道正是勺頭位置，孝陵的主要建築如碑亭、望柱、櫺星門、金水橋、陵宮門、享殿和寶城等則分別與北七星一一對應。中國古代帝王陵墓中多有布置天宮或暗合天象星宿的情況，規模如孝陵這般宏大的卻不多見。明孝陵神道兩旁技藝精湛、栩栩如生的石像雕刻歷來也是為人所稱奇叫絕的。石像路中間從東向西依次排列著獅子、獬豸、駱駝、大象、麒麟和馬等石獸。每種石獸4隻，共24隻，分為兩組，一立一蹲，南北相對。石像路盡頭神道拐向東北，拐彎處立一對指示道路的標誌——望柱，進入石翁仲路。石翁仲路中間有4對各高3的石翁仲（陵墓神道的石人像）：兩對武將，身披甲冑，手執金吾，雄壯威武；兩對文臣，身著朝服，手捧笏板，形象生動。觀賞這一組組造型惟妙惟肖、栩栩如生的石刻，不禁對中國古代工匠的鬼斧神工嘆為觀止。這些石人石獸都需數十噸整塊巨石才能雕成，運輸十分不易。當年無數民工嚴冬時節在運輸線路上潑水成冰，然後用前拉後推的方法，從離南京城一二十公里以外的大連山運來。

歷史上江南四大名樓之一的閱江樓為何有名無樓

南京閱江樓與武漢黃鶴樓、岳陽岳陽樓、南昌滕王閣並稱為江南四大名樓，但是後三座名樓都是有樓建成在先，又因李白、范仲淹、王勃等人的詩賦名篇而聲名遠播，唯獨閱江樓當時卻是有名而無樓，在長達600多年以後的今天才真正建成，這是怎麼回事呢？

現已建成的閱江樓位於下關附近的獅子山上。獅子山原名盧龍山，瀕

臨長江，是南京的西北門戶，高78公尺，周長2公里，登其巔北可覽長江，南可瞰金陵勝景，在乾隆金陵四十八景中，有「獅嶺雄觀」之美譽。建閱江樓的想法始於600多年前明朝開國皇帝朱元璋。因為朱元璋在其稱帝前曾在獅子山上以紅、黃旗為號，指揮8萬伏兵，擊敗了勁敵陳友諒40萬人馬的強勢進攻，為其建立大明王朝奠定了基礎。為紀念這一決定性的勝利，14年後的西元1374年，也就是洪武七年的春天，朱元璋再度登臨此山，賜改盧龍山名為獅子山，還下詔在山頂建一樓閣，並親自命名為閱江樓，他還以閱江樓為題，命令在朝的文臣職事們各寫一篇〈閱江樓記〉。留傳至今的有元末明初的著名文學家、翰林大學士宋濂的〈閱江樓記〉和朱元璋親自撰寫的〈閱江樓記〉、〈又閱江樓記〉等3篇文章。

從文學藝術角度來看，宋濂所寫一文最佳，後來還被選入《古文觀止》。朱元璋甚至動用了服刑的囚犯，在獅子山頂修築建樓用的「平砥」，也就是地基。那朱元璋為什麼在寫了樓記、打了地基後又突然決定停建閱江樓呢？歷來說法不一。有的說是朱元璋受了宋濂文章的影響。據說宋濂的〈閱江樓記〉形為歌頌，實為規勸。有的說是因為國庫空虛，無力顧及。但最主要的原因恐怕還是當時明王朝百廢待興，朱元璋權衡利弊後，最終選擇放棄。朱元璋自己在他的〈又閱江樓記〉中也說明了停建的理由：一是上天託夢給他，叫他不要急於建閱江樓；二是在他經過深思熟慮後，覺得應該先做大事，建閱江樓暫時緩一緩。其實停建閱江樓還有一個原因：當時朱元璋還在集中財力、人力修建南京和中都鳳陽的城牆，後來因耗費過多，甚至連中都鳳陽的城牆也停建了。

經過600多年的滄桑等待，今天矗立在長江之濱的閱江樓共計7層，總高度為51公尺，總建築面積5,000多平方公尺，兩翼各以歇山頂層次遞減。屋頂犬牙交錯，高低起伏，跌宕多變，輪廓優美。屋面覆蓋黃色琉璃瓦，並鑲有綠色琉璃瓦緣邊，色彩鮮麗。簷下斗拱彩繪各異，廊柱、門窗紅中呈暗，更顯古色古香。完全符合朱元璋筆下的「碧瓦朱

楹，簷牙摩空，朱廉風飛，彤扉彩盈」的具體描述。

閱江樓內部布局，圍繞明太祖朱元璋和明成祖朱棣兩代帝王的政治主張展開。底層最值得看的是一椅、一壁、一匾。擺放在金字靠壁前的是一把龍椅，選上等優質紅木製成，重量超過千斤。龍椅靠背上雕有九條龍，刻工精細、形象生動。東側的一匾「治隆唐宋」，為康熙所書。二層有一船、一畫，明朝永樂帝朱棣取消海禁，擴大貿易、文化交流，當時南京下關地區是座造船廠，最長的船，長 138 公尺，寬 56 公尺，航行時有九桅十二帆，載重量 7,000 噸，在 600 年前可算世界之最。巨型瓷畫反映的是鄭和七下西洋這段歷史。閱江樓的頂層可觀蟠龍藻井。屋頂盤踞的金龍用整根香樟木雕刻而成，龍身上的黃金用江寧金箔製作工藝製作。全樓內外共用去 11 公斤純金，所以顯得特別金碧輝煌。閱江樓的兩翼均可觀賞長江風光，而今，在視覺裡又平添了車水馬龍、高樓林立、大橋飛架、巨輪穿梭的現代南京城的壯觀。

■「天下第一碑材」陽山碑材為何沒有完工 ■

為了歌功頌德，歷代封建帝王喜好樹碑立傳的不在少數，但若論歷史上體積規模最為宏大的石碑，則非南京城郊的陽山碑材莫屬了。

明太祖朱元璋去世後，其長孫朱允炆繼位，即建文帝。建文帝推行削藩政策，以強化中央集權。此舉激起分封北平的四皇叔燕王朱棣的反對，他打著「清君側」的旗號舉兵南下，南京市郊的陽山碑材於西元 1402 年占領南京，奪取帝位。建文帝一說被迫自焚而死，一說暗中出逃，出家為僧，甚至遠走南洋，不知所終，成為歷史懸案。

朱棣篡奪其姪帝位，史稱「靖難之役」。為了掩蓋自己的醜行，或是籠絡人心，朱棣於永樂三年（西元 1404 年）在陽山開採巨石，為其父朱元璋作「孝陵神功聖德碑」，大張旗鼓地為明太祖歌功頌德，藉以為自己

謀奪皇權正名。陽山碑材依山開鑿，體積之大，世所罕見。今日所留下的碑材，形體已粗具輪廓，共分碑座、碑額和碑身三部分，總高度達到78公尺，幾乎相當於一幢25層高的大樓。除碑額四周均已脫離山體外，碑身、碑座還各有一端與山體相連。據說當年為了開鑿碑材，朱棣動用數千工匠，日以繼夜，監官規定每人每天必須交出開鑿石料的石屑三斗三升，否則就要被處死，大批民工被折磨致死，拖下山後就地埋掉，留下了一個個土墳頭，今日陽山以南尚有「墳頭村」的地名。

那麼陽山碑材最終為何沒有完工運走，只留下一個半成品呢？這裡面的原因很複雜，最主要的還是因為當時的運輸條件根本無法搬遷這麼巨大的石材。古代運輸大型石材，都是在冬季沿途潑水成冰，再用滾木逐步運抵目的地。而陽山碑材的碑身重達8,800噸，不要說在明代，就是今天運輸也絕非易事。清代文人甘熙在《白下瑣言》中記載：「麒麟門外墳頭地方，道旁有大碑，相傳明初所造，將以備孝陵用者，蓋當時因笨重難運耳。」這種說法還是比較客觀準確的。也有學者指出，朱棣在南京時一直計畫將都城遷往北京，因此對孝陵石碑的工程也是半途而廢。事實上朱棣最後為了交差，只是命人從龍潭山鑿取了一塊高8.87公尺的碑材，豎在明孝陵四方城內，仍稱「大明孝陵神功聖德碑」，此碑體積只及陽山碑材的1/9，已屬南京附近最大的碑刻了。而遺棄在陽山的碑材600年來依舊巍然挺立，走入碑材與山體之間，猶如峽谷穿行，抬頭僅見一線天光，其宏偉磅礡的氣勢令人嘆為觀止。

明代的大報恩寺塔為何被譽為「世界第八大奇蹟」

今天的南京博物館裡，收藏著不少色彩鮮亮、光澤照人的琉璃構件，上面雕刻著精美的佛像或動物圖案，生動傳神。這些琉璃構件來自

600 年前一座舉世罕見的偉大建築──大報恩寺塔。

明永樂十年（西元 1412 年），明成祖朱棣以紀念明太祖和馬皇后為名，下令在南京城南聚寶門（今中華門）外的長干里修建大報恩寺。實際上，朱棣是為紀念其生母碽妃。碽妃是高麗（今朝鮮）人，因生朱棣時未足月，被朱元璋及馬皇后以「鐵裙」之刑折磨而死。

大報恩寺工程非常浩大，尤其是大報恩寺塔，耗費白銀 250 萬兩，軍役民工 10 萬人，整整忙了 19 年才建成這一世界奇蹟。大報恩寺塔高 78 公尺，9 級 8 角，外壁用白瓷磚砌成，每塊瓷磚中央都有一個佛像。每層的覆瓦和拱門都用五色琉璃。最令人稱奇的是，這些琉璃構件拼接精準，圖案分毫不差。該塔高聳入雲，流光溢彩，建成後曾被題為「第一塔」。明初對外商貿交往頻繁，不少參觀過琉璃塔的外國人均讚美它是「四大部洲所沒有的絕美的偉大建築」，堪稱「世界第八大奇蹟」。清初康熙、乾隆南巡時，也曾攀登此塔，一覽金陵勝景。

可惜的是，這座在雨花臺下矗立了 400 多年的琉璃寶塔最終毀於戰火。太平天國後期發生「天京事變」，北王韋昌輝唯恐翼王石達開占據大報恩寺塔這個制高點對其進行炮擊，於是下令將寺、塔盡毀。現在城南長干橋附近只留下一個「寶塔根」的地名，連同流落民間的琉璃殘件，讓人遙想大報恩寺塔昔日的輝煌與壯觀。

明初玄武湖為何成為朝廷禁地

江南三大名湖之一的玄武湖位於南京城中，逶迤的明城牆、秀美的九華山、古色古香的雞鳴寺環峙其右，高大巍峨的紫金山隔湖相望，自古就是名勝古蹟薈萃之地，也是江南地區最大的城內公園。玄武湖古名桑泊，至今已有 1,500 多年，原來只是一塊因地質斷層而形成的沼澤窪地，三國時代吳王孫權引水入湖後，才初具湖泊的形態。

玄武湖原名「後湖」或「北湖」，取「鍾山之陰，京城之北」之意。劉宋時期傳說湖中有黑龍出沒，故名「玄武湖」。北宋時王安石實施新法，廢湖為田，從此玄武湖消失。明代朱元璋高築牆，玄武湖疏濬恢復，成為天然護城河。民國初年，玄武湖一度改名五洲公園，直到1950年後，全面整建成公園，再度改回玄武湖的舊稱。

　　鮮為人知的是，玄武湖裡在明代建有「黃冊庫」，成為政府存放全國土地人口檔案的禁地，與世隔絕達200年之久。戶籍制度在封建社會是重要的朝政建設內容，每朝每代，人口、賦役的統計和管理都是大事件。明洪武十四年（西元1381年），朱元璋規定以戶為主，分「里」（110戶為里）編造戶口檔案，詳列丁口、事產、鄉貫、名姓等具體情況，作為徵收賦稅的根據，並由中央戶部統一管理，其中送往戶部的封面為黃色，故稱為黃冊。由於黃冊關係到明政權的長治久安，朱元璋特意選定「周遭四十里，中突數洲」，寧靜又安全的玄武湖為存放點。黃冊長、寬各為一尺二寸，用厚實的棉紙製作，裝訂一律用粗繩索，每本重約四五斤。從西元1391～1642年的200多年間，明朝全部土地檔案均藏於此，玄武湖幾乎與世隔絕。到明末，玄武湖黃冊庫房約建有960間，藏黃冊170萬本以上，其規模之大，歷時之久，堪稱世界之最，這在中國乃至世界古代檔案史上，都是一個奇蹟。

　　相傳建庫之初，這裡鼠患成災，嚴重影響黃冊存放。朱元璋在湖畔偶遇一位姓毛的老漁民，為取貓鎮鼠的諧音，竟密令殺了毛老人，又立廟封其為湖神。也有傳說當時是一位茅姓老人建議庫房東西布局以防日晒，朱元璋欣然採納其建議，並命他為湖工，監管工程，死後築廟立祠。現在玄武湖的黃冊庫遺址已修葺一新，就在梁洲的湖神廟原址上。如今玄武湖中五塊綠洲形成五處風景區：「環洲煙柳」、「櫻洲花海」、「菱洲山嵐」、「梁洲秋菊」和「翠洲雲樹」。五洲之間橋堤相通，別具其勝。尤其是盛夏時節，滿湖荷花，亭亭玉立，清香遠溢，是避暑納涼的好去處。

■ 靈谷寺裡到底是「無量殿」還是「無梁殿」■

　　金陵名剎靈谷寺原位於鍾山南麓獨龍阜玩珠峰下，最早是南北朝時期梁武帝為寶志和尚修建的開善寺。明洪武十四年（西元 1381 年），朱元璋為營建自己的墓地孝陵，將當時的此地遺跡的所有寺廟建築全部搬遷至鍾山東麓，並賜名靈谷寺。由於是帝王敕建，明清兩代該寺僧侶眾多，香火鼎盛，相傳當年進寺的山路被松林掩映，有「深松不見寺，五里到方知」之說，「靈谷深松」也成為鍾山一景。

　　靈谷寺內現存一座奇特的古建築物，歷時 600 餘年還完好無損，這就是赫赫有名的無梁殿。該殿高 22 公尺，東面長 53.8 公尺，南北寬 37.85 公尺，高大宏偉，古樸莊重。其實無梁殿是該建築的俗稱，因為這座大殿從殿基到屋頂，累壁空構，全以大城磚砌築而成，不用一釘一木，不架梁柱。施工時先用木模搭成圓弧，然後沿木模砌磚架券，待圓拱凝固後拆模，始成今日之拱券結構建築。無梁殿脊中豎有三個喇嘛塔，四周斗拱伸出一之多，形欲墜而不落，稱得上「中宏外拱，勝甲天邑」。

　　其實無梁殿在中國其他地方也有，但論結構之堅固，氣勢之宏偉，靈谷寺無梁殿實在山西五臺山顯通寺、太原永祚寺、峨眉山萬年寺、蘇州開元寺等佛寺無梁殿之上。建明朝初年這座無梁殿，其正名應該是無量殿，因殿內供奉無量壽佛（即阿彌陀佛）而得名，當年殿內還供奉釋迦、文殊、普賢以及二十四天王，前來進香的善男信女絡繹不絕。1928 年，國民政府建造國民革命軍陣亡將士公墓時，對無梁殿進行了修繕，將殿內改為陣亡將士祭堂並保留至今。

南京城牆到底有多長

在高樓林立、車水馬龍的現代化都市南京，綿延數里、逶迤不絕的古老城牆是一道亮麗的風景。南京在春秋戰國時期就開始修築城池。越王勾踐滅吳後，命范蠡在城南長干里築「越城」，雖城周僅1公里不到，卻是南京有史可考最早的古城。

三國時期的孫權，在楚威王修築的金陵邑故址上，利用城西清涼山的天然石壁，改建石頭城，南京「石頭城」的別稱由此而來。該城依山而築，下臨長江，地勢十分險要，其中有一段城牆因長年風化，表面凹凸不平，映在旁邊的池塘上，猶如「鬼臉照鏡子」，至今仍是金陵一景。東晉南朝時期，宮城在今雞鳴寺附近，俗稱臺城，唐代詩人「無情最是臺城柳，依舊煙籠十里堤」，道盡六朝金粉的繁華與滄桑。其後規模較大的南唐時期修建的金陵城，「南倚雨花臺，後枕雞籠山，東望鍾山，西帶石頭城」，周長20公里。現存的南京城及城牆輪廓則基本上都是明代遺留。

據記載，北京城城周32.9公里，歐洲的巴黎古城城周近30公里，其他的羅馬、希臘古城規模皆不如此。而明代的南京城東連石頭城，南貫秦淮河，北帶玄武湖，將歷代都城囊括其內，城周33.676公里，是中國也是世界上名副其實的世界第一城垣。

西元1356年，朱元璋攻下集慶（今南京），改名應天府。西元1357年採納了皖南池州謀士朱升的建議，「高築牆，廣積糧，緩稱王」，修築應天府城，並於西元1366年開始修築南京城牆。西元1368年，朱元璋在此建都稱帝，建立大明王朝。朝廷動用了5省（即今日之江蘇、江西、安徽、湖南、湖北等地）28州府、152縣的20萬民工，繼續修建南京城牆，前後歷時21年之久，直到西元1386年才完工。城牆高14～26公尺，城基寬14公尺左右，頂部寬4～9公尺不等。基部以長條石築成，上壘砌

特製大城磚。砌牆材料用石灰、糯汁再加桐油摻和而成，凝固後黏著力很強。這座宏偉高大的南京城又稱內城，共有城門 13 座，俗稱「裏十三」。

傳說內城建造完成後，朱棣向朱元璋進言說宮城離鍾山太近，易被敵人居高炮轟，城南的雨花臺和城北的幕府山乃兵家必爭之地，留在城外對防守禦敵都不利。於是自西元 1390 年起，朱元璋又下令建造南京城的外城郭，主要是利用城外的天然黃土丘陵，俗稱「土城頭」，外郭城連綿環繞有近 60 公里，共有城門 18 座，規模工藝均不如內城城門，俗稱「外十八」，這「裡十三」和「外十八」共同構築了南京城堅不可摧的牢固屏障。

1983 年，南京市文物部門對現存明城牆進行測量，實測完好城牆 19.8 公里，半損壞的 1.55 公里，共計約 21.35 公里。目前，中華門城堡、中山門月牙湖至前湖、太平門至臺城、解放門至玄武門以及水西門、漢中門、西化門等城牆、城門均修復並對遊人開放。玄武湖畔臺城上還建有明城垣史博物館，向遊客展示南京 2,400 多年的城建史和明城牆 600 餘年來的滄桑變遷。

譚延闓墓園裡有北京圓明園的遺物嗎

鍾山風景區內有不少民國要人之墓。位於靈谷寺附近的譚延闓墓園是其中規模較大的一座。譚延闓一生官運亨通。他是光緒進士，宣統年間任湖南諮議局局長，辛亥革命後曾三次統治湖南，1913 年加入國民黨，任湖南支部長。1927 年後，譚依附蔣中正，歷任國民政府主席、行政院院長等職。1930 年因中風不治，享年 52 歲。當時國民政府下令為他舉行國葬，蔣中正親選墓地，陵墓由著名設計師楊廷寶、關頌聲、朱彬等人設計。譚墓占地面積 300 畝，依山帶水，曲折幽深，具有濃厚的江南園林風格。時人評價中山陵與譚墓，認為前者陽剛宏偉，後者陰柔幽靜，各有千秋。

譚墓中最令人稱奇的是存有不少北京圓明園遺物。如譚延闓的墓碑，即今日的「靈谷深松」碑是以漢白玉精雕細刻；祭堂東端有一圓形漢白玉牡丹花壇，上刻三圈飛龍，花紋精美；譚墓前陳放的一塊長方形白玉祭臺，紋飾繁複，美觀大方，相傳是法國貢品，其他還有不少石馬、石獅、華表、經幢等石刻。據1933年10月出版的《總理陵園小志》記載，當時任中山陵園負責人的傅煥光在書中多次提到這些東西「皆北平古物」，「為圓明園古物」。自西元1860年圓明園遭八國聯軍焚毀後，園中不少建築部件及石刻被挪作他用，流散各地。如北京的燕京大學、清華大學、中山公園以及名人墓園等都有圓明園遺物，因此譚延闓墓園有圓明園遺物也不足為奇。譚延闓當年對圓明園被毀感慨良多，曾發出「於瓦礫想見亭館，於芒葦想見源沼，荊榛想見花樹」的追憶。在其墓園留下一些遺物，可謂是遂其心願。

但後來據北京圓明園文物專家考證，目前只有墓祭堂前的牡丹花壇係圓明園文物真跡。專家們認為，「牡丹花壇」工藝精湛，古樸傳神，其圖案與雕刻手法與圓明園的石刻文物如出一轍，是目前散落在南京地區唯一的圓明園文物，其他石刻身分還有待證實。其實，譚延闓墓園內如此眾多的石刻即使不是圓明園遺物，也和北京有千絲萬縷的連繫。據說譚墓石刻大多來自北京昌平原咸豐年間大臣肅順的墓園。民國初年，肅順後人家道中落，迫於生計變賣了不少墓地內的石刻，譚墓國葬急需石刻點綴，就託人願以大洋2,000元購買。北平市古物保管委員會得知此事後，將所需石器全部捐獻給了譚墓。

「十里秦淮」為何如此有名

被譽為南京母親河的秦淮河全長110公里，有兩個源頭，分別發源於蘇南溧水、句容兩地山谷間，至南京江寧方山匯合後，直抵南京城，流經城東南通濟門時又分為兩支：一是內秦淮，由東水關入城，經夫子

廟、鎮淮橋出西水關，長約 10 里，這就是被稱為「六朝金粉」的「十里秦淮」。另一支是外秦淮，繞過城池的東、南、西三面，經長干橋、賽虹橋，至水西門附近又與內秦淮匯合，經三汊河流入長江。相傳秦淮河是秦始皇東巡至秣陵時，有相術士說此地方山（又名天印山）形如官印，四平八穩，有帝王氣，於是便下令「開鑿方山，斷壟為瀆」，引淮水北流，以洩王氣。唐代據此傳說改稱此河為「秦淮河」。

其實秦淮河最早名為「龍藏浦」，乃是自然形成的一條大河，早在新石器時代，沿岸就有人類繁衍生息的活動蹤跡。秦時所鑿之山乃是方山附近的石壩山，三國孫吳才真正對秦淮河進行開挖整治。六朝時期的秦淮河在航運、戰略等方面具有重要地位，當時在東起淮清橋、西到石頭津的一段河面上設有浮航 24 座，其中朱雀航是最大的一座。浮航平時供人通行，秦淮夜色戰時撤掉以阻絕交通。直到現在，內秦淮上還有朱雀橋、上浮橋、下浮橋等橋名，都是從當年的浮航演變而來。

六朝時秦淮河兩岸的烏衣巷、朱雀橋和桃葉渡等地，多是古代貴族聚居之所，如南岸的烏衣巷是東晉王導、謝安兩大高門大族住宅，唐代詩人劉禹錫來此懷古，留下名篇：「朱雀橋邊野草花，烏衣巷口夕陽斜，舊時王謝堂前燕，飛入尋常百姓家。」東晉大書法家王羲之及其子王獻之也曾居住於此。桃葉渡相傳就得名王獻之經常在此渡口迎送其愛妾桃葉，並賦〈桃葉歌〉，久而久之，「桃渡臨流」成為文人才子吟詠流傳的千古佳話。

「十里秦淮」之所以有名，就是因為自東晉以來，這裡幾度成為豪門貴族、商賈巨富、文人才子、歌伎舞女等各色人等紛至沓來的「風華煙月之區，金粉薈萃之所」。當時歌樓舞臺陳列兩岸，遊船畫舫紛集河上，十里秦淮成為南京最繁華的商業娛樂地區。隋唐時期雖都城已不在建康，但秦淮河仍是富豪權貴青睞的享樂遊宴場所，晚唐詩人杜牧〈泊

秦淮〉中「商女不知亡國恨，隔江猶唱後庭花」深刻揭示了當時的歷史現狀。及至明清兩代，秦淮風月聞名天下，盛極一時。那些趕考的書生，流浪的豪客，失意的文人，跋扈的權貴，加之雜妓名優，歌女船娘，往來遊戲，絡繹奔赴，整日車水馬龍，川流不息。「秦淮八豔」更是聲名遠颺。當時的秦淮河，尤以「燈船之盛，甲於天下」，吳敬梓《儒林外史》中對此有細緻描寫。直至民國時仍有燈船泛於秦淮碧波之上，近代文壇兩位大師朱自清和俞平伯曾於1923年仲夏夜晚同遊十里秦淮，並都以〈槳聲燈影裡的秦淮河〉為名各自寫了一篇遊記散文，文筆清新自然，令人回味無窮。

莫愁湖與莫愁女

自古就享有「金陵第一名勝」的莫愁湖因傳說中莫愁女寓居於此而得名。它位於南京城西水西門外，湖水面積500餘畝，據文字記載，最早提及莫愁的是南朝劉宋樂府〈清商曲辭〉：「莫愁在何處？莫愁石城西。艇子打兩槳，催送莫愁來。」「石城西」似乎正是今日莫愁湖的位置。不過據地理學家考證，莫愁湖形成至今不會超過1,000年。古時這裡是長江與秦淮河交會而成的一片江渚灘地，唐宋以來，秦淮河入江口泥沙逐漸淤積，長江主流江道也逐漸向西北遷移，原來交會處的低窪地形成眾多池塘湖泊，莫愁湖就是在這個時期形成的。

也有人提出，〈清商曲辭〉裡提到的莫愁是遠在楚州竟陵城（今湖北鐘祥縣）的一名歌妓，善於歌唱〈石城樂〉，並非是金陵石頭城的莫愁女。南朝梁武帝蕭衍在〈河中之水歌〉中詠唱：「河中之水向東流，洛陽女兒名莫愁。莫愁十三能織綺，十四採桑南陌頭，十五嫁為盧家婦……」這位莫愁雖家在洛陽，但民間傳說她家境貧寒，為賣身葬父，跟隨建康（即南朝時的南京）石城湖邊的盧員外南下，做了盧員外的媳

婦。不料丈夫應徵赴北方邊塞當兵，一別十載無音訊。莫愁只能將心思寄託在幫助鄰里、扶危濟難的善行之中。不料卻遭到公公的誤解，莫愁不堪冤辱，投湖而死。後人為懷念她，將石城湖改名莫愁湖。關於莫愁湖和莫愁女最確切的記載見於北宋初期的《太平寰宇記》：「莫愁湖在三山門外，昔有妓盧莫愁家此，故名。」北宋中期的著名詞人周邦彥在〈金陵懷古〉中曰：「佳麗地，南朝盛事誰記？……斷崖樹，猶倒倚，莫愁艇子曾系。」此後有更多文人墨客留下了吟詠莫愁湖與莫愁女的詩作。

明萬曆年間王一化的《應天府志》將莫愁女的故事載入史志，歷代方志均沿此記載，莫愁湖與莫愁女就緊緊地連在了一起。實際上自宋代玄武湖因王安石瀉湖造田而廢，明初又成為黃冊庫禁區，臨近市區、傍依清涼山的莫愁湖就逐漸興盛起來。朱元璋還曾在湖邊建樓造閣，款待嘉賓。相傳明代開國功臣徐達與朱元璋在莫愁湖畔的樓閣上下棋，徐達棋藝高超，竟在棋盤上下出「萬歲」字樣。朱元璋一高興，就把莫愁湖賜給徐達作私家花園，這就是莫愁湖畔勝棋樓的來歷。現在莫愁湖內的郁金堂據說就是莫愁女當年居住的地方。郁金堂西的荷花池內有一尊亭亭玉立的莫愁女石像。莫愁女衣裙帶風，手提花籃，這位勤勞善良的姑娘彷彿正採桑歸來，淡淡的笑意閃現在她的眉眼嘴角，端莊典雅，親切可愛。有一首歌曲唱道：「莫愁湖邊走，勸君莫憂愁。」莫愁湖作為河西地區最具歷史文化底蘊的名勝古蹟，未來將更加美麗動人。

■ 六合境內為何會形成多處石柱林 ■

雲南石林天下聞名，是大自然鬼斧神工的天然造化。在南京六合境內，也分布著許多一種世界罕見的自然地質遺跡——石柱林。約 1,000 萬年以前，六合、天長、盱眙一帶是中國北起黑龍江南至海南島新生代和玄武岩火山活動的一環，火山活動頻繁，地質學上把這裡通稱為「六

合火山群」，大規模的火山爆發發生過兩次，留下的遺跡之一就是「石柱林」。當火山爆發時，千度高溫的玄武岩漿從地殼深處噴湧而出，經過不斷地散熱冷卻，逐漸凝固成岩，在這一過程中，由於冷凝收縮產生的張力作用，玄武岩體被不斷切割，形成五稜、六稜等規則菱形「石柱」，在地質學上叫做「柱狀節理」。如果冷凝面不完全水準，石柱的排列方向也會傾斜或是平臥，甚至旋轉彎曲或成波狀，冷凝速度慢石柱就粗，冷凝速度快石柱則細。

六合的桂子山、馬頭山、瓜埠山、西陽山、獨山等地都有石柱林分布，尤以桂子山最為典型。桂子山石柱林位於六合東北18公里處，山高52公尺，占地面積15公頃，陡壁高達30多公尺。山體上石柱林立，近看時，每根石柱高20～30公尺、直徑約40～60公分，橫切面呈規則或不規則的五菱或六菱形，整座山就像專門有人擺布過的豎滿「木頭」的大倉庫，排列緊密整齊，筆直堅固，氣勢雄偉，景色奇異，猶如鬼斧劈就，神工鑄成，又如萬箭齊發射蒼穹，極為壯觀。馬頭山彩色石柱林錯落有致，呈宮殿式石柱林大觀園景象，在太陽照耀下還能形成七彩圖案，別有情趣。瓜埠山石柱林則更為奇特，高達70公尺，呈放射狀扇形石柱，猶如「雄獅之塔」，為中國僅見。瓜埠山又名龜山，是六合玄武岩火山熔岩石柱林地貌群中較著名的一處，它位於六合玄武岩火山熔岩石柱林地貌群的最南端，在幾大石柱林中以形態多樣著稱。

在其占地約500畝的山體上，一根根石柱沖天直立，一塊塊壘石層層疊疊起，有的石面呈放射狀。石柱每根直徑約40～60公分，高15～40公尺，均由六邊形或五邊形規則的石柱群體組成，緊密排列於岩層層面，構成半壁石林，最高處近百，氣勢恢弘壯觀。1996年第三十屆國際地質代表大會在北京召開之時，美國、澳洲、南非、丹麥等外國地質專家考察六合石柱林後，評價其比世界聞名的美國黃石公園更壯觀，比冰

島火山群更豐富，比愛爾蘭的石柱更美。在中國4,000公里長的火山活動新生代中，六合火山群是唯一發育良好的石柱山群，是人們追索地球歷史、獲得地球環境演化資訊的鏈條，分析石柱的結構可以再現南京古地質的活動，如當時岩漿通道、熔岩的走向和強度等。它的存在為深入了解地球深部構造和探索火山噴發規律提供了研究資料，也為廣大遊客提供了一個充滿神祕和奇趣的新景點。

蘇州古典園林是如何取名的

蘇州古典園林的名字中文化內涵很高，這跟園林主人的文化修養不無關係。蘇州園林的主人可分為三類：一類是地方士紳，出身世家，家底富裕，他們構築花園頤養天年；一類是退休官僚，這些人年老之後葉落歸根，購置園林安享晚年；第三類是官場失意者，這些人從官場上敗退下來，欲以隱居方式保持自己人格的清高，又怕過遠離物質世界的真正隱士生活，就在城中模仿自然建造園林，當一名象徵性的隱士。無論是哪一類的園主都有較高的文化修養，普遍重視園林的取名，透過優雅的文字曲折表達自己的思想。其中尤以失意官場的文人為多，園林的取名表現出他們自我解嘲的心態。滄浪亭的主人蘇舜欽就是典型的第三類人，園名充分表達了隱士的內心獨白。

蘇舜欽是北宋人，由於屢次上書議論時政，傾向范仲淹為首的改革派，最終被保守派罷官。罷官後他買下舊園，有感於身世多變，悟出「隨緣任運」的人生之道，他想起〈滄浪之歌〉：「滄浪之水清兮，可以濯我纓，滄浪之濁兮，可以濯我足！」的句子，遂以「滄浪亭」命名，並自號「滄浪翁」，從此「與風月為相宜」，或「扁舟急槳，撇浪載鱸還」，仿做一名漁父，避世隱居。然而蘇舜欽並非心如死灰，安做漁父的「隱士」，他有「丈夫志」，「恥疏閒」，他借居滄浪亭其實是在等待朝廷重新

啟用的召喚。當這種幻想徹底破滅後，因難以排遣心中鬱悶，於41歲英年早逝。

不管言談間如何清高，文人們總也想在官場上一展拳腳，實現自己的政治抱負。然而成者了了，更多的失意的文人，他們往往選擇自我解嘲方式宣洩胸中的憂鬱。如拙政園的主人王獻臣是明代弘治年間的進士，官場不如意，被罷官回鄉。他在蘇州城北買下200多畝地，建成園子。王獻臣借西晉潘岳〈閒居賦〉中「庶浮雲之志，築室種樹，逍遙自得，池沼足以漁釣，春稅足以代耕；灌園鬻蔬，以供朝夕之膳；牧羊酤酪，俟伏臘之費。『孝乎唯孝，友兄弟』，此亦拙者之為政也。」替園取名「拙政園」。再如，網師園是清乾隆時光祿寺少卿宋宗元從官場上「倦遊歸來」修築而成。宋宗元借園子故址萬卷堂「漁隱」之名，以「網師」命園，自比漁人，認為自己只適合做江湖中漁翁，園名中自嘲意味甚厚。還有吳江同里退思園，園主任蘭生，光緒十年因過失被彈劾落職還鄉，在這裡建園以閉門思過，借《左傳》語「進思盡忠，退思補過」為園子取名「退思園」。然而，文人自尊，往往心口不一，表面誠懇反思，實質自嘲。

蘇州園林的取名，集中展現出中國文人的精神，只是表達方式更含蓄委婉，運用大量的象徵意義，有時甚至晦澀難解。

■ 蘇州古典園林是怎麼成為世界文化遺產的 ■

1997年底聯合國教科文組織將拙政園、留園、網師園和環秀山莊作為蘇州古典園林的典型例證列入《世界文化遺產名錄》。2000年，滄浪亭、獅子林、藝圃、耦園及退思園也被列為「世界文化遺產」。蘇州園林到底有著怎樣的魅力為中外人士所青睞呢？首先，它是文化意蘊深厚的「文人寫意山水園」，造園者在有限的空間範圍內，利用獨特的造園藝術，將湖光山色與亭臺樓閣融為一體，把生意盎然的自然美和富有創造

性的藝術美融為一體，令人不出城市便可感受到山林的自然之美。園內的建築、山水、花木與詩文題刻糅合在一起，以畫為本，以詩為題，使園林的一山一水、一草一木均能產生出深遠的意境，折射出中國傳統文化中的精髓和內涵，蘇州園林因此而被譽為「無聲的詩，立體的畫」。

從園林建築形態上講，蘇州古典園林宅園合一，可賞，可遊，可居，是在人口密集和缺乏自然風光的城市中人類依戀自然、追求與自然和諧相處、美化和完善自身居住環境的一種創造。蘇州古典園林是明清時期江南民間建築的代表作品，反映了這一時期中國江南地區高度的居住文明，曾影響到整個江南城市的建築格調，帶動民間建築的設計、構思、布局、審美以及施工技術向其靠攏，展現了當時城市建設科學技術水準和藝術成就。作為宅園合一的第宅園林，其建築規制也反映出中國古代江南民間起居休閒的生活方式和禮儀習俗，是了解和研究古代中國江南民俗的實物資料。

從思想層面上看，蘇州古典園林不僅是歷史文化的產物，同時也承載了中國傳統思想文化。園林廳堂的命名、匾額、楹聯、書條石、雕刻、裝飾，以及花木寓意、疊石寄情等，不僅是點綴園林的精美藝術品，同時儲存了大量的歷史、文化、思想和科學資訊，有著豐富的物質內容和精神內容。其中有的反映儒、釋、道各家哲學觀念和思想流派，有的宣揚人生哲理表現高尚情操，還有的藉助古典詩詞文學對園景進行點綴、生發、渲染，使人於棲息遊賞中化景物為情思，產生意境美，獲得精神滿足。特別值得一提的是各園中彙集了保存完好的中國歷代書法名家手跡，具有極高的文物價值，是珍貴的藝術品。

拙政園 —— 中國四大古典園林之首

蘇州的拙政園、留園及北方園林的代表頤和園、承德避暑山莊並列為中國四大古典園林。拙政園位於蘇州婁門內東北街，占地62畝，是蘇州最大的一處園林，也是蘇州園林的代表作。明代正德年間，官場失意還鄉的朝廷御史王獻臣建造此園，由文徵明為該園設計，歷時16年才建成。因晉代潘岳〈閒居賦〉中「灌園鬻蔬，以供朝夕之膳……是亦拙者之為政也」之意，取名「拙政園」。400多年來，拙政園幾度分合，屢易其主，或為「私人」宅園，或做「金屋」藏嬌，或是「王府」治所，留下了許多誘人探尋的遺跡和典故。拙政園經多次改建，現存園貌多為清末時所形成。

拙政園布局主題以水為中心，池水面積約占總面積的五分之一，各種亭臺軒榭多臨水而築。全園分東、中、西三個部分，中部山水明秀，廳榭典雅，花木繁茂，是全園的精華所在。遠香堂是中園的主體建築，其他一切景點均圍繞遠香堂而建。堂南築有黃石假山，山上配植林木。堂北臨水，水池中以土石疊成東西兩山，兩山之間連以溪橋。西山上有「雪香雲蔚亭」，東山上有「待霜亭」，形成對景。由「雪香雲蔚亭」下山，可到園西南部的「荷風四面亭」，由此亭經柳蔭路西去，可以北登見山樓，往南可至倚玉軒，向西則入別有洞天。遠香堂東有綠漪堂、梧竹幽居、繡綺亭、枇杷園、海棠春塢、玲瓏館等處。堂西則有小飛虹、小滄浪等處。小滄浪北是旱船香洲，香洲西南乃玉蘭堂。進入「別有洞天門」即可到達西園。

西部水廊逶迤，樓臺倒影，清幽恬靜，主體建築是十八曼陀羅花館和卅六鴛鴦館。兩館共一廳，內部一分為二，北廳原是園主宴會、聽戲、顧曲之處，在笙簫管弦之中觀鴛鴦戲水，是以「鴛鴦館」名之，南廳植有觀寶朱山茶花，即曼陀羅花，故稱之以「曼陀羅花館」。館之東有六角形「宜兩亭」，南有八角形塔影亭。塔影亭往北可到留聽閣。西園北半部還有浮翠閣、笠亭、與誰同坐軒、倒影樓等景點。拙政園東部原為「歸去

來堂」，平崗草地，竹塢曲水，空間開闊。拙政園布局以水為主，忽而疏闊，忽而幽曲，山徑水廊起伏曲折，處處流通順暢。整個風格明朗清雅、樸素自然。盆景園與雅石齋是鑲嵌在拙政園中的二顆璀璨的明珠。拙政園西部一片清影搖曳的竹籬牆內，集萃著蘇派盆景的精品，它被稱為「名園瑰寶」，擁有近萬盆盆景，50餘個品種。雅石齋位於中部，是一個池水、遊廊縈繞的幽靜的小院，裡面陳列著室內清供佳品「奇石」，千姿百態的多種奇石配以紅木座架供奉於案桌、條幾，越顯鍾靈毓秀。

■ 在眾多的蘇州園林中，獅子林留下的典故與傳說是最多的

　　獅子林裡的真趣亭就與乾隆皇帝有關。當年乾隆帝下江南，到了獅子林，在假山群裡轉了半天方才走出，被折騰得暈頭轉向，但對玲瓏剔透的太湖石假山讚美不已。這時，獅林寺一位叫黃熙的老和尚請求皇上賜題。乾隆一時靈感枯竭，竟想不出好的詞語，於是揮筆蘸墨寫了「真有趣」三個大字。那時大臣們面面相覷，這樣鄙俗的字句，如何用得。好在那老和尚黃熙是狀元出身，見了御筆親題，不慌不忙地向前啟奏道：「蘇州土地平薄，御賜這三個大字恐怕載不起，可否分一字賜給臣僧，拿去供奉在佛殿上吧？」於是「真有趣」改為了「真趣」，非常雅致，至今乾隆御筆「真趣」題匾還高掛在蘇州獅子林真趣亭中央。

　　乾隆對獅子林的偏愛遠不止於此。乾隆皇帝回京時命人將景物繪製成圖樣後帶回京，在長春園的東北部仿建了「獅子林」，並同時在承德避暑山莊內也仿建了一座「獅子林」，取名為「文源獅子林」。至此承德避暑山莊的「文源獅子林」、圓明園「獅子林」和蘇州「獅子林」就形成了南北三獅「競爭」的有趣局面，在園林史上被傳為佳話。

　　獅子林裡面的假山極富特色，面積雖不大，卻有很多山洞山道，不

要說是乾隆這樣的凡夫俗子，就連仙人鐵拐李也曾經為這裡的假山所困，並輸了一盤棋，至今留下了棋盤在此。一天鐵拐李和呂洞賓路過蘇州，老遠望見獅子林裡的獅子峰，決定下凡塵去見識一番。進了獅子林假山群，一拐一拐的鐵拐李走得慢，與呂洞賓走散了，遠遠地望見呂洞賓就在前面，可是怎麼也繞不出假山與他碰頭。鐵拐李心急慌忙，坐在山洞裡發急。呂洞賓平日裡下棋一直輸給鐵拐李，心想這次機會來了，就和鐵拐李約定在假山洞下一盤棋，要是鐵拐李贏了，就馱他出來。鐵拐李一口答應，因為往日下棋自己贏多輸少，不料這次因為身陷假山，心神慌亂，被呂洞賓殺了個片甲不留。沒辦法，鐵拐李只好厚著臉皮，向呂洞賓求饒。呂洞賓這才馱了鐵拐李繞出假山。

網師園與美國紐約的「明軒」有何關聯

　　網師園是蘇州園林中的傑出代表，是第一批列入世界文化遺產名錄的四個園林之一。整個園子分為東中西三部分，東部以住宅為主，中部以彩霞池為中心構建園景，西部為一個獨立的殿春簃小院。網師園之所以揚名海外，殿春簃這個小院功不可沒。美國紐約大都會藝術博物館內的明軒即仿殿春簃而建的。「簃」（一ˊ），是一個古字，指高大屋宇邊用竹子搭成的小屋。「殿春」，指春末。殿春簃過去是一個芍藥圃，春季芍藥開花最晚，宋朝大詩豪蘇東坡有「多謝化工憐寂寞，尚留芍藥殿春風」的詩句。整個小院占地不到一畝，景觀卻很豐富，富有明代庭園「工整柔和，雅淡明快，簡潔俐落」的特色。小院布局合理，獨具匠心，主體建築將小院分南北兩個空間，北部為一大一小賓主相從的書房，是實地空間，但實中有虛，藏中有露，屋後另有天井。南部為一大院落，散布著靈璧山石、涵碧清泉及半亭。南北兩部形成空間大小、明暗、開合、虛實的對比，整個殿春簃以詩立景，以景會意，是古典園林小院建築的精品。

1978年，美國紐約大都會藝術博物館的友好人士來蘇州參觀遊覽，被蘇州園林所陶醉，決定仿照殿春簃小院，分翠大洋彼岸。因為仿造園林是按明代建築特色而設計建造，故取名為「明軒」。明軒由蘇州園林工匠設計建造。明軒的建造轟動了紐約。施工期間，美國前總統尼克森幾次前去參觀，季辛吉博士等要員也數度前往。經中國國務院特批，工程所用輔木從四川採伐，並專為此工程恢復了蘇州陸墓御窯燒製磚瓦。經過5個月的施工，庭園的全套預製構件順利完成，當年年底，分裝成193個大箱漂洋過海。1980年3月，明軒落成。庭院建在二樓的玻璃天棚內，陽光燦爛，四季如春，光亮、溫度、溼度都被嚴格控制。明軒全長30公尺，寬13.5公尺，四周是7公尺多高的風火山牆。內有屋宇、曲廊、山石、碧泉、花木、小庭，運用以小見大、寓平以奇的手法，形成了「多方勝景，咫尺山林」的意境，展現出蘇州古典園林淡雅簡樸、自然而又富於變化的藝術風格。作為蘇州園林的代表，明軒開創了中國園林藝術走出國門的先河，為東西方文化交流架起了一座橋梁。

■ 為何蘇州人常說「假虎丘真劍池」

　　虎丘號稱「吳中第一名勝」，是蘇州城的代表。蘇東坡曾經說過這樣一句話：「到蘇州而不遊虎丘，乃為憾事也」，可見人們虎丘的重視和偏愛了。而蘇州人常說的「真劍池，假虎丘」就是針對虎丘風景區內二仙亭邊的「虎丘劍池」題刻而言的。這四個大字本來都是唐代著名書法家顏真卿所書。顏體素有「蠶頭燕尾」之稱，受到歷代文人的推崇。遺憾的是，當年顏真卿所寫的這四個大字經過多年的風霜侵蝕，受了不同程度的破壞，尤其是「虎丘」二字逐漸地剝落淹沒。到明代，蘇州太守馬之駿請當時著名的石刻大師章仲玉將「虎丘」二字進行描摹補刻上去。但是不知道是因為心理作用，還是章大師確實沒有描摹出顏體的精髓，後人始終覺

得「虎丘」二字就是沒有「劍池」二字寫得好，缺乏一點力度。所以蘇州人中流傳「假虎丘真劍池」之說。

或許大家會問「憑什麼說虎丘二字沒有劍池二字寫得好呢？」如果細看的話，確實是有些不同的。你仔細地看「虎丘」虎的一撇和「劍池」劍的一撇，就可以看出二字的差距，「劍」的一撇給人感覺如劍出鞘，非常淋漓酣暢，而「虎」的一撇則收尾圓潤有餘，剛勁不足。這是對「假虎丘真劍池」之說最為普遍的理解。還有一種說法是認為這句話暗示著闔閭墓的祕密，因為劍池的東西兩壁懸崖陡立是天然形成的，而虎丘的後山則是由人工用土壘建而成的，目的就是為了掩蓋吳王闔閭的墓。這種說法有一定的可信度，可惜的是我們並沒有確鑿的證據支持，只是停留在猜想推測階段。

虎丘劍池下究竟有沒有吳王闔閭墓

虎丘最神祕、最吸引人的古蹟就是劍池了。相傳劍池下面就是春秋時期吳王闔閭的墓。進入「別有洞天」圓洞門，我們可以看到兩片陡峭的石崖，底下是一池清水，劍池呈狹長形，南稍寬而北微窄，模樣頗像一口平放著的寶劍，當陽光斜射水面時，給人寒光閃閃的感覺，即便是炎夏也會覺得涼颼颼的。石壁上長滿苔蘚，藤蘿野花又像飄帶一樣倒掛下來。透過高聳的岩壁仰望塔頂，有如臨深淵之感。古時劍池水終年不乾，清澈見底，可以飲用。唐代李秀卿曾將劍池水評為「天下第五泉」。據方志記載，劍池下面是吳王闔閭埋葬的地方。劍池的得名有一種說法是因為闔閭把生前喜愛的「專諸」、「魚腸」等三千寶劍作為殉葬品埋在他的墓裡，也就是劍池底。但《元和郡縣志》中記載秦始皇和孫權都曾鑿山穿壁尋找寶劍，卻一無所獲。所以，劍池究竟是怎樣形成的，吳王墓是否在劍池下面，說法頗多，莫衷一是。

1955年整修虎丘，蘇州市政府在疏濬劍池的時候曾刷洗苔蘚，核實劍池東側岩壁上確實有明代長洲、吳縣、崑山三縣令吾翕等人以及唐寅、王鏊等人的石刻記事兩方。石刻記事載有明正德年間劍池水乾，池底發現吳王墓門的簡單情況。後來又抽乾池水，出清汙泥，看到劍池兩壁自上到底切削平整，池底也很平坦，沒有高低欹斜現象，應該是人工鑿成。池南還有一個土壩，與石壁三面相連，低於一般水位三尺左右，是人工築成用作蓄水的。池北最狹處，還發現了一個洞穴和向北延伸一丈多長的隧道，盡頭處為一喇叭口，前有1多隙地，隙地前有用麻礫石人工琢成的長方石板四塊，一塊平鋪土中作底座，三塊橫砌疊放著，好似一大碑石，由於長期受池水侵蝕，顯露出橫斜稀疏的石筋。這種形制，應該是一種洞室墓的墓門。劍池是豎穴，南北向，池底的石穴是通路，這和春秋戰國時代的墓制形式是完全相符的。從虎丘後山由泥土堆成和上述種種跡象分析，劍池很可能是為了掩護吳王墓而設計開鑿的。墓門後面也很可能存在某種祕密。但是劍池下是否有墓，如有墓則是否確為吳王墓，在未經考古發掘證實之前，仍然是千古之謎。

■ 為何說「北有長城，南有盤門」

　　蘇州城的盤門古稱「蟠門」，刻木作蟠龍，以示鎮伏越國。又因「水陸縈迴，徘徊屈曲」而名盤門。現存檔門是元代重建的，歷經明、清兩代多次重修。盤門城樓是近年新建的，是傳統的木結構兩層重檐歇山式建築，面闊三間，周圍設迴廊。城樓高11.3公尺，寬15.48公尺，進深8.65公尺，外形古樸蒼勁，蔚為壯觀。

　　盤門是全世界唯一保留完整的水陸並列古城門，具有極高的歷史文物價值。水城門由兩重拱式城門和水甕城貫穿而成，兩重水城門全部是用條石築砌成拱形門洞，可以容納兩條船並肩而過。洞門河床底鋪墊著

一層楞木或石板。水甕城東南隅內側修建的洞穴式通道，高 1.80 公尺，寬 0.9 公尺，仄而陡直，古時為守軍上下祕密觀察和啟開閘門之用。水城門拱券有閘槽，有絞關石，城臺上的絞關石可沿閘槽升起落下，以此來開啟或關閉水城門，這既是一種軍事防禦設施，又可以控制城內河道的水位，便於防洪洩洪。水閘用絞關可隨時開閉，這種周到的戰備與防洪設計，是古代築城史上因地制宜的創舉。

陸城門的中央，是一個「口」字形的甕城，口小腹大，南北向寬 44 公尺，東西進深 44.5 公尺，四周的城垣高達 8.8 公尺，全部是用長條石和特製的城磚築砌而成，陡峭筆立，壁壘森嚴，敵人一旦進入第一道門，守軍可放下閘門，截斷其退路，如同甕中捉鱉，可把進入甕城的敵軍全部殲滅。東西兩重陸城門結構奇巧，它們不在一條中軸線上，內門在南端，外門在北端，形成斜交，這與北方的建築風格迥然有別。這樣的結構可以迷惑敵人，隱蔽第二道城門。城頭上有絞關石，守方可以根據戰事的需要，利用力學原理，隨時啟動千斤閘，即使敵方強行突破第一道城門，還有第二道城門可以固守。可謂古代軍事防禦設施的經典之作。

古城牆是盤門的一個重要組成部分。盤門城牆全長三百多公尺，高五公尺多。從城垣北側石板坡道登上城牆，可以看到整個陸門、水門甕城的布置和結構全貌。城牆上的雉堞、堆口、射孔、炮洞、閘口、絞關石、天井均歷歷在目。

作為蘇州八大城門之一的盤門，是中國僅存的水陸城門，雖形制小但軍事防禦功能不弱，難怪中國著名的古建築專家陳從周先生有「北有長城之雄，南有盤門之秀」如此評價。

水鄉古鎮「木瀆」、「同里」、「甪直」的名稱由來

　　木瀆是與蘇州古城同齡的水鄉古鎮。木瀆位於蘇州城西南 10 公里處，西南距太湖 5 公里。胥江、香溪於此交會，靈岩、天平、獅山、橫山、堯峰等吳中名山拱列四周，形似一環天然的綠色屏障。境內風光秀麗，物產豐饒，又恰在群山環抱之中，故有「聚寶盆」之稱。2,500 多年前的春秋末年，吳越紛爭連綿，越王勾踐敗於吳國之後，向吳王夫差獻上了越國美女西施。夫差十分寵愛西施，為她在靈岩山頂修築館娃宮，又在紫石山增建姑蘇臺。這些工程浩大，需要運大量的木材到山頂，「三年聚材，五年乃成」，源源不斷從水路而來的木材堵塞了山下的河流港瀆，「木塞於瀆」，「木瀆」的地名由此而來。

　　同里，舊稱「富土」，唐朝初年，因為這個名字太過侈奢，改為「銅里」，宋朝，又將原來的「富土」兩字相疊，上去點，中橫斷，拆字為「同里」，沿用至今。同里古鎮風景優美，鎮外四面環水，古鎮鑲嵌在同里、九里、葉澤、南星、龐山五湖之中。鎮區被川字形的 15 條小河分隔成 7 個小島，而 49 座古橋又將小島串為一個整體，建築依水而立，以「小橋流水人家」著稱，素有「東方小威尼斯」之譽，是江蘇省保存最為完整的水鄉古鎮，也是省重點文物保護單位，名列太湖 13 大景區之一。同里的特點在於明清建築多，水鄉小橋多，名人志士多。鎮內有明清兩代園宅 38 處，寺觀祠宇 47 座，有士紳豪富住宅和名人故居數百處之多。

　　甪直原名為「甫里」，因鎮西有「甫里塘」而得名。後來由於鎮東有甪港通向六處，水流形有酷似「甪」字，故改名為「甪直」。與甪直得名相關的還有一個民間傳說。相傳古代有一個叫「甪端」的獨角神獸巡察神州大地，路經甪直時見這裡是一塊風水寶地，不願離去，成為甪直的保護神。因此，

直有史以來沒有發生過戰爭或者旱澇災害，人們年年豐衣足食。直歷來享有江南「橋都」的美稱，一平方公里的古鎮區原有宋、元、明、清時代的石拱橋72座半，現存41座。石橋造型各異，各具特色，古色古香。建於西元503年的直保聖寺，寺內唐代著名雕塑家楊惠之所塑的九尊泥塑羅漢雖歷經千年滄桑卻仍然保存完好。

虞山和尚湖因何得名

虞山和尚湖是常熟最著名的旅遊景點，有著豐富的歷史文化積澱。虞山古稱「烏目山」，因紀念吳文化始祖虞仲而更名。虞山海拔261公尺，綿延9公里，峰巒回環，林木蔥鬱，分別有吳文化遺址和元、明、清軍事遺址以及部分革命遺址。

尚湖因姜太公前來釣魚而得名。姜太公，就是西周大名鼎鼎的宰相姜尚。商朝末年，紂王失德，荒淫無度，廢皇后，立妲己，囚忠臣，用小人，謫太子，對宮女刑「蠆盆」，對諫臣使炮烙，弄得滿朝文武閉口不言，宮廷上下眾叛親離。姜太公悄悄躲避到遠離商都的東海邊，住在虞山的石室中，每天與樵夫談天說地，或到湖中釣魚取樂。姜太公釣魚，十分奇特，別人釣魚，都用魚鉤，而他釣魚，只有一桿一線一竹絲，並無魚餌，可是，他也能釣到大魚。當地漁夫、樵夫都常常去看他釣魚，他也以此為樂。「姜太公釣魚，願者上鉤」的典故就是從這裡來的。後來，他把這種釣魚絕活傳給了當地老百姓，至今尚湖周圍的人常用這種方法釣魚。

除此以外，他還有看相、占卜、治病的本領。他時常給人看相、占卜、治病。據說，他看相、占卜十分靈驗，看病也能藥到病治。可是他替人看相占卜不收錢，治病解憂不收物，釣到的魚兒分給眾百姓。他常

與這些百姓聊天，講一些安民治邦帶兵打仗的方法和做人的道理。沒過多久，當地百姓都被他調教得彬彬有禮。大家都稱他為活神仙。後來姜太公離開虞山，一路風塵趕到西岐，在渭水之濱與西伯侯相遇，成為西伯侯的重臣。太公輔助西岐施仁政，伐紂王，平定天下，成為周朝的開國元勛。常熟百姓為紀念這位不遠萬里前來常熟隱居的西周宰相姜尚，便把西湖起名為尚湖。

為何郭沫若先生稱讚「太湖佳絕處，畢竟在黿頭」

　　黿頭渚位於無錫西南郊的太湖之濱，是一個伸入湖中、三面鄰水的半島，因形如黿頭而叫黿頭渚。黿頭渚獨占太湖最美一角，以其山不高而秀雅、水不深卻遼闊的無邊風月以及早中晚晴陰雨景緻各異的神奇變幻和春花秋月夏荷冬雪的四時之景吸引著歷代文人墨客和無數中外遊人。當你站在黿頭渚，放眼遠眺，煙波浩渺的太湖奔來眼底，濃淡相宜的七十二峰飄渺可辨。她既有海的雄偉，又有湖的秀麗，無愧是一派山外有山、湖中有湖的天然山水畫，是觀賞太湖風月最為理想的遊覽勝地。難怪郭沫若暢遊太湖後，做出了「太湖佳絕處，畢竟在黿頭」的評價，可謂是點睛之筆。

　　江南的名山很多，但在無錫惠山的惠山寺金剛殿的背面卻懸掛著一幅「江南第一山」的匾額，這是為什麼呢？

　　歷史記載，曾有名叫慧照的西域僧人來此山傳播佛法，成為這裡的開山祖師。他廣交社會名流，名氣很大，後人就以他的名字命名此山，稱「慧山」。「慧」與「惠」相通，惠山因此設名，並開始累積起惠山豐厚的人文底蘊。同時惠山逶迤磅礡，林壑優美，清泉間流，景色怡人。清

朝乾隆皇帝6次下江南，每次都要遊惠山，品茗二泉。他在遊江南諸山後道出了自己的真實感受。他認為，揚州繁華但無真山真水，鎮江金山雖佳，但孤峙江心，登臨每懷「戒心」。蘇州虎丘掛有「第一名山」的匾額，但乾隆卻不以為然地傳命撤除。他認為唯有惠山「幽雅嫻靜」。所以當地民間傳說惠山稱「江南第一山」的稱號是乾隆皇帝封的，看來不是沒一點根據的。

其實，「江南第一山」的構思是唐代茶聖陸羽提出，經宋代蘇東坡的積極宣導，最後由乾隆確定的。

中國「五方五佛」之無錫靈山大佛

靈山大佛位於無錫馬山祥符寺後的小靈山上，因小靈山而得名。這是一座88高的露天青銅釋迦牟尼立像。建這尊堪稱世界之最的佛像是中國佛教界近百年來最大的一件盛事。宏偉莊嚴的大佛促進佛教文無錫靈山大佛化交流，滿足海內外廣大佛教信徒宗教生活的需要同時也寓意世界和平，增加人文景觀。靈山大佛成為了太湖明珠——無錫的標誌之一，對社會文化和經濟發展具有重大意義。靈山大佛的建造在中國形成了五方五佛的圓滿格局。東南西北中分別有無錫靈山大佛、香港天壇大佛、四川樂山大佛、大同雲岡大佛、洛陽龍門大佛，五佛聳峙，遙相呼應。

五佛中，靈山大佛占有重要地位：首先，靈山大佛是「世界第一大佛」，高88公尺，比號稱「世界獨一無二的巨像」紐約自由女神像高42公尺，也比「山是一座佛，佛是一座山」的樂山大佛高17公尺。其次，靈山大佛採用錫青銅材鑄造，共用700噸銅，是自由女神像的3倍。最後，靈山大佛的建造採用了當今的高新技術，能防岩層滑坡和岩石風

化，可抗 7 級地震和 12 級以上大風，而且防雷，還設有煙警、溫警兩套警報系統，造成自動灑水降溫、防火的作用。靈山大佛的建造，不僅僅是創下一個新紀錄，更主要的是它將在宗教文化、社會文明、經濟發展等方面產生巨大的影響。

■ 宜興「洞天」與「竹海」之妙趣 ■

宜興雅稱「洞天世界」，境內山巒中汩汩流動著千百萬年的地下水，侵蝕著群山石灰岩的肚腹，形成了一個又一個神話般的溶洞奇觀。現已探明的石灰岩溶洞有 80 多個。這些溶洞集「古、大、奇、美」於一體，千姿百態，神奇古怪。溶洞以善卷洞、張公洞、靈谷洞最為著名，尤以洞齡 3 萬多年的善卷洞最具特色。

善卷洞具上中下後四層，層層相連，洞洞相通，宛如地下宮殿。善卷洞最奇之處是下洞和水洞。下洞又名「瀑布洞」，雨後飛瀑流水直瀉懸崖壑底，奔放澎湃。與後洞相連的水洞是寬達 6 公尺的古地下溪河，可常年通舟。洞內五光十色，自然典雅，神祕色彩、童話色彩濃郁，被譽為「海內奇觀」和「萬古靈跡」。靈谷洞位於江蘇省宜興市的陽羨茶場境內，距市區 30 公里，東北與張公洞相近，西南與慕蠡洞、西施洞相距不遠。總長 1,200 公尺，面積 8,100 平方公尺。

如果說宜興洞天世界內的善卷洞以洞中有河、水洞通舟稱著，張公洞以洞中有洞、一線通天占魁，那麼靈谷洞則以洞中有山、絢麗多姿、博大精深見長。該洞洞身幽邃，洞中有七座奇異的石廳。有的石廳穹頂有著恍如天上銀河的奇景，那是由白色鐘乳石構成；有的石廳景色如冰天雪地；有的石廳景色又如南國風光；有的石廳穹頂和地面都橫貫著彷彿是流動著的河流，其實那是鐘乳凝成的景象，人們把這裡稱之為「百川歸海」；有的石廳內鐘乳凝成石筍狀如座座佛像，贏得了「千佛山」的

美稱。靈谷洞被譽為「靈谷天府」或稱為「仙府神宮」。

「竹海」是宜興的又一大特色。宜興盛產竹，自古便有「竹的海洋」之稱。竹海縱橫八百里，連綿蘇、浙、皖三省幾十萬畝，秀麗壯觀。竹海風景區位於竹的海洋中心，景區中心面積一萬畝，有「華東第一竹海」、「太湖第一源」和「蘇南第一峰」之稱，是中國竹風景、竹風情和竹文化的代表性景區。風景區內山清水秀，一日之內四季之間奇趣天成。步入林區，便見山連山，峰連峰，滿山翠竹，無邊無際。這裡還有古書、石林、水庫、洞溪等景觀。成片竹林蔚然成海，高低交錯，生機盎然。有自然生態的山水文化，寂照寺的宗教文化，有清風洞的溶洞文化，有竹種園的竹文化，有三省交界的地域文化等充滿陶都宜興地方風情的文化。竹海風景區，文化無所不在，景觀無處不秀。

神祕的春秋淹城

春秋淹城是中國保存最古老、最完整的春秋時期三城三河的地面古城遺址，距今已有約 3,000 年的歷史。

關於淹城的來歷，東漢袁康在《越絕書・吳地傳》中有所記載：「毗陵縣南城，故古奄君地也。」這可能是能夠找到淹城的最早記載。古奄國地處今天的山東曲阜，曾一度作為商代的都城，盤庚遷都後，成為了商的諸侯國直到周朝。西元前 1026 年，13 歲的周成王姬誦即位，由周公旦攝政，當時商朝的一些殘餘勢力以商紂之子武庚為首，聯合了一些諸侯國發動叛亂，奄國是其中之一。當歷時三年的戰爭以周朝的勝利而告終時，周朝把原屬奄國的土地分封給了周公的長子伯禽，這便是後來的魯國。奄國的一部分人做了魯國的奴隸，另一部分貴族和民眾從山東逃到了江南，在這裡鑿河為塹、堆土為城，仍稱為「奄」，因為古代「奄」和「淹」字通用，所以有了「淹城」之名。

天寧禪寺與乾隆皇帝的傳說

天寧禪寺坐落在常州延陵東路，它的特點是殿宇巍峨壯觀、佛像高大莊嚴、磚木雕飾豔麗、歷代名僧輩出。

崇尚佛教的乾隆皇帝六下江南，其中曾三次到天寧寺拈香禮拜，第一次賜給方丈「銀牌荷包」，第二次賜給方丈「紫衣」，第三次除御筆題寫「龍城象教」外，還為大雄寶殿題撰楹聯：合相正三摩，光融西竺；眾香超萬里，界現南蘭。乾隆皇帝在天寧寺還專門吃過素齋。據民間傳說，有次乾隆皇帝在吃素齋時，想試試寺僧是否遵守佛門吃素的規矩，就特地賜給方丈一盤雞蛋。方丈一看是雞蛋，收也不好，不收也不行。於是，他念頭一轉，滿臉笑容地把雞蛋一個一個往袈裟裡裝，悉數收下，並口占七絕一首：「皇上賜我一盤桃，又無核來又無毛。老僧帶你西天去，免在陽間吃一刀！」乾隆聽了哈哈大笑。據說，從此天寧寺的和尚便可以吃雞蛋了，因為這是乾隆皇帝的「恩賜」之物。

紅梅閣因何得名

據志書記載，坐落於常州市紅梅公園內的紅梅閣始建唐昭宗年間，距今有 1,000 多年的歷史，原為薦福寺的一部分，屢經毀建。宋代這裡曾作為貢士試院，後成為重要的道教建築。相傳，道教南派祖師張伯端在此聚徒修煉，並著有《悟真篇》一卷行世。

紅梅閣因四周遍種紅梅，盛開時燦爛似霞而得名。清代著名史學家、詩人趙翼就如此讚美過紅梅閣的春景：「出郭尋春羽客家，紅梅一樹燦如霞。樵陽未即遊仙去，先向瑤臺掃落花。」這裡的羽客，就是指道士，而瑤臺呢，指的是紅梅閣，它形象地說明了當時紅梅盛開的情景。清光緒二十六年（西元 1900 年）〈重建紅梅閣記〉碑文上說：「閣高六丈

有奇，四周闠闠……其上金碧交輝，巍然對峙者，天寧寺之九連閣也。北窗洞啟，碧梧翠竹間紅梅在焉。花如絳雪，香沁心脾，耆奇者遐想仙蹤，往往低回之不欲去。」足見這裡景色宜人，令人流連忘返。

　　紅梅閣原名飛霞樓，得現名還有一個傳說。元朝至正年間，有個叫龔子彬的縣吏在紅梅閣內編造獄冊，每天由家中婢女送飯給他吃。一天，他外出回來，已經十分飢餓，卻不見婢女送飯來，於是怒氣沖沖回家責打婢女，不料誤打在腦袋上，使其斃命。第二天早上，他在案桌上方的遮塵板下，發現了昨日的飯菜，才省悟到自己冤枉了婢女，不由得悔恨萬分，一時感慨道：「此間積案如山，焉知無枉乎？」於是，一把大火燒掉了全部案卷，然後到常州府臺自首，後被判充軍雲南。恰巧府臺是雲南人，就託龔子彬捎封信給家裡。

　　龔子彬被押解上路，剛出城門，迎面來了位鶴髮老人願與他們同行。說著，順手將一根樹枝折成手杖，又解下腰間的絲帶，讓龔子彬跨上手杖拉著絲帶，閉上眼睛，霎時間只覺耳邊生風，腳底生雲。不到半個時辰，便來到一座紅梅盛開的城市，原來已到雲南。龔子彬驚喜之餘，當即進城為府臺投遞家書，府臺父親見信函日期還是當天日期，問明緣由後不由驚嘆，為感謝龔子彬及時送信，就請當地官府給假，讓龔子彬仍回常州。龔子彬等人跨上手杖拉著絲帶又回到常州。府臺還以為他們尚未動身，待見到回信，驚疑不止。於是龔子彬拿出從雲南折回的紅梅作憑證，府臺這才相信。這數枝紅梅種植在飛霞樓周圍，後來便透發新芽，含苞怒放，燦爛似霞。從此，飛霞樓就改名紅梅閣。

■ 天目湖「三絕」

　　天目湖位於常州市所轄溧陽市以南 8 公里處，是蘇浙皖三省的交界地。它東鄰太湖和陶都宜興，西接六朝古都南京，南連皖浙，距常州市

區80公里，歷時1小時。湖區內坐落著沙河、大溪兩座國家級大型水庫，享有「江南明珠」之稱。因其屬天目山餘脈，故名「天目湖」，是江蘇省五大旅遊度假區之一。

天目湖有「三絕」，即：水甜、茶香、魚頭鮮。

◆ 水甜

天目湖水由8條支流及48條溪澗彙集而成。湖水澄碧透亮，沒有一絲汙染。當初為了有效地保護區內良好的水環境，1995年起對天目湖周邊的各大飯店汙水處理設備進行了改造，採用埋地式無動力生活汙水淨化裝置。汙水經過處理達到排放標準後，統一向外排放，並從源頭卡死汙染物的進入，成功地保持了區域內水環境的品質。經過省環保部門的測定，天目湖水也是江蘇省境內目前水品質最好的，被譽為華東地區不可多得的一方淨水。

◆ 茶香

溧陽氣候溫和，四季分明，年平均氣溫17℃～20℃左右，冬季氣溫一般在-6℃上下。雨量充沛，年降水量約為1,400～1,600毫米，春夏季雨水較多，約占全年降水量的60%～75%左右，非雨季時日照充足，秋冬季無霜期長。蜿蜒起伏的丘陵山區環境優美，土壤為礦物成分較高的紅壤，有部分黃壤和沖積壤，非常適合茶樹的生長。天目湖的茶葉一般一年只摘春、秋兩季：春季以開園採摘日起至農曆的小滿之前為止；秋季則從農曆立秋造成霜降止。春季氣溫適中偏低，光照強度較弱，有利於茶樹氮的代謝；而碳的代謝和糖類化合物合成較為緩慢，所以這個季節所出的茶葉嫩質柔，富有光澤，葉肥毫多，色澤翠綠。秋季改採的秋茶品質則要略低於春茶。溧陽所產的茶葉條索緊，色澤翠綠，毫白而多，沖泡的茶香氣清純，優雅持久，滋味鮮爽醇和，有「形美、色翠、

香濃、味純」四絕之稱。如今，溧陽茶葉已形成了壽眉、翠柏、碧螺春、青鋒、桂茗等五大系列名茶。

◆ 魚頭鮮

　　指的是天目湖名菜「砂鍋魚頭」，它的特點是「鮮而不腥、肥而不膩、湯汁乳白、原汁原味」。它選用天目湖出產的大頭灰鰱，去鱗去鰓，盡除內臟，洗淨剁下魚頭，放入砂鍋，注入天目湖水，輔以多種精選調料，撇去浮油，用小火久煨而成。湯潔白如乳，肉白透紅。這道菜餚必須用天目湖的魚、天目湖的水製作而成，因天目湖的汙染少，湖底又是沙石鋪成，故出產的大頭灰鰱魚鰓沒有其他異味，充分保持了魚的本質，做出來的「砂鍋魚頭」湯極其鮮美，香氣四溢，得以名滿四方。

為何常州園林多以一字命名

　　據史料記載，常州地區有園林45所。如果從隋所建的周圍12里、制度仿洛陽西苑、華麗更超西苑的毗陵宮（離宮）算起的話，至今已有1,300多年的歷史。明清時，常州園林曾盛極一時。常州園林不僅多，而且取名怪，只以一字命名，如近乎似園的「近園」、約乎成園的「約園」、取意成園的「意園」、半稱為園的「半園」、暫稱為園的「暫園」，及尚未成園的「未園」等等。其中有些如此取名固然是園主的自謙，另外還因常州有一位聞名的園林藝術大師戈裕良而使他們不敢貿然稱園有關。

　　明末清初著名疊石家戈裕良原是畫家，後以造園為業。他運用繪畫技法於假山設計，既繼承了晚明簡樸的風格，又富有乾嘉年間精雕細鑿的匠心。蘇州的環繡山莊、常州的燕園、如皋的文園、揚州的小盤谷、儀徵的樸園、江寧的五松園皆出其手。

　　著名園林專家劉敦楨教授在《蘇州古典園林》一書中讚揚戈裕良所造

的環繡山莊：「就藝術水準而言，蘇州湖石假山當推第一。」戈裕良看了獅子林等處的山石堆法，都大不以為然。他認為，獅子林石洞皆界以條石，不算名手，如果採用造環橋法，只要將大小石鉤帶連繫，可以千年不壞，要如真山洞壑一般，然後方能稱手。

■ 文筆塔──常州人文薈萃的象徵 ■

位於紅梅公園內的文筆塔建於南齊建元年間，距今已有 1,500 餘年的歷史，原名太平講寺塔。據《武進縣志》記載：塔好像一枝巨筆，每當塔頂祥光出現，當年府人參加科舉考試就有得第一名的可能，文筆塔也就由此得名。

文筆塔屢經滄桑，幾毀幾建。尚存的文筆塔身為晚清建築，僅蓮瓣狀古塔基座為南齊遺物。中國常州市人民政府為保護文物古蹟，於 1981 年撥款修復文筆塔，耗資 50 餘萬元。現在的文筆塔七級八面，高 48.38 公尺，底層外徑 9.85 公尺，為樓閣式磚木結構，塔基由八角形花崗岩條構築而成，高 80 公分，八角形花崗岩須彌座高 1 公尺，每面浮雕花瓣。塔身每級設四個拱門，塔內有旋梯可供遊人攀登。

不少應試學者和商人來此總不忘了登塔。據說，常州清代史學家趙翼的父親不信登塔有靈感，結果趙翼本該是一甲一名的狀元，可是乾隆皇帝閱卷欽定時，見第一、二名皆是江浙人士，第三名為陝西王傑，問道：「本朝陝西曾有狀元否？」得知未有，他便將趙翼和王傑名次做了對調，過後言：趙翼文自佳，然江浙多狀元，無足異；陝西則本朝尚未有，即與一狀元，也不為過。趙翼因此由狀元易為探花，於是當地民眾對登塔有祥光先兆就更加堅信不疑了，古塔成為常州「文人甲天下」的象徵。為什麼商人也忘不了登塔呢？因為文筆塔四個拱門面向四方，而八個角代表八方，財從四面八方來，會給經商者們帶來生意興隆，吉祥如意。

常州歷代人文薈萃。當代的繆進鴻先生對先秦以來全國400多座城市傑出的學者、專家、名人的地域分布進行統計，結果常州位居於蘇州、杭州、北京之後位列第四。清代著名思想家、詩人龔自珍就發出了「天下名士有部落，東南無與常匹儔」的讚嘆。據相關文獻所記，自唐代開科取士至清末廢止科舉制度的1,300多年間，常州地區（含金壇、溧陽）共出了15位狀元、11位榜眼、16位探花、1,947位進士。中試人數之多，令朝野震驚。

　　常州還湧現出了大批政治、歷史、文學、書畫、科技、戲曲等方面的優秀人才。常州清代史學家趙翼曾稱讚常州人才濟濟，借用他的「江山代有人才出，各領風騷數百年」的名句，來頌揚常州文明肇始、代有才人的光輝歷史是最確切不過的了。

■ 康熙和乾隆皇帝為何每次下江南必到鎮江 ■

　　康熙、乾隆這祖孫兩代清朝皇帝曾多次南遊，而且每次都會在鎮江停留。為此民間有很多傳說，其中流傳最廣的要數「乾隆尋父」了。

　　傳說雍正並非是乾隆皇帝的親生父親。由於雍正一生沒有兒子，到了五十多歲時，皇后又為他生下了一個女兒，雍正十分鬱悶，這時他聽說陳閣老的夫人與皇后同天生下了一個男孩，於是降旨命陳家將新生兒帶進宮，可是當陳家接回孩子時卻變成了女孩，陳夫人連嚇帶氣一命嗚呼，陳閣老也出了家。雍正死後，乾隆繼位，這時乳母向其道出身世，乾隆十分震驚，發誓要找回父親。他打聽到父親出家到了鎮江的金山寺，於是就一次次到鎮江金山寺巡遊，暗地裡查訪，但始終沒有結果。

　　為弄清真相，乾隆在第六次到金山寺時下旨替每位金山寺和尚製作袈裟，共製作了544件，可是這第544件袈裟卻無人接受，一問方知有一法號為「八叉」的瘋和尚並未出來迎駕，乾隆一聽執意查看，只見小禪

房裡一個衣衫不整、形容枯槁的老和尚端坐在蒲團之上，蒲團前的一雙鞋子倒放，舉止瘋癲怪異。乾隆回京後跟乳母提及此人，乳母大呼：此人就是你的生父啊！「八叉」則是「父」，鞋子倒放，則是「孩子到了」的意思（鎮江方言中「鞋子」念「孩子」）。乾隆聞言追悔莫及，急忙命人再去尋找，「八叉」和尚已不知去向，乾隆也再沒有南巡過。

傳說歸傳說。其實，康熙、乾隆屢次南巡，並次次都在鎮江停留是有政治意圖的。江南在清初是一個極其重要而又很不穩定的地區，是清廷經濟命脈的所在，但這裡的清政權卻不穩固，城市中市民鬥爭此起彼伏。在康熙五十一年，還出現過江寧、鎮江、揚州商民罷市，拒絕新督撫到任，要求減免稅額的事件。因此，這一切使清初的統治者對這一帶的安靖非常關注，康熙、乾隆作為清朝兩代具有深謀遠慮、真知灼見才能的政治家，自然會在局勢相對安定時利用南巡擴大聲威，更重要的是利用南巡了解民情，安撫江南廣大民眾。

「金山寺裏山，焦山山裏寺，北固甘露寺冠山」

鎮江雖處於江南，但山巒不斷，最出名的是「三山」，即我們常說的金山、焦山、北固山。清朝光緒之前，金山、焦山都在江中，北固山則直插江心，「三山」在長江中遙遙相對，相映成趣。隨著時代變遷、滄海桑田，由於長江的北移，除了焦山尚留在江中，金山現在已與陸地相連，北固山也不再有「驚濤拍岸，捲起千堆雪」的壯麗景象，可經過千年來鎮江人民對「三山」苦心營造，「三山」形成了各自的特色。

◆ 金山寺裏山

金山實際上並不高，海拔僅 43.7 公尺，為了使金山顯得挺立秀拔，古代工匠獨具匠心地在山頂修建了高 30 公尺的慈壽塔，大大延長了人們

對山體的視覺效果。由於金山的江天禪寺在佛教中地位很高，並受到歷代皇帝的青睞，因此寺宇的建築十分富麗堂皇，殿堂樓閣均依山疊建，遠遠望去只能見寺、見塔，卻不能見山，巍峨壯觀，頗有皇家風範。故而有「金山寺裏山」的美譽。

◆ 焦山山裏寺

焦山是鎮江「三山」中唯一一座仍傲立江中的山了，山高70，山峰像獅，是古代長江的入海口，故又稱海門。焦山滿山綠竹翠柏，古木奇藤，林間庭院樓閣隱逸於萬綠之中，給人從容、安寧的情懷。其實這正好應和了山間古剎「定慧寺」的禪意。「定慧寺」始建於東漢興平年間，以研究佛學著稱於世，是佛界弟子受業的淨土，因此它的建築沒有像金山那樣熱鬧，而是靜靜藏在群山翠柏中，遠眺去只見翠柏不見寺，所以說「焦山山裏寺」。

◆ 北固甘露寺冠山

北固山原來形似半島，後峰與中峰直入長江，洶湧的江濤奔騰足下，不停地擊打北固陡峭的山壁，發出陣陣轟鳴，氣勢特別雄偉。工匠為了更好地突出其險勢，更在北固山的最高處修建了著名的甘露寺，並將寺宇向西延伸，像一條青龍盤亙在山脊之上，蜿蜒在蒼穹之間，於是北固山就有了「寺冠山」的說法。

金山寺的山門為何朝西開

中國在地球的北半球，太陽在南面，為了增加採光和取暖，一般民宅大門都是朝南開，但金山寺的山門為何偏偏朝西開呢？傳說，金山寺的山門原也是朝南的，可是寺廟卻不安分，不僅屢遭火災，而且山門口常常聽到驚天動地的轟鳴聲，金山寺的方丈一直苦思不得其解。一日寺

外來了一個雲遊和尚，對寺廟的山門左看右看，末了對金山寺的方丈說：「金山寺的山門朝南正對著天上的南天門，得罪了玉皇大帝，所以金山寺屢遭火災，且雷鳴不斷。」說完便化作一縷仙煙而去，方丈一看知道是神仙點化來了，急忙連夜重修山門，改面南為面西，從此，金山寺果然平安下來。

其實，金山寺山門朝西是園藝家的精心之作。古代金山是江中小島，江水自西向東奔騰而下，遊人面西而立，放眼望去，便能見到「大江東去，群山西來」的雄偉壯麗景觀了，因此當時建造金山寺的工匠們以其獨到的慧眼，將山門設計為朝西而開，突出了江山如畫的詩情畫意，增加了金山寺山水的魅力。

「金山四寶」

「金山四寶」是指周鼎、文徵明的〈金山圖〉、諸葛銅鼓和蘇軾玉帶，它們是金山的鎮寺之寶。

周鼎為西周宣王時期銅器，距今約 2,700 多年，有銘文 12 行 134 個字，除「隧啟祺永寶尊彝」七字外，其餘都屬後人加刻，因而曾被人誤以為假，其實銅鼎是真的，它是在 1884 年由湖北漢陽人葉志生贈送金山寺收藏。

〈金山圖〉是明朝著名畫家文徵明的作品，由清朝兩江總督端方送入寺廟。圖畫中金山屹立於白浪之中，如浮玉飄搖，又似仙島飛來，島上殿宇樓閣，層層相依，氣勢不凡，畫中更有文徵明〈金山寺追賦〉詩一首，使整幅作品意趣盎然。

銅鼓是在雲南少數民族地區出土的，傳說是三國諸葛亮遠征南蠻時行軍打仗使用器物，既可作為飲具，又可作為戰鼓使用。其實這銅鼓並非漢器，而是明代物，由清代鎮江知府魁元在廣東獲得後送給金山寺的。

玉帶的來歷則頗有些戲劇性，它也是四寶中最早進山的寶物。它是宋朝蘇東坡和金山寺方丈佛印打賭輸給金山寺的。有一天，金山寺方丈佛印正在打坐，東坡來訪，佛印就開玩笑說：「學士此間無坐處。」蘇東坡自恃才高，也用佛語接到：「願借四大為座。」佛印見其有意賣弄，便與他打賭，說：「我有一問，如你答不出，將玉帶留給本寺。」蘇東坡欣然應允，佛印說：「四大皆空，五蘊非有，居士哪裡坐？」蘇東坡頓時語塞，隨即解下玉帶贈予寺廟。後來金山寺特地建了一座留玉堂，把玉帶放在那裡供人瞻觀，可過了一段時間，佛印和尚又怕玉帶損壞，於是又在白龍洞前仿玉帶式樣造了玉帶橋，來供人欣賞。清初玉帶被火燒毀四塊，乾隆下江南巡幸金山時命人補上並親筆題詩其上。玉帶原有玉20塊，後補的玉石質地和色彩與原來的不完全相同，可以十分容易地辨別出來。

■ 慈壽塔腳下的「天地同庚」與慈禧有何關係 ■

慈壽塔腳下花牆上有四個大字——「天地同庚」，據說是湖南八歲孩童李遠安所書，為何會寫這四個字呢？這裡有一個美麗的傳說。

傳說光緒年間慈壽塔重修，適逢慈禧六十壽辰，兩江總督劉坤一為諂媚「老佛爺」，便將慈壽塔作為壽禮獻給慈禧，並祝「老佛爺」萬壽無疆。慈禧聽說這寶塔不僅含著自己的名字，又矗立在江南名山之巔，的確是件不同凡響的禮物，不禁喜出望外，順嘴問到：「劉坤一，你祝我萬壽無疆，那你說我到底能活多久呢？」這一問不要緊，立刻嚇得劉坤一面如土色，心想這無論說多說少可都是砍頭的罪呀，正在左右為難，這時在百官之中有一個孩子敏捷地遞給劉坤一一張小紙條，他展開一看，如釋重負，急忙遞呈慈禧，慈禧一看原來是「天地同庚」四個字，於是君臣皆大歡喜。這個機智從容的孩子就是湖南八歲的孩童李遠安。後來這四個字被刻於慈壽塔腳下花牆之上，供萬人把賞。

中泠泉為何被譽為「天下第一泉」

與金山一樣,中泠泉原在江中。由於當時亂石將江水分成了三泠,泉水自中泠水下噴湧而出,因而得名「中泠泉」,又因它位於金山的西南處,故又稱「南泠泉」。

中泠泉的水質相當優良,沏茶清香甘洌,盈杯不溢,在唐代即聞名天下,當時人稱「茶聖」的陸羽在遊歷了眾多名山大川、品識了全國各大泉水之後,將天下好水共分為二十等,中泠泉被排在第七。不過,有道是:黃金有價,好水誰評,萬事也都「仁者見仁,智者見智」。另一位品茗高手、時任刑部侍郎的劉伯芻走遍天下後,又將天下好水分為七等,將中泠泉評為天下第一。可能是刑部侍郎的影響力大過「茶聖」,又可能鎮江人更中意「天下第一」的稱號,反正中泠泉是「天下第一泉」被天下人所接受。到了清代光緒年間,鎮江知府、書法家王仁堪親筆題書「天下第一泉」,並對早在1860年前後登陸、被人鑿池保護起的中泠泉進行了大規模地整修、拓建,構築了土堤,栽植了花草樹木,並在周圍修建了一座八角亭——「鑒亭」和一座中泠閣,使更多人能有幸駐足於此。伴著「天下第一泉」的秀姿,品嘗「天下第一泉」泡製的香茶,真是何等快意啊!

聞名天下的茅山道士

鎮江句容茅山是中國道教的發祥地之一,是道教上清派的誕生地和祖廷。相傳,西漢景帝時有茅盈、茅固、茅衷兄弟三人在茅山修煉,並採藥為民眾治病,對民眾有求必應,深受民眾愛戴,「三茅」功德也受到朝廷敬重。後「三茅」均得道升仙,從此茅山聞名遐邇。西元三世紀,南朝的陶弘景棄官隱居茅山,創立道教茅山派,尊「三茅」為祖師。陶弘景不僅自己集儒、釋、道於一身,被稱作「山中宰相」,他的弟子和再傳弟

子也有多人頗有成就,成為一代宗師,他們有的被帝王封為國師,更有的被拜為帝師,這使他們名揚朝野,朝廷不斷為他們加封贈號,給茅山賜田度人,題詞贈寶,敕建宮觀,茅山道教盛極一時,茅山被譽為「秦漢神仙府,梁唐宰相家」,到了清代,茅山被稱為「第一福地」、「第八洞天」。居住在「第一福地」、「第八洞天」的茅山道士們自然也跟著靈山的名氣而揚名天下了。

揚州瘦西湖的「瘦」從何而來

春來揚州瘦西湖據統計,全中國以「西湖」命名的風景區有三四十處之多,而「瘦西湖」僅揚州一個。

瘦西湖原名保障河,又名炮山河。有文獻記載:「廣陵舊有高樓,湛之更加修整起風亭、吹臺、琴室、月觀,果竹繁茂,花藥成行。」這是瘦西湖最早見於史書的記載。瘦西湖規模最盛時期是清乾隆年間,由於康、乾兩朝皇帝屢次南巡,揚州鹽商在沿河兩岸爭地構園,形成「兩堤花柳全依水,一路樓臺直到山」的勝境,有「三十里樓臺,二十四景」之多。景因水名,山得水活,樹得水茂,亭得水媚,妙在水體。再加上園林建築綜合了南北特色,自稱一格,博得了「園林之盛甲天下」的美名。清乾隆時杭州詩人汪沆在遊覽完保障河後,感慨地寫下詩篇:「垂楊不斷接殘蕪,雁齒紅橋儼畫圖。也是銷金一鍋子,故應喚作瘦西湖。」這就是瘦西湖得名的由來。此「瘦」實為秀麗、小巧之意。這裡亭榭滿園,虹橋錯列,綠楊盈堤,花木疏秀。七八里河道,碧如玉帶,逶迤曲折,清瘦秀麗,別具姿色。

揚州詩人朱自清稱讚汪沆起名之妙:「假西湖之名以行,雅得這樣俗。」詩人學者鄧拓也稱讚:「瘦了西湖情更好,人天美景不勝收。」書法家林散之更有詩云:「漫說西湖天下瘦,環肥燕瘦各知名。憐她玉立亭亭柳,送客迎賓總是情。」

■ 揚州鹽商一夜造白塔的傳說

瘦西湖蓮性寺內有一座塔，叫「白塔」，又名「喇嘛塔」。喇嘛塔的形制不同於一般寶塔，它的樣式很奇特，好像一隻瓶，又像僧人戴的金剛盔。塔身全部是白色，而葫蘆形塔頂卻是金色。在初建成的時候，塔上還有青銅瓔珞、鎦金鈴鐸。中空的塔身供著觀音佛像，晚上可以在裡面燃燈。它興建於清乾隆年間，建築的規格完全模仿北京的「白塔」，興建的動機是當年揚州的官吏、鹽商為了博取乾隆的讚賞。

關於「白塔」曾有一個有趣的傳說：

乾隆初次來到揚州，坐在船上向瘦西湖兩岸顧盼，很是滿意。說這裡風景很好，很像北京北海，可惜少一座「白塔」。皇帝本是說者無心，但聽者有意，伺候的官員馬上告知地方官，地方官又通知鹽業中八大鹽商。當時八大鹽商之一的江春立即用萬金賄賂乾隆左右，請其畫出白塔的圖形，然後一夜之間用鹽包為基礎，以紙紮為表面堆成了一座白塔。第二天，乾隆又經過瘦西湖，眼前突然出現了一座秀美壯觀的石塔，大為驚異。大臣們說明原委，乾隆不無感慨地說：「人道揚州鹽商富甲天下，果然名不虛傳。」

揚州白塔雖取自北海白塔，但有別於北海白塔的厚重工穩，而是玉立亭亭、窈窕秀美，可見北方之景到了南方也隨鄉入俗了。

■ 揚州何園──「旱園水作」代表作

揚州既無大湖，也無高山，就自然條件來說，很難形成眾多的風景區。然而揚州卻以風景秀麗著稱，這就不能不歸功於園林的設置。在現存的園林中，規模最大，建園時間較晚，保存也比較完好的是何園。

何園位於揚州城東南徐凝門街，是清光緒年間任過湖北漢黃道臺、

江漢關監督的何芷舠的私人住宅園林。他於光緒九年（西元1884年）歸隱揚州之後購下吳氏片石山房的舊址，擴入園林。這位道臺在官場失意，胸懷憂鬱，想學陶淵明〈歸去來兮辭〉中「倚南窗以寄傲」，「登東皋以舒嘯」，在自家園林的山水之間一吐胸中塊壘，故將這座園林取名為「寄嘯山莊」。

何園為旱園，旱園水作的常法都是挖一水塘，點綴些山石，沾點水氣而已。而何園構園者從一開始就另闢蹊徑。在進園處貼壁山林前是一灣曲水，池旁湖石或如峭壁凌空，或如磯石俯瞰，池內碧水中游魚怡然，山上葛藤倒懸，山體呈雙排垂列，內外參差，讓人感覺到在牆體前形成了重重疊疊的山勢。更有趣者，前園的牡丹廳旁安排船廳，看著這船形的廳堂，人們彷彿已到湖邊，再看廳下，以鵝卵石和小瓦鋪成的水的波浪紋，起伏有致，波光粼粼，人履其間，如行於水上，給人水意。四周圍有白礬石，在建築手法上稱為「玉帶圍腰」。四面為窗，廊上有楹聯，「月作主人梅作客，花為四壁船為家」，大概你頓時會忘卻這是一個旱園，而會疑為在湖濱漫步舫內盪槳。從牡丹廳通向船廳的是一條方石板鋪成的通道，如同是登船的跳板，這就是典型的旱園水作的經典之作了。你定會驚嘆構園者能在東園的山水樓閣中居然使之無水而有水意，無山卻有山情。

▰揚州古典園林何園的西洋風格▰

揚州建築素以傳統風格著稱。鴉片戰爭後，西風東漸，來揚州創辦教堂、醫院、學校的外籍人士漸漸增多。他們所主辦的建築全是西洋風格，而一些追逐時尚的本地富宦人家建房時競相仿效，揚州舊城次第出現了一批西式洋房。

何園的主人何芷舠，清光緒年間曾任湖北漢黃道臺、江漢關監督、

駐法國公使等職。他買下位於南河下的雙槐園舊址，在打造晚清第一名園何園的同時營建了中西合璧氣勢不凡的玉繡樓。玉繡樓分南北兩樓，形制一樣，上下兩層，各有6個房間，合計24間房。東西有複道迴廊連接，整體給人感覺十分華麗精緻。玉繡樓的牆屋基礎高爽，全部以條石砌成，上面還開有通氣抗溼的風洞。屋頂採用的是青瓦歇山頂，簷下的廊柱欄杆以及門窗都塗以朱漆，門窗都採用柏木的百葉落地長窗，具有濃厚的西洋建築風格。

另外在主人的臥室和書房裡都採用較多的西洋家具，如床、留聲機、壁爐等，營造出洋為中用、中西結合的典範之作。

石濤和尚與「片石山房」

石濤是清代著名的山水畫家，是明朝皇族楚王的後代，名朱若極。明亡後，為避清統治者的迫害，出家為僧，法號原濟，別號苦瓜和尚、大滌子、零丁老人。亡國之痛使他寄情山水，畢生精力都致力於藝術，繪畫擅長山水、竹石、梅蘭、人物，書法也很超妙。清康熙十二年（西元1673年）左右石濤第一次來揚州，寓居靜慧寺。後又曾幾度外出遊歷，但仍經常回揚州居住，直到康熙四十六年（西元1707年）去世。他在繪畫上反對「泥古不化」，主張「法自我立」，「筆墨當隨時代」，對「揚州八怪」的形成具有很大影響，被稱為「揚州八怪」的先驅。

片石山房建於清乾隆年間，又名雙槐園，相傳出自石濤的手筆。片石山房總體布局為「外實內空」。山勢東起貼牆蜿蜒至西北角，突兀為主峰，下藏石室兩間，即所謂「片石山房」。出石室抬級蹬道而濟其巔，但見層巒疊嶂，峰迴路轉，嵐影波光，遊魚倏忽，使人可得林泉之樂。在主峰之東，疊成水岫洞壑，以虛襯實，以幽深烘托峻峭，相得益彰。假山之上，用連皮杉木新建半亭，名葫蘆亭，充滿野趣。假山丘壑中的

「人工造月」堪稱一絕，光線透過石洞，映入水中，宛如明月倒影。整個片石山房西為主峰，東作陪襯，精妙古樸，片石崢嶸，水趣盎然，池水盈盈。園內新添碑刻，選用石濤等詩文9篇，置於西廊壁上。壁上還嵌置一塊碩大鏡面，整個園景可透過不同角度映照其中。片石山房占地不廣，卻丘壑宛然，典雅別緻，在有限的天地中給人無盡之感。

何為天山漢墓之「黃腸題湊」

天山漢墓原位於高郵市天山鄉，1982年經江蘇省政府決定遷至市區相別橋建館保護。天山漢墓包括廣陵國第一代廣陵王劉胥及王后墓兩座墓葬，屬大型岩坑堅穴、有斜坡墓道的「黃腸題湊」式木槨墓，係夫婦同塋異穴合葬墓。墓材均用珍貴楠木，規模宏大，結構嚴謹。墓主劉胥，漢武帝之子，臂力過人，被封為廣陵王，執政64年，因覬覦天子之位，屢用女巫做法，事發被究。臨終之夜，宴會群臣於顯陽殿，悲歌自吟，感慨人生，追悔不已，雞鳴之時，上吊自盡。

劉胥死後葬於天山，採用了黃腸題湊式的墓葬，所謂的「黃」式墓制，是中國古代的一種特殊的葬制。它與玉衣、梓宮、便房、外藏槨同屬於帝王墓中的重要組成部分，形成於戰國，止於東漢。「黃腸」指的是黃心柏木，黃心柏木是中國的特有樹種，其心材呈薑黃色，材質優良，抗腐性強，有香氣，是上等名貴木材，適宜於墓葬。「題湊」中的「題」的本義是額頭，泛指頭；「湊」就是湊集。題湊就是木頭與木頭湊集在一起。即以木代磚，在棺外壘牆圍之。

廣陵王劉胥的陵墓埋在山岩下24處，以斜坡墓道與地面相通。當時建二陵，開鑿山石6萬立方公尺，耗費楠木1,000多立方公尺，足見規模巨大。其中的「黃腸」以楠木為構件，每塊題湊的尺寸大小有別，四面企口高低錯落有致，塊塊緊扣，層層相疊，堅固細密，宛若魔方，放

錯一塊無法復原，與全中國出土的10座「黃腸題湊」墓相比，其用料之大、結構之嚴、保存之好，卻為驚世之作，堪稱世界之最。

■ 个園的「个」字有何含義

古人對於竹，一直是情有獨鍾。這不僅因為竹簡曾用於中國戰國至魏晉時代書寫文字的材料，也不僅由於竹有其他多種用途，更重要的在於竹有翠綠挺勁的風采、傲霜鬥雪的品性和婆娑多姿的身影。古人將松、竹、梅列為「歲寒三友」，又將梅、蘭、菊、竹稱做「四君子」，由此也可見竹在人們心目中的位置。「揚州八怪」畫派中的不少畫家都愛畫竹。鄭板橋讚竹：「咬定青山不放鬆，立根原在破岩中。千磨萬擊還堅勁，任爾東西南北風。」金農賞竹：「明歲滿林筍更稠，千百萬竿青不休。好似老夫多倔強，雪深一丈肯低頭。」他還以此題畫詩鼓勵汪士慎以竹的高風亮節精神與疾病和困難抗爭。

竹葉一般是三片聯成一組，好像異體字中的「个」字，清代袁枚曾有詩云「月映竹成千个字」。而「竹」字是兩個「个」字所組成，因此，古人常用「个」字作為形容竹的名詞。如《六書本義》說：「个竹一枝也。」《史記·貨殖列傳》說：「竹竿萬个」，是形容竹葉的繁茂。

清代嘉慶年間兩淮鹽業商總黃至筠「性愛竹」，在明代壽芝園的基礎上進行擴建園林，取蘇東坡「寧可食無肉，不可居無竹，無肉使人瘦，無竹令人俗」的詩意，在園中修竹萬竿，取園名「个園」，他本人也以「个園」作為別號。

■ 个園之「四季假山」

　　揚州以名園勝，名園以疊石勝。个園假山利用不同的石色石形，採用分峰疊石的手法，以石鬥奇。一部分用黃山石疊成，山腹中有曲折蹬道，盤旋到頂，這是北派的石法；一部分用太湖石疊成，流泉倒影，透迤一角，是南派的石法。這兩種疊石的方法，意味著山水畫的南北之宗，統一在一個園子裡，構成了个園假山的獨特風格。

　　个園「四季假山」為全中國唯一的孤例。

　　春山在个園石額門前，兩側遍植翠竹，竹間樹以白果峰石，以「寸石生情」點出「雨後春筍」之意。

　　夏山位於西北朝南，以玲瓏剔透的太湖石疊成。山前有池水，山下有洞室，水上有曲梁。山上蔥鬱，秀媚婀娜，巧奪天工。洞室可以穿行，拾級登山，數轉而達山頂。

　　秋山位於園的東北，坐東朝西，以粗獷的黃石疊成，拔地而起，峻峭凌雲，氣勢磅礡，山嶺為全園制高點，黃石丹楓，夕陽凝輝，倍增秋色。它宛如一幅秋山圖，是秋日登高之佳處。山上有三條磴道，一條兩折之後仍回原地，一條可行兩轉，逢絕壁而返。唯有中間一路，可以深入群峰之間或下至山腹的幽室。在山洞中左登右攀，境界各殊，有石室、石凳、石桌、山頂洞、一線天，還有石橋飛梁，深谷絕澗，有平面的迂迴，有立體的盤曲，山上山下又與樓閣相通，在有限的天地裡給人無盡之感，其堆疊之精，構築之妙，可以說是達到了登峰造極的地步。

　　冬山是用宣石疊成，石白如雪，似一層未消的殘雪覆蓋，稱之為冬景。冬景假山南牆多留圓洞，稱之為「風音洞」，陣風掠過，發出蕭蕭鳴聲，真可謂是「北風呼嘯雪光寒」。而就在小庭院的西牆上又開一圓洞空窗，可以看到春山景處的翠竹、茶花，又如嚴冬已過，美好的春天已經

來臨。這種構思設想，使園林空間的變化極具新意。

四季假山各具特色，表達出「春山豔冶而如笑，夏山蒼翠而如滴，秋山明淨而如妝，冬山慘澹而如睡」和「春山宜遊，夏山宜看，秋山宜登，冬山宜居」的詩情畫意，實為揚州園林中最具地方特色的一景。

揚州的「二十四橋」到底指幾座橋

唐朝大詩人杜牧有一首詩：「青山隱隱水迢迢，秋盡江南草未凋。二十四橋明月夜，玉人何處教吹簫。」這首詩證明至少揚州在唐代時就有二十四橋，但到底是橋名，還是橋的數量不得而知，因此現在還有爭論，大體上有三種說法比較常見。第一種認為，揚州確有24座橋，沈括在《夢溪筆談》中對二十四橋循名責實一一以求，但只湊成21座。南宋的王象之在《輿地紀勝》中則記載：「所謂二十四橋者，或存或亡，不可得而考。」第二種認為，「二十四橋」在詩文中是虛指而非實指，故「二十四橋」既非24座亦不是一座，不過是泛指揚州小橋多罷了。

杜牧常常喜歡用數字入詩。如〈江南春〉絕句有「南朝四百八十寺，多少樓臺煙雨中」；〈贈別〉一詩中有「娉娉嫋嫋十三餘，荳蔻梢頭二月初」；〈譴懷〉的詩句中有「十年一覺揚州夢，贏得青樓薄倖名」等等。由此可見，杜牧喜歡用數字，又特別喜歡用約數。因為它為約數，即不是實數，更不是專名。第三種說法是「二十四橋」就是一座橋，傳說隋煬帝時有24個美人月夜在橋上吹簫，故名「二十四美人橋」，簡稱「二十四橋」或「廿四橋」。到了清代，人們逐漸傾向於那原是一座橋的名稱。清代揚州人李斗在《揚州畫舫錄》中寫道：「二十四橋即吳家磚橋，一名紅藥橋」，「跨西門街東西兩岸」。

現在瘦西湖景區中的二十四橋是一座由落帆棧道、單曲拱橋、三折

平橋和吹簫亭相連而成的組合橋。落帆棧道由黃石壘成，雄渾古樸。中間呈玉帶狀的單曲拱橋長 24 公尺，寬 2.4 公尺，圍以 24 根白玉欄杆，橋上下兩側各有 24 級臺階，橋欄板上配以彩雲追月為主題的浮雕，處處都與 24 相對應。橋與水銜接處以巧雲狀湖石堆疊，周圍遍植馥鬱丹桂，讓人無時不在看到雲、水、月、花時，體會到「二十四橋明月夜」的妙境，從而遙想杜牧當年的風流佳話。

徐州現已發掘了多少楚王陵

劉邦建立漢朝後，在全國各地封王。他把同父異母的弟弟劉交封在他的家鄉——徐州，王國號楚，劉交號楚王。之後，代代相傳，共有 13 個楚王，5 個彭城王。其中，第八代楚王劉延壽與廣陵王（武帝之子）謀反被誅，楚國被取消，改為郡轄，有 19 年，之後又恢復楚國。

楚王是多大的官呢？當時的楚元王劉交管轄三個郡：彭城郡、東海郡和薛郡，計 36 個縣。這個地盤與之前項羽建立的西楚王國不相上下。其面積大小和現在的蘇北相似。因此，劉交就相當於現在的省長了。各地的封王稱為諸侯王、藩王。他們王國的編制仿朝廷設立。楚王下有王后、太子、公主、宰相，而且擁有兵權、財權，獨霸一方。漢景帝時，大臣晁錯建議削藩，漢景帝納諫，結果引起藩王強烈不滿，以吳王劉濞為首發動七國之亂。當時楚王為劉戊，也積極參與，吳楚大軍成為叛軍主力。可見當年楚王權勢之大、實力之強。

楚王因在劉邦的家鄉做官，其政治待遇也高於其他諸侯王。楚國的經濟也比較發達，軍隊亦多，這從楚王規模宏大的陵墓和陪葬品可以反映出來。七國之亂平定之後，楚王劉戊兵敗自殺，楚國的地盤小了一些，到了東漢彭城國時進一步縮小。因而劉戊之後的楚王與彭城王的權

力也相對削弱了。按當時禮制，楚王死後必須埋在「封國」，所以徐州應該有 12 個西漢楚王陵，一個東漢楚王陵。東漢時還有 5 個彭城王，也該有 5 個彭城王陵墓。

徐州周圍皆山，許多山中都有墓。其中，現已查明的西漢楚王級的陵墓，共 8 處 14 座（含王后墓）。

獅子山楚王陵是怎麼被發現的

1984 年 12 月，幾臺推土機在徐州東郊的一個磚瓦廠工作，推出了深埋地下 2,000 多年的一些「小陶人」。經考古工作者發掘，著名的獅子山漢兵馬俑重見天日。這項重大發現引起了考古專家的進一步思考：作為陪葬品的兵馬俑，為什麼會埋在這裡？它的墓主人是誰？主墓又埋在哪裡？從 1986 年 2 月起，一場查找兵馬俑主人的工作，便緊鑼密鼓地展開了。

獅子山，在徐州東郊，因其外形如獅，故名。但山不高，坡度平緩，屬泥質岩山丘，地質比較複雜，而山坡上又世世代代住滿了居民，到處都是房子，找起來十分困難。但考古工作者猜想，主墓可能就在獅子山上，因為已發掘的幾座楚王陵，都是鑿山為墓。有如此龐大陣容的兵馬俑陪葬，其墓主人不可能是一般老百姓，而極可能是某代楚王。再者，獅子山靠兵馬俑最近，楚王陵不可能建在遠處的山上，只能建在這裡。時任徐州漢兵馬俑博物館館長的王愷在〈踏遍古山尋古墓〉一文中記敘了發現經過，後半部分寫道：

有一次我從山上尋查回來，在一家村民門口，聽到有人冒出一句：「聽人說，有人在山上挖過紅芋窖。」聲音不大，語不驚人，但是在我腦海中卻產生了強大的震動。

「有人在山上挖過紅芋窖？」在這裡他用的是個「挖」字，不是「鑿」字。石質山，其上土層很薄，怎能挖出2公尺深的紅芋窖呢？是不是紅芋窖正好挖在了墓道的填土上？那裡是土，挖起來較容易。我思來想去決定去找紅芋窖的「窖主」。

費盡周折，「窖主」張立業老人浮出水面。在我們的要求下，他帶我們來到原來的住處。此處宅基地位於獅子山主峰南坡的半山腰處。房子的西側有一個上山小道，我在這個小道上走過無數次。張立業講：「紅芋窖就在西屋下，從南到北有好幾個窖。」我看了地形，決定在北屋和西屋之間，開一條東西長3公尺、南北寬1公尺的深溝。

時值盛夏，天氣炎熱，此院雜草茂密，有一種花色蚊子白日出來咬人，只要叮到你身上，馬上就會起一個大包，且奇癢難忍。這天中午我拿著一把洛陽鏟，下到坑底向下打了十幾個孔，有的很淺就遇上石頭，只有一個孔深下去1.2公尺左右，仍為褐色土質，我感到有「門」。很明顯，這種土是專門用來填墓道的。這裡很可能就是兵馬俑主人的墓道了。

回到館裡，我把這個現象一說，大家都很興奮，決定繼續挖。我又找到了4個農民工，次日再去挖溝。此次我決定向東擴了3公尺，幾個工人做得也很賣力，中午時分就來告訴我，東邊到石頭了，挖不下去了，我隨他們來到工地，看了情況。我發現在兩個探溝接頭處有一塊較大石頭，在這塊石頭西側發現人工鑿石痕跡。我說：「那邊停，按這塊大石頭西側向下挖。」挖了不到半深，發現了墓坑的東壁。「好了，墓找到了」。我高興得跳起來。我急忙回館，把消息告訴了全館的人。全館一片歡呼雀躍。此時是1991年7月12日下午2時30分。

經過充分的準備，1994年底至1995年4月，由徐州漢兵馬俑博物館和南京博物院進行發掘。後被評為1995年度中國十大考古發現之一，並列為榜首。

這就是徐州獅子山楚王陵。

▰ 龜山漢墓的未解之謎 ▰

　　龜山漢墓，是西漢第六代楚王劉注及妻子的合葬墓。兩墓並列，南側為劉注墓，北側為其妻墓。兩墓東西長83公尺，南北最寬處33公尺，總面積700餘平方公尺，幾乎掏空了整個龜山。墓中共有15間石室，有棺室、臥室、客廳、馬廄、廚房等等，一應俱全，但又主次分明，井然有序，堪稱莊嚴雄偉的地下宮殿，由此可以想像到墓主人生前的生活狀況。

　　但自從1982年開山採石發現龜山漢墓以來，二十多年過去了，仍有至少6個謎團沒有解開：

　　其一，甬道塞石之謎。龜山漢墓的兩條甬道中，共有26塊巨大的塞石，每塊重6至7噸。這些塞石不是龜山石，到底從何而來？又怎樣運來？如何塞進墓道而又天衣無縫？發掘此墓塞石時，用的是吊車。二千多年前建墓和以後的盜墓，用的是什麼工具和方法？

　　其二，甬道的精確度之謎。龜山漢墓的兩條平行的甬道，各長56，沿中線開鑿，最大的偏差僅有5毫米，精確度達到1/10,000公尺，南北甬道之間相距19公尺，夾角為20秒，誤差僅為1/16,000公尺。兩條甬道如果繼續向前延伸，要在1,000多公里之外才能相交，相當於徐州到西安的距離。如此高的精確度，在西漢年代是怎樣設計？又是如何實施的？

　　其三，兩墓中通之謎。這兩座墓的中間，有一個不規則的洞，把兩座墓打通，連在了一起。這個洞是怎麼開的？有兩種猜測，一說，劉注與夫人下葬時間不同，早下葬者便「開門迎妻」或「開門迎夫」。還有一種說法，那是盜墓者打開的。他們先進入一座墓，然後從中間打開一個洞，進入另一座墓。

其四，墓室「乳釘」之謎。墓中有幾個石室的頂部，留著數量不一的石疙瘩，像一個個豐滿的乳房，故稱「乳釘」。讓人不解的是，「乳釘」象徵什麼？為什麼要製作它？有人說，那是象徵天上的星座。古人認為，天上一顆星，地上一個人，相互對應，人死星落。也有人說，那是一種裝飾，以避免墓室頂部的單調，反映了古人的一種審美意識。還有人認為，「乳釘」是女性的乳房形象，不然的話，為何乳釘多出現於夫人的墓室呢？

其五，「水像」之謎。在劉注墓中那間放棺木的石壁上，有溼漉漉的一片，很像一位古代官員，人稱「水像」。周圍很乾燥。這個「水像」是怎麼形成的？有人說是石中滲水而成，但又看不到周圍有什麼裂縫，水從何來？有人說那是劉注顯靈，「水像」即劉注。這就有點迷信了。

其六，刻石銘文之謎。劉注墓的塞石中，有一塊刻了 50 個字，稱為〈龜山漢墓刻石銘文〉。大意是說，墓裡沒什麼珍貴的東西，我是薄葬。今日觀之，像是「此地無銀三百兩」。這是楚王的遺言嗎？目前尚有爭議。

龜山漢墓的墓主是怎樣確認的

徐州共有 13 座楚王墓，目前只發掘了 7 座。但能確認其墓主、學術界又無爭議的只有一座，即龜山漢墓，墓主人是西漢第六代楚王——楚襄王劉注。

墓主是怎樣確認的呢？龔德建編著的《龜山漢墓傳奇》，為此講了一個非常有趣的故事：

龜山漢墓是 1981 年 11 月正式發掘的。根據墓葬的宏偉氣勢和出土的珍貴文物，考古專家一致判斷，這是西漢某代楚王墓。但這個楚王是誰？卻是一團迷霧。

其實，在龜山漢墓發掘後不久就發現了一個確鑿證據，只不過這個證據被一個青年人「摸」走了。

1982年11月29日，銅山縣拾屯磚瓦廠電工王德成聽說發掘龜山漢墓的人都走了，但墓門敞著，就約了幾個朋友，帶著手電筒，到裡面摸東西。王德成在泥裡摸了一個四方的「鐵塊子」。出來後，到稻田裡水裡一洗，發現是個「稀罕物」：一個印章，上邊有個小龜，下邊刻了兩個字。回到家裡，仔細端詳，他認得那兩個字中，一個是繁體字劉，另一個不認識。

王德成把這事告訴了女朋友。她看了看，勸他說：「你把印上的字磨掉，刻上你的名字，當私章多好。」王德成說：「這東西不能磨，是文物。」但王德成遺憾的是他認不得那個字，就請教廠黨支部書記陳善達。那個字一下就被認出來了，是「洼」，篆字。這枚印章就這麼公開了。1983年7月10日左右，王德成看了一本《拾屯志》，上邊有南京博物館尤振堯等人寫的龜山漢墓發掘報告。報告推測，墓主人可能是西漢第六代楚王劉注或第七個楚王劉純。王德成一陣驚喜，心想這個姓尤的水平這麼高，二千多年前的事，能估的差不多！這時，王德成才真正感覺到這顆印章的重要和珍貴，這不是天大的祕密嗎？他自豪而激動，因為他第一個知道了龜山漢墓裡埋的是什麼人！第二天，他就把印章拿到廠裡亮相，並找了一根尼龍繩，從龜印的肚皮底下穿過去拴牢，吊在了自己的褲腰帶上，有時還碰的叮噹響。這樣玩了半年多，他忽然想到：別人偷去怎麼辦？就買了個首飾盒裝進去，藏在他的「茅窩」（蘆花鞋）裡，放在床底下。1984年4月5日，他花了4元錢，到郵電局給南京博物院打了個長途電話，希望尤振堯來看看這個劉注印。但接電話的人說，尤出差了，他可以轉告這事。然而，幾個月過去了，王德成一直沒有接到電話。1984年底，拾屯派出所民警來找王德成了，要他把劉注的印章交出來。接下來，就是徐州市考古家們的驚喜了。半年之後，徐州市文化局給王德成頒發了一張獎狀，上寫「王德成同志捐獻文物有功，特發此狀」。落款日期是1985年5月9日。另發給他130元獎金。但陳書記只

給他60元,那70元,讓他請大夥喝酒了。

王德成摸到了這枚印章,是銀鑄的,故名「龜鈕銀印」。到了1994年前後,一位農婦在龜山漢墓附近田裡忙碌時,又刨出了一枚劉注的印章。據猜想,是1992年龜山漢墓清理淤泥時帶出去的,被考古工作者取名「龜鈕牙印」。這兩枚印章,均為劉注私印。

獅子山楚王陵有哪些謎團

獅子山楚王陵於1995年發掘完畢,但至今仍有很多謎團沒有解開,綜合起來,獅子山楚王陵共有十一大謎團:

謎團之一:墓主人是誰?考古界有兩種不同意見,一說:墓主人是西漢第二代楚王劉郢客(劉郢),一說是第三代楚王劉戊。各有理由,但均屬推測,是從時代背景和兩位楚王的生平進行分析中得出的結論。也有些間接證據,但沒有直接證據。龜山漢墓的主人所以能確認為第六代楚王劉注,是因為在墓中發現了劉注的印章。在獅子山楚王陵沒有發現劉郢客或劉戊的印章。

謎團之二:楚王復原像是否準確?獅子山楚王陵的主人,在其墓被盜時被盜墓者拖出王棺。但1995年發掘時,仍然骸骨完整,連最細的肋骨,也根根未朽。兩千多年了,骨頭未爛,也算一個奇蹟,也是一個謎。考古人員與徐州醫學院合作,確認這位楚王身高為172公分,35～37歲;而且製作了他的正面與側面復原像。從外表看,他身材比較魁梧,下顎寬闊有力,神情強悍而自負。這個人會是誰呢?他的復原像是否標準呢?復原的是劉郢還是劉戊?與他們的本來面目有多大距離?

謎團之三:獅子山楚王陵園到底有多大?獅子山楚王陵的西面有漢兵馬俑,北面有陪葬墓。2004年又在附近羊鬼山發現了陪葬墓。因此有專家提出,當年的獅子山應該有一個規模龐大的陵園,而且有宏偉的

地面建築，用以保護和管理陵園，即守陵。為漢武帝的茂陵守陵者多達5,000人。但獅子山楚王陵到底有多大？地面建築是什麼？目前仍是一個謎。

謎團之四：楚王夫人墓在哪裡？根據已發掘的幾座楚王墓和西漢的葬俗，楚王和夫人應當合葬，因此獅子山應有兩個墓。但獅子山上目前只發現楚王墓，未見其夫人墓。專家們認為，這個楚王的夫人墓不會太遠，可能就在附近。但到底在哪裡呢？有一種意見是附近的羊鬼山。

謎團之五：漢墓為什麼會有人陪葬？在獅子山楚王陵的墓道口和側室裡，發現兩個陪葬者的骨頭，一個為女性，好像是嬪妃，30歲左右；一個是食官監，相當於司務長。但他們為什麼陪葬呢？是活人陪葬還是死人陪葬？也許這兩人自願陪葬，自殺而死？也許墓主人就是劉戊，他兵敗自殺時，二人同歸於盡？目前說不清楚。

謎團之六：異香從何而來？1995年3月上旬，考古人員打開主墓大門時，就聞到一股若有若無的香味瀰漫其中。有人開玩笑說：「誰用了進口香水？」因為當時也有女性在。大家笑過也就算了，沒人追下去。到了5月的一天上午，在甬道中又聞到了香氣，而且越來越濃，縹飄渺緲，若即若離，隨風流動，好像冥冥之中有一個灑滿香水的貴夫人來了。這是很多在甬道忙碌的民工親身經歷的。異香何來？有兩種推測，一是此墓本身的某處有異香「放射點」，才有暗香浮動。二是從墓主的夫人墓那邊傳來，夫人墓可能離這不遠。但這僅僅是推測而已。

謎團之七：為何沒有墓主人印章？獅子山楚王陵有一個印庫，專門存放官印。但發掘時，印章已分散，總共蒐集到150多枚。印章上的名字，其身分可分三類：一是楚王宮廷中的官員，如史官、祭祀官、衛士長等；二是楚國各縣縣長及武官等，如僮令、海邑左尉；三是楚國軍官，如侯、司馬、千人等。但獨獨沒有墓主人的印章，他的印章到哪去了？

是盜墓賊拿走了？還是發掘時弄丟、遺漏了？因為龜山漢墓的楚王劉注印章就是發掘結束後，被當地一個年輕人撿到的。如果獅子山楚王陵也有這種事，就請拾印者趕快交出來，免得大家為墓主人的事爭論不休，也算為考古做了一大貢獻，肯定也會受獎的。

謎團之八：木瓢為何神祕消失？在發掘獅子山楚王陵的一個儲藏室時，發現了一支大銅鑑，裡面盛滿了水，水底有一支木瓢。考古人員激動不已。一支兩千多年前的木瓢為何能保存原樣？如果能取出來肯定有研究價值。但應該怎麼取出來呢？撈出來行嗎？不行。在這之前，發掘長沙馬王堆漢墓時，曾發現水中漂著一節藕，一撈就散掉了。這次接受教訓，此次制定的方案是：先從銅鑑下面想辦法放掉裡面的水，等水瓢一露出水面，就趕快取出來做防腐處理。

但當放水時，水發生了輕輕的晃動，片刻，木瓢就無影無蹤了，連瓢渣也沒有留下。到底是何原因，至今是個謎。

謎團之九：何時被盜？雖然獅子山楚王陵出土了 2,000 多件文物，但均是被盜後的遺留物，不然會有更多。那麼，此墓是何時被盜的呢？有三種說法：一是漢宣帝地節元節（西元前 69 年）至甘露三年（西元前 51 年）。這期間，第八代楚王劉延壽與廣陵王劉胥（武帝之子）謀反被誅，其間 19 年楚國被取消，改為郡轄，造成一時混亂，有可能內外勾結，進行盜墓。二是王莽篡漢期，即西元 8～25 年，這 17 年間，漢失天下，朝野動亂，盜賊蜂起，楚王陵無人保護，被盜可能性最大。三是在三國時期，即西元 220～280 年，這中間共 60 年，漢滅，劉備的蜀漢遠離徐州，楚王陵墓無人保護，被盜可能性也不小。

謎團之十：盜墓的種種怪現象。獅子山楚王陵的考古人員發現，此墓盜後有許多現象令人不解。比如玉衣中的金縷（金絲）被全部抽走，可玉片卻留下了。17 萬枚銅錢也沒有被盜走。儲藏室完好無損，許多珍貴

文物從這裡出土。盜墓者從山頂往下挖，深達 11 公尺，直挖到墓門口，為何如此準確？

謎團之十一：為何草草收工？從種種跡象判斷，獅子山楚王陵收工階段比較匆忙。天井、外墓道後段、內墓道、甬道諸部分，基本完工。但外墓道前段及各室，多數只做出雛形，還需加工，有一個墓室只鑿出小半部分就停工了。後室的鑿製也特別簡陋，底部凹凸不平，四壁也不標準，而且低矮。為什麼會出現這種情況？很可能是墓主人死在墓沒有完全竣工之前。但這並無直接證據，仍然是個謎。

徐州漢兵馬俑是怎麼製作的

徐州漢兵馬俑是中國發現的三處大規模兵馬俑之一，有 4,000 多件，分布在地下 4 左右的六條俑坑中，是獅子山楚王陵的陪葬品。

徐州漢兵馬俑雖然沒有秦兵馬俑那麼高大，但製作工藝更先進，因而科技含量更高。漢兵馬俑的製作過程，大致分為製模（具）、泥雕、彩繪、焙燒、出窯等幾個程式。秦兵馬俑都和真兵真馬真車一樣大小，工匠們可以比著實物做。但徐州漢兵馬俑就不同了，因其小，就必須計算比例。要把 180 公分高的真人，縮小到 18 公分，人的頭、手、腿等部分，也必須相應縮小，否則就不像了。縮小的比例，是製作模具的依據。徐州漢兵馬俑全都採用了「合模製作法」。製作時把和好的陶泥放進模具裡。模具一般分為兩半，兩半模具一合，就能出來形狀了。但出來的不是一個整體，而是一個個部件：頭、軀幹、腿、手臂箭囊，它們分別獨立成形，然後各個部件黏接成一個整體。接下去是彩繪、入窯焙燒。最難製作的是兵俑身上的箭囊，這是由內外模套製的，整個模具類似現在用冰箱製作冰棒的模具。外模四壁可以拆開，當外模內塞滿陶泥後，將內模插入，擠出多餘陶泥再拔出，涼到半乾後，拆開外模，即成箭囊狀。

九里山古戰場

在《水滸傳》第四回裡有一首民歌,是一個賣酒漢子唱的,恰好被在五臺山上當僧人的魯智深聽到了:

九里山前作戰場,牧兒拾得舊刀槍。

順風吹動烏江水,好似虞姬別霸王。

這首民歌肯定流行於元末明初或之前。在這個時間段裡,即從夏商周到元朝,在徐州一帶共有戰爭近300起。

「民間傳說在九里山韓信曾指揮軍隊與項羽發生激戰,項羽由此退往垓下。」關於這場大戰的傳說至今在徐州流行。九里山的團山之巔有個古蹟名叫樊噲磨旗石,也叫旗眼。楚漢相爭時,韓信率大軍將項羽及其楚軍圍困在此,並布陣「十面埋伏」。樊噲則立於山頂,以舞旗為信號,指揮調遣軍隊。由於旗杆頻頻舞動,遂在山頂石頭上磨出了一個深1.7公尺的洞,後人稱為磨旗石,至今仍在。九里山的西山腰,還有一個白雲洞,洞中有一個天然石室,有3間屋那麼大。傳說項羽被圍困時,就藏在這裡指揮作戰,最後又率殘部從白雲洞突圍。

明朝人馬蕙有首詩〈九里山〉,就是說此事的:

天空野燒連垓下,落日蒼煙接沛中。

唯有磨旗蹤跡異,年年常見白雲封。

著名琵琶家、邳州人湯應曾以彈奏反映這場戰爭的《楚漢》曲而聞名,後發展為琵琶名曲《十面埋伏》,其中有「九里山大戰」一章。琵琶聲聲,如疾風驟雨,使人聯想起楚漢兩軍的激戰,驚天動地,波瀾壯闊,扣人心弦。《十面埋伏》中還有「雞鳴山小戰」一章。雞鳴山後改名子房山,是為紀念漢軍師張良的。傳說,他曾組織漢軍持簫夜吹楚曲,使被圍於九里山前的項羽軍隊渙散鬥志,不戰而退。但傳說與史籍記載

有距離。史籍記的是：當時項羽不在彭城，而在河南一帶作戰，因此就不能被困九里山。項羽是從河南的鹿邑、永城退至垓下的。

然而《水滸傳》中所說的「九里山前作戰場」也並非空穴來風。楚漢兩軍的確最後在彭城打了一仗。攻城者是劉邦的大將灌嬰，守城者是項羽的大將項佗。結果是項佗戰敗投降。九里山在彭城周邊，灌項兩軍也在此交戰。到明朝，九里山又有一次大戰。那時，朱元璋的一個兒子燕王朱棣對他姪子當皇帝不滿，欲奪皇位。1401年正月，朱棣發兵，攻破沛縣，向徐淮進軍。徐州守將閉門不出。朱棣怕徐州守軍偷襲他的後路，就把部隊埋伏於九里山，又派遣百餘騎兵，接連兩天在城下罵陣。結果激怒守城軍隊，5,000人出城追擊，被朱棣的伏兵擊敗。徐州守軍不敢再出來。

雲龍山上飲鶴泉的難解之謎

飲鶴泉，位於雲龍山北數第一節山山頂，南側立著一個石碑，上書「飲鶴泉」三個大字，為明天啟三年（西元1623年）戶部分司主事張璿所立。碑的右下款有一行直排字：「古鄗張璿重浚」。鄗古縣名，在今河北省柏鄉縣北。張璿是河北柏鄉縣北人士。自古以來，飲鶴泉就有許多難解之謎。

(一)飲鶴泉成於何時？

飲鶴泉，在北宋初年就被載入《太平寰宇記》一書。這就是說，飲鶴泉早於宋初。但上溯到哪朝哪代？是個謎。飲鶴泉又稱石佛井，而石佛是指飲鶴泉東的興化寺中那座高11.52公尺的巨大石佛像，而石佛最初雕鑿於北魏獻文帝天安元年至孝文帝太和十年之間，即西元465～475年之間。因此，有人推測，飲鶴泉的前身——石佛井，有可能形成於北

魏時期，距 20 世紀末大約有 1,600 年了。有佛就有香客，有香客便要喝水，於是「造」了這麼一口井。

(二)飲鶴泉是怎樣形成的？

關於飲鶴泉的形成，有許多傳說，撲朔迷離。

一說，黃河流經徐州時，河中有惡龍作怪，殘害徐州人，要吃活孩子。有一徐州青年，姓彭，立志要殺死惡龍，為民除害。有人認為這是吹牛，譏為「彭大憨子」。但他毫不動搖，進山學藝。後歷經千辛萬苦，練就一身「屠龍」功夫。回到家鄉，正遇惡龍作惡，遂手持寶劍，將惡龍刺死。惡龍墜地後，變為雲龍山，被刺中的咽喉處，即飲鶴泉。這是個驚心動魄的傳說，表現了徐州人不畏邪惡、敢於自衛的精神，但卻不能視為飲鶴泉形成的現實成因。

一說，漢朝之後的某朝某代，有個皇帝到雲龍山，看其山狀如游龍，深怕徐州再出天子，就令人在「龍頭」處鑿一井，以斷「龍命」。既然傳說不可信，便又有一說千百年來在流傳：這井是鑿出來的。但同時又產生懷疑，在山頂怎麼鑿呢？古代沒有炸藥，那只能使用錘子等工具了。漢楚王陵不就是這樣鑿出來的嗎？

想像合理，但非事實。1998 年春天，徐州匯福集團出資探勘此井，終於解開了這個謎：飲鶴泉並不是鑿成的。實地勘測的結果是：井沿至井深 3 公尺，這一段井壁全是用石頭人工砌成的；3 公尺後至公尺這一段井壁，東北側是用石塊人工砌成，只有西南側是鑿成的，其餘井壁未砌未鑿，為天然石壁；8 公尺深以下，則是直徑約兩、不規則圓柱形的天然石洞，只有個別突出的地方有鑿痕。井壁凹凸不齊。井底，是一塊天然巨石，直徑在兩公尺左右。

綜上所述，可以看出：飲鶴泉是古代徐州人利用山頂上的一個天然石洞，稍加改造而成的一口井，只有幾處井壁用人工鑿成，井口用石塊砌成。

(三)飲鶴泉到底有多深？

大文豪蘇東坡曾作詩一首，讚美飲鶴泉：

窈窕山頭井，潛通伏澗清。

欲知深幾許，聽放轆轤聲。

窈窕，一指女子文靜美好，這裡指幽深的樣子。潛通，祕密地不露地相通。伏澗，指在地面下洞穴中的小溪。轆轤，是從井中提水的工具。在這裡，蘇東坡自問自答：井深幾許？聽聽轆轤聲就知道了。但他並沒有說出到底井深多少，如果他不是故意留個懸念，就是他沒有實際測量過。其他說法就更多了：一說井深三里，一說七丈有餘，一說 24.6 公尺。還有傳說，把一隻鴨子放到飲鶴泉裡，三天之後，鴨子就游到大海裡去了。但 1962 年和 1998 年疏濬後實測：井深 25.74 公尺。但井的直徑上下不一，上部 1.2 公尺，下部最大 2 公尺。

(四)飲鶴泉水從何來？

飲鶴泉在山頂上，此處海拔高度為 130.5 公尺。自古井中就有水。蘇東坡在〈遊張山人園〉一詩中說：「聞道君家好井水，歸軒乞得滿瓶回。」蘇東坡稱飲鶴泉的水為「好井水」，回府時灌了滿滿一瓶。北宋詩人賀鑄稱此井為「惠泉」，有感激之意。他把泉水燒開，沏高級茶——鳳團茶餅，其味醇香甘甜。明清兩代僧人、香客都飲用此泉水，有的認為喝了能治病。

但飲鶴泉的水從何而來呢？在沒有實地勘測之前，有幾種說法：一說，天降雨積存的，井如一個巨大的石杯，滴水不漏；一說井能通大海，海水不斷補充；一說山深處有暗河、暗泉湧上來等等。1998 年 3 月實地勘測時，看到井深 24 處，井壁上有 3 道均寬約一公分的石縫，水就是從那裡湧出來的，一天可出水 5 立方左右。水清澈，有甜味。但這石縫中的水從何而來，就不知道了，至今仍然是個謎。

徐州最大的文物謎團

由於徐州具有 6,000 年的悠久歷史，遺存文物浩瀚無垠，現在已發掘的不過九牛一毛，其餘的大多埋於地下，形成一個個謎團。而其中最大的一個謎團是，被項羽運到彭城的秦宮及始皇墓中的大批珍貴文物究竟到哪去了？

據《史記‧項羽本紀》記載，項羽「引兵西屠咸陽，殺秦降王子嬰，燒秦宮室，火三月不滅，收其貨寶婦女而東」還彭城。秦始皇死後，由他小兒子胡亥襲位，三年後被趙高逼著自殺。然後由胡亥的姪子叫子嬰的繼位，但子嬰沒有稱帝，只稱秦王。後劉邦帶兵進攻咸陽，子嬰手捧著皇帝大印，出城投降。劉邦寬容大度，沒殺子嬰。但劉邦撤出咸陽後，項羽進來，蒐羅「貨寶婦女」，然後放火燒了阿房宮（有學者考證無此事），又把子嬰殺死。最後把「貨寶婦女」運到彭城。

又據《水經注‧渭水》記載，項羽還掘了秦始皇的驪山墓。墓中的「奇器珍寶」極多，他派了 30 萬人，運了 30 天才運完。項羽能運哪去呢？也只能是彭城。因為項羽自稱西楚霸王，定都彭城。上述史料表明，項羽此次蒐羅的大批珍貴文物都極有可能運到彭城，並藏於某處。但令人費解的是，這些文物至今沒有發現，它到底在哪裡呢？

一個疑問是：劉邦弄走沒有？因為西元前 205 年春，劉邦聯合各路諸侯軍項羽隊 56 萬人進攻彭城，而且在四月間攻下了彭城，漢軍進城後，也蒐羅貨寶美人。項羽聞之，以精兵三萬反擊，又奪回彭城。漢軍敗退時因泗水、淮水所阻，漢軍被斬殺淹斃者 20 萬。此時，劉邦會不會帶著項羽的「貨寶」逃跑呢？似乎不可能。因為劉邦逃跑時十分狼狽，連親生兒女都曾被他推下車去。第二個疑問是：項羽最後被劉邦打敗，敗走烏江時，會不會帶走那些「貨寶」呢？似乎也不可能。因為，項羽逃跑時也很狼狽，連心愛的虞姬都不能帶走（自刎），哪有能力帶那麼多「貨

寶」？況且，項羽敗走垓下，不是從彭城開始逃跑的。第三個疑問是：會不會散落民間？第四個疑問是：劉邦勝利後有沒有弄走那些「貨寶」？

這些，當年司馬遷寫《史記》時很可能都沒有弄清楚，所以只寫了項羽運走了多少「貨寶」，而沒有交代「貨寶」的具體去處，其他史料也未見記載，從而留下了一個千古之謎。但古今學者中也有人對項羽是否盜掘了秦始皇墓表示懷疑，甚至完全否定。2003年11月27日，秦始皇陵考古隊隊長段清波在北京宣布：透過最新遙感考古和物探勘察證明：秦始皇墓室完好無損。如果項羽根本就沒有盜掘始皇墓，那麼散落徐州的文物之謎，至少就有一半不存在了。剩下的一半文物，就是從別處得到的了。至於項羽運走秦宮珍寶一事，從古至今基本上是被認同的。這部分珍寶散落何處倒真是一個謎。

漢王鎮「石祖」之謎

徐州市銅山縣漢王鎮拔劍泉西邊有一片蘆葦叢，叢邊有一條小溪，溪邊有一尊「石祖」，被柱子和鐵鍊圍起來。「石祖」僅裸露在地面的部分就高約一公尺，直徑40公分，頂部呈橢圓球形，周身有7條稜角。一看便知這是一個男性生殖器的造型。除此之外，在清代著名小說評論家張竹坡的墓旁約百地方原來也有兩尊「石祖」，形體與上述「石祖」大同小異。但一尊被當地果農挖出，置於梨園小路旁，一尊被毀兩截，上半截已不知去處。

漢王「石祖」是何時何人所製所立？為什麼「石祖」立於漢王？「石祖」代表一種什麼觀念？這些都成了難解之謎。

據中國當代著名性學家劉達臨研究，中國性崇拜始於石器時代原始社會。當時人類面臨的最大問題是加速繁衍後代，與惡劣的自然環境抗爭。而性交不但可以繁衍後代，而且也是男女最大的享受。在此背景下，對生殖崇拜便自然形成了。在母系社會，最崇拜的是女陰；在父系

社會最崇拜的就是男根。然而在製作上，男根容易而女陰難。所以，現在發現的男根較多。「石祖」便是石製的男性生殖器形象，而且是幾倍幾十倍的進行藝術性誇張。

祖字右邊的一半是且字，在甲骨文和金文裡，就狀如男性生殖器官。祖的另一半是示，從字義講，古代表示敬神，從字形看也像個倒過來的男性生殖器官。這就是「祖」字的來歷。祖，也是根的意思。中國自周代以後，把男祖先稱為「祖」，把女祖先稱為「妣」。這兩個字，分別是男女生殖器官的象徵。古人對祖先的崇拜，實際上是對男女生殖器官的崇拜。既然生殖崇拜始於原始社會裡，那麼「石祖」就可能是年代久遠的產物了。浙江紹興大禹陵也有個男根崇拜物，距今約 4,000 年。甘肅出土的兩個「石祖」距今也約 4,000 年。當然，也有晚期的。如甘肅還出土過唐代的一個「石祖」。別處還有明代的「石祖」。

那麼，漢王鎮的「石祖」始於何時呢？彭祖的養生術之一就是房中術。這是一位 4,000 年前的人物。他在徐州一帶建立大彭氏國，踏遍了徐州的山山水水。漢王鎮的「石祖」會不會是出自彭祖時代呢？因為房中術是生殖崇拜觀念的具象化，彭祖公開提倡房中術，既為養生，也表示對生殖的崇拜。有人說，漢王鎮的「石祖」，是為了「鎮娼」，這就與生殖崇拜相去甚遠了。也有人說，不生育的夫婦到「石祖」轉上一圈，就能生育了。這雖然牽強附會，倒也接近生殖崇拜的觀念。「石祖」普遍放在墓旁、廟裡，隱喻子孫之源，也是為了更好地保護「石祖」，因為這是神聖不可侵犯的地方。

明祖陵是怎麼被發現的

明祖陵位於淮河入洪澤湖河口附近的左岸、盱眙縣仁集鎮明陵村（古泗州城北十三里的楊家墩），是明朝開國皇帝朱元璋的高、曾、祖三代衣冠塚，是朱元璋祖父朱初一葬身之地。陵寢自明洪武十八年（西元

1385年）至永樂十一年（西元1413年）歷時28年建成。原有城牆3公尺重，外城為土城，長與泗州城同為九里三十步，中城為磚城，長四里十步，裡城為磚砌皇城，有四門。皇城內築有衣冠塚、正殿五間、具服殿六間、紅門一座、燎爐一座、盱眙明祖陵櫺星門一座、神廚三間、直房十八間、齋房三間、庫房三間、宰牲亭一所、金水橋三座，殿、亭、閣、署房、官私宅第等共千間，規模宏大，氣勢雄偉。墓穴長方形，呈南北向。後因黃河奪淮，建成洪澤湖水庫。

清康熙十九年（西元1680年）黃淮大水，明祖陵與古泗州城同沉於洪澤湖底。每當春旱時，神道石刻常露出水面，當地人們始稱為大墓頭。1966年大旱，整個陵地全部露出水面，被江蘇省文管會考察古徐國遺址的專家們發現，確認為久已淹沒的明祖陵。自1973年起築堤建圩，脫離水域，經1976年修整，神道石刻已恢復原狀，計有麒麟2對，獅子6對，華表2對，馬倌2對，拉馬侍者1對，馬1對，文臣3對，武將2對，太監2對，共21對。這些石刻姿態各異，栩栩如生，巍然挺立，氣勢雄偉，形象生動，造型優美。其雕工之精，規模之大，位居明代陵寢石刻之首。其他地面建築已蕩然無存。新建有明祖陵歷史資料陳列館，展出朱元璋的家系變遷、明代17座陵寢圖片，還有朱元璋親自撰寫的自傳——〈朱氏世德碑記〉。中國封建皇帝寫自傳的僅此一人。碑記中詳盡交代了家庭背景和自己成長的歷程。他說他原籍為金陵之句容，後遷泗州盱眙縣。碑記還記述了自己怎樣出家做和尚和怎樣掠入行伍、封王、稱帝的過程。並告誡自己的子孫要體諒祖宗心願，要以「仁」治天下，朱氏江山才能保持長久。館內還有兩幅截然不同的朱元璋的畫像。據說，朱元璋找了好多畫師，最後才畫出使他「滿意」的像來。

地下陵寢仍留在水下，大水塘水面隱露出墓穴的拱門，六個墓穴內排列有六口棺槨。1982年江蘇省人民政府公布明祖陵為省級文物保護單

位，1996 年 10 月被中國國務院批准為全國重點文物保護單位。按照國家文物局批准的規劃，明祖陵地面逐步恢復以享殿為中心的中磚城區，建成古樸典雅、環境幽美的配套設施和陳列館，使自然環境優美的明祖陵真正成為具有豐富文化內涵的「明代第一陵」。

清晏園的歷史由來

　　清晏園始建明成化七年（西元 1471 年），原為明代設在清江浦的戶部分司，距今已 530 多年。清康熙十七年（西元 1678 年）河道總督靳輔駐蹕清江浦，在明戶部分司「鑿池種樹，以為行館」。因園在衙門之西，初名「西園」，先後曾名「澹園」、「留園」、「清宴園」。民國十七年（1928 年）從官衙中析出興建「城南公園」。1989 年重新整修，復名清晏園。清晏園占地 120 畝，其中水域面積 50 畝。清晏園布局精巧，景色秀麗，兼有南方園林的秀麗和北方園林的雄偉，使遊人有心曠神怡和美的享受，是蘇北保存最為完好的古典園林，人稱蘇北第一園林。原南京大學匡亞明老校長遊園時曾題：「不是江南園，勝似江南秀」。

　　清晏園其入口為序園，有假山。這是採用中國古代園林的山障法遮擋了後面的景色，使人產生山與水齊，形成水隨山轉的效果，給人回歸自然的感覺。甲袁堂是序園的應景建築，點出了清晏園的歷史和秀麗。園內有荷芳書院，為河道總督高斌乾隆十五年（西元 1750 年）為迎接乾隆皇帝首次南巡所建。書院前有水池，池水中有「湛亭」，為清乾隆三十年（西元 1765 年）江南河道總督李宏所建，李宏，字湛亭，亭以其字命名。湛亭為白色漏空的立文體形，亭頂是兩層青灰的塔狀，給人飛動之感。亭柱上有對聯「雲影涵虛，如坐天上；泉流激響，行自地中。」登亭觀景令人心曠神怡。池旁有「河帥府」門廳，如今按原江南河道總督署的大門重建。河道總督轄有四營河兵，故又稱河帥。門前一對石獅，為雍

正七年（西元1729年）建署時的原物。

　　書院後的園隅有御筆碑亭和碑廊。御筆碑亭亭柱上的對聯：「康乾舊制依依隨夕照，曲廊新構摩挲款款看留題。」御筆碑亭和碑廊有許多碑刻共16通，多係清代皇帝鼓勵河臣之作。亭內立有康熙十四年（西元1675年）賜河督張鵬翮的〈澹泊寧靜〉御筆碑刻；碑廊內有乾隆十六年（西元1751年）乾隆皇帝第一次南巡閱視河防的〈示河道總督〉碑刻及以後歷次南巡賜江南河道總督高斌、李奉翰、高晉、白鍾山的〈續奏安瀾〉、〈底績宣勤〉等碑刻，還有道光十年（西元1830年）〈江南河道總督黎世序入覲詩〉碑。它們是研究明清治河、漕運歷史不可多得的文物。園內還有清光緒二十八年建的紫藤花館及建於不同年代的今雨樓（又名思潤軒）、清宴舫、葉園、忠勇亭、愛國亭等。還有始建於明崇禎十一年（西元1638年）的關帝廟。

　　鳥瞰洪澤湖，她像一隻昂首展翅的白天鵝，以矯健的雄姿，翱翔在淮河幹流的中、下游之交、淮安市的西部邊陲。清人王春芳賦〈洪澤湖遠眺〉有：「縱目長湖水，空濛遠接天。不風還激浪，無雨亦生煙。」謳歌了洪澤湖的磅礡氣勢和旖旎的風光。有人形容「太湖有女子陰柔之秀，洪澤湖則有男子陽剛之美」。

淮安洪澤湖夕照

　　民間流傳一則故事，說天上的水王星因犯天條被張天師貶下凡，投生在泗州城內的劉員外家。出世後，他不停地大哭。張天師心想，這可能是因為他的那股神水還沒有收回九龍池才不停地哭。於是張天師立即派水母娘娘替他送來。水母娘娘走後，張天師再一想，這水太多會給下界造成災難，於是又派張果老來收。張果老騎著小青驢在泗州城內趕上

了水母娘娘，遂向她要點水給小青驢喝。水母娘娘心想，小驢能喝多少點水，未加思索就答應了。誰知兩桶水被小驢喝得只剩下一點點渾泥漿子。水母娘娘沒好氣地將這一點泥漿往地上一倒，頓時，白浪滔天，滾滾洪水鋪天蓋地，淹沒了泗州城，在泗州大地上形成了煙波浩渺的洪澤湖。

淮劇、京劇常演的《泗州城》和京劇、越劇演出的《虹橋贈珠》等都是源自這個傳說。這些傳說、戲劇都是藉大禹治水降伏水神巫支祁的故事演繹而來。《太平寰宇記》中有關巫支祁的記述：大禹治水三至桐柏山，遇到淮渦水神巫支祁興風作浪，給淮河兩岸帶來災害。這個巫支祁形似獼猴，縮鼻高額，身體青色，牙齒雪白，兩眼射出金黃色的光芒，能聽懂人的語言，力量大得超過許多頭大象，行動異常敏捷，且能飛沙走石、騰雲駕霧，一眨眼就看不到牠的蹤影。大禹先後派天神童律和烏木田來擒拿，都不能制服牠，最後派太陽神庚辰才將牠擒獲，「遂頸鎖大索，鼻穿金鈴，徙淮泗陰，鎖龜山之足，淮水乃安流注於海」。這座龜山，就在今天淮河入洪澤湖的河口附近，當今支祁井還在。

泗州，在汴河入淮口，是南方進入京畿的水陸交通津要，在唐宋時期就成為漕運中心。這裡衢閭整飭，官衙鱗次，帆檣雲集，城市繁華，人口眾多，一直是淮河中下游地區的中心城市之一。西元1194年，黃河向南決口，搶奪淮河下游河道入海。清康熙十九年（西元1680年），黃河和淮河同時暴發大水，泗州城被永遠淹沒在洪澤湖水下。早年，洪澤湖上曾出現過海市蜃樓現象，所映射出的車水馬龍、熙來攘往的繁華景象，讓許多人都認為是古泗州城的重現。民間還傳說有人曾在洪澤湖內捨船登岸，進入重現的泗州城。天色已晚，只見滿城燈火通明，店鋪林立，熙來攘往，熱鬧非凡。他在州城內買了一口鐵鍋，但回到家再細看，卻是久浸水下而成的爛鐵。傳說真是活靈活現，有一層神祕的色彩。這座煙波浩渺、風光絢麗的洪澤大湖在人們心目中真是變幻莫測。

古代的淮河流域是個好地方,群眾中流傳著「走千走萬,不如淮河兩岸」。元、明、清三代定都北京,南糧北調的漕運是維繫統治者生存的生命線。為保運河暢通而築高家堰,建成洪澤湖水庫。所以洪澤湖不是天然湖泊,而是人工築成的巨型平原水庫。在中國五大淡水湖中,洪澤湖位居第四。她自然風光優美,人文景觀豐富多彩,文化底蘊深厚,歷代的許多文人墨客和帝王曾在此留下許多的名篇墨寶。《西遊記》中許多景物的描寫都取材於洪澤湖。據專家分析,就連孫悟空的原型也是鎖在洪澤湖畔龜山腳下的無支祁。

洪澤湖畔鐵牛的來歷

黃河多沙,以「善淤、善決、善徙」著稱。自高家堰(洪澤湖大堤)築成到黃河北徙的近280年中,洪澤湖基本上是兩年一次決口,其下游地區深受其害,「魚游城關,船行樹梢」的記載不絕於地方志書。明、清兩代治河其主要目的是為保證漕運的暢通,以維繫統治者的生存。《明實錄・孝宗實錄》記述弘治皇帝朱佑樘命劉大夏治理張秋決河時曾說:「朕念古人治河,只是除民之害,今日治河,乃是恐妨運道,其所關係,蓋非細故。」康熙皇帝將「三藩、河務、漕運」六個大字寫出懸在宮中柱上,「時刻不敢忘記」。而對關係民生的水利工程卻做得很少。在高家堰屢次決口的情況下,康熙命大司馬張遂寧等於康熙四十年(西元1701年)端陽節鑄九牛二虎一隻雞,置於高家堰險要工段處,企求上蒼保佑安寧。古人認為「蛟龍怕鐵」,故用鐵鑄,可以「永除昏墊」。當今,雞、虎和四隻鐵牛已不知所終,僅剩五隻鐵牛還在。其中兩隻匍匐在江蘇省三河閘管理處門前廣場的花園內,一隻置於高良澗進水閘臨湖花園,一隻在洪澤縣東風公園,另一隻仍「堅守」在淮陰區高堰渡口的洪澤湖大堤(二河西堤)上。

現存鐵牛雖牛角都有殘缺，但基本上完好。鐵牛身長170公分，體寬57公分、高68公分，俯臥在長150公分、寬83公分、厚7公分的鐵板上，每尊總重量達2.25公噸。在牛的肩胛處鑄有四言或七言詩。七言曰：「維金克木蛟龍藏，維土製水龜蛇降。鑄犀作鎮奠淮揚，永除昏墊報吾皇。」落款是「康熙辛巳端午日鑄」。四言曰：「維金克木，蛟龍遠藏。土能制水。永鎮此邦。」落款是「康熙辛巳端午日鑄」。鐵牛「魁型巨首，垂耳抱角」，造型逼真，生動傳神，大有翹首茫茫湖天，欲吞萬頃碧波之勢。然而，九牛二虎一隻雞的鑄成並沒有改變下游多災的狀況，竟連四牛二虎一隻雞也被洪水沖得不知去向。

■ 神奇的鹽城沿海溼地是怎樣形成的 ■

　　一年夏天，一位教師帶著她的一群學生來到黃海邊，在與海水相連的一望無際的灘塗上，這些城裡來的孩子們挽著褲管，盡情地奔跑、嬉戲。後來，他們累了，聚集在一處港汊邊沿的河灘上。大家感到腳下很鬆軟，細滑而酥心，就集體晃動，就像雜技「晃板」節目一樣左右晃動。幾分鐘後，奇蹟出現了，從孩子們的腳趾縫裡鑽出了許多文蛤、泥螺和小蟹。孩子們來了興趣，繼續拚命地起顛晃，又是幾分鐘後，這片沙灘開始下沉，地下水迅速淹沒孩子們的腳背。孩子們驚叫著，掙脫著，拚命地跑到另一處。可他們獵奇的本性難改，又一個個地重複剛才晃動的動作，直至奇蹟又一次出現……

　　這就是令人嚮往的神奇美麗的鹽城灘塗溼地。這裡海天相接，林木茂盛，葦草蒼茫，一派原始生態風光。她遠離世俗的喧囂，保留著天然的清純和寧靜。春天桃紅柳綠，牡丹爭豔；夏天帆影點點，海天一色；秋天菊香撲鼻，鹽蒿如茶；冬天蘆葦婆娑，鶴舞鹿鳴。自然怡人的景色如詩如畫。

鹽城溼地基本由沙土和水組成。這些沙由淮河、黃河上游隨水流沖擊而來。尤其是南宋建炎二年（西元1128年）黃河全流奪淮以後，巨量的泥沙夾帶對鹽城灘塗溼地的形成產生重大影響。明弘治七年（西元1494年），鹽城距海僅30華里，到明末增至50華里，清中葉竟達100華里以上。

在中國絕跡多年的「四不像」——麋鹿怎麼會在鹽城

大豐安家落戶麋鹿俗稱「四不像」。角似鹿非鹿，有利角但不傷人，秉承鹿的溫和；頭似馬非馬，其面善，絕無奸詐，秉承馬之忠貞；身似驢非驢，其尾長僅為驅蟲，秉承驢之堅韌；蹄似牛非牛，其蹄堅，奔走覓食，忍辱負重，秉承牛之勤奮。麋鹿是中國的特產。唐宋以後，由於人類活動影響，廣闊的自然草原被開墾，野生動物的生存空間越來越小，加上人類濫捕，野生麋鹿越來越少。到了元明時期，麋鹿僅生存皇家獵苑之中。清代，北京南郊皇家獵苑僅存200多頭麋鹿，這是當時世界僅有的麋鹿群。光緒二十六年（西元1900年），八國聯軍攻陷北平，生存於皇家林園的最後幾十頭麋鹿像戰俘一樣被帶出海外，開始了長達百年風雨飄搖的流浪生涯。從此在中國960萬平方公里的國土上，再也見不到一頭麋鹿的蹤影。

中外專家學者多次呼籲讓麋鹿回歸故里野生放養，並提出建立自然保護區的倡議。1960～1980年代，大豐沿海陸續出土了麋鹿的骨骼，引起了學術界的關注。經過大量的考證，確認包括大豐在內的蘇北南部沿海是麋鹿的故鄉。1985年5月，世界野生動物基金會、聯合國自然和自然資源保護聯盟、英國倫敦動物學會的官員聯合發出倡議，建議恢復野生種群，讓麋鹿回歸故里。中國林業部邀請賈傑尤斯、王玉璽等中外

專家從遼寧到廣西沿海實地考察，最終選定位於黃海之濱的大豐市（今江蘇鹽城大豐區）境內、川東港以南的一片黃海沖積平原沼澤地為麋鹿放養地域。這裡河海港汊蜿蜒交錯，鹽土沼澤星羅棋布，並分布裸地、草地、蘆葦、蒲蕩、竹園以及刺槐林，具有海邊的原始風貌。而且這裡氣候溫和，雨量充沛，四季分明，無霜期長，與麋鹿古生境極其相似，是麋鹿最理想的放養地。於是，由中國林業部和世界野生動物基金會合作，並由林業部與江蘇省農業廳出資，共同建立了大豐麋鹿自然保護區。

為何鹽城便倉牡丹園的牡丹都是枯枝的

鹽城便倉牡丹園內牡丹品種數以百計，幾乎囊括了河南洛陽、山東菏澤所有的牡丹品種。有一種名叫枯枝牡丹的乃此園獨有，為牡丹中稀有的珍品。枯枝牡丹花分大紅、粉白二色，正常年分每朵花為十二瓣，遇鹽城便倉鄉枯枝牡丹園，閏年，增為十三瓣，一顆顆五角星似的花蕊耀眼生輝。更奇的是，枯枝牡丹一年兩度開花，春季開花與一般牡丹無異，冬季開花時，有花無葉，枝幹憔悴欲枯，花大如拳，美豔非凡。有關枯枝牡丹的來歷，古典小說《鏡花緣》開篇是這樣說的：

武則天當了大周皇帝後，有一年上元日，她偕上官婉兒遊幸御花園，乘醉下了一道「明朝遊上苑，火速報春知，花須連夜發，莫待曉風吹」詔書，並命人將此詔懸於樹上。當時正值隆冬，武則天酒醒後甚是懊悔，唯恐百花不開，有損帝威。次日，武則天進御花園察看，眾花多開，惟牡丹不從。武則天鳳顏大怒，命人將牡丹連根刨起，放在炭火上烤，可憐牡丹被炙得枝體枯焦，終於吐苞開蕊。而武則天餘怒未消，下令將園中 3,000 餘株杜丹悉數刨起，「發配」至河南洛陽和淮南便倉。

當然，這不過是作者李汝珍記述的民間流傳的神話故事而已。

風水寶地九龍口

九龍口地處蘇北里下河腹地，位於淮安市、寶應縣和建湖縣、阜寧縣交界處，屬於瀉湖型沼澤湖泊。她是古射陽湖的一部分，總面積2,300多公頃，其中心點在建湖縣蔣營鄉的沙莊古鎮。九龍口平均水深1.5～2公尺，中部為一廣闊清澈的湖面，四周有蜆河、錢溝河、安豐河、林上河、澗河、新舍河、城河、莫河、溪河，九水匯集湖中，形如巨扇。湖中有兩個相鄰的灘塗島，猶如兩顆瑪瑙鑲嵌於碧水之中，形成了「九龍戲珠」的秀麗景色。

傳說在很久以前曾有一條惡蟒在此興風作浪，或口吐大水淹沒村舍，或吸乾湖水枯死禾苗，百姓身受其害，苦不堪言。東海九龍聞訊後，不遠萬里，騰雲駕霧，直奔巨蟒而來。由於那巨蟒刁鑽狡猾，而且力大無比，九條青龍便深扎水底，協力壓住巨蟒。經過幾番激烈爭鬥，這條惡蟒終於被憋死水底。然而，九條青龍由於用力過猛也英勇獻身。祂們協力與惡蟒搏鬥的地方，就成了呈扇形放射狀的九條河流。還有一種說法，這裡原名「九河口」，南宋末年，左丞相陸秀夫在崖山背負幼帝蹈海殉國後，故里鄉親為紀念這位民族英雄，在九河口築起了龍祠，奠祭宋幼帝和陸秀夫，人們便把「九河口」改成了「九龍口」。

花果山——孫猴子的老家

《西遊記》小說中對花果山的地理有十分明確的界定：「東方海外……傲來國，國近大海，海中有一名山，喚為花果山」。現在，中國各地所有自稱為花果山的山都不是海上山。吳承恩在為其父寫的〈先府賓墓誌銘〉中說「先世漣水人」明指自己的祖籍是漣水。明代以前，漣水曾幾度歸屬海州（見《方輿彙編·職方典·淮安府》和《金史·地理志》），吳承恩號為

「淮海浪士」、「淮海豎儒」，把連雲港的花果山作為孫猴子的老家是出自吳承恩的故鄉情結。《西遊記》選擇海州雲臺山作為花果山原型的又一佐證是作者在書中大量地汲取雲臺山間的文獻、文物資料以及史蹟口碑和鄉老傳說。另外，傲來國即指雲臺山海，對照《西遊記》第一回的描述，雲臺山傲來國的虎山、龍山正雄踞花果山正北，與書中「左邊龍，右邊虎」的描述完全契合。唐僧的家本在洛陽地區，西遊故事改在海州，此正說明作者選擇連雲港雲臺山作為花果山之現實背景的地理取向。

千年阿育王塔為何能歷經地震而不倒塌

阿育王，意思為無憂無慮之王，生年不詳，死於西元前232年，是古印度孔雀王朝的國王。在位期間，他統一了除印度半島南端外的印度全境，他統治時期成為古代印度最強盛的時期。他為了征服半島南端，多次大舉進攻，殺人無數，血流成河。他後聽到一位高僧說法，對自己的行為十分後悔，便皈依佛教，停止了戰爭。他在印度境內廣建寺塔，據說有八萬四千座之多。他又派人到波斯、希臘等國廣泛傳教，對以後佛教的發展產生了極大的影響。佛教傳入中國後，很多地方建塔保存佛祖和高僧的舍利子，人們把這種塔叫做阿育王塔。

連雲港的阿育王塔為什麼歷經千年歲月、多次地震而不倒？專家們對此有不同的說法。有人認為這主要歸功於其基礎牢固。塔基建築在片麻狀混合岩上，這種岩石整體性強，很難移動。塔體本身結構也很合理，各層塔身直徑與高度之比始終保持三比一；塔底基的周長與塔高相等，從而使塔體的抗震能力增強。

連雲港錦屏山將軍崖岩畫——「東方天書」

1970年代末，位於連雲港市海州區錦屏山北麓的將軍崖發現了據說是先民們的石刻遺跡，這些石刻遺跡被稱為將軍崖岩畫。這一發現被列為中國1970年代十大考古重大發現之一。1981年4月3日，連雲港市博物館在國家文物局召開座談會，1920年代就從事田野考古的中國考古學會副理事長蘇秉琦教授面對將軍崖岩畫的拓片說：「這是一本東方的天書！」

「東方天書」自然是充滿了未解之謎：

一、岩畫的內容到底是什麼？對此眾說紛紜。有的說是女媧造人，有的說是地母崇拜，有的說是太陽神崇拜，有的說是外星人光顧，有的說是海洋中的鱟，有的說是星象圖，有的說是中國最早的觀星測象臺。

二、岩畫的年代幾何？有4,000年、6,000年、7,000年幾種說法，各執一詞，各有所據。

三、是什麼力量運來了巨石？將軍崖岩畫中心位置有三塊巨石，稱為「社足」。大的長4.2公尺，寬2.6公尺，重達數千斤。據考古學家推測，如此巨大的石頭肯定不是從山頂崩落到那裡的，從巨石的重量看也不可能是被山洪衝下來的，它們無疑是由外力搬運而來。然而在當時的生產力水準情況下，沒有吊裝機械，人們將幾千斤重的巨石從低處搬到高處無疑是很困難的。

四、是何種器具創作了這神祕的「東方天書」？4,000多年前銅器、鐵器都還沒有產生，而將軍崖岩石為混合片麻岩，非堅硬金屬之物是不能在如此堅硬的岩石上有所作為的。

孔望山佛教摩崖造像之謎

　　孔望山是一座規模宏大的漢文化博物館。山上的龍興寺原是一座龍王廟，建於南北朝，距今已有1,600餘年，是連雲港市最古老的廟宇之一。後來因寺旁的龍洞名氣越來越大，廟因此易名為「龍洞庵」。孔望山摩崖造像在山的西南角，依山就勢崖刻而成。畫面東西長15.6公尺，高9.7公尺，刻有100多個造像，最大的高1.54公尺，最小的僅10公分。

　　1980年，經中國權威人士鑑定，孔望山摩崖造像被確認為東漢時期佛教內容的造像，它比敦煌莫高窟還要早200多年，成為當年中國考古五大新發現之一。

南通三怪——
狼山無狼，長橋不長，南通南面不通

　　去過南通的人會發現，南通有三怪：狼山無狼，長橋不長，南通南面不通。這是怎麼回事呢？位於南通市南郊的狼山自然風景區由狼山、馬鞍山、黃泥山、劍山和軍山組成，南臨長江，山水相依，通稱五山。狼山居其中，海拔106.94公尺，最為峻拔挺秀，文物古蹟眾多，其他四山如眾星拱月，狼山成為五山之首。相傳狼山曾有白狼居其上危害百姓，後被神仙趕走，又傳因山形似狼而得名。北宋淳化年間（西元990～994年）州牧楊鈞覺得狼山之名不雅，便改狼山為琅山，後又因山上的岩石多呈紫色，故後人又稱之為紫琅山，南通市因而也得了「紫琅」這個雅致的別稱。雖然這個名字不錯，但是南通人還是習慣稱「狼山」，其實長久以來，狼山並沒有狼這種動物出沒其間，這就是「狼山無狼」的由來。

　　狼山原在長江之中，唐代高僧鑑真第三次東渡日本曾在狼山停留避風，北宋時狼山才與陸地相接。自宋至清陸續興建了廟宇殿塔，總名廣

教寺。佛教中狼山為大勢至菩薩道場，列為全國佛教八小名山之首。長橋原名南吊橋，位於市區南大街中部，橫跨南濠河。長橋始建於元惠宗至二年（西元 1336 年）。嘉靖三十三年（西元 1554 年），倭寇來犯，直逼城濠，南吊橋為守城發揮了重要作用。明天啟元年（西元 1621 年），名醫陳實功見木橋已壞，復改為石橋，名通濟橋。又因此橋在當時為最長的橋，故名「長橋」。後人感陳實功建橋的功德，曾名紀功橋。

關於陳實功修建長橋的故事在民間流傳甚廣。相傳陳實功應蘇州巡撫慕天顏之聘為其母治病。病癒，慕以重金酬謝，陳不受，只希望他能將南通城南的木吊橋修成石橋。慕挽留陳在府內小住，待陳回通州時，濠河南吊橋已改建成一座石砌的長橋了。當時最長的橋現在看來自然短了不少，所以說「長橋不長」。至於南通南面不通就更好解釋了，南通位於長江入海口最北端，南面就是長江和大海，在交通遠不發達的過去，自然是「南面不通」了。

濠河是人工挖掘的護城河嗎

南通濠河是中國僅存的四條古護城河之一，距今有千餘年的歷史。南通原為沙洲，發育而成陸地時，留有許多天然水泊，挖濠河時被充分利用，因而南通的濠河一半源於天然，一半成於人工。史載後周顯德五年（西元 958 年）築城即有河。據州志記載：「濠河繞城四匝，與市河（市內之河）相通，城北、東、南、西南闊凡幾十丈，北接淮水，西匯江河，東達諸場（沿海多鹽場）；州城僅週六里，而濠特深廣，望之汪洋，足稱巨觀。」濠河現周長 10 公里，水面 1,080 畝，水面最寬處 215 公尺，最窄處僅 10 公尺，是中國保留最為完整且位居城市中心的古護城河。

濠河環繞南通老城區，形如葫蘆，宛如珠鏈，被譽為南通城的「翡翠項鍊」。千百年來，她擔負著防禦、排澇、運輸和飲用的重任，又被稱

為支撐南通城市發展的「人身脈絡」。南通城之美得益於濠河，成為遠近聞名的花園式城市。濠河水清如鏡，自然風光優美，擁有江鷗、野鴨、魚鷹等自然生態群落。她水面寬窄有序，迂迴蕩漾，兩岸林木蔥鬱，景觀豐富。亭臺橋榭掩映其間，畫舫遊艇蕩漾水中，更增添了濠河迷人的風情。南通市民一向有愛河的傳統，歷代對濠河多加修葺。

在風景秀麗的濠河東南之濱有一座中國人自己辦的最早的博物館——南通博物苑，清光緒三十一年（西元1905年）由張謇創辦。當時主要建築部分有自然、歷史、美術三部文物和標本陳列館，收藏頗豐。

三元橋、文峰塔一帶是東南濠河風景片又一處景點集中地。這裡風景秀麗、環境優美。文峰塔平地兀立，為南通三塔之冠。該塔建於明萬曆四十六年（西元1618年），塔高39公尺，木架結構，五級六角，青瓦紅柱，飛簷翹脊。與文峰塔一河之隔的是中國第一座紡織專業博物館，人稱「紡織大觀園」，占地28畝，整個建築群由10多幢具有民族風格的建築組成。主館透過各種實物、標本、圖片和音像資料反映當地紡織工業發展的漫長歷史進程、當前生產水準和未來發展趨向。三元橋畔的文峰公園以其自然風光與天然野趣而備受人們青睞。西南濠河風景片是在舊時五公園基礎上興建的風景區。這裡河面寬闊，碧波蕩漾，是南通市的文化娛樂區。

省級文物保護單位天寧寺、光孝塔位於濠河北首。天寧寺初建年代無考，民間有「先有光孝塔，後有通州城」之說。現存建築結構具有宋代以至更早一些時期的建築特色，具有較高的文物價值。南通民謠：「南通有三塔，角分四六八；兩塔平地起，一塔雲中插」，光孝塔即八角之塔。

濠河沿岸還有張謇、李方、趙丹等名人故居，濠東綠苑、濠西書苑、環西文化廣場、文化宮、映紅樓、體育公園等新興的文化娛樂場所和旅遊景點以及28座橋和各種名木古樹。

清澈潔淨的濠河與亭、臺、樓、閣、塔、榭、坊等交相輝映，人文景觀與自然風光融為一體，千百年累積的歷史遺跡、園林藝術、鄉俗風情奠定了濠河古樸凝重的文化底蘊，而現代城市的崛起，又賦予它朝氣勃勃的時代風采。如今，夜遊濠河已成為南通最負盛名的旅遊線路之一。

南通博物苑 —— 中國第一座博物館

　　南通博物苑位於南通城東南濠河之濱，是一所地方綜合性博物館，也是中國人創辦的第一座博物館，由中國近代著名企業家、教育家張謇先生於清光緒三十年十二月九日（西元 1905 年 1 月 14 日）創建。它融中國古代園囿與近代博物館於一體，將民族特色與科學內容相結合，是一座「園館一體」的城市園林式綜合性博物館，是目前保存下來的中國人最早創辦的博物館，在中國博物館發展史上具有開風氣之先的意義。

　　西元 1906 年 1 月，張謇又將興建中的公共植物園規劃為博物苑，使博物苑占地由 23,300 平方公尺後擴大為 71,800 平方公尺。博物苑建立了中館、南館、北樓和東樓。苑內有 4 個陳列館，陳列自然、歷史、美術、教育四部分文物與標本。中館為三開間中式平房，上部加蓋一間二層尖頂小樓。南館平面凸字形，為一座西式二層樓房。北樓為五開間二層中式樓房。東樓為一座中式樓房。苑內種植樹木花草，飼養鳥獸，並有亭榭、假山、荷池等園林建築。1912 年將博物苑改稱為南通博物苑。苑內文物、標本來源於各地人士和寺院捐贈、售予。

　　1914 年編印的《南通博物苑品目》記載館內共收錄文物、標本 2973 號，1933 年增至 3605 號，每號一件至數件不等。自然部分有動物或植物活體、標本、化石和礦物。動物類有國外的標本，如南洋群島的時樂鳥、印度的鱷魚、俄羅斯的斑鼠、美洲的袋鼠和蜂鳥、朝鮮的筆貝、新加坡的石蠶等。植物類中有羊齒植物化石、各種果木和藥用植物。礦物

類有 1910 年清末官商合辦的博覽會南洋勸業會結束後捐贈的各省礦石標本。歷史部分有金、玉石、陶瓷、拓本、土木、車器、畫像、卜筮、軍器、刑具、獄具等展品。美術部分有書畫、雕刻、漆塑、織繡、緙絲、編物、文具等類,其中露香園的〈畫錦堂記〉字繡長屏 12 幅和沈壽繡〈耶穌〉像為美術精品。教育部分有科舉、私塾、學校 3 類,有科舉時代的考卷、夾帶、窗課,有學校教學用的教具、模型。

1938 年 3 月 17 日,日軍占領南通,苑藏文物、標本大部遭劫掠、破壞或散失。1949 年後,中國政府著手修復博物苑。1951 年南通博物苑改名南通博物館,原有建築和園林布局基本保持原貌。1981 年南通市人民政府決定將附近的張謇故居濠南別業劃歸博物苑範圍。1982 年南通博物館被定為江蘇省文物保護單位,1984 年 7 月 1 日將博物館恢復南通博物苑原名。1988 年博物苑被定為中國重點文物保護單位。目前,苑內已形成「四區一通道」基本格局。四區是中北部的歷史文化保護區、濠南別業故居區、西部的庫房封閉區和南部的發展新區。在南部新區新建現代化的展示大廳。一通道是東部沿河風景文化通道。南通博物苑交通便利,景色宜人,歷史建築別具特色,苑藏文物豐富,文化底蘊深厚,是人們參觀、學習、遊覽、休閒的理想場所。

為何泰州光孝律寺的大雄寶殿又名「最吉祥殿」

南宋慶元二年(西元 1196 年)蜀僧住持德範和尚修復此殿時,泰州州官韓梃取《華嚴經》語,書「最吉祥殿」四字為額,此殿因以得名。後來陸游為此撰寫了〈泰州報恩光孝禪寺最吉祥殿碑〉碑文。清朝乾隆三十九年(西元 1774 年),自句容寶華山分燈來寺任住持的性慧大和尚的弟子圓能修復寺宇時,和碩恭親王愛新覺羅・弘晝亦曾賜書殿額「最吉祥殿」。

西楚霸王項羽的故鄉在哪裡

西楚霸王項羽是一位古今聞名、婦孺皆知的大英雄。後人不僅傾慕他那「力拔山兮氣蓋世」的勇武氣概，而且敬仰他那誠實守信的人格魅力。項羽在吳中隨叔父項梁率八千子弟起兵，身經百戰，終於推翻了殘暴的秦朝統治。至今，人們依然熟悉那一幕幕悲壯的歷史畫面：決戰鉅鹿、鴻門設宴、揮師彭城、霸王別姬……雖然項羽留給後世的最後一句話是「無顏見江東父老」，但是他真正的故鄉卻是在江蘇省宿遷市宿城區。

司馬遷在〈項羽本紀〉開篇說：「項籍者，下相人也，字羽。」下相為秦朝設置的縣，治所在今宿遷市宿城區西南部。西元前232年，項羽就出生在今宿遷市區內的梧桐巷。項羽於烏江鎮兵敗自殺後，劉邦把他的遺體安葬在河南省河陽縣穀城西面。家鄉人民為了紀念這位勇武而豪爽的英雄，便在他的出生地梧桐巷立碑、豎坊、建廟。清康熙四十年（西元1701年），宿遷知縣胡三俊在項氏古井旁立碑一塊，鐫刻「項王故里」四字，從此，這裡遊人不絕。民國時期，國民黨西北軍張華裳師長與宿遷縣縣長張乃藩相繼集資擴建，在院內建起了英風閣，雕項羽石像一尊。石雕的項羽按劍而立，英氣逼人。門兩側有聯曰：「威震江東，曆一代興亡，自有光輝標史冊；歌傳垓下，定千秋功罪，莫將成敗論英雄。」

今天，當沿著市區黃河南路乘車前行時，人們便會看到路東高聳著一座高大的「項王故里」牌坊。在項王故里第三進院落的東北角，有一棵三代再生古槐樹，當地人世代相傳為項羽手植槐。20世紀末，美國一位植物學家到此一遊，驚奇地稱之為「天下第一槐」。

風習江蘇

為什麼每塊明城磚上都刻著很多字

　　漫步歷史悠久的南京明城牆下，細心的遊客會發現城磚一側都刻印著很多字，一般多為地區、官銜、人名和年月日等。原來這是明代開國皇帝朱元璋為保證工程品質而在當時實行的「責任制」。明代南京城從西元1366年開始興建直至西元1386年建成，前後共歷時21年，工程相當浩大，而統治者對工程品質的要求也相當嚴格。據史書記載，明初朝廷曾徵調南京郊縣農民、各地徵發來的罪犯以及全國能工巧匠20萬戶共同修建城池，並規定分段包幹。為了供應建城所需城磚，一方面由工部和駐軍在南京就地設窯燒造，如今城南雨花臺附近還存留「窯灣」地名，另一方面又動員長江中下游兩湖、江西、安徽和江蘇5省，近30個府100多個州縣燒製城磚，由水路運抵來京。為保證品質，磚側都列印有造磚工匠和監造官員的姓名。如不合格，立刻退回重燒，再不合格就要治罪。

　　建城所用大磚相當講究，均嚴格按一定規格燒製。磚的長度一般在40～45公分之間，寬度在20公分上下，厚約10公分，重量從10公斤至20公斤不等，大部分是質地細密的青灰色磚，也有一小部分品質很高的白瓷磚。這種瓷磚主要來自江西，磚的側面就常列印「某府某縣提調官某司史某燒磚人某人戶某某」、「洪武某年某月某日」的字樣。這批城磚除用作修建都城外，還廣泛用於建造官署、祠廟和陵墓，因此今日在靈谷寺無梁殿、明孝陵等處也能看見它們的蹤跡。正因為品質過關，600多年前建成的明城牆才能至今仍屹立不倒，向世人訴說著一段段歷史滄桑。

江寧金箔究竟有多薄

　　把用厚重的黃金打製成輕薄的金箔貼附於佛像、建築、器皿之上，剎那間就造成金碧輝煌、富麗華貴的效果，這就是金箔的魅力所在。金

陵金箔製作歷史悠久，最早可追溯到南朝。南朝文獻中就有關於生產金銀箔及設置錦署的記載。元朝金箔開始大量生產，明清到達鼎盛時期。1975 年在太平門外徐達五世孫徐傅墓中出土的金絲補服即為 400 多年前金陵金絲的物證。南京東郊龍潭鎮及江寧花園鄉等一帶是金陵金箔、金線生產的集散地，農戶均有「打箔」、「製線」的手藝，且世代相傳。江寧金箔的製作歷史可追溯到 1,700 年前。那時江寧鄉村家家戶戶，父子兄弟齊攻此技，名手輩出，江寧金箔名揚天下。那麼江寧金箔究竟有多薄呢？據說一毫厚的金箔疊在一起，細細數來竟有 943 張！真是用「薄如蟬翼」都不足以形容。在製作過程中，即使盛夏酷暑也得門窗緊閉，走路呼吸都得微細均勻，因為只要有一絲微風或一口大氣，金箔就會被帶得凌空而起。這樣輕薄的金箔又是怎樣打造而成的呢？首先要將厚重的金塊金條熔切成小塊，初步打成薄片。

然後夾在一種用特殊竹子特製而成的「烏金紙」中反覆錘打。打箔時，上手和下手對坐，上手打小錘，掌握翻轉紙紮和移動落錘點等技巧，下手則掄著七八斤重的大錘，有節奏地不停敲打。上、下手即要配合默契，又要技藝精湛，還要力氣、巧勁都會使。據測算，工人平均每天要打 25,000 多錘，不經過嚴格訓練和長期實踐是絕不能勝任的。黃金經過打錘後，就形成一張張不規則形狀的金葉子，心靈手巧的女孩們還要透過吹、貼、撫、切等工序，方正整齊的金箔才能最終製成。江寧金箔在明清兩代就已供奉宮廷用來織造龍袍朝服和綵衣。聞名天下的南京雲錦就是選用江寧金箔製成的錦線。北京同仁堂等老字號藥店製售的丹丸中也有江寧金箔的成分。據說金箔內含有人體所需的部分微量元素，有鎮驚安神及化痰之功效。現在江寧金箔廠專門建立了「中國金箔藝術館」，讓更多人來了解江寧金箔的神奇與精妙。

南京為什麼以「辟邪」作為城市象徵

　　許多著名城市都以具有豐富歷史文化內涵的建築或物品作為城市的象徵，如巴黎的凱旋門，紐約的自由女神像，北京的天安門等。南京作為六朝古都，以六朝石刻的典型代表——辟邪作為城市象徵實在是太恰當不過了。辟邪據說是源於梵語「大獅子」的音譯，指神異的猛獸。辟邪作為古代傳說中神獸名稱最早見於《漢書·西域記》和《後漢書·靈帝紀》。辟邪的形象狀若獅子，頭上無角，體態高大肥碩，氣勢恢弘雄俊。牠與獅子最大的區別就是腹部兩側飾有雙翼，具有強烈的動感。辟邪作為陵墓神道石獸也是在漢代出現，象徵著吉祥和驅怪避災。六朝時，南京作為南朝宋、齊、梁、陳都城，保存下了大量無價藝術瑰寶——南朝陵墓石刻。辟邪作為鎮墓神獸之一，與天祿、麒麟齊名，但天祿與麒麟僅見於帝陵，辟邪則專用諸侯王墓。南京地區現存18處王侯墓前大小辟邪22隻，數量和保存完好程度在三種神獸中都具有代表性，其中位於棲霞山附近的煉油廠小學、甘家巷、十月村、仙林農業牧場等地的石辟邪，造型優美，氣勢宏偉，是六朝石刻藝術寶庫中的珍品。

　　牠們揚頸昂首，胸膛挺凸，闊口大張，長舌吐垂，貼於胸前，目光犀利，氣勢逼人。腹部雙翼舒展，四足交錯，四爪鋒利，尾長及地，尾端散作四縷如魚尾狀。整體造型是肌肉突起，頸背曲線圓潤，充滿力度與張力，又不失空靈飄逸之感。圓刀、方刀交錯使用，在一整塊巨石上完美地解決了形體結構多面觀的問題，無論從哪個角度觀看，辟邪都雄渾簡練，栩栩如生，給人明確的實體形象。這充分展示了南朝時期工匠們嫻熟高超的雕刻技法，讓人不禁讚嘆1,500多年前古人先進的創造力和豐富的想像力。南朝陵墓石刻上承秦漢，下啟隋唐，是中國乃至世界石雕藝術史上的瑰寶。作為六朝古都，南京以辟邪為城市象徵，不僅向世人展示了這座古城悠久的歷史文化，也昭示出一種威武不屈、昂首挺拔的城市精神。

■ 為什麼說「蘇湖熟，天下足」

「蘇湖熟，天下足」是廣泛流傳於民間的一句諺語，最早見於南宋陸游《渭南文集》，同時期的高斯得《恥堂存稿・寧國府勸農文》等書中也有出現。諺語中的「蘇」是指蘇州，大概在今天蘇州的吳中區、相城區一帶，位於太湖以東；「湖」指湖州，約在今天的浙江吳興一帶，位處太湖以南。「蘇湖」兩字泛指太湖流域。這裡地勢平坦，土地肥沃，小河流遍布，「百流眾瀆，曲折縈繞」，被稱為「水鄉澤國」，非常有利於農作物的生長。這裡的農作物可一年兩熟，且產量為全國之最。自宋高宗至宋孝宗時期，太湖流域進行了大規模的水利建設。在崑山、常熟以北，開河口導湖水入江海，杜絕水患。

特別是在孝宗時期，還在太湖出口處設置了閘門以調節水量。由於臨湖的田較低，特別修築一定高度的圩岸，來抵禦風濤。這樣，太湖流域的水道得到徹底的浚通，排除了嚴重水災，使低田與高田都能得到灌溉。此外，當時太湖流域的農業生產技術較中原地區更加先進。農民講究深耕細作，「耕無廢圩，刈無遺穗」，且當時已經使用最先進的農具「連枷」脫粒。總之，由於優厚的自然條件、宋時水利工程的興修以及先進農具的使用等使蘇湖一帶成為南宋農業高產區，良田畝產可達五六石。所以有「蘇湖熟，天下足」之說。

■ 為什麼江南養蠶人家多供奉「馬明王」

江南地區是中國主要的蠶桑基地，自古養蠶之風盛行。當地有句俗話：「吃飯靠種田，用途靠養蠶」，可見蠶是江南人家很重要的經濟來源。但蠶並不是好養的，很嬌貴。蠶農需要有個「蠶神」來保佑，「馬頭娘」就應運而生了。馬頭娘是上古的神話故事中的人物，相傳在高辛氏時代，蜀

中有一個女兒，父親被盜賊抓去了，母親許下諾言，誰能救出丈夫，就把女兒嫁給他。之後不久，有匹馬把她的丈夫帶了回來。女兒怎麼能嫁給一匹馬呢，母親反悔，把馬殺了，還剝去馬皮。誰知那馬竟然魂魄不散，用皮捲死了女兒。女屍化成蠶，這就是馬頭娘，後來被世人尊為蠶神。

江南養蠶

　　江南地區祭祀蠶神的活動主要是在清明節和農曆十二月十二。清明節祭拜蠶神較為熱鬧隆重，各地蠶農划船相聚，稱「軋蠶花」。傳說馬頭娘在清明節化作村姑下江南，留下了蠶花喜氣，蠶農們希望軋到蠶花喜氣，一年蠶繭豐收。農曆十二月十二是蠶的生日，蠶農在這天要祭蠶神。他們用紅、青、白三種顏色的糯粉拌成粉團，用它做成各種形狀的糰子，如騎在馬上的馬頭娘、桑葉上的龍蠶、一縷縷的絲束、一疊疊的元寶等。這一天蠶農們備豐盛的酒菜，立馬幛，焚香火祭拜蠶神。馬幛畫的是一個跨馬宮妝靚女，周圍有兩男兩女四個兒童，手裡分別托著桑葉、蠶、繭、絲。

　　那馬頭娘為什麼又被稱為「馬明王」呢？這就要提到朱元璋和她的馬皇后了。為了鼓勵江南人栽桑養蠶，朱元璋頒布了「一人栽桑十五株免徭役」的法令，大大減輕了蠶農們的負擔。朱元璋的老婆馬氏出身寒微，但素有賢名，當地人認為是她救了蠶農，於是造了一個跨馬的宮妝靚女的塑像，作為蠶神來祭拜，稱為馬明皇，意思是明皇馬娘娘。為了避諱，出現了「馬面王」、「馬鳴王」、「馬姑」等說法。

為什麼說「北有楊柳青，南有桃花塢」

　　年畫是最具地域特色的民間藝術，各地不同的文化、不同的風俗孕育了多姿多彩的年畫藝術。年畫的起源可追溯到「門神」。先秦時代人們

有在臘日畫神荼、鬱壘於門的風俗。年畫在東漢、六朝時就已存在，宋代時興盛起來。年畫不再僅局限於新年用品，它荷載了人間民俗生活的各個方面。宋代時，年畫出現了娃娃、美女及豐稔、歲朝之類的吉祥題材，表現人們對美好生活的憧憬。早期年畫多為手繪，或者墨線印刷，人工著色，需要較高的工本，影響年畫的普及。明代後期運用雕版印刷技術製作年畫，既降低了工本，也提高了藝術效果，受到了社會的歡迎，使得年畫藝術得到進一步的發展和繁榮。明末清初在全國各地相繼湧現出一批著名年畫產地，北方首推天津楊柳青，蘇州桃花塢則成為江南最大的年畫刻印中心，形成了「北有楊柳青，南有桃花塢」之說。

明清時期的蘇州是富庶的江南名郡，商業繁榮，人文薈萃，詩文書畫異常活躍。這裡還聚集了一批民間美術匠師，提供了年畫製作的藝術條件。此外，蘇州人十分講究生活情趣，常在家中懸畫裝飾，並隨月份不同更換，為年畫的發展提供了旺盛的市場需求。過去，蘇州閶門外的虎丘山塘街到城內桃花塢一帶是年畫店集中的區域，出售不同檔次的年畫。清咸豐年間的戰火將山塘街年畫作坊焚燒殆盡，只有桃花塢一帶的作坊倖免難，成為蘇州年畫製作僅存的碩果。「桃花塢年畫」因此得名。桃花塢印版年畫量大印刷，價格低廉，在蘇州地區廣為流傳，成為中國最著名的年畫品種之一，與楊柳青南北呼應，在中國年畫和版畫發展史上占有重要地位。

為什麼明清兩代的蘇州狀元特別多

蘇州在古代出了很多狀元。僅明清時期全國總共有 202 名狀元，蘇州地區就有 35 名，占當時中國狀元總數的 17%。蘇州不僅狀元多，而且祖孫狀元、兄弟登甲、叔姪及第現象也是屢見不鮮，因此才有「姑蘇文盛出狀元」的說法。住在南石子街的狀元宰相潘世恩家族，蘇州人稱「貴

潘」，一門所出狀元、探花、翰林、舉人不勝枚舉，其中潘世恩為官50餘年，歷事清朝乾隆、嘉慶、道光、咸豐四朝，被稱為四朝元老。這些蘇州狀元中不乏文震孟、翁同龢這樣的良相諍臣，還有畢沅、洪鈞等在中國史學、外交等方面成績卓著的人才。

那麼，蘇州為什麼會出現如此多的狀元呢？這與蘇州地區富裕的經濟、發達的教育、豐富的藏書及家族影響有密切關係。明清時期的蘇州已經成為中國經濟文化中心。明洪武中期，蘇州府以占中國 1/90 的耕地負擔了中國 1/10 的稅糧，超過浙江全省，這就為文教提供了堅實的物質基礎。蘇州教育的一大轉捩點是北宋名相范仲淹創建蘇州府學，這成為以後州縣立學的發端。此外，蘇州各地紛紛建立書院、社學、義塾和私塾，教育興盛，出現了詩學家沈德潛、經學大師錢大昕、改良家馮桂芬之流的文化名人。隨著文化世家的興起和文化名人的湧現，蘇州地區刻書、藏書之風盛行。蘇州本土藏書家眾多，「人文之盛，冠於全國」。唐宋以後，蘇州民間的崇文重教意識也特別強烈，在蘇州的明清建築裡，常常可以見到石雕和木雕上五子登科、高中狀元的故事，500 名賢祠中的畫像、街上的狀元牌坊以及評彈中落難公子考狀元的故事，這種潛移默化的影響也是難以估量的。

參加科考方面，蘇州子弟有很強的應試技巧和訓練手段。當時為了提供考生八股範文，有人把科考成功者的考卷收集出版，讓考生模仿學習，逐漸發展成一大產業，當時出版的時文選本名聲最大，甚至吸引了中原商賈將之帶到了北方。除了在考場上一較高低，家庭背景、宗親關係、鄉土情誼、師生關係等場外因素也影響科考名次。如康熙十二年（西元 1673 年），韓菼考中狀元就沾了鄉親的光。韓菼因家庭貧困，到京師去尋找出路，先到國子監做監生，做的八股文受到國子監祭酒徐元文的欣賞，並得其照顧。之後參加順天鄉試，主考官徐乾學就是徐元文之

兄。因與徐氏兄弟有師生之誼，韓菼在康熙十二年的會試、殿試都取得第一名，狀元及第，授翰林院編修。

■「瘦、露、透、皺」的太湖石是怎樣形成的 ■

我們常常在園林中看到各種各樣奇形怪狀的石頭，姿態萬千，其中又以太湖石居多。太湖石久享「千古名石」盛名，它在中國四大傳統名石中最能展現「瘦、露、透、皺」這一古典賞石標準，有較高的觀賞價值和收藏價值。那麼這種太湖石到底是怎麼形成的呢？太湖石產江浙交界的太湖地區，也稱洞庭石，有水旱兩種。「旱太湖石」產湖周圍山地，是四億年前形成的石灰石在酸性紅壤的歷史侵蝕下形成。其枯而又潤，稜角粗獷，難有婉轉之美。而「水太湖石」產於湖中，因石體長期受到湖水的沖刷、侵蝕，形成各種各樣的孔洞，俗稱「彈子洞」，扭轉迴環，妙趣橫生，十分稀貴。唐代吳融的〈太湖石歌〉中生動地描述了水石的成因「洞庭山下湖波碧，波中石古生幽石；鐵索千尋取沒來，奇形怪狀誰沒識」。

■ 東林黨人在無錫 ■

可能大家都記得一幅著名的對聯「風聲雨聲讀書聲，聲聲入耳，家事國事天下事，事事關心」吧？它就掛在無錫的東林書院內。這幅名聯與歷史上著名的東林黨人有關。東林黨是明代晚期以江南士大夫為主的政治集團，其代表人物是顧憲成、高攀龍等人。萬曆三十二年（西元 1604 年），被革職還鄉的顧憲成在常州知府歐陽東鳳、無錫知縣林宰的資助下，修復宋代楊時講學的東林書院，萬曆三十二年（西元 1604 年）初冬，顧憲成等在東林書院召集首次大會，參加的有江、浙兩省的遠近紳士數百人，被稱為江南第一次盛會。會上制定了東林會約。顧憲成、

高攀龍等人先後主盟其中，聚眾講學，一時盛況空前。

東林書院成為當時江南人文薈萃的一大區會，又是議論國事的主要輿論中心。東林書院這種政治性講學活動形成了廣泛的社會影響。在朝在野的各種政治代表人物，一時都聚集在以東林書院為中心的東林派周圍，時人稱之為東林黨。他們提出減輕賦役負擔、發展東南地區經濟等主張及開放言路、實行改良等針砭時政的意見，得到當時社會的廣泛支援，同時也遭到宦官及各種依附勢力的激烈反對。天啟年間，宦官魏忠賢專政，形成明代勢力最大的閹黨集團，對東林黨人實行血腥鎮壓。明崇禎皇帝即位後，魏忠賢自縊死，對東林黨人的迫害才告停止。此外，高攀龍還在無錫五里湖畔建有其居所「高子水居」。他在講學之餘，常常到黿頭渚石壁下的湖灘濯足散步，取「滄浪之水濁兮，可以濯我足」之意。故石壁上至今刻有「明高忠憲公濯足處」以示對他的懷念。在閹黨前來捉拿他時，他寧死不屈，自沉水曲巷住宅後院池中，後人建祠池上，名為「高子止水」。

東坡居士戲欽禪

常州紅梅公園內有一處叫「塔影山房」的建築，原是太平寺欽禪長老打禪之地。這裡流傳著一段東坡居士戲欽禪的故事。太平寺在齊建元年間由齊高帝蕭道成所建，當時名建元寺。相傳，北宋大學士蘇東坡與當時的常州太平寺欽禪長老曾為莫逆之交，然而蘇東坡被朝廷貶至海南時，欽禪長老怕連累自己，竟將東坡題於寺壁上的詩詞一一剷除。後來，蘇東坡獲准返常，欽禪長老又欲藉東坡之名望為自己臉上貼金，請東坡為自己的肖像畫配詩。蘇東坡深感世態炎涼，人情淡薄，決定戲弄一下欽禪長老，於是揮筆寫下一詩：「一夕靈光出太虛，化身成佛人騰去。秋蓮寶華不用火，凡是悟空點點除。」在旁的知客、監院等眾僧，

雖不懂得這詩的意思，卻都齊聲稱讚：「大學士名不虛傳。」

半月之後，常州洪太守來到太平寺，欽禪長老迎到方丈室，太守指著牆上這幅畫說：「你得罪蘇東坡了，這四句詩中，前後兩句各隱射一個字，罵你是個『死禿』！」欽禪長老懊悔莫及。現在，這幅長老的肖像畫成了大家茶餘飯後的笑料。

「三請諸葛亮，四請葉先生」的來歷

這與明代嘉靖年間常州籍聞名全國的抗倭英雄和文學家唐荊川先生有關。荊川先生是有名的文學家，也是一名抗倭英雄，刀槍騎射，無不嫻熟。他出生常州青果巷唐氏世宦之家，書香門第，但生性頑皮，塾館老師無法管教。他的父親唐寶只得將南郊唐家村西邊的幾間房屋騰出，聘請名師在家執教，一連數名老師都被小荊川戲弄得自動離去。

某年秋天，唐寶在西門外請來一位老學究陳渡先生，陳渡想制服這個頑童，給他一個下馬威，便說：「今朝頭一天上課，我要考考，你是先作一篇八股文呢？還是先對對聯？」荊川說：「作八股文太呆板，不如對個對聯！」陳渡心想：「你倒貪便當！讓我出一道難題。」猛抬頭，天井階後石旁雞冠花正含苞待放，便出上聯：「階下雞冠未放。」荊川一怔，心想「好厲害！讓我想一想，弄點辣貨醬你嘗嘗！」於是靈機一動，指著圍牆上狗尾草說：「牆上狗尾先生！」陳渡氣得要命，要打這個學生，又不是對手，執意捲舖蓋離去，唐寶一再挽留也未能留住。陳渡臨走推薦葉林來教荊川，並修書一封交付唐寶。唐寶一連四次造訪才把葉林請來，過去常州有句口頭禪：「三請諸葛亮，四請葉先生。」即指此事。後來唐荊川在葉林的指導下溫書習武，還接受了葉林灌輸的正直為人、愛國愛民的進步思想，終成一代棟梁。

「慈禧賞三島」是怎麼回事

　　這是關於江蘇常州人、晚清洋務派代表人物之一盛宣懷和慈禧太后之間的故事。清光緒年間，盛宣懷自京返滬，「三腳貓」郎中張成昭聽說他身體欠佳，便前去探望。盛說：「你來得正好，我正有事與你商量呢！」原來這次盛進京，慈禧太后曾單獨召見他。除對盛所辦洋務表示關切外，又談及近來身體違和，要盛在常州物色名醫來京診治，或找人配製丸藥服用。盛回滬後，便立即派人到常州鄉下孟河鎮去找名醫。當地名醫久聞當年馬培之進京為慈禧治病所受的苦處，都婉言謝絕。盛正在為難之際，正好張來了，盛便談起此事，並問張是否能配製成藥進貢。張慨然允諾。盛還不太放心，再三叮囑：「用藥要道地，以調理為主。寧可服用後效用不著，也不能使太后感到有絲毫不適，以免萬一降罪下來，實在擔當不起！」

　　回善堂後，張成昭想慈禧現在畢竟上了年紀，既然連太醫都說不出患了什麼病，那就無非養氣健脾、滋補調理而已。於是參照成方配製「回春萬壽丸」，由盛送京進貢。慈禧一見藥名，先有三分歡喜，服用後覺得精神好了許多。她一高興便召見盛，詢問這丸藥是常州哪位名醫的配方，準備召見這位名醫。這一下盛慌了手腳，他想，要是真讓張見太后就要漏底，原來開方的是一個不第秀才、「三腳貓」郎中，惹得太后震怒，豈非犯了欺君罪。盛便圓了個謊，說是開方老醫生無法來京，至於要他呈出配方，看來能辦到。於是盛回滬與張商量，張想如將原方送去是不行的，還得弄點玄虛才好，於是翻遍典籍，找出幾味產於偏僻海島的藥材，作為該丸配製的主藥。慈禧見到藥方後很高興，極口稱讚這醫生博學廣聞。於是頒發聖諭：「皇太后慈諭，太常寺正卿盛宣懷所進藥丸，甚有效驗。據奏原料藥材採自臺灣海外釣魚小島，靈藥產於海上，功效殊乎中土。知悉該卿世設藥局，施診給藥救濟貧病，殊甚嘉

許。即將該釣魚臺、黃尾嶼、赤嶼三小島，賞給盛宣懷為產業，供採藥之用⋯⋯光緒十九年十月。」盛宣懷陰錯陽差，獲賞三島，成就了一段趣聞。

乾隆賜名篦箕巷的傳說

篦箕巷位於常州城西，是古毗陵驛所在地。雖然小巷只有百來長，卻歷史悠久、聞名遐邇。整條巷子都充滿了古蹟、典故和傳說，它如同一顆晶瑩剔透的明珠，被鑲嵌在古運河之濱。

讀過《紅樓夢》的人都知道賈政在毗陵驛和賈寶玉見了最後一面。該書第一百二十回寫到：「一日賈政泊舟至毗陵清淨處，在船中寫家書，寫到寶玉的事，便停筆抬頭，忽見船頭上微微的雪影裡一個光著頭、赤著腳，身上披著一領大紅猩猩氈斗篷的人向他下拜，迎面一看，不是別人，卻是寶玉。賈政大吃一驚，寶玉只不言語，似喜似悲，只見頭來了一僧一道，夾住寶玉飄然登岸而去⋯⋯」書中所指毗陵驛就坐落在常州的篦箕巷內。

篦箕巷古時又稱花市街。後改稱篦箕巷，這還有一段與乾隆皇帝下江南有關的故事呢！據說，乾隆南巡時，一路微服私訪，在常州邀請了博學鴻詞的劉綸一起逛花市街。只見小街店鋪一家連一家，差不多家家都是梳篦店，而宮花也是放在梳篦店裡賣的。許多挑夫挑著一筐筐的木梳往梳篦店裡送，乾隆有些不解，劉綸急忙解釋：「挑夫的木梳是從常州木梳街批來的，花市街上的梳篦店實則是篦箕店。」乾隆聽了，覺得很納悶，信口說道：「哦，南門木梳街上專做木梳，西門花市街專做篦箕。那麼，這裡就不應該叫花市街，應該叫『篦箕巷』。」劉綸連忙附和說：「萬歲聖明！」誰知「萬歲」一出口，就被旁邊的捕快聽去了。不一會兒，陽湖縣令領著眾人，敲鑼打鼓直奔大碼頭迎駕，乾隆和劉綸卻早已登舟離

去。縣官為討皇上喜歡，便立即下令，貼出告示：「奉聖諭，即日起，花市街更名為篦箕巷。」篦箕巷的名稱從此沿用至今。

■ 常州為何「木行」多 ■

　　清末民初，常州的豆、木、錢、典四業崛起，成為經濟發展的支柱。據碑刻記載，早在嘉慶年間，常州木業已初具規模。常州最早的木行是屠家開的屠源豐木行。屠家上代原是徽婺幫山客，早年為清廷採辦木材有功，清廷賞給補貼，屠家遂在本市北門外天祥橋塊開源豐木行，靠官托勢，排外壟斷，可謂生意興隆，財源茂盛，據傳日進斗金，致使木行所在地的溝巷改稱斗巷，屠家遂成為巨富。清嘉慶五年（西元1800年），兩縣奉命取締無帖私牙戶112戶，剩下司帖官牙木行56戶，大多數姓屠，可見屠家勢力之大。清咸豐年間，太平天國軍興，清廷派兵鎮壓，長江中下游商業運輸遭阻，徽幫山客絕跡，木業呈現蕭條景象。直至清光緒初，江西木客代之而起，木業復興。光緒二十八年（西元1902年），運河疏濬後，木業更加繁榮。宣統末年，常州20多家木行中有實力雄厚的「三豐一泰」（指永豐盛、祥豐、乾豐、開泰四家木行）相互競爭，業務量突飛猛進，單是永豐盛一家年營業額就有100萬銀元，創歷史紀錄。那時贛州、龍南、臨清、洪都等幫的木號有120多家，全年運常木碼在十四五萬兩，暢銷蘇南城鄉。民國五年（1916年），全市木材營業額為300萬銀元，成為西木、廣木在蘇南的集散中心，可以這樣說，常州木業獨步江南。

　　常州木業之所以如此興旺，首先是得之於得天獨厚的地理條件。京杭運河常州段水源來自長江，這種含沙的渾黃的水對木材保護很有好處。木材停泊其中，能保持皮色黃亮，有利於木材養護。其次常州木業興旺在於金融業的支持。常州的金融業鑑於木材販運利潤豐厚，就對木

業產生極大的興趣，不僅給了信貸之便，而且還直接投資。木業有金融業的支援，資本雄厚，就可以大膽購進木材，轉銷給各地。第三是木材批發行商改善經營，竭誠為客戶服務，使買賣雙方都能得到實惠。第四是航道暢通。清光緒年間，孟河、德勝、澡江三河疏濬後，增加了木材進口管道。常州木業又捐墊鉅資，把重點河道拓寬濬深，故使常州木業得以大發展而進入鼎盛時期。

茅山的「山中宰相」

在茅山元符萬寧宮有一幅楹聯，寫到「秦漢神仙府，梁唐宰相家」。這「神仙」好理解，指的是秦代李明和漢代的茅盈、茅固、茅衷三兄弟，那麼「宰相」是指誰呢？它是指梁代的陶弘景。但陶弘景一生並未做過宰相，怎麼是指他呢？

陶弘景生於西元 456 年，其祖父是南朝宋南中郎參軍，父是司徒建安王國侍郎，可謂出生名門望族。陶弘景自幼受到良好教育，17 歲時入南朝齊任諸王侍讀兼總記室，遷拜左衛殿中將軍，後被皇帝調任「奉朝請」的職務，為官 20 年。在他 37 歲時，陶弘景辭官入茅山修道。陶弘景隱居茅山，但他並未忘記社會，仍關注國家大事。齊末，他審時度勢，利用圖讖派弟子勸說蕭衍廢齊建梁。梁朝建立後，陶弘景又遣高徒入宮，向武帝獻上兩把寶刀，一名喜勝，另一名成勝，寓意朝廷治國平天下，一要施以善政，二要增強實力。武帝頗受感動，一心想讓陶弘景重返朝堂。武帝下旨道：「心中何所有，卿何戀而不返？」盼望陶弘景出山輔政。然而陶弘景已下定決心不再出山，於是提筆作詩一首覆道：「山中何所有，嶺上多白雲。只可自怡悅，不堪持贈君。」後又送畫一幅，畫上有兩隻水牛，一隻自由自在地在青山綠水之間啃食漫步。另一隻則頭戴金軛頭，被人執繩以鞭驅趕向前走，隱喻自己不願出山為官的決心，

表達自己對恬靜自在、無拘無束生活的嚮往和追求。武帝讀詩見畫後十分讚嘆，便不再相擾，但每遇大事，仍然派遣使臣前往茅山，向陶弘景諮詢問策，久而久之，人們稱陶弘景為「山中宰相」。

為什麼南朝石刻在鎮江丹陽也有大量分布

南朝石刻主要是指南朝帝王石刻，是聞名於世的藝術瑰寶，分布在南京和鎮江，共31處，其中帝陵13處，8處在鎮江的丹陽，這是為什麼呢？

原來丹陽是南朝齊梁兩朝皇帝的故里，他們死後大都葉落歸根，歸葬丹陽。目前能確認的帝陵有：齊宣帝蕭承之永安陵、齊高帝蕭道成泰安陵、齊景帝蕭道生修安陵、齊武帝蕭賾景安陵、齊明帝蕭鸞興安陵、梁文帝蕭順之建陵、梁武帝蕭衍修陵和梁簡文帝蕭綱莊陵。這些帝陵大多選在背依山岡、面臨開闊平野的坡地上，帝陵前大多有帶翼石獸，獨角麒麟、雙角天祿，王侯墓前則設置無角辟邪，這些石刻都用整塊青石雕成，重約30噸左右，張口昂首仰視，姿勢雄偉，體態壯美，做走動狀。石刻線條遒勁洗練，節奏明快，神形兼備，形態各異，反映了六朝石刻的高超技藝。這些石刻吸收了印度佛教的藝術技法，在中國石刻藝術史上發揮著承前啟後的重要作用。

顏真卿死後為何葬在句容

顏真卿是唐代大書法家。他的字端正宏偉，遒勁鬱勃。其書法變古創新，形成獨特風格，對後世影響很大，被世人稱為顏體。顏真卿一生為人剛正不阿，在76歲高齡之時，他被朝廷派往河南許州（今許昌）勸諭淮西節度使李希烈不要謀反，結果被李希烈縊殺在蔡州（今河南省汝

南縣），不久李希烈的叛亂被平定，顏真卿的靈柩被送往長安，但葬在何處，鮮為人知。

經過南京和鎮江等地考古工作者的考證，顏正卿的墓應在鎮江句容行香鄉龍山村虎耳山一帶，這裡山巒起伏，風景秀麗，蒼松翠竹，澗泉流水，蔚然有致。顏真卿死後為何葬在這裡呢？原來顏氏先祖世居琅琊（山東臨沂），身居高官。東晉南渡時，隨王室渡江，遷居建康句容。到了唐代，顏真卿在京任職，但對句容故里深懷感情，道教聖地茅山上有名的〈李玄靜碑〉就是他晚年的代表作。句容行香鄉有多位年逾古稀的老人都回憶說這裡曾有顏魯公祠，牆上有碑刻，祠裡有人看守。另據現年76歲的顏偉修老人回憶，他家裡曾保存過一部共有八大本的《顏氏族譜》，可惜在「文化大革命」中作為「四舊」被銷毀了。按族譜，他「偉」字輩應是顏氏第四十一代孫。他又回憶說，在土改前，每年的春秋兩季顏氏後裔都必須去虎耳山顏魯公祠和顏魯公墓去祭祖。由此可見，顏真卿死後歸葬句容是真實可信的，是符合中國人死後葉落歸根、魂歸故里的傳統習俗的。

■《文心雕龍》是如何問世的

《文心雕龍》是中國文學史上第一部系統的文學理論專著，它的成就具有劃時代的意義，但《文心雕龍》的寫作和問世卻有著不平凡的經歷。

作者劉勰祖籍山東東莞郡莒縣。永嘉之亂，其先人避難渡江，遷居丹徒京口，就是今天的鎮江。7歲時他曾夢見彩雲像錦繡一樣，便攀上去想採雲，30歲時他又夢見自己拿著朱紅漆的祭器，跟著孔子向南走去。他認為聖人孔子入其夢境必有啟示，聯想到彩雲一夢，醒悟到：人的一生必須像孔子那樣做出不平凡的事業，「於是搦筆和墨，乃始論文」。

劉勰出身寒門，貧困無靠，只能寄食南京附近的定林寺。白天，他幫寺裡的大和尚整理佛經，晚上才能握筆深思，作「採雲」行動。日復一日，年復一年，在艱難中奮發，在坎坷上猛進，歷經五六年時間，終於在南齊末世完成了這部不朽巨著。但當時印刷術尚未發明，劉勰要去僱用人來傳抄是根本不可能的，而《文心雕龍》的主旨是在力破當時淫靡的文風，更不為「時流所稱」。如何才能讓這本奇書出世呢，這讓劉勰煞費苦心。他冥思苦想，終於想出了一個大膽而又絕妙的點子：直接去拜謁沈約。沈約是梁武帝蕭衍的寵臣，任尚書僕射，又是齊梁時代的文壇領袖，有左右社會輿論的力量。如果《文心雕龍》能得到他的認可，那麼該書必定能一見天日。於是齊勰背上書稿，上京城建業去找沈約審閱，但侯門深似海，他一介窮書生，既無人幫忙引見，更無錢打開路子，所以去了幾次總不得其門而入。不得已，他裝成賣書郎，斗膽攔住沈約回府的車子，求沈把書買回去。沈是個愛書的人，叫人把書帶回去，關照劉勰三日後來取錢。三日後，當劉勰懷著忐忑不安的心情來到沈府門口時，已有家人恭候，說沈大人有請。於是年僅30來歲的小人物劉勰得以直入相府大廳，拜見了官居要職、時年60歲的沈約。沈約充分肯定了《文心雕龍》，認為此書「深得文理」，並對劉勰極為看重，認為年輕人其志可嘉。由於沈約的大力推薦，《文心雕龍》立刻受到整個社會的關注，劉勰也聲譽鵲起，為世人稱道。

夢溪園如何得名

夢溪園在鎮江城東，是宋代大科學家沈括晚年定居鎮江的住宅，也是被稱為「11世紀科學座標」——《夢溪筆談》最終定稿的地方。為何沈括會對「夢溪」二字如此鍾愛，將宅名和耗盡心力著就的書名都冠上「夢溪」的名字呢？我們在沈括《自志》中找到了答案。原來，沈括在30

歲時曾夢見一個地方：山下有一條清澈小溪緩緩地流淌著，山上開滿鮮花，如同覆蓋著一片織錦，還有蔥鬱的綠樹遮蔽。這個夢一直讓沈括難以忘懷，他一直嚮往著有一天能擁有這麼一個地方。後來，沈括任宣城知府，有個道士向他講京口山川秀麗，而且說京口城裡有人要賣地，於是沈括就用3萬銅錢買下一塊地。元祐（西元1086～1094年）初年，沈括路過京口，到所買的那塊地去看看，結果欣喜萬分，原來那地方的景色就同他在夢裡見到的一樣。於是就立刻決定在這裡造園安家，並將園子取名「夢溪」。後來，沈括一直在夢溪園住著，從事寫作，直到終老。因為著作是在「夢溪園」最終完成的，所以定名為《夢溪筆談》。現在園子還在，並經過修復，已建成沈括紀念館。

揚州為什麼又叫「綠楊城郭」

古代的揚州就盛長楊柳。沈括《夢溪筆談》記述：「荊州宜荊，薊州宜薊，揚州宜揚。」隋煬帝開挖運河時，命人在河堤兩岸大量栽插楊柳。他乘坐的龍舟，就由殿腳女握著雕花鎏金的纖板和嫩羊相間，在新栽的楊柳樹下前行。歷代文人有不少描繪和感懷揚州楊柳的詩文。唐代詩人劉禹錫、杜牧、羅隱和江為先後曾以〈隋堤柳〉為題作詩。李白、李商隱、劉滄、汪遵、杜荀鶴、韋莊等人描述揚州的詩篇中都曾提及楊柳。宋代歐陽脩任揚州太守時曾在平山堂栽了一株柳樹，後人稱之為「歐公柳」。清代乾隆年間，從揚州北城至平山堂、瘦西湖兩岸的景色是：「兩堤花柳全依水，一路樓臺直到山。」可見楊柳在揚州風景中所占的重要位置。流傳很久的揚州八景第一景就是「玉勾下絮」。揚州八景後來增加為二十四景，其中一景叫「長堤春柳」，另一景叫「綠楊城郭」。

揚州的楊柳，確實是既多且美。從煙花三月開始，如果你漫步揚州四郊，可見到處是楊枝密密，綠柳依依。尤其特別的是，當你跨進瘦西

湖公園的南門，你會看到迎面是一條長堤，堤東是粼粼湖水，沿岸遍栽楊柳，好像是一片綠城峙立湖邊。披拂的柳條隨著和風搖曳，景色異常清幽。楊柳不僅是形成古城揚州風景的特色之一，而且關係到揚州人民的風俗習慣。民間傳說楊柳有避邪、防疫的功效。過去每逢清明節，有的人家折取柳枝插在門上，有的將柳枝和桃花一起插在瓶裡；農村裡有的選用極嫩的柳芽拌入麵粉做餅，名楊柳餅。有些婦女則將柳葉簪髮，以示青春常在。

清初在揚州任推官的王士禎寫過「綠楊城郭是揚州」這句詩，後人便以此為典故，稱揚州為「綠楊」，直到現在還有人沿用這個名稱。「綠楊城郭」四字把握揚州特徵十分準確，給人一種生氣勃勃的生命感，使人感受到生活的愉悅和生命的價值，從而獲得美的感受。「綠揚城郭」也成了揚州城的著名別稱。

隋煬帝下江南真是為了看揚州瓊花嗎

揚州民間流傳一首歌謠：「隋煬帝，下揚州，一心看瓊花，陸地去行舟。到頭來，萬里江山一旦休。」此外，還有一段神話，說揚州蕃釐觀裡的瓊花本是仙花，不願將自己的姿色獻給昏淫的楊廣，在楊廣到達揚州的前夕，大風大雨夾著冰雹把瓊花摧殘了。所以，楊廣來揚州並未能看到瓊花。這些僅是傳說和神話，並沒有根據。據史籍記載，瓊花開始種植唐代，據傳，出生於揚州的初唐文人來濟曾寫過一首詠瓊花的詩，內有「標格異凡卉，蘊結由天根……或時吐芳華，燁然如玉溫。后土為培植，香風自長存」等讚美之詞。宋朝任揚州知府的王禹偁作〈后土廟瓊花詩〉二首，在序文中說：「揚州后土廟存花一株，潔白可愛，見其樹大而花繁，不知實何本也，俗謂之瓊花雲，故賦詩以狀其態。」宋朝韓琦任揚州太守，在〈瓊花〉詩中說：「維揚一株花，四海無同類。年年后土

祠，獨此瓊瑤貴……」繼韓琦之後任揚州太守的歐陽脩，特在瓊花樹邊建「無雙亭」，並賦詩一首：「瓊花芍藥世無倫，偶不題詩便怨人。曾向無雙亭下醉，自知不負廣陵春。」不但讚其美，還強調瓊花是揚州獨有。從此，瓊花揚名於世。

如此珍奇的名花卻屢遭摧殘。宋仁宗時，將瓊花移栽到開封，因逐漸枯萎而發回原產地。金兵南下侵略，揚州瓊花也成了他們的擄掠目標，大棵連根拔去，挖不盡的齊土剷平。過了一年，被鏟的根旁，又生出新芽。宋孝宗時又把它移到杭州皇宮內，結果還是不能生長而送回。元世祖至元十三年（西元1276年），也就是宋朝亡國的一年，瓊花突然死去。從此，瓊花就絕跡於世間了。為了悼念瓊花，趙炎曾寫過一首詩：「名擅無雙氣色雄，忍將一死報東風，他年我若修花譜，合傳瓊花烈女中。」在這裡，瓊花已不僅僅是自然界的一種名花，而是已被人格化了的有情之物。它愛恨分明，有靈有情，成了美好事物的象徵。也正如此，瓊花才博得歷代文人騷客的讚嘆。

後來沿傳花姿奇異、色澤潔白、清香飄逸的「聚八仙」即為瓊花。揚州人將瓊花定為市花，在市內建立培養基地，還定期舉辦「瓊花藝術節」，使國內外眾多的遊客能欣賞到這一美妙的花卉。

隋煬帝與揚州迷樓

揚州市北郊綠樹成蔭的蜀崗東巒，掩映著一座硃紅色的建築，名為觀音寺。寺中現存「鑑樓」一座，相傳是隋煬帝迷樓的故址。據《迷樓記》載，迷樓是隋煬帝行宮，浙江匠人項升為取悅隋煬帝，進獻〈新宮圖〉一幅。隋煬帝詔命有司在他夢中都眷戀的迷人之鄉——江都，依圖建造新宮。數萬工匠大興土木，於是，一座天上絕無、人間僅有的壯麗宮殿在江都拔地而起，這就是迷樓。主要建築為蜀崗十宮：歸雁宮、回

流宮、九里宮、松林宮、楓林宮、大雷宮、小雷宮、春草宮、九華宮、光汾宮。據史書記載，隋煬帝當年建造的迷樓極盡人間奢華。迷樓中千門萬戶，複道連綿；幽房雅室，曲屋自通。步入迷樓，令人意奪神飛，不知所在。有誤入者，終日而不能出。隋煬帝遊迷樓後，大喜過望，說：「使真仙遊其中，亦當自迷也，可目之日迷樓」(《迷樓記》)，迷樓因此而得名。隋煬帝建造的迷樓亦稱為新宮、長阜苑十宮，後毀於大火。南宋寶祐六年至開慶元年（西元 1258～1259 年），當時賈似道守揚州，於蜀崗東岸建摘星寺，又名摘星樓。明代改摘星樓為「鑑樓」，取前車之覆，後車之鑑意。後來屢廢屢修。現摘星樓已不是當年的建築了。

杜牧為何偏愛揚州月

揚州在中國的出名，應歸結於李白，他的一句「煙花三月下揚州」，寫盡了煙霧朦朧的江南春色和人們對這座城市的嚮往。至於讓人們認識到揚州的風情萬種，卻是晚唐詩人杜牧。

杜牧字牧之，京兆萬年人。當時與李商隱並稱為「小李杜」，杜牧的詩文風格清新，意境深遠，他尤其擅長七絕，像〈清明〉、〈山行〉、〈泊秦淮〉、〈江南春〉等詩膾炙人口。西元 803 年，杜牧生於今天的西安市，這位少年天才 23 歲即寫出了傳世名篇〈阿房宮賦〉，26 歲就中了進士，一時名滿京華。31 歲時，他受淮南節度使牛僧儒之聘來到揚州，任淮南節度使推官、監察御史裡行。因而杜牧在揚州有過一段風流頹唐的生活，也因此寫下了大量關於揚州的詩。「娉娉嫋嫋十三餘，荳蔻梢頭二月初。春風十里揚州路，捲上珠簾總不如。」這是一首贈別詩，別離的對象像是一位青樓女子。這是詩人筆下的揚州月夜：「青山隱隱水迢迢，秋盡江南草未凋。二十四橋明月夜，玉人何處教吹簫？」對於這段生活，詩人後來也在一首詩中反省和自嘲：「落魄江湖載酒行，楚腰纖細掌中輕。十

年一覺揚州夢,贏得青樓薄倖名。」

事實上,當時的杜牧是因為不想陷入「牛李黨之爭」,隱身青樓、吟詠風月或許是最好的安全之策。杜牧是揚州的靈魂,揚州的繁華和綺麗、明媚與多情都在他的詩中得以呈現。可能是由於杜牧的詩「不太端莊」的緣故,揚州人不太愛用杜牧來宣傳自己的城市,也是由於一系列揚州詩,詩人也給人們留下了過於輕薄的印象。其實杜牧並非是一個紈褲子弟,在其26歲時,「第進士,復舉賢良方正」。他胸懷建功立業、治國安邦之志,卻因為環境和人事的矛盾而無從施展自己的才華。在揚州他除了很少的公務應酬,其他時間都用於飲酒自遣,吟詩贈詞,完全生活在高樓紅袖、美女嬌娃的聲色犬馬之中。這樣的日子似乎過得很瀟灑,但終是人前歡歌,人後惆悵,揚州的溫柔鄉並不能給他真正的慰藉。面對牛僧儒、李德裕的朋黨之爭,儘管他銘記著牛僧儒的恩情,但在理智與情感上卻能保持特立獨行的人格。最終他10年夢醒重返仕途,到黃州、池州去任職,再展其濟世之才。

杜牧的理想是成為一個政治家,但最終和在本質上他是一個文人。這無論從其在揚州追聲逐色的生活,還是在牛李黨爭中的表現中,都可以看出他敏感而又清高的文人特質。

清代揚州為何會集中如此多的徽商

揚州鹽業繁榮於明末,鼎盛於清朝康乾年間。清初,以揚州為行政中心的兩淮(淮南、淮北)一帶為全國食鹽的主產區之一。當時清政府在揚州設立兩淮巡鹽御史、兩淮鹽運史,控制鹽的專賣權。鹽商只有在官府督辦下才能經營鹽業,即每年必須先到官府購買鹽引,憑鹽引到指定鹽場買一定數量的鹽,然後運到指定的地方銷售。淮揚鹽商的銷售區是安徽、河南、湖南、湖北、江西等省份,這裡是當時全國11個鹽區中面

積最大的一個，各地商人紛紛來到揚州「爭當」鹽商。

揚州鹽商以徽州人為主體。徽商又稱新安商人、徽州商人，它是舊徽州府籍（包括今安徽歙縣、休寧縣、祁門縣、黟縣、績溪縣及江西婺源縣）商人的總稱。徽州人經商源晉代，明成化、弘治年間形成商幫集團，明嘉靖至清乾隆、嘉慶時期達到極盛。出於對資本追逐的本能，大量徽商湧入當時的商業都會和鹽業重鎮揚州。明代嘉靖到清乾隆年間移居揚州的 80 名客籍商人中，徽商就占了 60 多名。由於徽州山區地少糧缺，生活資源匱乏，若不勤儉持家則難以維持生計，因此徽州人養成了勤儉的習慣。徽州人外出經商，勤儉也成了他們能累積財富的重要手段和習慣。早期徽商在揚州建造的務本堂，提倡以「營商」、「崇儒」作為根本，同時也以勤儉互助作為為人做事的根本。早期徽商崇尚並踐行的這些「根本」到今天仍有積極意義。

在揚州，以徽商為主導的鹽商最大的貢獻莫過於修建和資助書院。乾隆初年，汪應庚捐資 5 萬金重修揚州府學，馬氏出重金修著名的梅花書院。當時廣儲門外的梅花書院、三元坊的安定書院、府東的資政書院、府西的維揚書院和儀徵的樂儀書院主要以徽商為財力支撐。書院繁榮，文人薈萃，一時形成開清朝一代學術風氣之先的「揚州學派」。而相比徽商，揚州鹽商的另一支重要力量晉商則很少有雅興與文人交往，更不願將自己辛苦賺來的錢投入到教育事業上。

徽商作為一個整體文化素養較高的商人群體，他們在商業活動中大多自覺用儒學思想來規範自己的經營活動，講究義利之道，見利思義，這和今天講究商德、誠信經營如出一轍。徽商們大多在致富後重視文化建設，捐資興學，培養子弟讀書入仕，謀求政治地位，客觀上促進了地方文化的繁榮和發展。

■ 什麼是「揚州三把刀」

所謂「揚州三把刀」，即廚刀、剃頭刀、修腳刀，實際上是泛指廚師、理髮師、修腳師這三個職業工匠群體。揚州地處江淮湖海之間，豐富的物產資源和人流、貨物的密集等有利條件，使揚州三把刀得以充分發揮其創造力，逐步成為中國同行業的一個特色。

廚刀是「三把刀」裡最突出的一把刀。揚州廚刀是聲播全國、享譽世界的淮揚菜的代名詞。淮揚菜烹飪技藝以精工細作著稱，案上功夫主要展現在嚴謹規範的刀功上。揚州廚刀工藝講究，用起來得心應手，運用近百種刀法變化，講究象形、協調、潔淨，色彩豐富、圖案精美。

剃刀揚州的理髮業與東北、湖北、廣州並稱為中國的四大理髮流派。揚派以刀法輕柔、精剪細修、操作細膩而著稱。

修腳刀揚州人有每晚閒暇時到浴室洗澡聊天的傳統習俗，稱之為「晚上水包皮」。

每到節日或喜慶之日到來之前，人們都習慣去浴室洗一把澡。洗澡以後，叫個修腳師傅來修腳、捏腳，這不僅被認為是一種享受，而且還是一種民間治療腳病的土醫土方。揚州的修腳刀，最長不過 6 吋，最寬的也僅有寸餘。修腳師們的技藝是口傳身授，代代相承，其技藝有「持腳八法」和「修治八法」，可以拿嵌指、挖雞眼、片老皮、去腳病，表現出無限的神奇和功力，被譽為「揚州三把刀」中的「絕活」。

■ 為何徐州漢畫像石多

漢畫像石是漢代人刻在石頭上的畫，也可稱漢代石頭畫。漢畫像石題材豐富，但以人物活動為主。其雕刻方法是，西漢大多為陰線刻，東漢多用淺浮雕。

目前徐州市境內發現的漢畫像石已有 2,000 多塊，大部分收藏在雲龍山西坡的徐州漢畫像石館內。漢文化景區中的漢文化藝術交流中心裡也有不少。未發現的猜想更多。徐州為什麼會有這麼多漢畫像石呢？其主要原因有四：

◆ 第一，發達的經濟基礎

西漢時，劉邦很看重徐州，封其同父異母的弟弟劉交統治彭城一帶，國號為楚，彭城為都；東漢時，易名彭城國，彭城仍是國都。因此，兩漢 400 年間，徐州這一帶的經濟都比較發達，人口繁衍很盛，在此基礎上的文化也很繁榮。漢畫像石就是兩漢文化藝術的一部分，一種珍品。如果當年的徐州一帶是窮鄉僻壤，文化藝術也就隨之落後，漢畫像石也就不會這麼多。

◆ 第二，王孫貴族多

兩漢期間，楚國有 12 個楚王，彭城國有 1 個楚王，5 個彭城王。由於這裡是劉邦的故鄉，蔭封的王子侯孫、豪門貴族也比比皆是。由於經濟發達，富裕之家就很多。這些人最熱衷漢畫像石，都想透過這種藝術形式，來反映他們的生活，以顯示高貴氣派。因此，漢畫像石中，車馬出行圖為數不少。一個「緝盜榮歸圖」竟長達 8 公尺。

◆ 第三，厚葬迷信之風盛行

漢畫像石一般放置在墓裡，也有放在祠堂裡的。當時的人很迷信，認為人死之後有靈魂在，在陰間照樣生活。東漢時佛教也傳入徐州，人們信仰因果輪迴，認為積德行善能上西天極樂世界。於是，楚王級的人物按生前住房的規模，在山中鑿成墓穴，把生前的做官、狩獵、宴請等場面，以寫實手法刻在石頭上，或發揮想像，把嚮往的美好生活刻在石頭上，均置於墓中，以此「重溫舊夢」。另一方面，漢代罷黜百家，獨尊儒術，非常講究孝道，而厚葬長輩被認為是孝道的重要表現。

◆ 第四，石料豐富

漢畫像的載體基本上都是石灰岩青石。這種石頭，徐州一帶特別多，取材方便。當時的山也無人管理，隨便開採。徐州的漢畫像石，以賈汪地區出土最多。

■三元大帝是道教的神仙，為什麼雲臺山三元宮卻由僧人供奉

三元宮是雲臺山區的主廟，也是蘇北魯南三元信仰的中心。根據文獻記載，它初建於唐，重建於宋，敕賜和擴建明，興盛於清。現在大家看到的山門和「敕賜護國三元宮」門額都是明代的實物。山門是寺院的大門，一般皆為並排三個門，所以「山門」正規的寫法是一二三四的「三」。後來因寺院大都建在山上，使逐漸轉化為大山的「山」。

這裡的三元殿祀奉著三元大帝。早在1,600多年前的東晉時代，有個叫干寶的人寫了本《搜神記》的書，書裡記載東海人陳光蕊，生了三個兒子，得道升仙，分管天、地、水三界。明朝出版的《三教搜神大全》裡又補充說，陳光蕊是真仙轉化為人，娶了龍王的三個女兒，每個龍女生了一個兒子。這些兒子個個神通廣大，法力無邊，後來被上天封為三元大帝。

三元大帝雖是民間的信仰，由於歷史久遠，信徒眾多，影響很大，後來便得到官方和佛教界的正式承認。明萬曆十五年（西元1587年）三元宮開始重建，正在施工時，皇太后頒發藏金的聖旨送到廟裡。不久，第二次頒發藏經的聖旨又由欽差大臣太監陳增專程護送到雲臺山。清朝康熙皇帝下江南，在回程途中特派貼身太監五哥入廟進香，並手書「遙鎮洪流」匾額賜給三元宮。現在這四個字已刻在玉女峰頂。

三元信仰是蘇北魯南一帶民間信仰的特殊現象。三元大帝雖然是道教的神仙，但至少在明朝謝淳開山時便完全歸化為佛教所有，認為是佛教的神仙了。幾百年來，許多地方建有三元廟宇，還有與三元大帝有關的專門理論書籍，這與媽祖信仰有異曲同工之妙。

連雲港市出土的漢代女屍為什麼能夠完好保存至今

人類歷史遺留下來的古屍主要分為六類，包括木乃伊、屍蠟、冰凍屍、乾屍、鞣屍、馬王堆類的溼屍。連雲港市雙龍漢墓古屍屬馬王堆類型的溼屍，並且是浸泡在棺液中，極其稀少珍貴。考古學研究顯示該墓的時代為西漢中晚期，距今約 2,000 年。墓男主人「東公」及女主人「凌惠平」隨身的龜銅鈕表明他們的身分不低，而且當時的「東海太守」、「河南都尉」等地方高官曾派下屬官員拜訪。據對棺液樣本的測試，與 pH 值為 5.18 的長沙馬王堆漢代墓葬的發現的酸性棺液截然不同。女屍（凌惠平）能在適合細菌生存的鹼性環境中完整保存，還需要醫學上更多更進一步的研究。但已有的線索也為我們探討這一問題提供了一些途徑。

首先是漢代墓葬的發現何其多，而古屍的發現在中國是極為少見的，似乎在暗示了「凌惠平」的保存成因的偶然性、特殊性；其次，從墓葬的水體環境考察，海州一帶歷來深受海水的影響，離墓葬約 2 公里的孔望山就因孔子登山望海而得名。而現在該墓葬水體酸鹼度和墓葬及棺內液體的酸鹼值大約一致，均呈弱鹼性。目前，據考古發掘研究，只要處於地下水經線以下，古墓葬及墓主棺內就不可能不留有大量的水。換言之，即使「凌惠平」採取了防腐措施，棺液也不可能是埋葬時就放入其中的，而是長期處在海水水位線以下而慢慢地浸透進去的。

最後，雙龍漢墓四具遺骸中，為何只有「凌惠平」能「獨善其身」，而古代男權為尊的社會裡男主人「東公」為何不會倖免呢？在大環境相同的情況下，就不可能不從細微之處來分析。「凌惠平」所在的3號棺，保存最為完整，絲毫無損，在厚重的棺內頂部還有一層密封極好的、厚約1公分的所謂「密封板」，而男主人「東公」的同樣的「密封板」已損壞。1號、4號棺則無，加上棺內滿滿的液體，又排斥了空氣，為她的保存提供了基本的保障。可以說，「凌惠平」的發現是歷史偶然性造成的。

金鑲玉竹是竹中珍品，為什麼在雲臺山卻成片成林

金鑲玉竹在宋代的文獻上便有記載，四川叫對青竹，浙江叫黃金間碧玉，1,000多年來都是作為珍稀品種栽在小園裡觀賞，後來漸漸失傳。40年前植物學家發現了幾百株野生的金鑲玉竹。後來人們才知道，這種所謂失而復得的珍稀品種在江蘇省的雲臺山上千百年來一直生活繁衍得很好，尤以花果山最多，而花果山上又以屏竹禪院一帶最為茂盛，這裡自古便稱作西竹園，掩映在竹林中的禪院被稱為「屏竹禪院」。金鑲玉竹是花果山上永不退色的美玉。

如皋 —— 長壽之鄉

與蘇州的張家港市隔江相望的如皋，是長江三角洲最早見諸史冊的古邑，民國時期的中華第一大縣。如皋盛出壽星的歷史由來已久，三國時期的軍事家呂岱92歲出任大司馬，被傳為千古佳話。據《如皋縣志》載，乾隆年間如皋曾有兩位壽星參加過皇室舉行的「千叟宴」。乾隆、同治曾分別御批現江安鎮六團村一蘇姓家族兩建百歲坊。據統計，如皋現

有 80 歲以上的老人 4 萬多人，90 歲以上的老人 4,000 多人，百歲老人 209 位，總數遙居全國縣市之首。百歲老人人口占比為 1.18 ／萬，而聯合國確定的長壽之鄉標準只有 0.75 ／萬，占比高出國際標準近一倍。

2000 年年初，如皋和廣西巴馬縣、湖北鍾祥市、四川樂山市、新疆克拉瑪依地區、遼寧遼陽興隆村一起被列為中國六大長壽之鄉。尤其令人稱奇的是，世界上聞名的長壽之鄉不是在高寒地帶就是偏僻山區，而地處江海平原的如皋不僅是中國沿海地帶唯一的長壽之鄉，也是處於工業相對發達地區的長壽之鄉。如皋人長壽得益於敬老愛老的優良傳統，得益健康平和的良好心態，得益優美怡人的人居環境，更得益於深厚的人文積澱和豐富的美食文化。

如皋處處流傳著歷史悠久的長壽文化，如百歲巷、萬壽堂、水繪園等與長壽、養生有關的歷史文化遺址；百歲碗、千家等與長壽養生有關的獨特民俗風情；蘿蔔乾、茶乾、潮糕、董糖、白果、黃酒等具有悠久歷史傳統的長壽食品，以及如派盆景、如派風箏、如派篆刻、紅木雕刻等與長壽、養生有關的藝術品等，極大地激發起海內外各界人士的探訪興趣，如皋因此成為許多海外人士神往的神祕之地。

銀杏為何又名「爺孫樹」

銀杏俗稱白果，又名「爺孫樹」，意為爺爺輩種下的，到孫子輩才能獲得果實，可見其生長週期之長。銀杏樹是地球上最古老的有花植物，已有 1 億多年歷史，與中國的大熊貓和水杉一樣，都是著名的子遺生物，被譽為「活化石」和「植物界的熊貓」。郭沫若先生稱銀杏為「中國的國樹」、「中國人文的有生命的紀念塔」。泰興白果產量居中國首位，其果大肉肥，糯性大，口感好，氣味香甜，品質優良。白果可炒食，也可甜

食。白果可以做成白果羹、八寶飯、白果糕等,還可製成糖水、清水罐頭。無論何種吃法,均要去心。泰興白果有的無心,是最優的品種,泰興大佛指銀杏即是中國栽培銀杏中最佳的類型。白果不僅營養豐富,還具有止咳潤肺、祛痰、通經、止瀉、滅菌、利便等藥用功效。

虞姬自刎後頭顱歸於何處

秦末時,項羽和劉邦進行了4年楚漢戰爭。最後,劉邦採用手下大將韓信的計謀,在垓下(今安徽靈璧)設下十面埋伏,打敗了號稱西楚霸王的項羽。那霸王也是個有情有義之人,在意欲奔命之時,又實在不忍拋下愛妻虞姬。時值深夜,一彎冷月殘照楚營。楚霸王在萬般痛苦之中口吟了〈垓下歌〉:「力拔山兮氣蓋世,時不利兮騅不逝。騅不逝兮可奈何?虞兮虞兮奈若何?」此時真乃難分難捨,兩情依依。虞姬也是頗有見識的女子,她怕連累丈夫及其事業。於是含淚唱出了一首和歌:「漢軍已掠地,四面楚歌聲。大王意氣盡,賤妾何聊生?」歌罷遂拔劍自刎。

楚霸王無奈,只好草草掩埋了妻子的屍體(在今靈璧縣虞姬鎮),而將其頭顱帶在身邊,逃跑時一時慌不擇路,只上馬望東南沿灘河而逃。在逃至今泗洪縣蘆溝鄉頭附近時,不料前面又湧出伏兵。為了逃命,楚霸王不得已將虞姬頭顱甩在地上,倉皇中刺倒數十名漢軍,又調轉馬頭,向西南烏江方向敗逃而走。

蘇軾贈詩泗州唐氏女的傳說

西元1804年農曆十一月,北宋文壇巨匠蘇軾自黃州東下,開始了為時兩月之久的泗州之行。時泗州(今泗洪縣半城鎮)有一位唐姓女士,她才思敏捷,詩書畫無所不通,尤精書法,堪為當地一大才女。她聽說蘇

軾到泗州，認為這是難得拜師求教的良機，她便特書作品數幅，親自求見，請蘇軾囑正。人們都知道，蘇軾是中國文化史上少見的全才，詩詞歌賦琴棋書畫，無所不通，無所不精，他不僅是大文學家，而且在書法上也與黃庭堅、芾、蔡襄被後人稱為「北宋四大家」。

蘇軾接過唐氏書法作品，展開一看，不禁拍案稱絕，見其書既有行雲流水之儒雅，更兼萬馬奔騰之雄健。看畢，他即興揮毫，寫下〈觀唐氏女書〉七絕一首：「唐女能書十載聞，誰知精絕向紅裙。千金競買蒲葵扇，不必更求王右軍。」此詩使用誇張的手法，對唐氏女書法給予高度的評價。當然，論書法唐氏女絕不可與一代書聖王羲之相提並論，但從中也可以看出她在書法上也有一定的造詣。可惜歲月漫長，她的墨蹟未能留傳下來。

梅花山與香雪海 —— 江南兩大賞梅勝地

號稱「天下第一梅山」的南京梅花山是中國著名賞梅勝地之一。此地原名孫陵崗，也叫吳王墳，因東吳孫權葬此而得名。據史書記載，這裡還有他的前妻步夫人及宣明太子墳，但已無跡可考。中國歷史上，早在西漢時期就有關於賞梅的記載，蘇、杭、寧（今南京）、成都等地是歷史上有名的植梅中心。明代鍾山腳下有一處賞梅勝地，叫做梅花塢。據明代萬曆年間〈靈谷寺探梅記〉記載：「越靈谷而東二里許，北行百步，達梅花下。」其位置在靈谷寺東南。梅花塢是明代宮廷所設梅園，所結梅子供太廟祭祀祖先之用，每株梅樹上都懸掛著「御用」二字的木牌。明代刑律嚴酷，遊人雖多，但無人敢攀枝摘花，因此梅花茂盛，參差錯落，不下千株。入清以後，梅花塢逐漸淹沒。

1930年代初，當時的總理陵園管理委員會將吳王墳這一帶闢為中山陵園植物園的薔薇花木區，開始植梅。到抗戰前夕，已形成一片梅林。

春天梅花盛開之際，遊人絡繹不絕。1937 年春，汪精衛曾和陳璧君來此賞梅，當時報導仍稱這裡為吳王墳。1944 年 11 月，汪精衛死於日本，運回南京葬於此，此地正式改名為梅花山。據說改名梅花山不僅是因為山崗上廣植梅花，還有效仿揚州梅嶺之意（此嶺有史可法衣冠塚），目的是試圖與抗清民族英雄史可法相提並論。

另外吳王墳在中山陵之側，汪精衛死後葬於此山是想讓人知道，他是孫中山先生的「忠實信徒」。抗戰勝利後，國民黨政府於 1946 年 1 月派工兵將汪墳祕密炸毀。當時的國父陵園管理委員會主任孫科考慮到梅花山已經成為陵園的重要景點，指示在汪墓原址加以布置，於 1947 年建造了一座長方形亭子，孫科為之題名「觀梅軒」。

蘇州自古就是植梅賞梅佳處。位於太湖東岸的鄧尉山（又名光福山）梅林綿延 30 餘里，一眼望去，如海蕩漾，若雪滿地，於是這裡獲得「鄧尉梅花甲天下」之聲響，以「香雪海」聞名天下。

鄧尉山種梅歷史可追溯到秦末漢初，而此地種梅盛宋代。古詩云：「望衢千於家，種梅如種穀。」《光福志》記載：「鄧尉山裡植梅為業者，十中有七。」2,000 多年來，鄧尉山種植梅林經久不衰。明人姚希孟曾在《梅花雜詠》序中寫道：「梅花之盛不得不推吳中，而必以光福諸山為最，若言其衍亙五六十里，窈無窮際。」一年一度梅花開放時節，鄧尉梅花招邀無數遊客，久而久之，「鄧尉探梅」成為歲時風俗，每至花時，尋春者絡繹不絕。清初江蘇巡撫宋犖觸景生情，題下千古絕名「香雪海」，其石刻今存吾家山崖壁。清康熙帝玄燁先後三次到鄧尉探梅，乾隆帝弘曆先後六次到鄧尉探梅。兩位皇帝在光福共寫了 19 首詩，其中 13 首詠梅，今已刻字成碑，陳列在香雪園中，供遊人觀賞。如今，司徒廟西吾家山仍是賞梅的最佳處，每年的梅花節都在此舉辦。這裡除了梅花之外，還有 10 餘方摩崖石刻和造型別緻的梅花亭，以及粉牆黛瓦的聞梅閣，「小

屋數盈風料峭，古梅一樹雪精神」。每當冬末春初，梅花凌寒開放，舒展冷豔的姿色，傾吐清雅的馨香，令人怡情陶醉。

■「春牛首，秋棲霞」

春秋兩季是人們出遊散心的好時節。在南京一直流傳著「春牛首，秋棲霞」的民諺，說到的就是南京近郊的兩處風景名勝──牛首山和棲霞山。

牛首山適宜初春踏青訪古。它位於中華門雨花臺10多公里外的南郊，俗稱牛頭山，雙峰東西相對，因外形似牛頭而得名。牛首山海拔248公尺，這裡山巒起伏，花木繁多，風景秀麗，留存的文物古蹟甚多。自六朝起，牛首山就已經成為佛教中心，梁天監年間梁武帝在此建佛窟寺，唐代貞觀年間法融禪師在此傳教，建立了佛教「牛頭宗」一派，南唐李後主將寺廟改名為弘覺寺。弘覺寺塔始建唐大曆九年（西元774年），該塔七級八面，高約41公尺，是南京地區尚存的最大的磚木結構塔，號稱「金陵第一塔」。在塔東100餘處有刻於明代的摩崖石刻。牛首山主峰西南側有明代大航海家鄭和的墓地，北側有南宋年間抗金英雄岳飛大敗金兀朮的遺址──抗金故壘。此外，與主峰遙遙相對的祖堂山海拔256公尺，其南側有幽棲寺、古拜金臺等10餘處名勝，以及新建的宏覺寺。祖堂山西南側有江南地區最大的地下宮殿，這裡是南唐開國君主李昪的欽陵和中主李璟的順陵，二陵合稱「南唐二陵」，現為全國重點文物保護單位。牛首山的歷代人文景觀豐富，再加上優美的自然風光，千百年來，一直享有「春牛首」的美譽。在春光明媚的日子裡，人們紛紛前來踏青，登高望遠。

「秋棲霞」是指位於南京城東北22公里的棲霞山。每到深秋時節，這裡滿山紅葉，遮天蓋地，如彩霞棲居，因此而得山名，相當貼切。其實棲霞山古名攝山，後因南朝時山中建有「棲霞精舍」得名。棲霞山馳

名江南，被譽為「金陵第一明秀山」。山上名勝古蹟眾多，除了號稱南朝四百八十寺之一的棲霞寺，更有南朝石刻千佛岩和隋朝名構舍利塔。山西側稱楓嶺，有成片的楓樹。東峰的太虛亭正處楓林深處，環亭皆為古楓樹林，是棲霞山觀賞紅葉最佳處。遊人至此，猶如置身彩霞之中。棲霞寺坐落在棲霞山中峰西麓，是南京地區最大的佛寺。南齊永明元年（西元483年），隱士明僧紹舍宅為寺，稱「棲霞精舍」，後成為江南佛教三論宗的發祥地。唐代時改稱功德寺，其規模很大，與山東長清的靈岩寺、湖北荊山的玉泉寺、浙江天臺的國清寺並稱天下四大叢林。

千佛岩在鳳翔峰西南麓，自齊梁時期開始鑿石造像，所有佛像或五六尊一龕，或七八尊一室，望之如蜂房鴿舍，號稱千佛崖。後來，唐、宋、元、明各代相繼都有開鑿，連南朝所鑿佛像算在內，共有700尊佛像。大者高數丈，小者僅盈尺。蜚聲海內外的「東飛天」位於中102號佛龕中，這個洞龕非常小，共有5座佛像，洞頂的兩組飛天為橙色，線條清晰可辨，中間佛像頭頂的火焰隱約可見。雖然僅有這麼兩對飛天，但這是中國所發現的最東部的「敦煌遺跡」。後來在千佛岩旁的舍利塔上又發現了飛天浮雕，其所用技法和人物線條皆與敦煌相似。

舍利塔始建隋仁壽元年（西元601年），始為木塔，後毀唐武宗會昌年間。現存之塔係南唐時建造。該塔為五級八面密簷式石塔，高18.04公尺。塔外壁上刻有浮雕，形象姿態生動傳神。塔簷下雕飛天、樂天、供養人等像。第二層以上每面都刻兩個圓拱形龕，均內雕一尊跏趺坐佛，共計64尊。全塔造型典雅，雕刻細膩，裝飾華麗，為佛教藝術在江南的代表作，在中國古代建築史上占有重要的地位。1988年舍利塔被列為中國重點文物保護單位。

棲霞山還是地質學上特殊現象「棲霞組」和「棲霞灰岩」的發現地。這裡在2億年前是一片汪洋，滄海桑田的歷史變遷使眾多遠古海洋生物

化石留存在這一地區，並形成若干地質自然奇觀，饒有情趣。如棲霞寺東北、平山頭的南坡上有一處青灰岩石，表面呈波浪狀，人稱「迭浪岩」，十分罕見。此外還有「青鋒劍」、「天開岩」、「一線天」等自然景觀，鬼斧神工，令人稱奇。

夫子廟金陵燈會鬧新春

　　老南京過年都有「家家走橋，人人看燈」的習俗，到夫子廟看燈是元宵節當地老百姓的保留節目。夫子廟的秦淮燈會亦稱「金陵燈會」，其歷史最早可以追溯到魏晉南北朝時期，唐代得到迅速發展，明初達到了鼎盛。原先的元宵燈會不過三五天，朱元璋定都南京後，將之延長至十來天之久，正月初八上燈，十五為元宵節正日，十八落燈。現在的夫子廟秦淮河畔，每逢農曆新年的元宵前後，處處張燈結綵，歌舞狂歡，一派歡樂祥和、繁榮熱鬧的節日景象，「秦淮燈火甲天下」的美譽由此蜚聲天下。

　　舊時花燈，有用明角製成的三星、八仙、聚寶盆燈，還有用碎玻璃條拼成的樓船燈，用絹絲製成的花鳥魚蟲燈以及光影流動的走馬燈等，最普及的還是紙紮的飛機燈、青蛙燈、荷花燈、兔子燈等等。在舊社會紮燈藝人生活困苦，紮燈和打鐵、摸魚並列被稱為「秦淮三苦」。

　　從 1986 年開始，南京政府組織在大成殿、欞星門、江南貢院、瞻園、秦淮河水上遊覽線及沿岸等夫子廟的多處景點舉辦一年一屆的「秦淮燈會」。秦淮紮燈也迎來了大放異彩的鼎盛時期。在秦淮區燈彩工藝協會和紮燈藝人的共同努力下，秦淮綵燈爭妍鬥奇，年年翻新。燈會時節夫子廟地區處處五光十色，流光溢彩，來往人流熙熙攘攘，摩肩接踵，好一幅「火樹銀花不夜天」的絢麗燦爛景色。尤其是 2006 年，適逢夫子廟燈會 20 週年紀念，南京「秦淮燈會」被列為中國首批國家非物質文化

遺產名錄（歷史文化空間環境類別）推薦項目，在綜合評選時獲評委全票通過。由南京著名民間藝術家陸有昌先生紮製的秦淮燈彩傳統作品「荷花燈」被選定為特種郵票題材，流傳世界各地。從正月初一到十八，夫子廟舉辦了以「魅力的秦淮燈彩，迷人的槳聲燈影」為主題、集「燈展、燈市、燈景」為一體的大型燈會。千盞大紅燈籠和千姿百態的燈光融為一體，構成夫子廟獨特的燈景。燈展上，除了各式各樣充滿聲光電特效動感的燈彩，還有歷屆燈會精品。民間傳統花燈市場則推出了以秦淮傳統手紮燈以及工藝燈為主的約 50 萬盞花燈。18 天來，夫子廟燈會接待南京市民和中外遊人近 300 萬人次，堪稱是中國規模最大的燈會活動。

南京並不臨海，為何也建有天妃宮

在南京下關沿江一帶，每逢海神天妃（媽祖）誕辰，當地老百姓還保留著焚香祈福、朝拜媽祖的習俗。這習俗的源起要追溯到 600 年前的鄭和下西洋。鄭和是中國明代偉大的航海家，他從西元 1405～1433 年先後 7 次下西洋，歷時 28 載，航程 10 萬里。鄭和每次下西洋都祈求天妃保佑，在船上也有天妃神像，朝夕供奉。遇到海難、海盜時，必祈求天妃神助。

永樂五年（西元 1407 年），鄭和第一次下西洋順利返回，為感謝天妃保佑海上平安，奏請皇帝加封媽祖。於是明成祖朱棣賜建「龍江天妃宮」於南京城西北下關江邊儀鳳門外的獅子山麓，當時稱天妃廟。永樂七年（西元 1409 年），朱棣加封天妃為「護國庇民妙靈照應弘仁普濟天妃」，同時正式將天妃廟賜額為「弘仁普濟天妃之宮」，俗稱「天妃宮」。南京天妃宮建成後，成為當時全國最大的媽祖廟。鄭和在之後的 6 次下西洋出航前及歸來後，都會專程來此祭祀媽祖。永樂十四年（西元 1416 年），鄭和第四次下西洋平安歸來，明成祖朱棣建〈御製弘仁普濟天妃宮碑〉（簡

稱南京天妃宮碑），並親撰〈御製弘仁普濟天妃宮碑〉碑文。〈南京天妃宮碑〉全文 699 字，正楷書寫鐫刻，碑高 3.9 公尺，寬 1.51 公尺，厚 0.53 公尺，碑額「御製弘仁普天妃之宮碑」10 字為篆書。這塊碑在全國眾多的天妃宮碑中不僅體型巨大，鐫刻精美，而且規格也最高。碑文由散文與詩兩部分組成，闡述了下西洋的目的與航海的艱辛。至此南京天妃宮已聞名天下。

清康熙二十三年（西元 1684 年），清聖祖特封天妃為「護國庇民照靈顯應仁慈天后」，「天妃」上升為「天后」，但南京天妃宮仍用原名至今。清咸豐以後，南京天妃宮屢遭毀壞，昔日宏麗蕩然無存。1937 年冬，日軍進入南京城，南京天妃宮再次全部毀於戰火之中，僅存天妃宮碑。1996 年在擴建靜海寺舊址時，將天妃宮碑移至靜海寺內保存。後來，為慶祝鄭和下西洋 600 週年，南京下關區斥鉅資重建天妃宮。新建成的南京天妃宮位於獅子山西南麓、護城河以東，占地約 1.7 萬平方公尺。整個建築群採用明代宮式建築的形制和風格，主要由東西兩軸線建築院落組成。西軸線為兩進院落形式，主要設有天妃宮大殿及兩側配殿；東軸線為單進院落，主要設有觀音殿、碑亭和兩側配殿。建成後的天妃宮恢復了明代天妃宮的主要建築，成為吸引海內外各界人士的祈福之地。

金陵刻經處──
世界最大、中國唯一的漢文佛教經典

刻印場所位於南京市中心新街口淮海路一隅的金陵刻經處可謂鬧中取靜。樸素的圍牆深院內完好保存有古舊建築，如祇洹精舍、深柳堂等，還有創始人楊仁山居士墓塔。刻經處收藏佛經版 125,318 塊，另有清光緒年間雕刻的佛像版 18 塊，全國各處木刻的重要經版基本上集中於該處。它既是世界上規模最大的收藏漢文木刻經像版的寶庫，又是蜚聲

海內外的中國木版雕刻、水墨印刷漢文佛教經典的唯一機構，與青海的德格印經院東西呼應，成為中國兩大佛教經典流通中心。金陵刻經處由清末著名的佛教居士楊仁山創辦。

　　楊仁山出生安徽石臺一個官宦之家、書香門第。他早年不喜舉子業，好讀奇書。同治三年（西元 1864 年），他於病中反覆誦讀《大乘起信論》，有所領悟，於是進一步尋求佛經研讀。不久，得讀《楞嚴經》，對佛學發生了更為濃厚的興趣。從此，他「一心學佛，悉廢其向所為學」，並把自己的一生獻給了佛教的振興事業。在金陵刻經處的 45 年裡，楊仁山主持刊刻的佛典包括了許多宋元以後的重要佚著，而且他對所刻典籍都作了十分精審的選擇、校勘和句讀。因此，從版本學上講，金陵刻經處所刻的各種方冊本佛典具有很高的學術價值，是中國近代最重要的佛典版本之一。

　　楊仁山去世後，他的全部著作由金陵刻經處彙編成《楊仁山居士遺著彙刻》，於 1919 年刊行。此後，金陵刻經處由歐陽竟無等主持，因經費拮据而漸趨衰敗。1957 年金陵刻經處成為中國佛教協會下屬的事業單位而再度繁榮，先後補刻及新刻經版 200 餘卷，出版了《玄奘法師譯撰全集》，金陵刻經處是全國唯一藏有玄奘法師一生所譯經卷的全部刻版的寶地。所藏經版也從 4 萬餘片增加到 15 萬片，包括典籍 1,570 種，圖像 18 種，年刻行經籍 4 萬餘冊。此外這裡尚收藏有唐人所寫漢文與藏文佛經，五代、宋、元、明、清歷代所刻藏、蒙文經籍，以及用斯里蘭卡、緬甸、泰國、柬埔寨等國文字書寫的貝葉經。金陵刻經處已成為國際宗教界、文化界人士的重要場所之一。

　　據說，40 多年前，南京大學與威斯康辛大學結為姐妹校，南大送給威大一套玄奘法師翻譯的全部經卷，威大如獲至寶，從此設立佛學博士學位。目前金陵刻經處是江蘇省級文物保護單位，在經歷了 100 多年後，目前仍完整地保存著中國古老的雕版、印刷、線裝函套等傳統工藝。

■ 為何民間流傳「獅子回頭望虎丘」

虎丘山最高處有一建築，名致爽閣。在這裡遠望可以看到獅子山，獅子山因形似獅子而得名，從這個角度望去，可以看到這頭獅子正伏在地上次頭望虎丘，這就是著名的「獅子回首望虎丘」景觀。一個自然的景觀還有兩種神奇的傳說呢！

一種傳說是：

吳越春秋時著名的刺客專諸受闔閭的命令刺殺吳王僚。專諸把「魚腸劍」藏在魚腹內，以獻魚為由，藉機刺死吳王僚。闔閭即位後把吳王僚葬在了獅子山。闔閭死後，夫差又將其葬在虎丘山，獅虎遙遙相對。吳王僚因是含恨而死，所以有獅子回首怒視虎丘的說法。

另一種傳說是：

秦始皇東巡到虎丘，準備挖闔閭的墓，但卻看到一隻白虎蹲在墳上，於是他拔劍去刺這隻老虎，但是沒有擊中，卻刺在了石頭上，使石陷裂成池，即劍池。後來，白虎占山為王，危害附近人畜。曾在寒山寺「掛錫」的文殊菩薩的坐騎青獅惱恨白虎作惡，趁文殊菩薩閉目養神的時候，偷偷走出山門，直撲虎丘，將白虎鬥死。但因時辰已到，來不及趕回文殊菩薩身邊，又因觸犯佛門戒律，青獅跌落人間，化作石山。即使化為石山，青獅仍不忘回頭怒望白虎。

無論是哪一種傳說，「獅子回頭望虎丘」這句話在蘇州老百姓中間的知名度是很高的。

■ 蘇州的「吳儂軟語」是怎麼形成的

蘇州話歷來被稱為「吳儂軟語」，其最大的特點就是「軟」，尤其女孩子說來更為動聽。同屬吳方言語系的其他幾種方言，如無錫話、嘉興

話、紹興話、寧波話等都不如蘇州話來得溫軟。一種方言好聽與否其實不在於是否易懂，而是主要取決於語調、語速、節奏、發音以及詞彙等方面。

吳語與湘語（指老湘語）是漢語七大方言語系中形成最早的方言，因此吳語至今保留了相當多的古音。吳語的一大特點在於保留了全部的濁音聲母，具有七種聲調，保留了入聲。在聽覺上，一種方言如果語速過快，抑揚頓挫過強，我們往往稱這種話「太硬」，如寧波話；但如果語速過慢，缺乏明顯的抑揚頓挫，我們往往稱這種話「太侉」，如河南話。蘇州話語調平和而不失抑揚，語速適中而不失頓挫。在發音上較靠前靠上，這種發音方式有些低吟淺唱的感覺，較少鏗鏘，不易高聲，的確不大適合於吵架。蘇州人便是情急之時也只是說「阿要把倷兩記耳光搭搭」（意思是「要不要給你兩記耳光嘗嘗」），哪有北京話「抽你丫的」來得直接痛快？

正是因為蘇州話發音方式的特別，外地人初學蘇州話時總是有找不到音的感覺。而同樣很軟、與蘇州話較為接近的上海話，其發音部位則與北方話差不太多，學起來要簡單得多，所以60%以上的蘇州人能說一口相當標準的上海話（甚至根本就是無師自通），但上海人能說道地蘇州話的就很少。

為何蘇州人常說「金閶門，銀胥門」

蘇州人稱「金閶門，銀胥門」，是指這裡商業發達，為金銀聚集之地。其中，尤以城西的閶門最為繁華。當年闔閭建城時，因此門能「通闔閭之風」，故名「閶門」。這一帶自古以來就是蘇州的商業中心，店鋪林立，水陸交通運輸繁忙，所以稱「金閶門」。而「胥門」得名是與伍子胥有關的。

據《吳越春秋》記載，自越王向夫差獻美女西施之後，夫差沉溺玩樂，荒廢朝政。伍子胥乃一介忠臣良相，好幾次向吳王夫差進諫，勸他勤政。然而，夫差早已頭腦昏瞶，完全聽不進去伍子胥的話。伍子胥的勸諫不僅沒有被夫差採納，反而引來了殺身之禍。最後，伍子胥被逼拔劍自刎而死。吳國將士遵從他的遺願，將他的頭顱懸掛在西城門之上，此門也就被稱為「胥門」。越王勾踐率領大軍攻陷蘇州時，首先選擇胥門入城。在胥門口，伍子胥的頭顱一躍而起，大如磨盤，只見他雙目噴火，怒髮衝冠，把越國的軍隊嚇得倒退出門，不得不繞道從城東的封門入城。之後，特別是在明清兩朝，胥門一帶也成為商賈雲集之處，僅次於閶門，所以有「銀胥門」的說法。

閶門和胥門在明清時具有很高的知名度，不僅因為其位於經濟文化中心蘇州，也因為在許多膾炙人口的文學作品中屢有提及這兩處，如馮夢龍的《三言》等。僅以《紅樓夢》為例，書中寫林黛玉出生在蘇州，曹雪芹稱閶門胥門一帶是「紅塵中一二等富貴風流之地」，《紅樓夢》描述甄士隱的女兒英蓮丟失也是在閶門一帶繁華的街市上。

■「和合二仙」是主管什麼的神仙

和合之神本是一人。據說唐朝時有個僧人叫萬回，俗姓張。此人生性痴愚，八九歲才能說話，但後來卻修得一身法術嘯傲如狂，行狀怪異。有一次，父母想念在外當兵的哥哥，日夜哭泣。他對父母說：「二老不用急，請準備好給兄長的食品衣物，我去看望他。」第二天一早，張氏離家，出門如飛，晚上就回到家裡，告訴父母兄長平安無事。還帶回一封書信，打開一看，正是他哥哥的筆跡。他往返一日而行萬里，人稱「萬回」。

傳說張萬回是菩薩轉世，因犯錯誤被佛祖貶到人間。萬回死後，宮廷、民間都奉祀他，認為他能未卜先知，排禍解難。後來，萬回又被視

為「團圓之神」，稱「和合」。後來的人誤認為「和合」是二神，即寒山、拾得兩聖僧。寒山、拾得是隱居天臺山的僧人，二人經常吟詩唱偈，交情甚好。關於他們的交情，民間流傳著這樣一個故事：

　　寒山和拾得同住在一個村子裡，兩人親如兄弟。兩人同時愛上一個女子，但互相不知道。後來拾得要和那個女子結婚，寒山於是遠走到蘇州楓橋，削髮為僧。拾得知道後，也捨女尋找寒山。探知其住處後，折一支盛開的荷花前往見他，而寒山則持一齋飯出迎。二人樂極，相向為舞，拾得也出了家。二人出家的寺廟即「寒山寺」。

　　清朝雍正十一年（西元1733年），封唐天臺僧寒山為「和聖」，拾得為「合聖」，兩人就成為「和合二聖」，也稱「和合二仙」。「和合二仙」漸漸變成了掌管婚姻的喜神，有「歡天喜地」的別稱。

■蘇州人燒香與「燒頭香」

　　中國人並不是十足的宗教徒，但宗教信仰卻是中國人生活的一部分。人們信仰宗教往往具有很強的功利色彩，求神是為了請神保佑。所以人神之間有許多富有人情味的交流。燒香就是一種重要的交流形式。蘇州民間的燒香活動非常盛行。在寺廟裡，隨處可見香客們點起香燭向神參拜的情景。虔誠一些的人還要跪下叩頭幾響，同時心中默默祝禱。尤其是在逢年過節時，燒香是必然要進行的一項活動，哪怕是在家裡的案頭上插上三支香略表誠意也好。

　　燒香的習俗是從古代的祭禮中繼承下來的。古代中國人在祭祀上帝和祖先時往往要將祭品或者是某些植物放火焚燒，使之產生濃煙，認為即可以其香煙通達神明。這種做法，後來逐步演變並不斷民間化。香在道教儀式中也普遍使用。目前關於道士最早用香的記載是《三國志·吳書》，書中提到道士于吉在江東教人燒香讀道書。南北朝時的道館中按例

要設香爐，可見用香極為普遍。民間燒香往往是同時奉上某些供品，稱為上供，供品有素果，乃至豬頭、全雞之類。其實，用豬頭等作供品在道教中是不允許的，只是民間沿用既久，便也就順其自然了。

蘇州民間燒香有許多習俗，其中很重要的一個就是所謂燒頭香。顧名思義，頭香就是第一爐香。老百姓認為頭香功德最大，可以獲福最多，所以常常爭燒第一爐香。燒頭香的時間雖說在凌晨，但香客們往往在午夜以前就已在寺前排隊等待。特別是新年（農曆正月初一）燒頭香，一般除夕午夜之前香客已早早等候。蘇州人並沒有單一的信仰物件，遇佛禮佛，遇神拜神，所以蘇州燒頭香的地方很多，以西園、上方山、靈岩山寺、城隍廟、定慧寺等地香火最為旺盛。逢年過節，這裡聚集了大批的香客爭搶第一爐香，祈求各位菩薩佛祖神仙大帝能夠保佑自己家宅平安、富貴有餘。

為何很多日本人要來寒山寺撞鐘迎新年

寒山寺古稱楓橋寺，始建南朝梁天監年間，舊名妙利普明塔院。相傳因唐代高僧寒山和拾得來此住持，更名為寒山寺。唐朝詩人張繼路過楓橋，寫下一首〈楓橋夜泊〉：「月落烏啼霜滿天，江楓漁火對愁眠，姑蘇城外寒山寺，夜半鐘聲到客船」，從此寒山寺的詩韻鐘聲千古傳頌。

整座寺院坐東朝西，大雄殿正中設須彌座，上供如來佛坐像，左右立阿難、迦葉脅侍。兩側沿牆列坐鎦金鐵羅漢十八尊，神態各異，為明代成化年間所鑄。大雄殿左右設鐘鼓，鐘係仿唐式青銅乳頭鐘，是日本人士於光緒三十二年（西元 1906 年）送來供奉的。每到新年，人們都有到寒山寺聽鐘聲以拋棄煩惱憂愁的習俗，這個習俗的形成與日本友人不無關係。

寒山寺每年 12 月 31 日子夜都要舉行聽鐘活動，這個活動由日本的藤尾昭先生和蘇州旅遊局於 1979 年發起，至今已有 40 多個年頭了。寒

山寺和日本的淵源很深。據說，拾得和尚就曾經漂洋過海來到日本，建「拾得寺」，與蘇州寒山寺為姐妹寺，同時，也把佛家叩鐘108下的規矩傳到了日本。佛典中有云：「聞鐘聲，煩惱輕，智慧長，菩提生。」鑑真和尚東渡時帶去了〈楓橋夜泊〉詩和完備的聽鐘典儀。〈楓橋夜泊〉詩很快風靡日本，深受日本人的喜愛，直到今天這首詩還被收入日本的小學課本，日本兒童都能背誦。因為種種緣故，寒山寺除夕聽鐘成為日本人十分嚮往的新年活動，每年都有成百上千的日本人專程來寒山寺聽鐘聲，以清除一年的煩惱。現在的寒山寺鐘樓經翻修，裝置了擴音設備，使鐘聲更響，傳得更遠。每當元旦前夜，寒山寺燈火輝煌不夜天，專程前來的日本人都欣喜若狂，與中國人共度佳節。

蘇州人中秋賞月為何要去石湖

石湖，是太湖的一部分，位於蘇州西南上方山東麓。相傳春秋時，越國挖溪攻打吳國，橫截山腳鑿石開渠以通蘇州，故名石湖。戰爭結束後，范蠡又帶著西施從這裡泛舟入太湖。當年的金戈鐵馬、浪漫情事至今還能找到絲絲縷縷的遺跡，又為石湖增添了幾番餘韻。這裡優美的水鄉田園風光也非常養眼，吸引了南宋田園詩人范成大寓居，使他留下了眾多的美文佳作，不知是范成大成就了石湖，還是石湖成就了范成大。這裡最有名的奇觀就是「石湖串月」勝景，而行春橋是欣賞這一奇觀的絕佳處。每逢農曆八月十五至十八之間，月亮光潔透圓，清澈的光輝照耀於湖岸橋畔的涵洞間，眾多的水月串聯在一起，站在行春橋頭便可見水面上一串月影隨波浮動。每到八月中秋前後，蘇州人爭先恐後夜遊石湖賞月遊玩。這二三天中，石湖裡燈船、遊船往來如梭。為了看這一勝景，中秋前後，不僅蘇州城裡城外，大小船隻一租而空，甚至還有人遠從無錫、常熟、吳江等地趕來看串月，這種活動相沿成習。

遊人爭相到石湖只看一個「串月奇觀」未免過於單調。這一習俗之所以能夠沿襲至今，同上方山的另一個風俗不無關係。相傳，農曆八月十七是「五通神」的生日，蘇州一帶善男信女都要到上方山去燒香，「借陰債」。十七日一早，四鄉八里的燒香船都湧向石湖。許多船上載著各種會打拳弄武的高手，敲鑼打鼓隨著畫舫穿越橋洞。有的高手能把鋼叉從橋洞這邊飛過橋面，越過熱鬧的看客的頭頂，待船到橋洞那邊正好接住，顯示武藝的高強。夜晚上方山上，楞枷塔下，皓月當空，澄澈萬里，湖波山嵐，一片清光。遙望蘇州城區，繁燈如星，恍若人間天堂。小船載酒，泛於湖心，船裡傳出絃歌之聲。一到半夜，月上中天，人們群集行春橋周圍，觀看石湖串月景觀。待一輪明月升上中天，透過九個橋洞神奇地顯現在波心之中，每一個遊人都會為這一千古奇觀所深深吸引。

江南水鄉婦女的服飾有何特色

生活在蘇州以東吳縣直、勝浦、唯亭、陸墓一帶的農村婦女依然保留著傳統的服飾。她們歷來都梳願攝頭、紮包頭巾。穿拼接衫和拼襠褲、束俪裙、裹捲膀、著繡花鞋。這些傳統服飾頗具江南水鄉特色，故蘇州婦女有「蘇州少數民族」之稱。水鄉婦女很重視願攝頭的梳理和裝飾，她們留烏黑的頭髮和碩大的髮髻，再配上眾多的飾品，輔以精美的包頭巾和服飾，把自己裝扮成一個心靈手巧和端莊秀美的江南水鄉婦女形象。這種服飾的地方特色非常濃郁，傳承性穩定。並且這種服飾隨著季節的變化、年齡的差異以及禮儀的需要有明顯的變化。

一般來說，春秋季節服飾的特點更為突出。春秋季服飾上裝以拼接衫為主，面料多以花布、土布、深淺士林布為主。拼接衫常用幾種色彩的面料拼接而成，色彩對比鮮明，鮮而不豔，豔而不俗。其剪裁得體，

縫工精細，裝飾性很強，拼接衫的特點也是透過服裝的裝飾工藝展現的，如拼接、滾邊、紐襻、帶飾、繡花等。而褲子多用藍地白印花布或白地藍印花布製成，褲襠用藍或黑色士林布拼接。這種拼接最初是由於受布幅的限制或為省料。後來由滿足實際需求的拼接發展到主觀意識的拼接，講究整齊均衡和對稱的形式美。

　　腰部的矚裙也很有特色，長度齊膝，裙襇極細，襇面和裙帶上有不同工藝的花飾，裙外面繫上一條小穿腰。穿腰是與躡裙相連的輔件。穿腰上縫著一個大口袋，穿腰四周及穿腰帶上繡有各色圖案花紋，是重要的裝飾物。根據年齡大小，水鄉婦女的服飾有不同的變化。青年婦女以花俏為主，在有限的服飾的構件裡，巧妙地運用色彩對比、襯托、交錯手法，達到顯眼、花俏的藝術效果，恰到好處地展現出水鄉婦女的人體美和裝飾美，給人輕盈灑脫之感。中年老年婦女則以深色調為主，服飾重穩定，穿著要求舒展寬大，故而給人古樸持重之感。水鄉婦女服飾歷史悠久，世代相傳，形成了一系列具有水鄉特色的民俗服飾，既適合於穿戴，也適宜於水鄉生產勞動，實用價值較高，深受人們的喜愛。

■水鄉同里「走三橋」

　　水鄉同里的橋很多，最著名的就是太平橋、吉利橋和長慶橋三橋。太平橋，跨東柳、漆字兩圩。橋為梁式，小巧玲瓏。橋上有一副對聯，內容是：「永濟南北太平路，落成嘉慶廿三年。」吉利橋跨處太平橋、長慶橋中間。橋型為拱形橋，南北兩側都有橋聯，分別是「淺渚波光雲影，小橋流水江村」和「吉利橋橫形半月，太平橋峙映雙虹」。長慶橋，俗名謝家橋，舊名福建橋，又稱廣利橋。橋上有橋聯一副，「公解囊金成利濟，好留柱石待標題」，表明建橋者義結同心，為民造橋，功在當代，利在千秋。三橋呈「品」字形，跨於三河交會處，自然形成環行街道。沿

河青石駁岸，岸邊合歡、女貞臨波倒映，兩岸築有花石欄。河中船來船去，雙雙對對；橋上人來人往，笑語蕩漾。水木清華，秀色可餐，人在其中至慮盡消，這裡已成為古鎮一道獨特的風景。

這三座橋之所以有名，不僅是因為橋名吉祥，更重要的是和當地人「走三橋」的習俗有關。同里人喜歡「走三橋」。每逢婚嫁喜慶，人們要在歡快的鼓樂鞭炮聲中喜氣洋洋繞行三橋，口中長長唸一聲「太平吉利長慶」！沿街居名紛紛出戶觀望，上街道喜祝賀。老人過66歲生日午餐後也必定去「走三橋」，以圖吉利。「走三橋」的習俗，形成於何年難以查考，但三橋在同里人的心中象徵著吉祥和幸福。隨著時代的發展，「走三橋」也被賦予了新的內涵：走過太平橋，一年四季身體好；走過吉利橋，生意興隆步步高（或者：官運亨通步步高）；走過長慶橋，青春長駐永不老。

民間還流傳著不同年齡人「走三橋」的諺語：小巴戲（指孩童），走三橋，讀書聰明，成績年年好；小姑娘，走三橋，天生麗質，越長越苗條；小夥子，走三橋，平步青雲，前程無限好；老年人，走三橋，鶴髮童顏，壽比南山高；新郎新娘走三橋，心心相印，白首同偕老。同里「走三橋」的習俗反映了人們嚮往美好生活的願望。

蘇州人所說的「軋神仙」是什麼意思

每年的農曆四月十四日，蘇州城內有一個幾乎是婦孺皆知的重要民俗活動——到神仙廟去「軋神仙」。這個「軋」字，在吳語中讀作「嘎」，是擠來擠去的意思。傳說這一天是呂洞賓的生日，他要化作凡人，到人間來點化世人。他的形象多變，也許是衣衫襤褸的乞丐，也許是挑夫走卒、香客遊人……總之，這一天遇到的每一個人都可能是呂祖的化身。

因此，大家都要到神仙廟去擠來擠去，希望「軋」到神仙，沾上一點仙氣，可以消災祛病，益壽延年，交上好運。人們從四面八方趕到神仙廟來，甚至杭嘉湖和滬寧沿線各地都有人來蘇州「軋神仙」，商販們也趁機趕來做生意，於是每年其時，這裡就形成了一個盛大的廟會。

十四日前後，供應香火祭品、各種小吃和手工藝品的攤子擺滿了神仙廟周近街巷，而最多的還得數賣千姿百態各色花草的小攤。那天所賣的花草統統被稱為「神仙花」，有些還有特別好聽的名字，如「萬年青」、「千年蘊」、「吉祥草」、「龍爪蔥」等。軋神仙廟會幾乎成了蘇州傳統的花市，市民將花草買回家去，種植起來，待到來年軋神仙前夜將老葉剪掉，鋪在自家門口，據說是讓來給呂純陽祝壽的各路仙人從葉子上踏過，藉以得些仙氣。

除花草以外，各色民間玩具也頗為引人注目，特別是廟會上的泥玩具最具特色。虎丘泥人早就名聞遐邇，在這裡人們可以買到呂祖等八仙神像以及財神老爺、王母娘娘等仙界名流的造像，還可以買到人們熟悉的戲文人物和不倒翁。

餛飩、豆腐花以及線粉血湯之類風味小吃，也是「軋神仙」盛會中吸引遊人的地方。還有賣梨膏糖的敲著小堂鑼，唱著「小熱昏」招攬顧客。廟會上還有變戲法、演戲文、唱九腔十八調的，熙熙攘攘，人來人往，熱鬧非凡。這一天，一切東西都帶上了「神仙」兩字：五色粉糕，被叫做「神仙糕」；廟會上賣的小烏龜，叫做「神仙烏龜」；喝一杯茶，叫做喝「神仙茶」；剃個頭，也叫做剃「神仙頭」。

今天的軋神仙已經不再是單純的宗教活動，實際上它已經成了老百姓購買花草魚蟲、欣賞文藝演出、體味民俗風情、遊覽古城街巷的民間節慶。

江蘇民間的「冬至大如年」

中國民間自古以來就非常重視冬至這一天，冬至過節源於漢代，盛唐宋，相沿至今。《清嘉錄》甚至有「冬至大如年」之說。這表明古人對冬至十分重視。人們認為冬至是陰陽二氣的自然轉化，是上天賜予的福氣。漢朝以冬至為「冬節」，官府要舉行祝賀儀式，稱為「賀冬」，例行放假。《後漢書》中有這樣的記載：「冬至前後，君子安身靜體，百官絕事，不聽政，擇吉辰而後省事。」所以這天朝廷上下要放假休息，軍隊待命，邊塞閉關，商旅停業，親朋各以美食相贈，相互拜訪，歡樂地過一個「安身靜體」的節日。

在江蘇各地，冬至這一節日普遍受到非常重視，在那一天，人們吃年糕，做湯圓，準備豐盛的「團圓飯」，穿新衣服，祭祀祖先。自古太湖地區盛產稻，在蘇南，用糯粉製成各種糕團更是當地頗具特色和最常見的點心，圓圓的冬至團更是席間的必備點心。這裡還有吃餛飩的習俗，成為冬至節的應景美食。此外，蘇南吳地還有「冬至進補，春天打虎」的民間俗語，人們從冬至這天起也開始啟動大進補，也形成了秋後食羊肉的最高峰。馳名中外的吳中藏書羊肉店的羊肉生意更興隆。

南禪寺──無錫的「城隍廟」

與長城齊名的京杭大運河似乎對無錫情有獨鍾，流到這裡轉了一個彎便穿城而過。綿長的吳文化就這樣在一座座相繼而建的石拱橋下、在鱗次櫛比的臨水民居的抱持中悠悠流淌至今。南禪寺文化商城是依託古運河及河畔南禪寺、妙光塔三大景觀精心規劃建造的超大型文化市場，是鬧市中心一座文化旅遊城。這裡，密布著江南名都無錫的歷史文脈，其典軼掌故隨處可見。這裡呈現著粉牆黛瓦舟楫往來的生活圖景，前街

後河古風依然。這是一座集會展文化、收藏文化、園林文化、佛教文化、旅遊文化和美食文化之大成的文化城。

如今，南禪寺文化商城內有古玩字畫片市場、風味小吃片區、花鳥魚蟲市場、旅遊工藝品市場、特色小商品市場、錢幣集郵市場、書刊音像市場、休閒娛樂片區等。江南名剎南禪寺，始建南朝時為西元549年初名護國寺，至北宋天稱為南禪寺。為「江南最勝叢林」（明代對南禪寺的讚譽）。妙光塔位於南禪寺內，建於北宋，由宋徽宗賜名「妙光」。塔為七級八面樓閣式內木外磚結構，高43.3公尺，塔基為青石須彌座，簷角懸掛鐸鈴。舊時無錫城裡沒有高樓，城外都是田野，故鈴聲隨風飄蕩很遠，據說在幾里以外都能聽到鈴聲。

古運河依傍著南禪寺流淌，形成寺、塔、河珠聯的特有風姿。京杭大運河在其1,794公里的全程上，唯獨到無錫穿城而過，因此古運河無錫段堪稱就杭大運河的「瑰寶」，而自南禪寺造成清名橋僅長1.5公里的「水弄堂」，保存吳越古風最為完整，又是這一「瑰寶」中的「明珠」。其風味可與南京夫子廟、上海城隍廟相媲美，吸引了眾多中外遊人前來觀光。

江南民間的「立夏嘗三新」

農曆四月初，春去夏來，天氣日漸暖和，萬物欣欣向榮。三麥油菜已經成熟，櫻桃、青梅、枇杷等鮮果陸續上市，各種菜蔬也應時而生。這時，人們自然需要換換口味，江南地區有立夏嘗「三新」的風俗。「三新」者，即櫻桃、青梅、鰣魚也。櫻桃，是一種色、香、味俱佳的鮮果。南京玄武湖櫻洲所產櫻桃品質優良，歷來為「嘗新」之首選。清康熙四十四年（西元1705年）四月，康熙皇帝第五次南巡抵江寧（南京）時，曹雪芹祖父、江寧織造曹寅當晚即以玄武湖櫻桃進奉。康熙見之甚

喜，並說：「先進皇太后，朕再用。」於是，曹寅又急命差官飛馬傳遞北京，限24個時辰送到。青梅，即梅之未熟透者，其色青，故名。其味酸而脆，可製蜜餞，可釀酒。鰣魚，鱗白如銀，肉質肥嫩，宜清蒸，味極鮮美。中國長江水域所捕鰣魚以鎮江所產最為名貴，明、清時即列為貢品。

為何常州人過年要去天寧寺「點羅漢」

　　國泰民安，風調雨順，身體健康，闔家歡樂，這是人們的共同心願。常州人每逢春節，有到天寧寺去「點羅漢」的傳統習俗。羅漢全稱阿羅漢，是佛的弟子。他們都是受佛的囑託，常住世間宣傳佛法，受世人的供養，為眾生作福田。羅漢的人數有許多不同說法：有十六個、有十八個、五百個、八百個。天寧寺羅漢堂供奉的是五百羅漢像。原來的五百羅漢像在十年浩劫中全部被毀。現在的羅漢像是由浙江籍塑佛世家、民間藝人徐永偉率徒於1984年9月到1986年8月歷時兩年精心塑造的。

常州天寧寺敬香

　　東、西羅漢堂的五百羅漢各分四排，均為坐姿，每尊高1公尺左右，全身貼金，蔚為壯觀。你看這些羅漢的模樣，可真是千姿百態，妙趣橫生。他們或俯或倚，嬉笑怒嗔。有的慈眉善目，妙相莊嚴；有的怪誕獰獝，動作不凡；有的伸足屈膝，打坐箕踞；有的拄杖睜目，合十攤手；有的參神入定，唸唸有詞；有的閉目凝神，煞有介事；也有的托缽飛饒等等，真是各呈其趣。從佛教教義的角度來說，幾乎每一尊羅漢都有含義。如第388尊羅漢颯陀怒尊者，身繞6個胖嘟嘟的兒童，他們為羅漢

摳耳、觸唇、捏腳、拉腿、伏肩、靠臂,像是在撒嬌玩鬧,稱為「六賊戲彌」。佛家以眼、耳、鼻、舌、身、意為六賊,以此告誡佛門弟子,要一心正念,莫為六塵所染。人們可任選一個羅漢為起點,按照自己的年齡的數字數羅漢,待數到自己年齡數目時,從這個羅漢的喜怒哀樂神態中,便可預卜當年的「前途命運」。這五百羅漢雖然都是僧侶裝束,然而形象神態與凡夫俗子比較接近,透過他們做一番精神上的交流也不失為一種藝術享受和心理慰藉。

■「老鎮江」的泡澡堂習俗

以前,男性的鎮江人無論貧富都有「泡澡堂」的習慣,這種習慣在鎮江一風行就風行了幾百年,直到今天,鎮江人仍有「泡澡堂」的傳統,而且還有越演越烈的勢頭。

鎮江的「澡堂」實際就是「浴室」。鎮江地理位置優越,特別是晚清時還被闢為商埠,成為江南貿易的主要市場之一,客流量十分巨大,所以這裡的「澡堂」也幾乎遍及大街小巷,能叫上「堂名」的就有60多家。說起鎮江「澡堂」的「堂名」也十分有趣,它們大都愛用「池」、「泉」命名,像雙鳳池、玉仙池、華興池、又新泉、第一泉、四海泉,林林總總,不可勝數。

鎮江以前的「澡堂」都是為男性服務的,沒有女子部,在1938年大興池為天下先,第一個設立了女子部,結果還引起了一場風波,那些清末遺老們大為生氣,斥責為「有傷風化」,但女子「澡堂」沒有因為遺老的棒喝停業,而是很紅火地辦了起來,後來其他「澡堂」也爭相學習,辦起了女子部。

老鎮江人有洗「菖蒲澡」、「送灶澡」和「歲朝湯」的習俗。

「菖蒲澡」是在每年農曆五月初五端陽節時，「澡堂」裡會放些菖蒲和艾，一進「澡堂」就能聞到菖蒲和艾薰蒸散發出的清香氣味。大多數人家在飲過雄黃酒吃過「十二紅」後，就會帶著小孩到「澡堂」洗「菖蒲澡」。據說端陽洗「菖蒲澡」伏天不生瘡癤。這種說法應該是有醫學根據的，在中醫裡，菖蒲和艾是兩種能除穢惡的藥用植物。

「送灶澡」實際是針對那些長期帶未成年孩子來洗澡的老澡客而言的。這些老澡客每次會帶孩子來，但「澡堂」卻只收大人的澡資，所以每年農曆臘月「送灶」日造成大年三十為止，這些老澡客要有一天來洗「送灶澡」。洗完，在付了正常浴資後，還要自覺地根據自己的身分、地位另付一筆浴資。這筆浴資數量不限，闊綽的大老闆多的會給幾十個銀元，一般人則給一兩個銀元就可以了。這期間，「堂口」的夥計會向老澡客贈送用紅紙裹著的一把修腳刀和幾枚青果，以示感謝。

「歲朝湯」則是在大年三十晚洗。這時「澡堂」通夜服務，洗到了深夜子時，交了正月初一，這澡就叫「歲朝湯」了。

趣說揚中方言

揚中是個五方雜居、南北文化雜陳的地方，應該說揚中是個不折不扣的移民城市，它的方言也自然具有海納百川，兼收並蓄的特點。

揚中境內方言「流派紛呈」，新壩、聯合南部一帶的口音接近江南丹徒語，豐裕北部、西來橋鎮周圍的口音接近江北泰興話，三茅鎮至八橋鎮地帶約占全市三分之二人口的口音算得上是典型的揚中話。

揚中方言中造音詞比較多，例如：溼乎乎會說成「水嘰嘰」；不爽氣會說成「抖抖活活」；說人不穩重，有「凳不穩」、「搖頭螺螺」、「十句三不提穀」等多種說法。方言中還有些為本地人所熟知的隱語，如喪偶的人稱

「半邊人」，敲竹槓叫「殼他一下」，指姑娘有了婆家叫「她也有個窩了」。

揚中方言中諺語十分豐富，幾乎包括了社會生活的各個方面。如：「春霧雨，夏霧熱，秋霧涼風，冬霧雪」是氣象諺語，「從小一看，到老一半」是生活諺語，「月內的娃娃有人喜，八十的老人要人理」是道德諺語等等，不僅對人們的生活生產造成了指導作用，也大大鮮活了地方語言。

同時，揚中方言中還具有很強的「相容」性，使得部分外地方言詞彙和一些特殊的說法在這裡能被很好地給保留下來。如丹徒人講「哈馬郎的當」、南京人講「一塌刮子」、蘇北人講「海該」都是表示「全部」的意思，而這幾種說法在揚中方言中都通用，均流行。

鎮江句容元宵節玩馬燈

在句容春城的朱巷村，每年元宵節前後都有玩馬燈的習俗，而且這一習俗已延續千餘年了。玩馬燈時，18名男性表演者扮成武士，騎著木竹加紙做成的「白馬」，在一名騎「黑騾」的「將軍」率領下，隨著一個指揮踏著小碎步兜圈子，表演各種陣式，一邊還有鑼鼓助威。八鄉十里的人都會跑來看熱鬧，氣氛十分熱烈。方圓幾十里，為什麼獨有春城的朱巷村會有這種習俗呢？

原來，傳說，初唐開國功臣尉遲敬德聽說茅山風景秀麗，而他的老朋友王遠知就隱居在那裡學道，所以一時興起，單槍匹馬地往茅山而來。到了句容城南義成橋（現名二聖橋）旁一座小廟前，下馬打算撒泡尿，歇歇後再趕路。誰知一隻腳剛落地，就看到一塊石碑，上寫「尉遲敬德走此下馬」。將軍一驚：「何人如此精明，知我在此下馬？看來此地不宜久留。」於是尿也不撒了，繼續趕路。一氣跑了10里，尿實在急，

只得下馬如廁，剛解決完問題，抬頭又看到一塊石碑，上刻「夾尿十里」，將軍納悶：「到底是什麼人這麼厲害呢？莫非是神仙？」再仔細看碑，有行小字「諸葛孔明」，哦，原來是諸葛神人跟將軍開玩笑。這時天色已晚，將軍就在碑旁的一個村莊借宿了一夜，這個村莊就是朱巷村。尉遲將軍走後，村民們才知道村子來了當朝的大人物、大將軍，自豪不已，為了紀念這件事，他們在村邊建了一座廟，取名「敬德庵」，同時他們還模仿起尉遲將軍黑人黑馬的威武樣子，紮起馬燈，扮成將軍的樣子，利用冬閒的時候在穀場上玩，時間久了，就成了春城朱巷村特有的習俗了。

為何重陽節時揚州人要去茱萸灣

農曆九月初九重陽節是中國漢族的一個古老的傳統佳節。古人以九為陽數，九月初九，兩陽相重，故叫「重陽」。重陽這一天，人們賞玩菊花，佩戴茱萸，攜酒登山，暢遊歡飲。茱萸，也叫越椒，是一種中藥植物，氣味辛烈。古人認為折以插頭，可以防止惡濁邪氣的侵襲，燃燻後可以避蟲蚘，在這「百足之蟲，死而未僵」之時，燻佩以避之，猶似端午節燻雄黃一樣，是很符合傳統衛生習慣的。

茱萸灣地處揚州城東北郊。由於古運河在這裡形成一個彎道，灣之水倒映岸邊的茱萸樹，故名茱萸灣。又因為這裡是運河由北進入揚州的一個碼頭，又名灣頭。古代的茱萸灣風光秀麗，景色宜人。據歷史記載，這裡漢代時稱茱萸村，盛產茱萸。按古代舊俗，每年重陽節，揚州人喜歡把茱萸果實懸於空中，據說蛇蟲蜈蚣聞見此味就嚇得溜走了。年輕的弟兄則喜歡佩戴盛著茱萸果的香囊，姑娘則折茱萸戴在頭上，避災辟惡。人們都喜歡來茱萸諺，登上高阜，嬉戲玩樂。

什麼是揚州喜話

揚州人在建房時，有一個很有趣的民俗現象：瓦木匠在建房時，會一邊勞作一邊說出一連串的「喜話」，以示向主家道喜賀吉。揚州人把這種現象稱之為「說喜話」，又叫「說好」、「說鴿子」。在揚州農村的集市上還有一種油印的小冊子賣，書名就叫《說鴿子》，但這本小冊子上登載的「喜話」僅是「腳本」，而現場所說的「喜話」，多是在「腳本」基礎上的現編現說，是一種隨情即興的發揮和表演。善於言說的瓦木匠能夠做到看到什麼說什麼，想到什麼說什麼，能脫口而出，只要語意祥和吉利。因吉祥的話語多得像天上的鴿子，一陣飛起，一陣落下，接著又是一陣飛起，以至於陣陣不息，故而叫做「說鴿子」。舊時，瓦木匠的社會地位都不高，他們藉助說喜話向主家祝吉，同時也含著某種炫耀，希望藉此來贏得主家的敬重。當然，如果「喜話」說得精采動人，主家通常都會慷慨解囊，使得大夥兒都是喜氣洋洋。

這些「喜話」一般為七字句，也有十字句，句中偶有襯詞，大體押韻。按照工程的進展，喜話可分成若干節，每一節的句數有長有短，短者四句，長者上百。建房的整個過程，從開工備料到完工進宅的每一環節，都有「喜話」，若全部採錄，總長可達四五百句。從民間文學的角度看，「說喜話」是一種民間歌謠中的儀式歌，從中既可以看出揚州人建房時的種種習俗，也可以看出人們在建房過程中所表現出來的祈祥禳災的種種心態。瓦木匠說喜話的同時，將親友送來的紅布從正梁上高高地披掛下來，金花高高地插在中柱頂端。瓦木匠每說一句「喜話」，下面圍觀的鄰居和親友要高喊一聲「好」，「喜話」不斷，叫「好」的喝采聲也不斷。接著，主家開始放鞭炮，瓦木匠就在中梁上面將糕和饅頭撒向人群，眾人便上前爭搶。爭搶並不是真搶，而是湊湊熱鬧，增添喜慶氣氛。

另外在揚州民間的迎親、娶親、生子等婚慶喜事也有喜話。伴隨著相關活動的舉行，一些喜話婆、喜話公、喜話郎說出成串喜話，增添喜慶氣氛。這些喜話一般為「七字句」，也有「十字句」。隨著時代的變化，內容或詞名也有改變。喜話作為群眾的口頭創作，在揚州民間廣泛流傳。

為何漢代王室貴族死後要穿玉衣

中國各地都從墓中發掘過「玉衣」，但以徐州出土的最多。

1969年，土山一號墓，出土銀縷玉衣。

1985年，拉犁山一號墓，出土銅縷玉衣。

1991年，拖龍山一號墓，出土玉頭罩和玉腳套。

1992年，韓山一號墓，出土銀縷玉衣。

1995年，獅子山楚王陵，出土金縷玉衣。

1996年，火山劉和漢墓，出土銀縷玉衣。

1996年，睢寧縣九女墩墓，出土銀縷玉衣。

玉衣，又稱玉柙。這是古代帝王和大臣死後的一種葬服。西周和戰國時期，就出現了玉面罩和綴玉的衣服，這是早期的玉衣。玉面罩是單獨的，只能罩在臉上，綴玉的衣服玉片較少。到西漢和東漢真正的玉衣就形成了，可以包裹全身。這種衣服全部用玉片製成，並有金縷玉衣、銀縷玉衣、銅縷玉衣之分。縷，線的別稱，金縷是金線，銀縷是銀線，銅縷是銅線。用這些線分別把玉片穿起來，就成了玉衣。這種玉衣非常昂貴，老百姓是用不起的。

在西漢的早期和中期，皇帝和大臣死後都可以用同樣的玉衣。到了東漢就有了嚴格的規定：帝王可以用金縷玉衣，諸侯可以用銀縷玉衣，

貴族只能用銅縷玉衣。到三國時代，曹操下令：不論什麼人，下葬時都不準再隨葬玉衣，從此，玉衣退出歷史舞臺。

■獅子山楚王陵出土的金縷玉衣是什麼樣子呢

獅子山在徐州城東郊。1984 年在山旁發現兵馬俑。1995 年，在漢兵馬俑不遠處發掘楚王陵時，發現了完整的和破碎的玉片共 500 多塊。看樣子，是盜墓者先把這件金縷玉衣從墓室拖到天井處，然後將金縷（絲）抽走，玉片就自然散落在地，但沒有盜走。大概是因為盜墓者覺得玉片是楚王們專用，不好出手，不如金縷容易變現，拿起來也不方便，所以就乾脆不要了。

徐州博物館歷時 1 年又 9 個月，耗資人民幣 50 萬元，於 2002 年 12 月，修復了這件金縷玉衣。此衣長 1.74 公尺，共用玉片 4,248 塊。玉片全是新疆和田玉，玉質溫潤，光潔度很好。玉衣共用金縷 1,576 克，金縷粗細不等，直徑分別為 7 毫、6.2 毫、5.2 毫、4.4 毫。這是中國使用玉片最多的金縷玉衣，一般的玉衣用玉片 2,000 多塊，最多不超過 3,000 塊。

■土山出土的銀縷玉衣是什麼樣子呢

土山位於徐州城南，這裡有座東漢時的彭城王墓。墓裡出土的銀縷玉衣，長 1.7 公尺，由面罩、袖筒、前胸、後背、手套、褲筒、靴鞋等十幾個部件構成，共用玉片 2,600 塊，由銀縷（絲）編綴而成。玉片有梯形、三角形、方形及不規則形。玉片角上的小孔直徑約 1 毫米。這件銀縷玉衣出土時，保存基本完好。

漢代及之前的帝王將相為什麼要實行玉衣葬呢？一是表示身分高貴，因為玉片及金縷、銀縷、銅縷均是貴重物品；二是迷信，認為玉可

避邪；三是認為以玉衣套住屍體，可以不腐。這當然是沒有道理的，只不過顯示了古代社會的一種彰顯身分地位的方法，表現出一種奢侈之風。

漢族的哪些重要民俗源於徐州

漢族人有許多民俗活動和傳統節日，其中至少有三項源於徐州：

◆ 清明掃墓習俗

楚漢相爭的初期，劉邦與項羽都在拉攏沛縣人王陵的起義軍。但王陵的母親（後人稱王陵母，沒留下姓名）傾向於劉邦，項羽便將王陵母挾持到彭城營中，作為人質，逼王陵母勸兒投項。王陵母性情剛烈，對來探視的王陵使者說：「你告訴我陵兒，要他幫助劉邦，不要有二心。」說罷拔劍自刎而死。項羽氣惱萬分，以大鐵鍋烹其屍。彭城百姓同情王陵母，悄悄以土掩埋。項羽烏江自刎後，王陵來彭城祭母，二里外下馬，一步一揖，三步一頭，泣血跪拜老母。王陵來之前，彭城人為王陵母掃墓，時為清明前夕。此習俗由此而來，傳至今天。

◆ 吃喜麵過生日

戰國時楚國末期，在沛縣豐邑住著劉、盧兩戶人家。西元前256年某月某日，兩家各誕生一個男嬰，即劉邦與盧綰。鄰居們視為喜事、趣事，便在男嬰滿月的那天抬羊提酒，相約來賀。劉、盧兩家熱情招待。後來，劉邦與盧綰一起玩耍，一起上學，成為好同學、好朋友。鄰居們看在眼裡，喜在心裡，便在兩人生日那天，再次抬羊提酒來賀。劉、盧兩家再次設家宴招待。此事被傳為佳話，後來又演變為生孩子吃滿月酒、過生日的習俗。由於古文字中，羊與祥通用，於是後人喜吃羊肉至今。

◆ 元宵節

　　劉邦死後，呂后（呂雉）專權，大肆起用娘家人，企圖以呂姓人取代劉氏政權。周勃，沛縣人，少時家貧，隨劉邦起義，轉戰沙場，立下赫赫戰功。劉邦死前的遺言中將周勃列為宰相人選。周勃果然沒有辜負劉邦的託付。呂后一死，周勃便與陳平設計，將朝中呂姓重臣一舉剷除，並迎來劉邦與薄夫人所生的兒子劉恆為帝，即漢文帝。這一天，正是農曆正月十五日，漢文帝把這一天定為慶典日。當天夜晚，漢文帝又微服私訪與民同樂。古文字中，夜與宵相同，正月又稱元月，故有元宵節之說。

什麼是「徐州十八怪」

　　「徐州十八怪」的內容，有關於人的，如彭祖、張陵（張道陵）、劉邦、項羽、關盼盼；有關於飲食的，如狗肉、羊肉、微山湖鯉魚、飥湯、五毒菜；有關於民俗的，如象棋、飲酒、起名；有關於文物的，如漢楚王墓、漢畫像石、城下城；還有其他有影響的事件等。徐州十八怪分別是：

1. 彭祖活了800歲。彭祖，4,000多年前的人物，被堯封於大彭（今徐州），建立了大彭氏國。但史書和傳說都講他活了800歲，怪不怪？他創立了包括飲食、導引和房中術的養生之道。中國有12個市縣都有彭祖墓或其他彭祖遺跡，這就更怪了。難道彭祖能走遍全國並葬於各地嗎？
2. 張陵修道成了仙。張陵又名張道陵，徐州豐縣人。史書與傳說都講他修道成仙了，號稱張天師。張道陵是中國道教的創始人。但徐州過去有很長一段時間沒有道觀，也沒有道教協會。

3. 劉邦生來是龍種。劉邦，沛縣人，漢朝的開國皇帝。本來是普通農婦王含始所生，但司馬遷的《史記》和班固的《漢書》卻說劉邦是其母與龍交配所生。這兩部書是公認的史學權威之作。司馬遷和班固兩位史學家到底是怎麼想的？為何留下這麼一道難題？

4. 霸王別姬成了菜。霸王，指西楚霸王項羽，今宿遷人。楚漢戰爭時，被劉邦圍於安徽垓下。其愛妾虞姬在四面楚歌中自刎而死。此事成為典故——霸王別姬。但徐州有道名菜也叫「霸王（鱉）別（雞）姬」，怪不怪？

5. 關盼盼十年不下樓。關盼盼為唐代彭城名伎，歌舞俱佳，被武寧軍節度使張愔贖為小妾，並建燕子樓，金屋藏嬌。後張愔奉命出征，關盼盼為表對張愔忠貞，居樓十年不下。張愔血染沙場，白居易趕來報信。關盼盼悲痛萬分，絕食而死。這人是否有點怪？

6. 蘇小妹跳河救徐州。蘇小妹是傳說中蘇軾的妹妹。蘇軾在徐州任太守時，黃河決口，水困彭城。蘇軾率軍民抗洪。忽有謠言四起：「龍王說，要想洪水退，嫁我蘇小妹。」抗洪大軍動搖。蘇小妹挺身而出，從大堤跳進滔滔洪水，頓時水落三尺，豈不怪哉？

7. 楚王埋在山洞裡。劉邦建立漢朝後，把他同父異母的弟弟劉交封徐州為王，國號為楚。楚王世襲，死後葬於徐州。一般人死了實行土葬，平地起墳。但楚王卻鑿山為洞，葬在山洞裡，你說怪不怪？

8. 漢畫刻在石頭上。漢畫是指漢代人的畫，都刻在石頭上，並以碑、牆的形式，置於墓中或祠堂，現代人發現後，名曰漢畫像石，徐州已發現兩千餘塊。以今人眼光看，不畫在紙上、布上，卻刻在石頭上，真有點怪。

9. 地下挖出城下城。徐州的城建史至少2,500多年，有人考證為3,100年。但古城蹤影今已不見，跑到哪裡去了？原來埋在地下了，而且

城壓著城，最多有三座古城重疊，你說怪不怪？這是如何造成的？當年發生了多大災害？死傷多少人？

10. 山名都用動物代。徐州周圍除西面缺山外，其餘三面群山環繞。其山名，很多都是動物名，如：龜山、獅子山、鳳凰山、臥牛山、青龍山、虎頭山、駱駝山、臥牛山等等，山是死的，動物是活的，兩者怎麼能連繫在一起的？也有點怪。

11. 微山湖鯉四鼻孔。微山湖的鯉魚有4個鼻孔，這不是有點怪嗎？如用湖水烹飪，味道特別鮮美。

12. 造個飵字作湯名。徐州有種早餐食品，名曰飵（ㄕㄚˊ）湯。原名雉羹，是彭祖做給堯帝喝的。原以野雞為主料，現改為家雞。奇怪的是，後來又改名飵湯。而飵字，一般字典上沒有，是徐州人造的，已列入《徐州方言詞典》。北京人也造了這個字，指團狀食物，已列入《北京方言詞典》。看來這是個怪字。

13. 茶杯用來喝白酒。茶杯是用來喝茶的，酒盅是用來飲酒的，茶杯是酒盅的幾倍。但奇怪的是，沛縣人喝白酒，大多用茶杯，你說怪不怪？而且當地人喝下一茶杯白酒後，才有權勸酒。有順口溜：大江南北，喝不過蘇北；黃河兩岸，喝不過豐縣，豐縣喝倒，沛縣正好。

14. 五毒用作下酒菜。「五毒菜」，是指五樣辣味菜：辣椒、大蔥、大蒜、生薑和香菜。這五樣菜涼拌在一起，稱為「五毒」。徐州人用以下酒，在外地人看來，這道菜有點怪，徐州人的吃法也有點怪。但香菜並不辣，如果換上辣蘿蔔，就更加名副其實了。

15. 狗肉不能用刀切。沛縣狗肉中外聞名。煮熟之後，爛而不膩，鮮而不腥。當年樊噲狗肉最有名，劉邦最愛吃。但兩千多年來，賣狗肉的人從來不用刀切，你要多少，就給你撕多少，而且撕成小肉條，頗為美觀。外地人買熟肉時，從未見過這種方法，皆曰：怪！

16. 伏羊吃成文化節。伏，指伏天，有初伏、中伏、末伏之分，也稱三伏。伏羊，是指季節入伏時（初伏日）吃的羊肉。從 2002 年起，年年舉辦徐州伏羊文化節。入伏那天，全城吃羊肉，連外國人也趕來品嘗，而且名曰文化節，你說怪不怪？
17. 砍了大樹栽小樹。在徐州城裡現在很少能看到參天的大梧桐樹了。因為 1990 年代以更換樹種為名，把生長了數十年的大梧桐樹，基本上都砍掉了，換了上矮巴巴、癩巴巴的黑松。雲龍湖北岸十里大堤上，那一抱多粗的梧桐樹也刨掉了。據統計，全城一共刨掉大梧桐樹 5,000 多棵，你說怪不怪？
18. 鐵軌焊成大棋盤。1920 年代，徐州火車站是由外國人管理的。外國人也喜歡下中國象棋，但別出心裁，用鐵軌焊成大棋盤，用石頭做成棋子，每顆重 14 公斤。下棋時，由徐州鐵路工人搬動棋子。這種下棋法，你說怪不怪？

為何鹽城民間大年三十要聽「出語」和烤「元寶火」

　　舊時，鹽阜地區有三十晚上外出躲在暗處聽人言語以卜來年收成的習俗。據說，有一個人特別喜歡聽出語。他三十晚上吃過晚飯後，燒完香沒事了，準備出去聽出語。到哪裡去聽呢？迷信說法，要問菩薩。菩薩又不會說話，他點起香燭，弄個調羹（湯匙）在面前轉，調羹柄子朝哪，就到哪個方向去聽。他一轉轉個西北角，他心裡有數，西北角沒路走，走不多遠有一條河，河上沒有橋。他又重轉調羹，意思請菩薩重指一處方向，一轉，還是個西北角。他心裡想：兩次都是指的西北角，神指定的地方，不得更改，就只得去那個地方。他跑到西北角，望見河對過有一條船，是窮人要飯的船，窮人沒東西過年，三十晚上不興討飯，

下午四五點鐘就上鋪睡覺了。睡得早醒得也早。夜裡船上有人出來方便。他聽到個「雷響雨到」，預兆明年是個好收成。出語說對了，這年真是個好收成。

不僅聽出語，鹽阜地區還有大年夜用芝麻稭烤火的習俗。每年大年夜，不論大家小戶，總得用芝麻稭烤上一陣子「元寶火」。傳說有一年，冰雪蓋地，乾隆皇帝路過一塊地方，只覺得身子冷得打顫，叫隨從尋點草來烘火取暖。隨從領旨，急去一家草舍，花上幾個銅板，買來一大捆芝麻稭，找個避風地方烤起火來。哪曉得芝麻稭上的芝麻沒有打盡，隨從扛一路，拋撒一路，到第二年，這塊地方遍地出芝麻，長勢喜人！當地百姓不解其謎，地裡無種不成苗，哪來的「神仙」下的種呢？後來還是賣芝麻稭那家人想起來了。打這以後，當地百姓每逢大年夜，就用芝麻稭烤「元寶火」，用以告誡後代：一粒種子萬粒糧，到手的莊稼，一定要精收細打，顆粒歸倉。就這樣一傳十，十傳百，用芝麻稭烤火的習俗就傳開了。為了圖個吉慶，後人還把芝麻稭稱為「搖錢樹」。到今天，這個風俗還在流行。

鹽城的「鹽風俗」

晒龍鹽農曆六月初六是東海龍王的生日，這一天，四海龍王都要到東海來賀壽。為此，東海龍王特地下令，讓蝦兵蟹將全體出動，把海水弄得乾乾淨淨，用這乾淨海水煎鹽。用這一天海水煎的鹽潔白精細，醃腥不臭，醃菜不苦，做湯味鮮。東海龍王就用這鹽招待來賓。這事漸漸傳到民間，老百姓也趕在這一天晒鹽，被稱之為「龍王老爺生日鹽」，俗叫「龍鹽」。這天晒出的鹽果然醃腥不臭、醃菜不苦、做湯味鮮。一般鹽民都要保留一些「龍鹽」，珍藏起來，除自用外，還作為禮品饋贈親友。

晒鹽日鹽民晒鹽掃鹽，有「一年捆兩季」之說，即一年產兩季鹽。從

農曆三月三到夏至，有「小滿臕頭足，六月晒火穀，夏至水門開，水斗掛起來」的諺語。意思是小滿前後是產鹽的最好季節，所產的鹽色白粒大，俗叫「臕水足」。農曆六月中旬晒的鹽，品質較差，像炒後的穀子一樣，故稱「火穀」。夏至後，雨季來臨，不能晒鹽了，取鹵用的水斗就掛起來不用了。下半年晒鹽從七月半開始，到十月初一結束。有「七月半定水頭，八月半定太平」；「八月鹵水貴，九月菊花鹽，十月鹽歸土」的諺語。意思是從農曆七月半開始，雨季就結束了，鹽場進入了秋旱季節，可以晒鹽了。一般農曆八月是晒鹽的大好季節。九月的鹽如菊花一樣，表面好看，實則雜質較多，入口苦澀。到了十月，鹽入土裡不出來了，這時若晒鹽，容易生硝，失去鹽的實用價值。因此，十月以後，鹽民光製鹵，不晒鹽。在鹽民的傳統風俗中，特別重視全年的第一次開晒。「三月三開晒」已成定規，就是下雨、颳大風，不能晒鹽了，也要到灘頭動動手，表示今年按時開晒了。

烘缸會鹽城境內鹽場製鹽的方式主要有兩種：淮河以南鹽場以煎鹽為主，淮河以北鹽場以晒鹽為主。無論用哪種方式，均需要晴朗的天氣，因而太陽成為鹽民命運的主宰。為了祈求老天多保佑，鹽民們組織了「烘缸會」。每年夏秋兩季，鹽場、鹽灶都要請藝人說書唱戲，敬神做會，燒香拜太陽神。烘缸會，以鹽場公署舉辦的最為熱鬧。清晨，鹽民們聚集在廣場上，擺上香案，供奉三牲，恭候太陽從東方升起。由祭司領頭，面朝太陽焚香磕頭。祭畢，由幾個大漢抬一隻口朝下的大鹵缸，缸底上置紙糊或葦紮的太陽神，四周用紅綢裹束，象徵火烤，然後鑼鼓開道，前往會場（戲臺）供奉。而後，神戲即開場，熱鬧一整天，直至深夜方散。鹽灶舉辦的烘缸會就簡單多了，一般是幾戶鹽民聯合，用土塊壘成一座太陽神廟，上面覆蓋小缸，缸中間開洞，內置神像，外面豎兩根旗杆，集體燒香祈禱，求太陽神多賜晴天。

鹽城民間宴請的座位次序是怎樣安排的

鹽城境內各種筵席的座次十分講究，每席有上下之分。方桌一般橫縫對門的裡座為上。其左側為首席（俗稱「上座」），通常以鹹蛋或皮蛋冷盤為代表，右側為次席（又稱陪席）。多桌同時舉行，以左上靠裡對門為首席。圓桌一般以直對門中間裡座為首席，其左右分別為陪席。現在風行東道主坐中付帳，一左一右為上席。

定席位時，一般以年齡大、輩分大、職務高者坐首席，專門邀請的則以主客坐首席，然後以年齡、輩分、職務等從高到低按序入座。如屬婚喪喜慶等家宴，各親屬中，以舅父母為長，姑父母次之。入座時，雖也兼顧年齡長幼，但一般是按輩分入座，還要注意父子、郎丈不對坐。此風現時已從簡，許多人家操辦筵席已不拘舊禮，但讓長者、老者、老師、貴賓坐上席之風仍存。

南通話為何特別難懂

南通地方面積雖然不大，卻有截然不同的三四種方言，可謂十里不同音。這其中有著非常複雜的歷史原因：南通與滬、蘇、錫、常隔江相望，北與泰、鹽、揚、淮鄰接。唐宋以來人口流徙，各方居民相繼落戶南通，逐步形成既含有吳語底層成分，又帶有北方方言基本性質的南通話。地處東南的啟東、海門及由此向北的如東、海安少數臨海地區，講吳語系的啟海話；地處西北的如皋與如東、海安的絕大部分講屬於江淮方言的如皋話；而南通話則界於啟海話和如皋話之間，包括南通城區、郊區和南通縣的興仁、石港、劉橋、平潮等地區。

從性質上講，南通話屬於江淮方言。在南通話和啟海話之間，還有一個狹小的過渡地帶。在南通縣東南與海門接壤的二甲、於西等地區，

講的是「通東話」，它的聲、韻、調系統已與典型的吳語大相逕庭，而帶有某些南通話的特徵。

現代南通話與中古音有其特殊的對應規律。例如：除了「深、臻」二韻在南通市裡已經合併之外，「咸，山」、「曾，梗」、「宕，江」等韻也已合併或部分合併。現代南通話往往一字多音，有音無字，或字面的意思與字義沒有關係。如「原子筆」實際是吳語「圓珠筆」的音譯詞，「水門汀」、「舒泰」在南通話裡讀若「死門汀」、「絲泰」，實際是按吳語讀音念「水」字、「舒」字。類似的詞在南通話裡頗多，其來源十分複雜，有的符合一般規律，有的只是對其他方言的機械模仿。南通話中的「大」字，很能顯示方言特色，它的特殊現象一方面反映中古以來語音的嬗變，另一方面反映北方方言和吳方言的滲透和融合。

南通話的內部差異較小，而與普通話的差異較大。南通話的聲母只有平舌音，沒有翹舌音；韻母中有後鼻韻母，沒有前鼻韻母，也沒有前響複合元音。南通話有7個聲調，其中包括陰入、陽入兩個入聲調，規律整齊、明顯。

南通地區的方言異常複雜、異常特殊。大致說來，從東南部（啟東、海門）起，經通東（二甲、餘西）向西至南通城、郊區及其周圍地區。然後，一支由東（興仁）向北（石港），再向如東、海安東部，另一支向西（平潮）向北（劉橋），再向如皋及如東、海安西部，遠及泰、鹽、揚、淮，吳語的影響逐漸減弱，江淮方言的特徵逐漸明顯。南通話作為兩者的結合點和分歧點，是混合北方方言和吳方言底層成分而與北方方言親緣關係更密切的，在一個相對封閉的環境裡，長期發展、形成的較為獨特的方言。有人開玩笑說南通方言很像日語，的確，南通方言裡有一些與日語相同的讀音，什麼「絲」呀「西」呀「瞇西瞇西」什麼的，只是意思是大相逕庭了。

■「溱潼會船」的歷史由來

　　溱潼是民初東臺、泰州間的水陸通道，是糧油、魚蝦的主要產地。這裡家家有舟，戶戶會水，為會船活動提供了良好條件。溱潼會船歷史悠久，來歷眾說紛紜。歸納而言，離不開祭祖先、悼英烈、禳災求福等內容。其一，南宋時義民為迎接岳飛官兵，在溱潼和金兵鏖戰，全部陣亡，於是人們於清明時節紛紛撐篙子船競相祭掃，緬懷忠魂。其二，明朱元璋登基後想尋祖墳，軍師劉基出謀，若於清明節後第二天至江淮一帶查訪，凡未留下燒化痕跡之無主墳中，必有皇帝先人墳墓。朱元璋依法乘船尋訪，尋訪之船不斷添夫加篙，船速極快。此事傳入民間，逐漸演變為清明第二天撐會船祭孤墳的習俗。其三，明朝嘉靖年間，倭寇侵入里下河神童關一帶，防倭駐兵處的侯必成將軍率部反擊，溱潼一帶村民紛紛組成船隊協助官兵殺敵。三丈竹篙既是行船工具，又是御兵武器。篙子船會就是當時的一種演武練兵形式。

　　隨著時間推移，溱潼會船節逐步演化為兼有表演和競賽性質的狂歡活動，範圍也由溱潼擴大到興化、東臺。屆時四鄰八鎮，萬眾雲集，百舸爭流，場面宏大，氣勢雄偉。

　　節前十多天，準備工作就開始了。先選船，以自然村為單位，選較好的船；然後是試水，村民自願報名，入選的水手須進行訓練；最後是鋪船，即對船進行裝飾。選中的船和篙手連續3年不變，不能中途而廢。

　　會船當天，一般在半夜船就出發了。凌晨，來自四面八方的船匯集到溱潼鎮邊的湖面。趕集的人們帶著蝦籠子、蓑衣、斗篷、小鍬、鐮刀陸續趕來，進行物資交流，更增添了熱鬧氣氛。首先是進行虔誠的祭奠活動。太陽升高後，會船雲集賽區。各種類型的會船紛紛亮相，令人目不暇接。篙船是會船的主要道具，30名水手一人一篙，篙尾紮紅布，水

手身穿白色襯衣，青布褲子，頭紮毛巾，小腿上纏著白綁布，腰圍紅綢子。站在船頭上指揮的叫「頭篙」，敲鑼的叫「揚鑼」，用鑼聲傳達號令。篙手動作整齊，篙起篙落，形同舞蹈，十分壯觀。其他的表演活動還有划子船、花船、供船、龍舟、拐婦船等。

會船後，各村的頭面人物就張羅著露天搭臺唱戲。戲臺上唱著揚劇、淮劇、京劇，老人們講述著生動的歷史故事。當晚，各船的篙手們毫無例外地要舉行一場氣氛熱烈的酒會。大家開懷暢飲，縱談賽事歡樂，人人都沉浸在一種無我無邪的境界中，盡情揮灑著歡樂，展示著春天裡生命的活力。溱潼會船堪稱里下河民俗文化大觀、水鄉風情博覽，海內外人士盛讚「天下會船數溱潼」。

宿豫人與沭陽人為什麼世代稱「老表」

楚霸王項羽家住在下相的梧桐巷，他從小就愛擊劍喜遠遊。十幾歲時，他曾離家向東北方遊玩。項羽來到了一條河邊，這條河就是沭河，古代叫沭水。在沭河邊的一個大池塘裡，有幾個小女孩正划著小木船在採蓮。忽然項羽聽到有人落水呼救。項羽不僅力大無比，而且還識水性。他連忙跑了過去輕輕地將那位落水女子救上了岸。項羽救了人也沒留下名姓，他怎麼也不會想到，他所搭救的小女孩正是日後伴他戎馬生涯一生的愛妻虞姬。

虞姬家住在今沭陽縣顏集鄉境內的虞姬溝邊。當她長到十六七歲時，因美貌超群而上門提親的人不斷。可是她連一個也看不中，因為她自小讀書，最敬佩那些勇猛無敵馳騁戰場打天下的英雄豪傑。當哥哥虞子期問她時，她將自己的想法告訴了哥哥。虞子期於是想了個辦法，他讓村上人傳出消息：誰能舉起村外道觀中的千斤大鼎，妹妹虞姬便嫁給

他。連日內，四鄉的青年人紛紛前來一試，就是沒有一個人能舉起鐵鼎。項羽聽到消息，也想去試一試自己的體力。這天，他獨自趕來，在上百人的觀看下，臂一用力，便把那鐵鼎舉了起來。項羽抽身想走，卻被虞家人一把拉住。就這樣，他與絕代美人虞姬結成了千古伉儷。項羽舉鼎定親取虞姬，從此宿遷人與沭陽兩縣人便世世代代互稱「老表」。

風習江蘇

飲食江蘇

南京夫子廟小吃中的「秦淮八絕」到底有多少種

南京小吃歷史悠久，品種繁多。夫子廟是南京傳統小吃的聚集地，有上百種特色小吃，深受人們歡迎。夫子廟餐飲界推出了「秦淮八絕」——八套乾稀搭配的小吃精品，用以招待國內外貴賓和廣大遊客，秦淮八絕聲名遂傳遍大江南北，備受推崇。「秦淮八絕」細細算來共有17道，分別屬於七家老字號餐廳。永和園的燙干絲和蟹殼黃燒餅。燙干絲是反覆用開水燙熟的，薑絲如針，干絲如線，柔韌而又富含滷汁，濃香鮮美。蟹殼黃燒餅用油水麵包油酥麵製成，分蔥油、糖油口味，形如螃蟹，層次分明，鹹甜異趣，風味獨特。六鳳居的豆腐澇和蔥油餅。豆腐澇以嫩白的豆腐花配蔥末、海、木耳等，色美味佳，蔥油餅色澤金黃，酥脆不膩，滿口留香。奇芳閣的麻油干絲、鴨油酥燒餅和什錦菜包、雞絲麵。

麻油干絲是用雞湯原汁輔以火腿等佐料，文火燉煮而成。鴨油酥燒餅香脆酥黃，層次薄而多，麵子上密密的芝麻粒更添香味。什錦菜包外表白潤光亮，餡子油香四溢，享有「翡翠」美譽。雞絲麵麵條細軟，湯醇味美。魁光閣的五香蛋、五香豆和雨花茶。五香蛋富有彈性，醇嫩鮮美，據說當天煮出的隔天回爐口味更好。五香豆鹹甜適中，軟嫩可口，是老少咸宜的零食。雨花茶是南京地產名茶，綠葉似松針，翠色如蒼柏，回味香濃。蔣有記的牛肉湯和牛肉鍋貼。蔣有記是一家清真老店，燉製的牛肉湯湯清味鮮，肉爛而不碎，原汁原味。牛肉鍋貼皮色金黃，外脆裡嫩，飽含滷汁，口感鮮美。蓮湖糕團店的桂花夾心小元宵和五色小糕。小元宵猶如珍珠，桂花芳香馥鬱，滋味甜美。五色小糕造型多變，口味不同，小巧玲瓏，鬆軟香甜。瞻園麵館的薄皮小籠包餃和燻魚銀絲麵。前者皮薄不破，餡多滷濃，後者類似崑山奧灶麵，用燻魚做澆頭，麵如銀絲，魚香四溢，湯味鮮美。

南京人為什麼喜歡吃鴨子

南京人愛吃鴨。江南地區水網密布，土肥物豐，適宜鴨子繁衍養殖，鴨子出產量很大。當地人擅長製作鴨製品，工藝多樣，種類豐富，口味各有特色。其中較為知名的有鹽水鴨、板鴨、烤鴨和醬鴨等。鹽水鴨是南京在全國最有知名度的特產，至今已有1,000多年歷史。南京鹽水鴨一年四季皆可製作，宰殺時不開腸破肚，只是從尾部打開一洞，挖出內臟即可。醃製復滷期短，現做現賣，現買現吃。此鴨皮白肉嫩、肥而不膩，具有香、酥、嫩的特點。每年中秋前後桂花盛開時製作的鹽水鴨色味最佳，故美名曰桂花鴨。《白門食譜》記載：「金陵八月時期，鹽水鴨最著名，人人以為肉內有桂花香也。」桂花鴨「清而旨，久食不厭」，是下酒佳品。逢年過節或平日家中來客，上街去買一碗鹽水鴨似乎已成了南京世俗的禮節。桂花鴨品牌價格也遠貴於一般鹽水鴨。南京板鴨是馳名中外的風味食品，其做法是選用皖北、蘇北及南京周圍秋天的肥鴨，南京近郊江寧湖熟的鴨子尤其著名，因其長期放養在湖泊河塘，專吃螺螄魚蝦，所以其鴨肉質肥美，營養豐富。

冬令時節，先將鴨子殺後洗淨，再配以佐料醃製，等香料鹽味都沁入肉骨之中後，再掛出來吹乾晾透。由於醃製時是將很多鴨排放在缸裡，壓得板板扎扎，故稱板鴨。食用時用文火煮，滾水浸，直至熟爛，然後撈起刀切。板鴨被刀切開後，骨綠肉紅，香味撲鼻。吃起來可口香醇，真是色香味俱佳，人人愛吃，用南京話說是「打嘴巴子不丟手」。明代，部分回民南遷，他們將醃製板鴨的技藝進一步提高，製成油而不膩的「白油板鴨」，美味適口，遠近聞名。明清兩代，南京板鴨甚至成為貢品。南京人吃烤鴨則很少堂食，大都買回家自吃，與北京烤鴨相比，似乎更為「平民」。烤鴨大多都是街頭明爐烤製，另配湯汁，回家澆在切好的烤鴨裡。湯汁很考究，有松仁、瓜仁、芝麻以及各種調料，香氣四

溢。此外，鴨頭、鴨頸、鴨翅、鴨掌、鴨肫、鴨心都是南京人的喜愛。最有地方特點的當數「鴨血粉絲湯」，此物簡單之極，鴨血、鴨腸、鴨肝配上粉絲燙煮，吃時再叫上一籠「小籠湯包」，別無他選。

半雞半蛋的六合「活珠子」

春暖花開的南京街頭，到處可見外地人嘖嘖稱奇的金陵一景：小煤爐上支個熱氣騰騰的大鍋或臉盆，裡面滿滿噹噹地攢動著一個個像白煮蛋的東西。鍋邊圍坐一圈年輕姑娘，「全雞」、「半雞半蛋」或者「活珠子」地嚷著。而老闆根據那蛋或沉或浮的樣子，一抓一搖，送上客人要求的，十拿九穩。食客拿過來，剝開蛋殼，蘸點椒鹽調料，連吸帶啃地吞下肚去。再看地上，早已是一地的雞毛和蛋殼了。這就是備受南京人喜歡的民間小吃「旺雞蛋」。據說，南京人之所以喜歡吃這如此怪異的小食，一是因為其美味非常，二是旺雞蛋很補，尤其是對女孩子來說，它還有養顏功效。

旺雞蛋是怎麼形成的呢？在孵化雛雞的過程中，受精蛋先在攝氏40度的孵箱中孵化5天後要經照蛋器檢查。發育成雞胚胎的蛋繼續孵化。由於種種原因而終止發育（死胚胎）未能長成活雞出殼的蛋就是俗稱的「旺雞蛋」，或稱「毛蛋」。這種蛋中的營養物質部分分化、發育成了小雞的骨骼、內臟、羽毛以及結締組織，因此就形成了「半雞半蛋」的樣子。有的基本長成，就是「全雞」。據說吃旺雞蛋在南京六合已經有上百年的歷史，民間認為它是大補品，其中的氨基酸、球蛋白含量極高，並且易於消化吸收。

六合農民素有繁殖苗禽的傳統，1998年的一天，因為肚子餓，一位專為別人孵化雛雞的師傅就偷偷拿了兩個孵化了13天的種雞蛋煮熟後吃，覺得味道特別鮮美。這個祕密從此一傳十，十傳百，為人皆知。這

種草雞蛋孵化 13 天後形成的雞的活體胚胎就是「活珠子」，它與旺雞蛋的區別就是透過溫度、溼度等人為調節控制已受精的草雞蛋在 12～13 天後停止孵化。經江蘇省微生物研究所檢驗顯示，與普通雞蛋相比，六合活珠子的鎢、磷、鈣、維生素大幅度增加，脂肪和膽固醇卻下降數倍。不過，在此要提醒各位食客，由於雞蛋殼上有大量的微小氣孔，胚胎死後，很易受細菌汙染；加之孵化時的溫度又非常適合細菌大量繁殖，所以不論是旺雞蛋還是活珠子，煮食時一定要燒熟煮透，切忌貪食生嫩。

何為「水八鮮」和「旱八鮮」

南京當地產的應季菜蔬新鮮美味，營養豐富，其中著名的有「八鮮」之名，具體還有「水八鮮」和「旱八鮮」之分。「水八鮮」一般是指菱角、茭兒菜、芡實（雞頭果）、花香藕、茨菰、水芹、荸薺（馬蹄）和芋苗。南京民間一直有「桂花飄香水八鮮」之說。中秋佳節是水八鮮大量上市之際，這給南京節日增添一份特有的情趣。水八鮮尤以南京南郊雨花臺區沙洲圩出產的最負盛名。沙洲圩是古白鷺洲之所在，這裡河網密布，水質清純，因而這裡出產的水八鮮較之其他地方更為鮮嫩可口。「旱八鮮」則一般是指南京野菜，民諺有云：「南京人愛吃草。」每到春天，南京人，尤其是城南城北的老人，就會攜小籃小刀去郊野挖野菜。而所謂「旱八鮮」，就是馬齒莧、苜蓿頭、馬蘭頭、豌豆葉、菊花腦、枸杞頭、薺菜、蘆蒿等八樣春季當令野蔬菜。除「旱八鮮」外，另外還有「八野」一說，具體是指野生的菊花腦、薺菜、馬蘭頭、蘆蒿、苜蓿菜（苜雞頭）、香椿頭、馬齒莧、枸杞頭等八種南京近郊的野菜。

南京人之所以鍾情水旱「八鮮」，除了因為其口味鮮美、營養豐富外，還因為其有祛病健體的藥用功能。例如：馬齒莧，又稱平安菜，其熱燒冷拌皆適口，而且它有消熱祛暑止痢功效。枸杞頭則是補腎壯陽、養肝

明目的良藥。尤其值得一提的是，長江上八卦洲野生的蘆蒿清香肥翠，最是誘人。蘆蒿與臭干放在一起清炒，食之別有一番風味，可謂是南京土菜中的精品。蔞蒿也是春天南京的時蔬，蔞蒿炒肉片（絲）味香清遠，食之令人如沐春風。東坡更有詩云：「蔞蒿滿地蘆芽短，正是河豚欲上時。」清明前的香椿頭雖不在旱八鮮之列，但也令南京人著迷，家常的香椿炒雞蛋充滿田園氣息，給人早春感覺。不過令人遺憾的是，隨著生態環境的變化，如今的「八鮮」已大多為人工培植，純正野生的實在難覓。

太湖船菜是怎麼形成的

傳說「太湖船菜」起源蘇州，與明代四大才子（唐伯虎、文徵明、祝枝山、周文賓）有些淵源。話說一天四大才子遊畢太湖洞庭東山時，又登舟去西山遊玩，船家做飯時用粉捏出了許多唐伯虎畫中的小動物，還捏出了一些水果和蔬菜，四大才子立即被這形象逼真、栩栩如生的藝術造型吸引住了。四人商議了一下，為其定下了個「太湖船菜」的名字。之後的幾百年內，「太湖船菜」逐漸形成了完整的體系。「太湖船菜」乙太湖盛產的湖鮮為主料。其中尤以「太湖三白」——白蝦、白水魚、銀魚為最，因三者外表皆為晶瑩剔透的雪白之色而獲此美稱。配料常選用紫菜、海蜇、雞、鴨、鵝和竹筍、蘑菇、木耳等。清末民初有四隻大型畫舫的船菜最為著名，分別由姓王、楊、謝、蔣的四個老闆經營，並各有自己的名菜，如王家的八寶鴨、楊家的西瓜雞、蔣家的蟹粉魚翅、謝家的荷葉粉蒸肉，都是為食客所津津樂道的佳餚。其中楊阿梅的蘋香號畫舫所供船菜特別出名。近代以來，船菜需求量大增，一些名廚也競相上船獻技，船菜品質越來越高，花色品種也越來越多，「太湖船菜」的名聲也越來越響。

太湖船菜的特點是選料精，佐料重，做工細，用原汁。其烹調技藝集蘇南、滬寧各地煎、蒸、炒、汆、炸、燜之長，因而口味鮮嫩，色彩

漂亮，香氣濃郁，酥爛微甜，達到「色、香、味、形」俱佳。「太湖船菜」還有一個特點就是，菜譜隨季節變化經常更換，保持時令風味。

太湖船菜裡的湖餚與飯館裡的菜做法截然不同，遊人泛舟遊太湖，可以一邊飽覽湖光山色，一邊品嘗船家供應的精美的湖餚，「眼福」和「口福」並享。太湖船菜受到古往今來無數人的讚譽。

■ 品嘗陽澄湖大閘蟹的「蟹八件」

梁實秋在《雅舍說吃·蟹》裡說到，他小時候在北平前門外正陽樓吃蟹，食客每人一份小木槌和蘇州陽澄湖大閘蟹小木墊，它們是黃楊木製、旋床子定製的，可以敲敲打打，小巧合用。其實，比梁實秋描述的更為「先進」的工具在蘇州，它們還有一個專門的名稱，稱為「蟹八件」，並且早在清朝初期就已經出現了。

「蟹八件」包括小方桌、腰圓錘、長柄斧、長柄叉、圓頭剪、鑷子、釬子、小匙，分別造成墊、敲、劈、叉、剪、夾、剔、盛等功能。蟹八件有銅鑄的，也有銀打的，其造型美觀，光澤閃亮，精巧玲瓏，使用方便。當熱氣騰騰的螃蟹端上桌，吃蟹人把蟹放在小方桌上，用圓頭剪刀剪下兩隻大螯和八隻蟹腳，再將腰圓錘在蟹殼四周輕輕敲打一圈，用長柄斧劈開背殼和肚臍，之後拿釬、鑷、叉、錘，或剔或夾或叉或敲，然後取出金黃油亮的蟹黃或乳白膠黏的蟹膏，最後取出雪白鮮嫩的蟹肉，細細品嘗。這番吃蟹的過程，將一件件小工具輪番用遍，一個個工具功能交替發揮。當端起蟹殼而吃的時候，那真是一種神仙般的快樂。就是靠這「蟹八件」，蘇州人把陽澄湖大閘蟹吃得個乾乾淨淨。

晚清起「蟹八件」開始成了蘇州女兒的嫁妝。傳說，蘇州閶門一個富商嫁女，嫁妝有120抬之多，周全氣派。發妝前一天，富商把所有的嫁妝一抬一抬的配置裝飾好，順次擺放在街上，做一次檢閱。看嫁妝的人

湧過來湧過去，好不熱鬧。在不絕的誇讚聲裡，卻有一個工匠對富商挑剔說：「嫁妝九十九樣，再添一樣『蟹八件』就百全百美了。」富商是個食蟹迷，聽到這話，馬上讓這工匠連夜趕製「金蟹八件」。第二天喜日，這一抬書寫著「飛黃騰達」的「蟹八件」在男家被圍觀，引起了轟動，一傳十，十傳百。於是，到了民國年間，這「蟹八件」就成了許多蘇州女兒的嫁妝之一。

為什麼蘇州人叫碧螺春「嚇煞人香」

產於洞庭東山、西山的碧螺春茶是中國的十大名茶之一。碧螺春茶已經有1,000多年的歷史，最早稱為「洞庭茶」，早在唐末宋初便列為貢品。這種茶葉條索緊結，捲曲如螺，白毫畢露，銀綠隱翠，葉芽幼嫩，沖泡後茶味徐徐舒展，上下翻飛，茶水銀澄碧綠，清香襲人，喝起來口味涼甜，鮮爽生津，碧螺春茶在民間還有個俗稱，叫做「嚇煞人香」，意思是香得不得了。這個吳語名稱是有來歷的。

相傳有一個尼姑上山遊春，順手摘了幾片茶葉，泡茶後奇香撲鼻，脫口而出「香得嚇煞人」，從此當地人就將此茶叫做「嚇煞人香」了。後來在康熙皇帝南巡遊覽太湖時，江蘇巡撫宋犖就用這「嚇煞人香」進貢。康熙品嘗後大加讚賞，但他認為這麼好的茶卻用這麼嚇人的名字，有欠風雅。他從洞庭東山碧螺峰中獲得靈感，將茶名改為「碧螺春」。碧螺春的得名還有一種說法。明朝宰相王鏊是東山陸巷人，「碧螺春」名稱是王鏊所題。又據《隨見錄》中記載「洞庭山有茶，微似岕而細，味甚甘香，俗稱『嚇煞人』，產碧螺峰者尤佳，名『碧螺春』」。也有人認為：「碧螺春」之名是因該茶形狀捲曲如螺，色澤碧綠，採於早春而得名。不論碧螺春之名因何而得，可以定論的是，碧螺春在中國名茶中的地位不可撼動。

■ 品嘗蘇式滷菜哪裡去

說到做蘇式滷菜，最有名的地方莫過於觀前街東的陸稿薦熟肉店了。陸稿薦創建於清康熙年間，距今已有 300 多年的歷史，是目前蘇州歷史最為悠久、又從未中斷過經營的名店之一。最早這家店設在城西東中市大街下塘的神仙廟旁邊。民間流傳著這樣的傳說：陸稿薦熟肉店原是一家夫妻小店，老闆姓陸，為人和善，常常接濟貧民。店旁邊神仙廟供的是八仙中的呂純陽，每年農曆四月十四日，蘇州城鄉居民均要來此軋神仙，祈求神仙保佑。有一年軋神仙之夜，這小店裡來了一個乞丐，老闆見其可憐，用肉湯煮了一碗泡飯給他，還留他住宿。翌晨，老闆到店一看，乞丐早已不知去向，只留下一捆鋪在地上的草薦，老闆將草薦丟入燒肉的灶膛裡燒掉。誰知，鍋中的肉立即發出一股奇香，吸引了許多前來軋神仙的人紛紛來店買肉嘗鮮。老闆想了半天，覺得自己碰上了神仙。為紀念此事，老闆娃陸就將店名改為陸稿薦（稿薦即是草薦之意）。

陸稿薦熟肉店以自產自銷蘇式滷菜而聞名遐邇。陸稿薦熟肉店供應的蘇式滷菜，以講究新鮮和時令為特色，常年品種有 80 多個。其中蘇州醬鴨、蘇州醬肉、蘇州醬豬頭肉、蘇式拆燒均為部優產品。其他如醬汁肉、蛋鬆、肉百頁、燻魚、燻蝦、油雞等時令滷菜也名聞中外。

■ 松鶴樓為何名揚天下

說到蘇州的餐飲老字號之最，松鶴樓大概是當仁不讓的。松鶴樓有許多的傳統佳餚，其中尤以松鼠鱖魚最受食客歡迎。松鶴樓及松鼠鱖魚的揚名，還得從乾隆皇帝大鬧松鶴樓說起呢！

相傳，第一次下江南時，乾隆微服私訪來到了觀前街上的松鶴樓飯館。這天正逢老闆為母親做壽，店裡店外十分忙碌。乾隆坐下許久才有

一個夥計過來招呼。這位夥計見他身著布衣布鞋，沒太當回事，懶洋洋地問道：「客官，吃點什麼？」乾隆大咧咧地吩咐：「只管揀那好吃的拿來。」夥計心想，瞧你那副打扮，還想吃好的，你給得起錢嗎？心裡這樣想，手裡便揀那最便宜的菜送上去。乾隆一見這些菜清湯寡水，少鹽無味，便問：「貴店沒有再好一點的菜嗎？」夥計不耐煩了，說：「沒有。」這時，乾隆忽見一個夥計手拿一大盤噴香鮮豔的松鼠鱖魚從廚房裡出來。乾隆手指鱖魚，要那夥計端過來。那夥計傲慢地說：「松鼠鱖魚，你吃得起嗎？」乾隆聽後怒火中燒，隨手將那碗菜湯朝夥計臉上潑過去。響聲驚動了店主。他急急忙忙來到桌邊賠禮。店主看這人雖然衣著平常，但氣度不凡，料定小覷不得。於是，趕快將精心為他母親做壽烹製的松鼠鱖魚、鍋巴菜、巴肺湯等菜餚端來，擺了滿滿一桌，並不斷給乾隆賠不是。乾隆見那松鼠鱖魚昂頭翹尾、色澤鮮紅光亮，入口鮮嫩酥香，並且微帶甜酸，覺得昔日皇宮裡也沒這裡做得好吃，於是連聲誇好。

正在這時，蘇州知府不知從哪兒聽到消息，及帶著一隊人馬屏聲靜氣地恭候在松鶴樓門口，準備迎駕歸府。店裡人這才知道是乾隆皇帝，真是又驚又怕。好在乾隆吃得很滿意，早息了剛才火氣，臨走時還向店主人打聽這松鼠鱖魚的做法，並賞了店主一些銀子。店主高興異常，從此便打出了「乾隆首創，蘇菜獨步」的牌子。後來乾隆第二次、第三次下江南時，總是光顧松鶴樓，並點名要吃松鼠鱖魚。松鶴樓的松鼠鱖魚從此就作為傳統名菜流傳至今。

■ 周莊「萬三蹄」因何得名 ■

在周莊的全福街、福洪街、後街等主要街巷，凡有食品出售的店鋪幾乎全都有「蹄」出售。這些蹄顏色金黃，外形豐腴，香氣四溢，惹人垂涎，當地人稱之為「萬三蹄」，又稱為「萬三酥蹄」或「萬三蹄髈」。萬三蹄是周莊美食一絕。萬三蹄用料考究，以肥瘦適中的豬後腿為原料，佐

之以精選調料。做時火候數旺數文，歷經煨煮蒸燜，一晝夜方成。此蹄經數小時燜燒，色澤紅潤，香氣四溢。時人紛紛仿效，後來成為周莊一道名菜。經數百年的流傳，萬三蹄已經成為周莊人逢年過節、婚慶喜宴的主菜，亦是招待賓客的上乘菜餚。蹄肉鮮嫩，入口即化，其汁香濃，肥而不膩，甜鹹相宜，回味無窮。

明朝初年江南巨富沈萬三府中賓客眾多，常高朋滿堂。每每宴請賓客必備此蹄，因而得名。關於萬三蹄的得名，還有另一種說法：

相傳朱元璋定都南京後，修築都城，但國庫虛空，朱元璋便動員全國富商捐銀築城。其時沈萬三捐銀兩幫助朱元璋修築都城，所捐銀兩占到全部築城費用的三分之一。由此，沈萬三的富名傳天下，他所喜好的美味蹄膀也在周莊一帶風行開來。有一次，沈萬三在家中宴請朱元璋，沈萬三知道皇帝忌諱說「朱（豬）」字，但又不能不把家裡最好的菜——豬蹄拿上來。最後皇帝問這叫什麼菜，沈萬三急中生智說是「萬三蹄」。朱元璋聽後哈哈大笑，從此這個名稱也流傳下來。

萬三蹄吃法別具一格。把兩根貫穿整隻豬蹄的長骨中的一細骨輕抽而出，此時蹄形紋絲不動。然後以骨為刀輕輕劃過，蹄膀被順順當當地劃好。傳說這也是當年朱元璋皇帝考沈萬三時出的難題：皇上面前不得動刀，但蹄膀太大，不分解開不便食用，沈萬三靈機應變，抽出這根骨頭當刀解了題，於是朱元璋說「就稱骨刀吧」，之後，這便成為了周莊人的傳統吃法。

太湖「三白」

太湖是中國五大淡水湖之一，地跨江浙兩省，面積為 2,250 平方公里，通稱 3.6 萬頃。湖中魚蝦甚多，其中太湖「三白」久負盛名。「三白」即白魚、白蝦、白銀魚。

「一條白魚水中竄，引得四方遊客饞」，在民間有「寧吃活白魚，不吃冰（死）鰣魚」的說法。白魚是一種葷腥魚類，專門靠吃小雜魚長大，其鮮嫩味美，而最鮮、最嫩、味最美的要數一公斤左右的白魚。經過烹飪的白魚堪稱餐桌上的上等佳餚。清蒸白魚塊如錠錠白銀，肉膩味純；氽湯白魚片似星河流隕，湯濃味鮮；紅燒白魚段表皮透紅，魚肉潔白，既香又肥。

白蝦乃太湖「三寶」之一，其個頭一般比河蝦和基圍蝦要小，殼薄腳細，但牠的全身晶瑩如銀。白蝦吃法多樣。用白蝦可做鹽水白蝦，其烹製方法與河蝦相仿，只是吃起來比河蝦更嫩更鮮。選一個好天氣，搖一葉輕舟，把剛捉起來的活白蝦浸到燒酒裡，再加蔥、薑、麻油、鹽、味精等，待白蝦將醉未醉時，送到嘴裡，此時的白蝦，其身子還在顫動，鬚腳還在跳動，簡直有生吞活剝之感，鮮嫩極了。這就是酒醉白蝦，營養保存得最完整。

白銀魚乃為太湖「三寶」之首，清代康熙年間還被列為貢品。清人有詩讚曰：「銀縷寸肌游嫩白，丹砂雙眼漾鮮紅。」鮮銀魚可以烹製成多種佳餚：「銀魚炒蛋」香肥鮮嫩；「油炸銀魚」色澤金黃，外脆裡嫩；「銀魚餡春捲」魚肉膩嫩，香鬆脆酥；「銀魚丸子」白皙如雪，肥嫩佳絕；「椒川銀魚」口味純正，質地滑嫩，有鮮、嫩、香、微辣之口感。

無錫醬排骨是怎麼製作的

無錫醬排骨俗稱無錫肉骨頭，與惠山泥人、清水油麵筋合為無錫三大土特產。其製作選料嚴格，配料精細，燒製講究。製作時先將排骨切成小塊，用硝末、食鹽抹勻入缸內醃10小時左右，然後取出，放入鍋內，加清水燒沸後，撈出洗淨。將鍋洗淨，用竹箅墊底，將排骨和方肉放入，加入各種調料及水清，用大火燒沸後，再加醬油和白糖，用中小

火燜燒一小時，至排骨酥爛湯汁稠濃而看時即成。無錫醬排骨的特點是濃油赤醬，肉質酥爛脫骨，汁濃味鮮，鹹中帶甜，香氣濃郁。

無錫清水油麵筋不用油嗎

無錫油麵筋很出名，飯店用它配料可做多種菜餚，已成為無錫著名的土特產。油麵筋的生產始於清朝乾隆時期，至今已有250多年歷史。當時的製法是將篩過的麩皮加鹽水用人力踏成生麩（又稱麵筋），再將生麩捏成塊狀，投入沸油鍋內煎炸，成為球形中空的油麵筋。清水油麵筋的稱呼出現在清代末年初期，第一家掛出「清水油麵筋」招牌的是笆斗弄內的馬成茂麵筋店。與普通油麵筋不同的是，清水油麵筋所用於製作和浸泡生麩的水是用無錫當地所特有的井水，而煎炸麵筋用的油是素油。「清水油麵筋」最大特點是久煮不爛。

常州芝麻糖和大麻糕

常州芝麻糖具有悠久的歷史和獨特的風味。相傳早在唐代，當地人就開始用飴糖、芝麻製作生產一種形似麻團的芝麻糖，當時叫做麻團糖。至北宋末年，狼煙四起，金兵大舉南侵。康王趙構從京師汴梁南逃，偏安江南，一味妥協求和，全不想收復北方失地。老百姓對此十分憤恨。當時曾有詩一首：「山外青山樓外樓，西湖歌舞幾時休？暖風薰得遊人醉，直把杭州作汴州！」表達的是對朝廷對金妥協求和政策的不滿。常武地區的老百姓則採用另一種形式來表達抗金收復失地的願望。他們將圓球形麻團糖改製成火銃樣的圓柱形，送給南宋皇帝趙構，以激勵其抗金復國的勇氣。至於皇帝趙構有無從中受到啟發和得到勇氣不得而知，但是，常州芝麻糖從此做成圓柱形，延續至今。常州芝麻糖選料

精細。其製作講究，要求芝麻沾滿不露皮，兩端封口不露餡，糖層起孔不僵硬，味香甜酥不黏齒，色澤白亮很均勻，粗細長短一般齊，一斤剛好20支。常州芝麻糖是居家旅遊、饋親贈友的好禮品。

　　常州大麻糕係由清咸豐年間仁育橋畔的長樂茶社王長生師傅創製，距今已有130餘年歷史，是具有獨特口感和風味的一種橢圓形大燒餅，也是常州人最愛吃的家常傳統食品。大麻糕製作時選用的是精白麵粉、優質芝麻、白糖、精鹽等原料，經過和麵、攪拌、揉搓、包餡、成形、烘烤等多道工序精製而成。麻糕一出爐，香味濃郁撲鼻，色澤黃潤，鹹甜適度，香酥可口，色、香、味俱佳。大麻糕有鹹、甜兩種風味，供購者選擇。往日，常州大麻糕多被當地人作為早點食用。如今，經過改革創新，常州大麻糕包裝精美，且便於攜帶，成為人們走親訪友的必備禮品。

■「常州有一怪，蘿蔔乾作下酒菜」

　　去過常州的人都知道：「常州有一怪，蘿蔔乾作下酒菜。」正宗常州蘿蔔乾確實與別處的蘿蔔乾不一樣，它精選常州西門外新閘出產的甜嫩實心紅蘿蔔為原料，將其洗淨切條，適度晾晒，然後再加入適量的鹽、糖及多種輔料精心醃製而成。由於其製作選料精良，醃製工藝獨特，加上配以風味別緻的佐料，故常州蘿蔔乾色澤黃裡有紅，鹹中微甜，香脆不辣，十分可口，不僅是人們佐餐的小菜，亦可作下酒及茶餘飯後的零食。

■為何別的地方做不出天目湖沙鍋魚頭的味道

　　「天目湖沙鍋魚頭」始創於溧陽天目湖賓館，經江蘇省特級名廚朱順才近30年的專心鑽研和烹製，現已被譽為江蘇最佳傳統名菜，成為中國美食天地的一枝奇葩。烹製天目湖沙鍋魚頭，必須選用天目湖水體中

天然生養的大花鰱魚頭作原料,必須選用天然天目湖水為湯基。山清水秀的天目湖不僅周圍山體綠色植被過濾了湖水,而且湖底為沙質而非淤泥,這一獨特的自然環境造就了天目湖水清澈甘冽,纖塵不染,其中生長的魚類沒有絲毫土腥味,故做出來的「天目湖沙鍋魚頭」形成了魚頭肥美、魚肉香嫩、魚湯乳白、鮮而不腥、肥而不膩的鮮明特色,受到廣大消費者的青睞。

鎮江的「三魚兩頭」指的是什麼

鎮江的「三魚兩頭」十分出名,幾乎是鎮江美食的代表。「三魚」指鰣魚、刀魚、魚;「兩頭」則指蟹粉獅子頭和拆燴鰱魚頭。

「三魚」是長江下游重要而且珍貴的魚類,如鰣魚因營養價值極高,被人稱為「魚中之王」。「三魚」其實並非鎮江獨有,在其他地區也有產出,但以鎮江最為有名,因為鎮江的焦山屹立於江心,山旁小嶼環列,致使蟲藻密集,為或隨江東下或溯江而上的「三魚」提供了豐盛的食餌,所以這裡的「三魚」最為肥美、鮮嫩。

捕撈「三魚」的時間和食用的方法各有不同:捕撈鰣魚是在每年的5～6月和9～10月。5～6月鰣魚會從海裡進入長江中,溯江而上至鄱陽湖和贛江產卵,9～10月是鰣魚產卵後順流而下回大海生活的時節,因此這兩個時間段我們能在市場上看到鰣魚。但鰣魚性情暴躁,一離開水很快死亡,所以我們是不能在市場上看到活蹦亂跳的鰣魚的。鎮江鰣魚烹調時主要有清蒸和紅燒兩種。清蒸的鰣魚尤為鮮美,蒸時不去鱗,吃時才去鱗,並佐以薑末、鎮江香醋,風味極佳。郭沫若曾以「鰣魚時已過,齒頰有餘香」來稱讚鎮江鰣魚的美味。

魚以每年春天菜花、秋天菊花盛開時捕撈到的最為肥嫩,其中在鎮江焦山附近出產的魚白而隱紅,無斑紋,肉嫩刺少,是魚中珍品。鎮江

烹飪魚多為白汁魚，成菜色澤乳白，肉質細嫩，滷汁稠黏，味道異常鮮美，是席上的珍品。

刀魚因體型狹長而薄頗似尖刀而得名。每年3～4月是刀魚上市時節，特別是清明以前的刀魚刺軟，肉細。刀魚味極美，甚至超過河豚和鰣魚。烹調刀魚的辦法也很多，有「糖醋酥刀魚」、「白汁雙皮刀魚」、「清蒸刀魚」、「紅燒刀魚」等。有的地方將刀魚肉和麵粉、雞蛋拌和在一起做麵條，吃起來堅韌不膩，味道極好了。

「兩頭」是鎮江的傳統名菜。拆燴鰱魚頭是取每年初冬小雪剛過時焦山腳下白鰱或胖頭花鰱的魚頭為主料，再配以蟹肉、雞肫、雞腿肉、火腿等加以烹製而成。在旺火燒到魚肉離骨時，去骨撈起，所以在食用時魚頭並無骨，其魚肉口感肥嫩，白湯汁稠味鮮。食時用匙不用箸，使人愛不離口。

蟹粉獅子頭則以蟹肉和肥七瘦三的豬肋條肉為主要原料。把蟹肉、豬肉細切粗斬後，用斬成的細末做成肉丸，上鍋清燉1小時可成。蟹粉獅子頭趁熱上桌後香滿席間，品嘗時用勺送入口中，一抿即化，卻留滿口餘香。

何為「鎮江三大怪」

「鎮江三大怪」全都跟吃有關。它們是：香醋擺不壞、麵鍋裡煮鍋蓋、餚肉不當菜。

◆ 香醋擺不壞

鎮江香醋不僅色濃味鮮，香而微甜，酸而不澀，而且不管放多久也不會壞，並且放得時間越久醋的味道越好，這是令人叫絕的。為什麼鎮江香醋會這麼神奇呢？據說，因為這醋是由酒聖杜康的兒子黑塔釀成的。

話說杜康自發明了釀酒術，就舉家來到了鎮江，在城外開了個前店後作的小糟坊，釀酒賣酒。兒子黑塔幫助父親做些雜事，同時還養了一匹黑馬。

　　一天，黑塔做完活計，又給缸內酒糟加了幾桶水，隨後痛快地猛喝了一通酒，結果醉倒在馬房的大缸前，這時他夢見了一位白髮老翁指著大缸對他說：「你釀的調味瓊漿，已經二十一天了，今日酉時就可品嘗了。」說完就消失了。夢醒後，黑塔把所夢之事一五一十地告訴了父親，杜康覺得蹊蹺，一看時辰正是酉時，便來到馬房的大缸前，一看缸裡的「水」確與往日不同，黝黑、透明，嘗之則香酸微甜。因為白髮老翁在夢中說過「二十一天酉時」，於是杜康就命名這個瓊漿為「醋」，他們還發現這種瓊漿久擺也不會變質，而是存放越久味道越醇香。不久這個「醋」就在鎮江城流傳開來，而且越傳越遠，名揚天下了。

◆ 麵鍋裡煮鍋蓋

　　鎮江人特別愛吃麵，但為什麼要把鍋蓋放在麵鍋裡煮呢？這裡可有個美麗的傳說：

　　傳說鎮江有家張嫂子麵店十分有名。乾隆下江南來到鎮江，慕名便服來到張嫂子麵店吃麵。也不知那天是乾隆去早了呢，還是張嫂子起晚了，反正乾隆到時，張嫂子麵店的麵還沒有跳好。張嫂子一見來了客人，立刻催著還在用竹扛子一下子一下子跳麵的丈夫，自己則趕快舀水下鍋，灶膛裡點火。儘管兩人忙得團團轉，可是越急水越難開，越急麵越難跳好，這裡餓著的乾隆也越等越急，連著派人來催。張嫂子兩夫妻被催得有點手忙腳亂，不過總算是把做好的麵給客人端上去了。客人吃了直說：「味道真不錯，不爛不硬，噴香爽口！」張嫂子依在門邊剛鬆了口氣，這時身著微服的乾隆竟踱步進來，要看一看這麼好吃的麵是怎麼做出來的。突然，乾隆一聲驚叫：「呀，你怎麼將鍋蓋放在麵鍋裡煮起來了？」張嫂子這才發現因為自己的不小心，居然把小鍋蓋當成大鍋蓋蓋進鍋裡去了，正不知如何解釋，這時丈夫也過來問：「外面的客人都說今

天的麵味道特別好，妳是加了什麼好佐料？」張嫂子指著那還在麵鍋裡漂著的小鍋蓋說：「也許是這麵鍋裡煮鍋蓋吧！」

◆ 餚肉不當菜

鎮江的第三怪就是餚肉不當菜，這又是為什麼呢？

傳說，鎮江城外有個夫妻小酒店。一天，夫妻倆準備第二天去看望專做炮仗的老丈人，於是分頭上街買了些糕點和豬前蹄，老婆還特地為父親帶了包做炮仗的硝。回到家，丈夫忙著剁蹄子，準備做鹽水蹄子送老丈人，可是發現鹽缸裡沒鹽，就到處找，看到櫃子上有包東西像鹽，就將它全部灑到蹄子裡，還壓上小石磨子。第二天，兩人準備走了，老婆卻怎麼也找不到硝，就問丈夫，丈夫一聽大叫不好，想莫非昨天櫃子上的那包「鹽」是硝？急忙搬開石磨，用火一點，豬蹄子上「哧哧」冒煙，果然是將硝當鹽用了。蹄子是不能拿去孝敬老人了，可是夫妻倆又捨不得扔掉，就決定洗洗乾淨自己吃。

鎮江三大怪之一水晶餚肉

說也奇怪，當兩人將洗乾淨的蹄子煨爛之後，聞到滿屋子奇香。這時，門外來了一個白鬍子老者來吃早點，點名要吃這特別香的東西。丈夫聽了直搖手，說：「那是硝過的肉，不能當菜的。」老者卻滿不在乎地說：「不當菜，正好搭茶吃，我就要這硝過的肉。」夫妻倆拗不過老者，只好將肉切塊裝盤，怕有腥味，還特地加了碟醋添了點薑絲。老者似乎特別愛吃這硝過的肉，不一會兒的工夫盤子就見了底，老者也不說話出門牽上驢子，倒騎著就走了。原來，這老者正是八仙中的張果老。他要去瑤池參加蟠桃會，途中經過鎮江，被這肉香給吸引來了。後來人們「硝肉、硝肉」地唸著、傳著，就變成了「餚肉」了。

因為張果老不將這餚肉當菜，也就有了「餚肉不當菜」的說法。現在，鎮江的盛大宴席上餚肉已是一道重要的冷菜。

■「京江齊」的故事

用鎮江的方言來說「京江齊」就成了「金剛齊」，聽上去不像是吃在嘴裡的東西，其實它是鎮江名特產之一。早年的齊兒是純手工的，工藝十分嚴格，用料也考究，分甜、鹹兩種。齊兒體形六角，齊底是金錢小記，呈蓮蓬狀。糖齊全身金黃色，鹽齊角面如蟹殼黃，角槽乳白色，看上十分讓人有食慾。把齊兒掰開，也不掉屑，可湯吃、乾吃。湯吃黃白分清，爽口不糊；乾吃黃色起酥，白色綿軟耐嚼，香味撲鼻。

實際上，如此色香形俱佳的美味卻隱藏著一個帶血的故事。據史料載，「金剛齊」始產於清咸豐年間，當時民族矛盾仍然十分突出，反清排滿的意識在民間深入人心。於是有人就用麵做成八角的形狀，稱其為「齊」，隱射「八旗」，那麼吃「齊兒」不就等於吃「旗」的嗎？這件事後來傳到官府裡，就把做齊兒的人抓去重打死了，大家為了紀念做齊兒的人，每逢清明就吃齊兒。當然，為了避嫌，八角的齊兒就變成六角的了，名字也變成「京江齊」——「金剛齊」。

■丹陽封缸酒因何得名

丹陽封缸酒是江蘇名酒，多次獲得中國優質酒等榮譽，1984 年還獲得國家銀牌獎。封缸酒以糯為原料，用麥曲作糖化發酵劑，當醪糖分達到高峰時，兌入 50 度以上的小曲酒，立即密封缸口，過一段時間，抽取 60% 的清液，再進行壓榨，整個生產週期在 100 天以上。在民間封缸酒的得名還有段傳說：

相傳在古代丹陽城裡有一家開酒作坊的，世代以釀酒為業，到了這一代家中只有老父親和兒子、媳婦賣酒度日。有一年，他們用新法精心釀造了幾缸酒，可是酒的度數過高，沒有人願買，於是他們就將這幾缸

酒加蓋塗泥密封起來。第二年仍用舊法釀酒。後來，丹陽城內缺酒供應，頭腦靈活的媳婦不顧老公公的反對，將這幾缸密封的酒推薦給酒商。誰知當將密封的泥蓋揭開後，頓時酒香飄逸，芬芳撲鼻，入口一嘗，酒味醇厚，鮮甜爽口。酒商直讚「好酒！好酒！」並忙問：「這叫什麼酒啊？如何釀得？」媳婦滿面春風地說：「這是用新法釀製的，名叫封缸酒。」從此丹陽封缸酒名揚天下。

揚州人為何愛吃鵝

揚州地處長江下游，位於江河水網地區，氣候和地理條件特別適宜水上動植物的飼養和繁殖。揚州人充分利用自然條件，飼養水上珍禽，鵝也成了揚州人平日膳食中不可缺少的美味。揚州的鵝為小型白鵝種，羽毛潔白，覓食力強，成熟快，肉質好，產蛋率高，體制強健。公鵝體型較高大，喜追逐人，母鵝則性情溫和。根據育雛時間，揚州可分為早春鵝、清明鵝、端午鵝和夏鵝。一般肉用仔鵝飼養六七十天，平均體重可達2.5公斤左右。揚州鵝肉質細嫩，營養豐富。揚州人食鵝的方法多樣，可烹製多種美味佳餚。在眾多食法中，當以揚州黃玨老鵝（鹽水鵝）為首。

黃玨位於揚州城北，東臨邵伯湖，北近高郵湖。黃玨老鵝至今已有百餘年的歷史。這種鹽水鵝係選用野放一年以上的老鵝為原料，宰殺退毛後在臀處開口取出內臟，將鵝洗淨後於腔內放鹽、蔥、薑等調料，再加入老滷汁與清水及香料，以滾水浸之而燜熟。煮熟後的老鵝色澤嫩黃，光潔油光，香氣清溢，肥嫩酥爛。因這種吃法需就著滷汁當日製作當日吃，遠方的外地人不來揚州很難嘗到它的真味。不過，著名的揚州儀徵風鵝則採用真空包裝，成為餽贈親朋好友的佳品。

當然，揚州人吃鵝的方法不僅僅是鹽水吃法。沙鍋鵝則是整燉鵝，

其美在湯，肉亦佳品。整燉鵝分清燉和渾燉。揚州人夏季消暑則清燉整鵝，可去火氣。渾燉則宜於秋冬佐食，這就是黃燜鵝，其所加配料頗多，馬鈴薯、蘿蔔、山藥皆可加入，其口味也可因人而異。

揚州紅樓宴

揚州是《紅樓夢》的素材地之一，在曹雪芹筆下，林黛玉成了在綠楊城郭長大的揚州姑娘。《紅樓夢》中所描寫的菜餚、小吃，屬淮揚菜系，在原料名稱和烹調方法上與揚州菜餚有異曲同工之妙，這已被紅學家公認。1970年代，在著名紅學專家馮其庸先生的建議下，揚州紅樓宴開始研發，成為在中國最早研發並第一個成功推出紅樓宴的城市，得到了紅學家、學者、中國紅學會一致認同。

《紅樓夢》一百二十回原文中寫美食的就有八十七回，所涉及的食品有180多種，所載菜點名目甚多。還有各種宴會，如生日宴、壽宴、節氣宴、雜宴37種，據相關文獻資料證述，其所涉及的原料均為揚州乾隆時期的實有之物。乾隆年間《揚州畫舫錄》的作者李斗曾經對揚州市場進行勘查，發現這裡海鮮產品種類繁多，醃臘乾貨南北咸集，四方香料應有盡有，酒漿茶飯匯納精品。僅八珍行貨目就有上八珍、中八珍、下八珍、水八珍、土八珍、鮮八珍之屬。這些物品原料許多都成了曹雪芹筆下《紅樓夢》中的美食。

1992年10月，中國國際《紅樓夢》研討會在揚州召開，海內外100餘位專家、學者雲集此。與會代表對揚州紅樓宴的獨特工藝和烹調水準深表滿意，並對菜單設計、上菜程式，宴會廳的裝飾等方面提出了許多建議和意見。揚州紅樓宴成功推出以來，紅學家、學者、美食家研究、總結、評價揚州紅樓宴的作品相繼問世，對揚州紅樓宴的研發提高和發展提供了更加詳實的理論依據。

中國四大菜系之淮揚菜

淮揚菜係指的是長江淮河中下游區域流行的菜系,是歷史悠久、文化內涵豐富的區域風味,與齊魯菜、川湘菜、粵閩菜齊名,為中國四大菜系之一。古城揚州是淮揚菜的中心和發源地,是淮揚菜之鄉。淮揚菜歷史上曾稱為「淮揚幫菜」、「揚幫」菜。

淮揚菜的個性特點簡述如下:

- 選料嚴格,四季有別 ── 「淮揚」地處江河湖海之間,四季分明,物產豐饒。烹飪原料四季有別,春有刀魚魚,夏有鰣魚鱔魚,秋有螃蟹鴨鵝,冬有各種野蔬。江河湖鮮多於海味,禽類家畜多於特牲,瓜果蔬菜多於山珍。地方性和季節性突出。
- 製作精細,工藝精湛 ── 淮揚菜刀工刀法精湛,製作工藝精良,菜品的技術含量高,造型美觀,色澤雅麗,富有藝術感染力。
- 注重本味,清鮮平和 ── 指的慎調味,宣導以「本味展現百菜百味」的烹調理念,具有以和諧為主旋律的菜品特徵。被世人稱道:「有書卷氣。」
- 注重火候,濃醇兼備 ── 指的是講究火工,炒爆溜炸,氽燴蒸煮,燉燜燒烤,烹技多樣,運用自如,富有相容性。
- 鹹甜有度,南北皆宜 ── 傳承「南味為主兼及北味」的特色,彰顯大都市「以人為本」開放性呈味風格。
- 因時而異,適令養生 ── 菜品及口味隨季節、氣候和時令的變化,展現傳統「醫食同源」的飲食養生觀,符合現代科學營養的發展方向。

▰ 揚州包子與百年富春

揚州富春茶社創建於西元1885年，最初為花局，是購花賞花之所。花無茶不雅，茶無花不香，於是老闆陳步雲用浙江的龍井、安徽的魁龍針、富春花園的珠蘭自窨成富春茶，「汲來江水烹新茗」，形成了一江水沏三省茶的特色。後來不久陳老闆又延聘名廚、引進了揚州點心，自此富春茶社花茶點麵聞名遐邇。富春點心經過百餘年幾代人的繼承與創新，已經成為揚州點心的代表。

點心有包、餃、湯包、燒賣、油糕、酥餅、麵條、船點八大類，其中尤以富春包子最為出名。包子外形如荸薺鼓鯽魚嘴，32個紋褶清晰秀氣，包子皮薄餡多。餡心多種多樣，有三丁、五丁、豬肉、筍肉、蟹肉、細沙、水晶、青菜、薺菜、乾菜、蘿蔔絲、腐皮、三鮮等。其他美點還有蒸餃，形如月牙，餡心有豬肉、蟹肉、筍肉之分。燒賣有糯、冬瓜、翡翠之分。

翡翠燒賣皮如蟬翼，晶瑩透綠，與油糕亦稱之為雙絕。雙麻酥餅有蔥油、金桔、蘿蔔絲之分，酥層薄脆，鮮香入味，入口即化。船點採用澄粉製作，皆以天然果蔬飛禽走獸為模本，維妙維肖巧奪天工。麵條以雞湯銀絲麵為基礎，可選三鮮、蝦仁為澆頭，湯醇而麵柔津津有味。近20年富春茶社又開闢了「三頭宴」、「開國第一宴」、「春暉宴」、「夏沁宴」、「秋瑞宴」、「冬頤宴」等名宴，一展淮揚菜的風采。大煮干絲和水晶餚蹄是富春茶社看家菜，成為百年不變的經典。

▰ 為何高郵鴨蛋雙黃多

高郵境內河汊溝渠縱橫交錯，蘆葦蕩和菰蒲叢都是鴨子覓食嬉戲的好地方。高郵麻鴨體形大，軀身長，體格壯，耐粗飼，潛水深，覓食力

強。雄鴨「烏頭白襠青綠嘴」，雌鴨「緊毛細頸麻雀毛」。鴨群中的雌雄比例有講究，一般是1隻雄鴨配25隻雌鴨。如果雌雄搭配比例失當，鴨種就會退化，產蛋量就會明顯下降。

清代大文學家、美食家袁枚在《隨園食單》中說鹹蛋「以高郵為佳，顏色紅而油多」。高郵雙黃鴨蛋大如鵝蛋。鵝蛋蛋殼質粗，而雙黃鴨蛋蛋殼質細、光亮，呈白色或淡綠色，有時在蛋中部有一道凸起的圓圈，很是逗人喜愛。高郵麻鴨產雙黃蛋率一般為1%左右，既不定時，也不定量。30多年前，江蘇省科技部門曾將如何提高高郵麻鴨產雙黃蛋率作為專項課題進行研究。他們試過很多方法，例如用某種藥物注入卵巢或進行某種小手術等，但都未能獲得理想成果。後來育種專家培育出新品種早春鴨，其產雙黃蛋率提高到5%左右。

高郵鴨蛋雙黃多，可以說是造物主對高郵這塊美麗的土地情有獨鍾的造化。高郵麻鴨品種優良，高郵的自然環境適合麻鴨放養。這裡風光綺麗宜人，天然食物豐多。高郵人長期累積了一套養鴨經和養鴨術。此外，據專家說，在高郵這塊土地上還有促進麻鴨多產雙黃蛋的稀有元素，這似乎讓人感到有一點驚奇。

拚死吃河豚

河豚之毒在千年之前早已家喻戶曉，日本歌謠道：「昨日對飲河豚宴，今日淚灑相思地。」但「捨命吃河豚」的行為卻從未間斷過。河豚是魚類的一種，其體形似豚（仔豬），味美如乳豬肉，肥而鮮嫩，並喜在江、海的河口產卵。揚州沿江一帶是河豚的盛產地，故揚州人一直有「拚死吃河豚」的習俗。河豚魚毒性之大，早在李時珍的《本草綱目》中就有記載：「河豚有大毒，味雖美，修治失法，食之殺人。」但毒難蓋其美味。除血、脾外，只要加工得當，河豚魚生殖腺、肝、皮、肉等部

位,幾乎都可以食用,且各有其耐人尋味的風味特點。

其實,中國食用河豚是很早的事了。先秦的《山海經》和後來的《金匱要略》、〈吳都賦〉等名篇中有介紹。唐代,名醫孫思邈曾悉心研究,總結了民間解河豚毒的經驗。歷史上,宋代梅堯臣和葉夢得、明人洪駒文和宋雨、清人朱竹坨等雅士名流亦都極口讚譽河豚之美,並賦詩錄譜,留下了不少膾炙人口的佳句,從而更增添了人們對河豚佳餚的神往。

河豚雖有毒,但其味美非常,河豚又有「主補虛、去溼氣、理腰腳、去痔疾,殺蟲」(《開寶本草》)等功效,人們不忍捨棄,所以就出現了「拚死吃河豚」的民諺。現代科學表明,河豚的珍貴價值正在於其劇毒。科學家在研究中發現,河豚的眼、皮、血、內臟、精囊、卵巢中所含毒素是自然界中毒性最強的非蛋白質神經毒素之一,其毒力相當於劇毒藥物氰化鈉的 1,250 倍。將它作為止痛劑使用,病人可立即止痛,如果用於治癌,療效神奇;如果用作肌肉和神經的鬆弛劑,其效果也很顯著。所以河豚毒素在國際市場上每克售價高達五六萬美元,但仍還供不應求。

經過無數次實踐後,人們根據河豚可食部位毒性程度不同而歸納了六個字:「油麻籽脹眼酸」(意為河豚油食之會使人麻木;卵食之會膨脹,使人腸胃阻梗;眼食之會使人酸痛),並逐步摸索出一整套河豚初加工和烹調的規律。

加工烹飪河豚要擇取鮮活河豚,並且要使用專用工具及場地。宰殺河豚要小心異常,要把籽、肝、魚白、皮、骨、肉等分別剔除血筋,漂淨血水。要小心不能弄碎籽塊,避免籽粒黏附於豚體或其他部位及盛具上。籽要晒乾後另行烹調(不要露出水面,沸煮約 10 小時)。魚肝切片後要立即沖洗刀具等,才能切製其他部分。肝、皮、骨、卵、肉塊要分開放置,水要瀝淨。一般腸由於量少而不用,最後與脾一起焚毀。豚肉還

可與普通魚肉一樣快速烹炒食用。

燒河豚要用中火，既不能燒糊，又要保持沸滾狀態。燒時，可先下蔥、薑、酒，也可先放油。先將肝下鍋燒上15分鐘，然後才能放入皮和骨，大約再燒10多分鐘，便可下肉，5分鐘後再加魚白，一沸即成鮮美絕倫的「紅燒河豚」。計前後滾沸時間約40分鐘，要以酒代水，重用調料。烹調中途，切切不可嘗味，此後要將烹調時所用的器具及場地充分洗淨，以便它用。

沛縣狗肉為何不能用刀切

沛縣狗肉，又名樊噲狗肉。發明人樊噲是秦時沛縣屠戶。追隨劉邦起義，曾為大將，後官至宰相。樊噲煮的狗肉鮮而不腥，爛而不膩，瘦多肥少，香味撲鼻。從營養角度講，其肉蛋白質含量高，鈣、磷等礦物質也比較豐富。對體質虛弱、腎虛陽萎、脾胃虛寒者來說，食用狗肉更有益。有人傳說，狗肉化胎，孕婦忌食，此屬無稽之談。沛縣狗肉與鎮江餚肉、蘇州醬肉並稱江蘇三肉。

樊噲狗肉又名黿汁狗肉。這裡有一個故事：

劉邦是沛人，當亭長前無所事事，人稱二流子，好喝酒，樊噲的狗肉就成了他的下酒菜。劉邦卻又手中無錢，常常白喝白吃。樊噲雖與劉邦是市井朋友，但苦於小本生意，便東躲西藏，以避劉邦。某天，樊噲將狗肉攤偷偷地從沛縣護城河西挪到護城河東。劉邦聞訊，呼喚河中老黿，馱其過河，找到樊噲，照吃不誤。樊噲怨恨老黿，殺之與狗肉同煮，以解其恨。不料狗肉味道比以前更加鮮美，來買狗肉的人更多了，故名黿汁狗肉。樊噲也由此感激劉邦，想白吃也就白吃吧，不再躲他了。劉邦也很講義氣，就把小姨子介紹給樊噲為妻。劉邦起義後，又拉樊噲入夥，使其成為大將。不過劉邦晚年多疑，殺了韓信等人不說，連

樊噲也不信任了，下令將其逮捕，準備押至長安斬首。不料在回京途中，劉邦駕崩，樊噲才免一死。後在呂后的支持下，樊噲又當了一陣子宰相。

黿為何物？一說是鱉，一說是古代類似鱉的一種元魚，現已絕跡。太湖邊上有一個石雕黿，其形象是：龍頭、龜身、鳳爪，像個怪物。現在黿汁狗肉的主要原料是狗肉與老鱉，配料有丁香、八角茴香、良薑、肉桂、陳皮、花椒等十餘種。如今，沛縣狗肉已成為名揚中外的美食。

沛縣人賣狗肉（熟肉），不是用刀切，而是用手撕著賣，這是為什麼？

據說有兩種說法：一是秦朝末年，樊噲賣狗肉時，切肉的刀被秦兵收走了。因為秦始皇怕老百姓造反，而刀又可以作為武器，故不準民間使用。樊噲只好用手撕著賣肉了。二是泗水亭長劉邦沒收了樊噲的刀。劉邦收刀又有兩說，一說是奉縣令之命，不得不收。二說，劉邦白吃樊噲的狗肉，樊噲便將狗肉攤東躲西藏。後被劉邦發現，一氣之下拿走其刀。從那之後，手撕狗肉的習俗便流傳至今。

「霸王別姬」為何成名菜

霸王別姬的歷史故事可謂家喻戶曉，但如何成了一道名菜呢？

原來這是徐州人創造的一道菜，其主要原料是烏龜與野雉，原名「龍鳳燴」。因烏龜是水族之王，所以稱龍；而野雉乃羽族之長，所以稱鳳。民國初年，任福建總督的江蘇豐縣人李厚基來家探親，廚師就做了這道菜，取名為「家吉團圓」。家吉，是家雞的諧音。團圓，烏龜狀圓。但烏龜難尋，野雉也極少，這道菜難以流傳，後來就改為甲魚與家養的老母雞了。

淮海一帶與項羽有關的地方紛紛仿製，於是它成為一道名菜。這道菜所以能廣泛流傳是與「霸王別姬」的歷史典故有重要關係。飲食不僅是為了滿足生理飢渴，更重要的是享受一種特別的文化。「霸王別姬」的名字提高了這道菜的文化層次，還可以藉這道菜普及一段楚漢相爭的歷史知識。但這種普及不是上歷史課，也不是國文課上的「名詞解釋」，而只是給人一種聯想，一種諧音，一種比喻，一種趣味性。

徐州地鍋是誰發明的

徐州地鍋是西漢第一任宰相蕭何發明的。劉邦起義前，沛吏蕭何是劉邦的好友。劉邦起義後，蕭何為軍師和「後勤部長」。在接連不斷而又激烈的戰鬥中，蕭何反覆考慮一個問題是如何在野地做飯時，做得既快又能讓士兵吃得好。於是他想出一個辦法：在野地裡挖一個大坑，正好把一口大鐵鍋放在坑上，鍋裡放上菜，有葷有素，加適量的水；然後在鍋上貼一圈麵餅（鍋餅），菜上也可放些麵餅，半浸或全浸菜湯之中；最後點火燒煮。

這樣做飯的好處是，飯（鍋餅）、菜、湯集於一鍋，不必分別去做。這樣既節約時間（這對軍隊特別重要），又可簡化炊具，更能讓士兵吃得滋潤（鍋餅都浸潤了菜湯的香味），可謂一舉三得。這種美食，後人名曰徐州地鍋，成為一個食品品牌。徐州地鍋種類豐富，現有鯽魚地鍋、排骨乾豆角地鍋、羊肉粉絲豆腐地鍋等等。2001年，有人把徐州地鍋引進北京和河北保定，兩地都開了徐州地鍋店，很受當地人歡迎。

徐州地鍋還有一個更俗的名字，叫「老鱉蹓鍋沿」。老鱉是麵餅的比喻，它貼滿鐵鍋邊沿。下面是菜，菜中有湯，湯如水，老鱉從水裡出來，爬在鍋沿上，所以很像老鱉蹓鍋沿。這充分展現了徐州人豐富的想像力。

■「鮮」字從何而來

彭祖是4,000多年前的大彭氏國（位址在今徐州）的創始人和領袖。他還是中國最早的養生大師，古代性文化的啟蒙人物。他在烹調上有很多創新。傳說他活了800歲，是中國最長壽的老人。彭祖的烹調術是彭祖養生術的主要內容之一。他主張食品以鮮為主，並發明了一個字：鮮。

傳說彭祖的兒子中有個名叫夕丁的，喜歡撈魚摸蝦。但彭祖怕兒子出危險，就常常教訓他，甚至發怒。夕丁想逮魚的時候就瞞著彭祖。一天，夕丁捉到一條魚，興致勃勃地回到家裡，見母親正準備燉羊肉，便對母親說：「把這條魚也燒了吧。」母親說：「你父親看到怎麼辦？」夕丁很聰明，就說：「妳把魚藏到羊肉裡面。」母親就把大塊羊肉切開，把魚藏在羊肉裡，放進鍋裡一起燉。彭祖回家後，聞到特別的香味，就問其原因。彭祖的妻子只好實話實說，並勸彭祖先不要發怒，嘗嘗這羊肉和魚再說。彭祖一嘗，便連連讚道：「鮮！鮮！鮮！」他為之取了個名字：羊方藏魚。從此，彭祖就不斷做這道菜。

據說，鮮字就是彭祖創造的。魚＋羊＝鮮。鮮，揭示了烹飪的一條主要原則，無論做什麼菜都要講究一個鮮字，鮮應當成為菜的主味。酸、甜、辣、鹹次之。菜不應該只是五味，而應該是六味，即鮮、酸、甜、苦、辣、鹹。

■徐州人為何喜歡吃羊肉

徐州人喜吃羊肉的第一個原因當與劉邦有關。劉邦為徐州沛縣人，他推翻了秦朝，打敗了項羽，創立了延續400年歷史的漢朝，對中國乃至世界歷史發展都做出了巨大貢獻。因此，徐州人以劉邦為榮。劉邦喜歡吃狗肉、吃羊肉，於是當地人將其這一習慣相沿成習並傳留至今。

劉邦的出生地古時叫「中陽里」。他與另一個男孩子——盧綰同年同月同日生。鄰居們認為，一條街上的兩個鄰居同時誕生兩個男孩子，是喜事，也是奇事。他們便相邀一起，抬著整隻羊和整罈酒到兩家祝賀。兩家自然殺羊、煮酒進行招待，一片喜氣洋洋。古代時羊與祥字通用。羊乃吉祥之意。幾年之後，劉邦與盧綰同時上學，親如兄弟。鄰居們高興，又抬羊、抬酒祝賀。劉盧兩家自然也要殺羊、煮酒招待。這時，劉邦也能吃羊肉和喝酒了。盧綰也是如此。此事在《漢書》中有記載，而當地傳說更詳。既然喜歡吃羊肉的劉邦成了皇帝，喜歡吃羊肉的盧綰，後來也成了大將，封了王。我們為何不吃呢？徐州的老百姓這麼想著，就喜歡起羊肉來了，這種愛好並非從近幾年的「伏羊節」才開始。

第二個原因，與徐州人的觀念和口味有關。徐州人認為，羊肉能滋陰壯陽，對男女都能「大補」。況且，羊肉瘦多肥少，不膩，好吃。冬天吃羊肉暖身子。伏天吃羊肉，配上辣椒油，可以大汗淋漓，造成「排毒」作用。徐州人口味重。羊肉配上辣椒油，能吃得過癮。

如今舉辦「伏羊節」為徐州老百姓提供一個大吃羊肉的機會，也算是一種傳統民俗文化的繼承和發揚吧。

■「十三香」龍蝦的由來

盱眙縣位於美麗的洪澤湖畔、淮河之濱，自古以來，就有「走千走萬，不如淮河兩岸」之說。盱眙山好，水美，草肥，環境美，育出的龍蝦品質好。「十三香」龍蝦享譽海內外。

盱眙的山好。第一山，古稱都梁山，盛產都梁香草。自唐代以來，都梁山名聞遐邇。此山文化底蘊深厚，有無數的文人墨客，像崔顥、芾、蘇軾、楊萬里等，在此留下詩文和墨寶。吳承恩以「此處仙景若蓬瀛」寫入膾炙人口的《西遊記》。鐵山寺國家級森林公園雖然處在中緯度

地區,然而聚集了別處少有、南北方的珍稀植物,為烹製龍蝦的調料「十三香」提供了較好的原材料。

盱眙水美,洪澤湖是中國南水北調東線工程的調節水庫,也是北調的南水水源地之一,水質常年多在二類水以上。境內的天泉湖、天鵝湖、八仙湖、貓耳湖、陡湖等湖的水質都是優良等級,是龍蝦生長的好環境。龐大而優良的水域生長了品種眾多、品質肥美的水草,為龍蝦提供了豐富的好飼料。盱眙為國家級生態縣,氣候好,環境好,無汙染。這裡無公害農業占主導地位,生產多種綠色食品,龍蝦是其中佼佼者之一。

盱眙水美草肥的好環境使龍蝦的形體有鮮明的特徵:色青,體大,殼軟,肌肉緊,有很強的彈性,肉多飽滿,腮和肚子潔白、乾淨,體內的筋腸都清晰可見,光澤很強,黑而發亮。經水產、食品、烹飪、保健等專家教授近半年時間的現場考察和實驗室的檢測,測定盱眙龍蝦含有30多種氨基酸,營養豐富。用由多種中草藥合理搭配加工成特有的調料烹製成的「十三香」龍蝦,不僅具有麻、辣、鮮、美、香、酥、甜、肥、嫩、亮的特點,而且還具有營養、保健、美容的功效。

現在,盱眙的龍蝦已由當年單一的「十三香」手抓龍蝦,發展為品種眾多的龍蝦宴,如翡翠玉環蝦、五彩絲線蝦、蝦黃白玉盅、雙色芝麻蝦、脆皮灌腸蝦、蝦仁沙拉等各種品種。能夠有機會到盱眙品嘗龍蝦烹製成的各種菜餚,可以一飽口福,更是一種美的享受。

蘇北酒鄉的「三溝一河」

在廣袤的淮北大平原上,有幾種品牌的酒多年來蜚聲海內外,這就是雙溝、高溝、湯溝、洋河這「三溝一河」的大麯酒。他們一個共同的特點是歷史悠久,質地優良,綿甜爽口,濃香味美,在國內外多次獲得大獎。俗話說:「水為酒之血,曲為酒之骨」,水土是酒好重要的因素。淮

河流域土壤肥沃，而且水美。這裡是魚之鄉，地下多儲藏礦泉水，是盛產美酒的良好條件。

雙溝大麴創建於清雍正十三年（西元1738年），該酒入口濃香綿甜，味美爽口。宣統二年（西元1910年），在南洋勸業會上被評為第一。1955年在第一屆中國釀酒會上，又被評為中級第一名。1970年代以來，雙溝大麴酒廠先後開創並完成了「雙溝大麴微生物分離」、「低度雙溝大麴」、「大麴酒生產機械化」、「大容量儲酒容器」和「白酒尾水提取混合香脂液」等7項科學研究攻關專案。

高溝大麴（今為今世緣系列酒），創始於明代，清雍正以後，日益發展。民間傳說孫悟空大鬧天宮時偷吃王母娘娘的御酒，在豪飲時不慎將仙酒灑了，飄落在高溝這塊土地上，以後這裡便釀出了優質美酒。早在民國四年（1915年），高溝大麴就曾獲得巴拿馬國際博覽會大獎。1979年高溝大麴以「無色透明，窖香濃郁，入口綿順，回味悠長，尾淨」的獨特風格被評為江蘇省優質產品。當今生產的「今世緣」酒以「落口綿甜、爽淨醇和、酒香自然、回味悠長」享譽海內外，深受廣大客戶的歡迎。

湯溝大麴清洌香甜，回味悠長，清代著名戲劇家、詩人洪昇曾題「南國湯溝酒，開罈十里香」。民國四年，湯溝大麴曾獲萊比錫國際博覽會銀質獎。

明末清初，洋河大麴已名聞遐邇。雍正年間，洋河大麴行銷江淮一帶。傳說古洋河鎮有美人泉，泉水甘冽，以此釀出好酒。民國四年，洋河大麴在全國名酒展銷會上獲一等獎。同年，洋河大麴參加巴拿馬國際博覽會獲「國際名酒」獎狀和金質獎章。民國十二年（1923年）洋河大麴獲全國物品展一等獎、在南洋國際名酒賽會上，洋河大麴又獲「國際名酒」稱號。

有了享譽河內外的「三溝一河」，人們都親密地稱蘇北為名酒之鄉。

鹽城人辦酒席的頭菜為什麼上雜燴

鹽城人不管大事小事辦的酒席總是有碗雜燴做頭菜。為什麼把這個菜擺在前頭呢？據說這裡有個故事。西楚霸王項羽生活有兩大特點：一是妻無二室，二是菜無兩樣。他日常吃菜只是吃一個菜，不允許廚師替他燒第二樣。辦菜的廚師心想：大王整天出去打仗，這樣辛苦，光吃一樣菜，身體肯定吃不消啊！可是，用什麼方法才能不違背他的規定呢？後來廚師就想了一個辦法。他把項羽平時喜歡吃的土膘、雞絲、魚圓、海味、蔬菜等燒在一起，用一個碗盛給他，算是一個菜。霸王吃得很滿意。從此，雜燴就傳下來了。有的地方把這菜叫「霸王羹」。後來為了圖個吉利，民間辦酒席開始總是先上一道楚霸王吃過的菜，漸漸地成了習俗。

趣說醉螺與饅頭的酒席「官司」

泥螺螺殼卵圓形，略呈青黃色，是佐餐、助茗和進酒的海鮮之珍，沿海灘塗均有出產。鹽城鬥龍港一帶出產的泥螺品質最佳，其腹足肥大，體內無沙，足紅口黃，滿腹藏肉。內臟與肉體之間隔有一層白脂，被稱為泥螺之珍。仲夏時節，是採捕的黃金季節，這時節海灘的泥螺經過梅雨的滋潤，特別脆嫩肥滿，這時的泥螺最宜製作醉螺。

相傳，歷史上曾發生過一起吃泥螺與饅頭的酒宴「官司」。清同治年間（西元 1862～1874 年），阜寧城有一位姓項的舉人官封雲南永昌知府。到任的那天，地方名流大辦宴席，為他接風洗塵。宴席上，在每人的餐具旁各擺一顆精白的饅頭。開宴後，項知府首席就座，他以為饅頭是第一道菜，便用筷子夾起咬了一口，再看看其他人，卻拿饅頭揩筷子，有幾個人還在偷偷地發笑呢！項知府心想：「我失禮是小事，你們如

此糟蹋糧食，天理不容，一定要教訓他們。」

事後，項知府寫了一封信給阜寧老家，囑人送來三罈醉泥螺，大擺宴席，回請上次原班人馬。席上第一道菜便是醉泥螺。開宴時，項知府指點泥螺，禮貌地請菜：「諸位，本官略備薄酒，請各位嘗嘗家鄉特產！」說完先動筷吃了起來。出席宴會的人誰也沒見過泥螺，礙於面子又不敢請教，只好硬著頭皮夾住泥螺往口中送，連外殼、內臟一股腦子全吞吃下去了。項知府自然有辦法，他一個接一個地吃，每吃一個將左手袖口向嘴邊攏一下，不停地招呼客人用菜。

等到一道菜吃完，他把左袖一揚說道：「請諸位褪殼！」說著嘩啦一下把泥螺殼倒進了盤子。那些客人驚呆了，他們連殼子全吃掉了，褪什麼殼呢！看著眾人一個個尷尬的樣子，項知府故意自責道：「這怪我，泥螺是海邊特產，我沒說明食用方法，是本官不是，抱歉！抱歉！」接著就講起泥螺的製法和吃法，眾人連連點頭。最後，他臉一沉說道：「諸位都是讀書人，豈不知愛惜糧食之理！你等雖有糧田萬頃，孰知一粥一飯來之不易！前次席上，你們用饅頭揩筷子，本官心裡十分難過，有意將饅頭咬一口，豈知有人不知好歹，笑本官不懂禮節！」一番話說得在場的人個個面紅耳赤。從此以後，永昌府內外的任何宴席再也不用饅頭擦筷子了。

為何說伊尹是中國烹飪鼻祖

伊尹曾是商湯妻子的陪嫁。《呂氏春秋》中說，伊尹母親在懷孕時夢到神告訴她：「如果你看到石臼中冒水，就要往東跑，不要回頭看。」第二天，石臼中冒水，她向東跑了10多里，回頭看，身後是一片汪洋，伊尹母親隨之化為桑樹。有莘國的女子採桑，在桑林中拾到一個嬰兒，

便獻給國君，命名「伊尹」。長大後，伊尹才華過人，商湯聽到伊尹的名聲，就向有莘國君王要伊尹，並向莘氏求婚，於是莘國國君便把伊尹作為陪嫁到了商。後來，伊尹助商湯伐夏桀，建立了王朝。

為什麼說伊尹是中國烹飪鼻祖呢？據傳，伊尹在朝見商湯時，從調味開始談到各種美食。他告訴商湯，要吃到這些美食，就要有良馬，成為天子。而要成為天子，就必須施仁政。伊尹與商湯的對話，就是烹飪史上最早的文獻〈本味篇〉。所以，伊尹被稱為是中國烹飪鼻祖。

■ 何為「天下第一鮮」

「天下第一鮮」即炒文蛤，又名炒月斧。文蛤又名花蛤，為海產貝殼類，因蛤肉富含氨基酸與琥珀酸，其味非常鮮美，素有「天下第一鮮」之稱，被歷代帝王將相和文人墨客視為珍饈。梁元帝特作文讚美「蜅蠏（即文蛤）味高」。《酉陽雜俎》載「隋帝嗜蛤，所食必兼蛤味，數逾數千萬矣。」宋仁宗把蜅蠏視為珍味。歐陽脩的初食蜅蠏詩中說雞豚魚蝦都不能與蜅蠏比美，並恨自己吃文蛤太晚。南通自古盛產文蛤，勞動人民早在兩三千年前就已食用文蛤，隋唐起文蛤成為貢品。文蛤是鮮活海產品，不易長途運輸或久儲，如其水分失去，便會使原有的風味大減。文蛤在海裡生長，含有較多泥沙，故在清洗時，要順著一個方向攪動。在攪動過程中，切忌把文蛤的衣膜破壞，否則泥沙便會進入衣膜中，影響菜餚品質。南通廚師善製文蛤佳餚，炒文蛤則是其中之一。爆炒文蛤特別要控制好火候，以保持其鮮度和嫩度，往往需要旺火急炒，使其驟然受熱，表面蛋白迅速凝固，形成蛋白膜，包裹在外面，而其內部的養分和鮮汁不易滲出，這樣菜餚具有飽滿含液、口感滑嫩的特點。

如果加熱時間過長，火候控制不好，蛤肉失去水分，變得乾硬，就

失去了應有的風味。如果加熱時間過短，則不能把蛤肉中的有害微生物殺死，食用後容易引起腹瀉等疾病。文蛤成菜飽滿含液，口感滑嫩，鮮冠群菜。看個體似銀斧燦燦，看全菜則玉色溶溶，堪為色美、形美、味更美的珍饈。相傳乾隆皇帝遊樂江南時在姑蘇吃到文蛤，誥封它為「天下第一鮮」。如今這道美味與「天下第一羹」（野雞羹）、「天下第一菜」（三鮮鍋巴）合稱「天下三分」，成淮揚廚師技藝考核的標準菜式。南通當地以文蛤為原料的佳餚除天下第一鮮外，還有「文蛤餅」、「土司月斧」、「如意蛤捲」、「芙蓉蛤仁」等品種，博得了不少食客的青睞。

泰州梅蘭宴的十八道菜有何特點

　　泰州是中國京劇藝術一代宗師梅蘭芳先生的故鄉，梅蘭宴由五星級酒店——泰州賓館首創，梅蘭芳先生像是以梅先生生前各個時期所演優秀代表劇碼和梅先生回鄉所品泰州名菜名點以及梅先生日常飲食習慣研製而成，表達了家鄉人民對梅大師的深切懷念之情。

　　梅蘭宴共有 21 道菜餚，其中以戲成菜的有 18 道，另有梅先生喜愛的泰州名菜八寶刀魚、松子雞、清燉獅子頭等，還有 8 道點心、小吃，可組成三組不同檔次的宴席。梅蘭宴的風味特色以淮揚菜為主，發揚了淮揚菜用料考究、製作嚴謹、刀工精細、注重火候、追求本味、清鮮平和、菜品雅麗的特點，達到以戲成菜，一菜一戲，一菜一形，一菜一味。或喻形，或喻義，各有特色。

　　梅蘭宴中「霸王別姬」在製作造型等工藝上與眾不同，首開中國臉譜菜先河，將甲魚紅燒後在甲魚蓋上用魚茸、紫菜做成楚霸王臉譜，以英雄與美人的千古絕唱大戲成菜，猶如神來之筆。「玉堂春色」一菜為王金龍與蘇三破鏡重圓之意，因蘇三身著紅衣，梅先生每到一地演出必首

演此戲，寓意每處必定演紅，故此菜選用紅玻璃紙包紮；「桂英掛帥」中魚翅為菜餚極品，喻桂英之帥，而底襯芙蓉，形容穆帥征戰時慣著的銀色戰袍，吐司抹上魚茸煎至金黃圍於四邊，似片片旌旗招展；「豔蓉斥君（金殿裝瘋）」選用肥美魚頭為原料拆燒，頭為「首」，喻一國之首君也，拆與「斥」諧音，喻趙豔蓉在金殿怒斥荒淫無道的昏君；「貴妃醉酒」在用料上以翅能「飛」喻「妃」，酒釀相襯，似楊貴妃醉酒之韻。

梅蘭宴採用燴、滷、醃、拌、炒、爆、炸、溜、燒、燴、燜、蒸、糟等各種傳統烹調技藝製作而成，尤其突出的是有些菜往往要運用幾種烹調方法來完成。如「霸王別姬」中，甲魚是採用泰州傳統的五香紅燒法，而形容虞姬舞劍的繡球雞則是滾上五彩絲入鍋香炸而成，既突出虞姬劍舞之美，又是一種成菜風味。在選料方面，梅蘭宴多用海鮮、水產和家禽產品以及新鮮蔬菜、水果，營養豐富，清醇利口。製作上，梅蘭宴保持原味，輕油少膩，非常適合現代人低脂、低糖、低膽固醇的飲食需求。

梅蘭宴婀娜多姿的裝盤形式及圓潤清麗的風味特色，充分展現了梅派藝術雍容華貴的氣派，與梅派藝術有異曲同工之妙。

何為「長江三鮮」

鎮江飲食頗具特色，聲名遠颺，其中由刀魚、鰣魚、魚分別製作而成的菜餚統稱為「長江三鮮」。

刀魚產於鎮江境內及附近的長江河段，是一種名貴魚種。因其形狀狹長似刀，故得此名。刀魚肉細膩鮮美，俗稱第一江鮮。春季是捕撈和品嘗刀魚的旺季。一席豐盛的刀魚宴，需刀魚 5 公斤，可做出 20 多樣鮮美的刀魚菜。

鰣魚是「魚中之王」，味道極鮮美，口感肥美滑爽，營養價值很高。早在明代，鰣魚列為貢品。後來環境變化等諸多的原因，造成鰣魚日漸減少。如今，要品嘗正宗的長江鰣魚十分困難。鰣魚與眾不同之處，在於洗和燒製中不能去鱗，因鰣魚的鮮美離不開魚鱗。鰣魚屬國家一類保護動物，長江野生鰣魚禁止捕撈和食用。現在食用的鰣魚是人工繁殖的。

魚即長吻，又名白吉魚、江團。魚品種繁多，僅長江下游就有13種之多。魚背鰭白中隱有淡灰色，肉厚無刺，鮮嫩不膩，湯汁似乳，稠濃黏唇，也微溢酒香，兼鰣魚、河豚之美，勝「羊胛」之腴，堪稱水產餚饌中之神品，是長江中稀有的名貴品種。

泗洪古代有哪三大貢品

古代泗洪縣境內的古汴河兩岸有三大貢品響滿京都，這就是東岸的花亭百合與西岸的上塘青稈黏子和雙溝空心掛麵。

◆ 花亭百合

花亭百合出產於今江蘇省泗洪縣半城鎮，名稱來源於鎮西約1華里處的花亭村，這裡種植百合已有2,500年歷史。

西元前544年，吳王諸樊的四弟季札出訪魯國，途經當時徐國的國都徐城（今泗洪縣半城鎮），在與徐國國君交談時答應了兩件事，一是將所佩帶的寶劍歸來時贈與徐君，二是約定吳國與徐國連姻，結秦晉之好。而當季札訪魯歸來時，徐君已經病逝。季札便信守諾言，將寶劍掛在徐君墓前的楊柳樹上，回國後又請求哥哥諸樊將小女兒花婷嫁給新即位的徐國國君。吳地女子出嫁時必陪百合，這是祝願百年好合之意。花婷嫁到徐國後，便在半城附近的村莊種植百合。天長日久，人們為了感

謝這位勤勞賢淑的女子，便將種植百合的村莊更名為花亭村，將這裡種植的百合命名為「花亭百合」。到了明清時，花亭百合又成了宮廷的貢品。

◆ 上塘青稈黏子

古汴河西岸的上塘鎮出產一種名叫「青稈黏子」的大米。

有一年，清乾隆皇帝派一位大臣，讓他拿著「如朕親臨」的御書匾，到南京應天府評選貢品。當時，泗州上塘秀才季建成帶著當地產的青稈黏子參加評選。經當場熬粥比試，壓倒無錫紅瑪瑙而奪得第一。從此，上塘青稈黏子便成了清代宮廷的貢品。據說，上塘青稈黏子只能在上塘村西北約 500 公尺處的龍井附近栽種。相傳春秋時蜀國的萇弘被冤殺後 3 年而化碧。徐國國君敬重萇弘的人格，將其滴在地上的血連土帶回，安葬在上塘村後。明代，當地人在葬血處鑿了一口龍井，奇蹟般地澆出了青稈黏子。這種放在鍋裡熬粥，湯稠厚而呈桃紅色，人們便以為是萇弘的血使然。實際上，生長青稈黏子與龍井品種及其附近的土質有關。

◆ 雙溝空心掛麵

相傳宋徽宗政和年間，泗州天長籍狀元戴南風回鄉省親路過雙溝，品嘗了雙溝空心掛麵，感覺味道非常美。他想帶一些給皇上品嘗。經過與掛麵師傅商議後，他讓掛麵師傅用淮河甲魚熬湯 3 日，取其汁和麵，精心加工成特製空心掛麵。他把掛麵帶到京都汴梁。宋徽宗趙佶食後大加讚賞，下旨將雙溝空心掛麵列為貢品。明洪武十八年（西元 1385 年），皇太子朱標奉父命到泗州祭祖陵，特地派遣泗州知州王孟輝親自到雙溝，組織人員特製玉鱉、蟹黃、蝦籽、雞汁、蛋黃等多種空心掛麵數百斤，帶回到京城南京孝敬父母。明太祖惜其味美，僅在大宴功臣時才捨得賜每人一小碗空心掛麵。

如此味美的食品是怎樣製成的呢？據相關專家介紹，雙溝空心掛麵製作起來須經過六道工序，即：和麵、盤條、繞條、醒麵、包裝。所謂空心掛麵，就是在進行第五道工序時，讓風吹麵條而外乾內潮所製成。

■「乾隆老湯黃狗豬頭肉」

宿遷老湯豬頭肉始於清乾隆十二年（西元1748年），迄今已有近300年的歷史。老湯豬頭肉創始人黃德，原籍安徽滁州人，時因水患逃難到宿遷，因具有善烹飪豬頭肉特藝，在朝陽店外通岱街（今東大街）南首設攤點謀生。他製作的豬頭肉肥而不膩，價廉味美。

有一年，乾隆皇帝南巡到宿遷，宿遷知縣貢上黃德烹燒的豬頭肉。乾隆皇帝食之，連聲讚嘆「美哉！美哉！佳餚也！」黃德得到皇帝的讚美，得享「皇恩」、「聖譽」。他將乾隆吃剩的豬頭肉滷湯留下一碗，次日兌進新製的豬頭肉鍋裡，從此，日復一日，代復一代地兌下來，故有「乾隆老湯豬頭肉」專稱。因黃德乳名「小狗」，鄉里食客暱稱他「黃狗」，所以，黃德烹製的豬頭肉有「乾隆老湯黃狗豬頭肉」之稱，世代相傳，名聞遐邇。

1926年，宿遷「乾隆老湯黃狗豬頭肉」已傳到黃德第七世嫡孫黃友培手上。他繼承豬頭肉烹飪特技，在宿城東門外設攤經營。

■葉家燒餅為何又被稱作「乾隆貢酥」

宿遷葉家燒餅早在唐代就很有名氣，到了清代，其傳人被乾隆皇帝召進京師傳藝，名氣就更大了。

西元1757年春天，乾隆皇帝第二次巡幸江南路途經宿遷皂河。當時由於旅途勞累，他不思飲食，當侍從敬上葉家燒餅時，他起初毫不在

意，忽然一陣微風吹進窗來，他聞到有縷縷香味撲鼻而來，立時食慾大開，來個猛吃。飯後，乾隆皇帝連聲稱讚燒餅口味好。他命手下人將製作燒餅的葉師傅召來一見，當即封其為禦廚，並決定帶到京城去傳授手藝。從此，葉家燒餅便被改稱為「乾隆貢酥」。

時至今日，乾隆貢酥正歷經 10 代傳人。1989 年，著名詩人丁芒到皂河乾隆行宮遊覽，吃過葉家燒餅後，他欣然題詩一首以讚：「一縷香酥出皂河，征夫收進縱棹歌。葉家爐畔人論巧，八代芳華獻萬搓。」

飲食江蘇

娛樂江蘇

「南京 1912」──
昔日總統府邸，今朝城市客廳

　　號稱「南京第一休閒街區」的「南京 1912」風格與上海的「新天地」相仿。它位於南京市長江路與太平北路交會處，分為西區和北區，由 17 幢民國風格建築及「共和」、「博愛」、「太平」、「新世紀」4 個街心廣場組成，總面積 3 萬多平方公尺。這片青灰色與磚紅色相間的建築群，風格古樸精巧，錯落有致地呈 L 形環繞著名民國官邸遺跡「總統府」，成為以民國文化為特徵的南京長江路文化街的新亮點。「南京 1912」這個名字，是向社會各界廣泛徵集時從 600 多個方案中脫穎而出的。的確，1912 年是民國元年，民國是南京歷史上最繁華鼎盛的時期之一，當時的南京城聚集著最顯赫的政界要人和學術大家，是中西交會之地。受西風東漸之影響，民國初年的建築、社會風尚都帶著中西合璧的味道。

　　這樣一種歷史經驗自然成為懷舊情愫生發的最佳背景。作為現已更名為中國近代史遺址博物館的「總統府」的配套設施，「南京 1912」被設計打造成有文化品味和歷史底蘊的休閒消費場所，「昔日總統府邸，今朝城市客廳」，既提升總統府周邊的環境，也更好地張揚民國文化，讓所有到過南京的人一想到總統府就想到 1912，一想到 1912 就想起總統府。因此，儘管最終仍是商業用途，「南京 1912」的設計風格還是與總統府遺址建築群總體風貌保持一致。17 幢建築中有 5 幢是原有的民國建築，最高的只有 3 層樓，大多數建築是 2 層樓甚至是平房。在建築外觀上，大多數新建築中毫無修飾與浮華的青磚既是牆體，又是外部裝飾，煙灰色的牆面上，勾勒了白色的磚縫，除此之外再無任何修飾。現在這裡既有「星巴克」等咖啡館，又有「SEVEN CLUB」、「亂世佳人」等音樂酒吧，還有來自韓國、泰國、日本等地的美食館，以及美容、婚紗、攝影、服飾、工藝品等專賣店。琳瑯滿目的商品，豐富多彩的娛樂，身心愉悅的休閒，吸引大批遊客前往。

中國民歌〈茉莉花〉的故鄉到底在哪裡

說起在國際上最為西方人所熟知的中國民歌,恐怕非江蘇民歌〈茉莉花〉莫屬了。1804年,英國第一任駐華大使的祕書約翰・貝羅出版的《中國遊記》把〈茉莉花〉的曲譜刊載了出來,於是這首歌就成為了傳向海外的第一首中國民歌。1926年,歌劇大師、義大利作曲家普契尼在歌劇《杜蘭朵》中把〈茉莉花〉作為音樂主題,貫穿全劇。很多著名音樂家如法國鋼琴王子理查・克萊德門、美國薩克斯之王肯尼・吉都演繹過〈茉莉花〉,雅典奧運會閉幕式上張藝謀選用的〈茉莉花〉更讓外國人理解了清新、活潑的中國文化。關於這首民歌的起源,歷來有不少說法。其中甚至有人說〈茉莉花〉源自古印度佛教音樂。目前比較肯定和準確的說法是,〈茉莉花〉的前身是流傳在南京六合、揚州儀徵等地的小曲「鮮花調」(又名「仙花調」)。這種曲調廣泛流傳於明、清時期。現存最早的「鮮花調」歌詞見於清乾隆三十九年(西元1771年)揚州戲曲演出腳本《綴白裘》叢書中《花鼓》一劇的「仙花調」。

現在發現最早的曲譜,國外見於約翰・貝羅的《中國遊記》中記載的「小調」(有譜無詞,後被義大利作曲家普契尼運用到歌劇《杜蘭朵》中)。中國最早記譜為工尺譜,此工尺譜記載在清道光元年(西元1821年)刊行的《小蕙集》上,由揚州清曲家王萬卿演唱、張中操記譜、武俊達校訂,王萬卿演唱的「鮮花調」更接近當代流行的「茉莉花」。不過,南京的民俗學者則認為,〈茉莉花〉其實源自南京,而且是一首地地道道的南京小調。其前身「鮮花調」在南京白局曲調中原名「聞鮮花」,其意指聞了茉莉聞玫瑰,聞了玫瑰聞水仙,聞了水仙再聞金銀花。「鮮花調」就是藝人們在聞了這4種不同的花後而創作的。至於這個「聞」字,是在代代相傳中,藝人們漸漸把這個「聞」字給省掉了,直呼「鮮花調」。據說明初遠徙青海、甘肅等西北邊區的軍士都會在思念家鄉的時候哼唱這曲

調，至今當地還在流傳。甚至還有人明確指出，〈茉莉花〉的作者就是明開國功臣徐達。

相傳徐達擔心自己功高震主，即使朱元璋賜給他莫愁湖，他還是難以安心，一日在湖畔賞花時即興用花鼓戲的調子唱起了歌謠：「好一朵茉莉花，好一朵茉莉花，滿園花草也香不過它，奴有心採一朵戴，又怕來年不發芽。好一朵金銀花，好一朵金銀花，金銀花開好比鉤兒芽，奴有心採一朵戴，看花的人兒要將奴罵。好一朵玫瑰花，好一朵玫瑰花，玫瑰花開碗呀碗口大，奴有心採一朵戴，又怕刺兒把手紮。」歌詞中所提到的三種花分別代表了名、利、權：茉莉諧音「沒利」，是說要看輕名；金銀花指金銀財寶，但在開花時花上卻帶著一個鉤兒，要取金銀財寶就要付出代價；而玫瑰象徵富貴，想要擁有則要受到懲罰。有人說這裡的「我」就是指徐達，而「看花人」就是皇帝朱元璋。據說這個歌詞與後來〈茉莉花〉改編者採集到的一模一樣。

用南京方言表演的「南京白局」

南京白局，又叫南京白話，或者南京白曲。形同相聲，表演一般一至二人，多至三五人，說的全是南京方言，唱的是俚曲，通俗易懂，韻味純樸，是一種極具濃郁地方特色的說唱藝術。稱作「白局」是因為每唱一次叫做「擺一局」，而且最初是白唱白聽不收費。稱作「白曲」，則是因為它採用曲牌甚多，主要的就有〈滿江紅〉、〈九連環〉、〈虞美人〉等數十種。據相關資料載，元曲曲牌中的「南京調」係白局的古腔本調，至今已有700多年歷史，在其流傳過程中，還曾在揚州留下了一個新品種——清曲。1960年代，有名的香港電影《三笑》劇組，就曾採集南京白局〈誇誇調〉、〈道情調〉等大部分曲調，用於電影創作。

明清時期，南京擁有20萬之眾的織錦工匠。他們兩個人一組，一

個坐在織機上面拽花,一個在織機下面機坎裡摔梭開織。在沉重煩悶的勞動過程中,兩人一唱一和,用土語描摹痛苦的生活,傾吐心中的鬱悶,抒發情感。如「這幾天機房不好做,我又被『坐板瘡』來磨,三萬六千頭的庫緞,一天撂上它幾十梭,『焦老機』的老闆,天天還在催生活——」。他們吸收原先流傳在六合等鄉村地區的俚曲小調,又夾雜南京方言土語在裡面,有說有唱,逐漸形成南京白局這種藝術形式。因南京味兒特足,織錦工匠這種每唱一次稱作「擺一局」的白局,很快贏得了廣大市民的青睞,引起了廣泛的反響。有的傳入澡堂、理髮、廚行、茶館各服務行業,有的便登上大雅之堂,分成不取報酬、只享招待的「白局」和收酬金的職業班「紅局」。百姓家有紅白喜事,或是農曆七月盂蘭盆會時,職業班多有演出。

演出一般均在晚上,正規形式是一張四仙桌(人多時則拼兩三張),一塊白線毯,上擺插上時令鮮花花瓶一對,中間檀香銅爐一隻,樂器有二胡、琵琶、月琴、小三弦、簫、笛、笙之類,以檀板、皮鼓及筷、碟、酒杯擊節合拍。演出樸素大方,熱鬧紅火。演唱講究只准男唱不許女演,分文、武口。文口即男的唱女腔,主唱者自擊鼓板,樂隊從旁伴奏兼幫腔、追白。清末民初名票潘長清唱文口,享有白局梅蘭芳之譽,能唱百十回曲目。民國成立後,南京織錦業衰敗,白局逐漸衰落。抗日戰爭爆發後,南京白局藝人也流散各地。目前南京就僅剩幾位老人還會這門藝術,後繼乏人。如今,民俗專家多次呼籲搶救南京白局這一劇種,挖掘這一地方文化遺產。

■ 崑曲──「百戲之祖」

在歷史的演變過程中,崑曲曾出現多種名稱,如「崑山腔」、「崑調」、「崑劇」、「南曲」、「南音」、「雅部」等。一般而言,著重表達戲曲

聲腔時用崑山腔，表達樂曲，尤其是脫離舞臺的清唱時用崑曲，而將指表演藝術的戲曲劇種則稱作崑劇。

　　崑劇的興盛及其稱霸劇壇的時間長達 230 年之久，即從明代隆慶、萬曆之交開始，到清代嘉慶年間。這一時期是崑劇藝術最光輝、成就最顯著的階段，劇作家的新作品不斷出現，表演藝術日趨成熟，行業分工也越來越細緻。從演出形式看，由演出全本傳奇，變為演出摺子戲，既刪除了軟散的場子，又選出劇中的一些精采的段落加以充實、豐富，使之成為可以獨立演出的短劇。摺子戲以其生動的內容，細緻的表演，多樣的藝術風格彌補了劇本的冗長、拖沓、雷同的缺陷，給崑曲演出帶來生動活潑的局面。

　　崑曲劇碼豐富，劇本文辭典雅華美，文學性很高。單單看劇本就是一種美的享受。許多唱詞本身就是婉約淒美的詩詞。崑曲成為明清兩代擁有最多作家和作品的第一聲腔劇種。崑曲擁有獨特的聲腔系統。它的發音吐字比較講究四聲，嚴守格律、板眼，唱腔圓潤柔美，悠揚徐緩。它的曲調是中國古典文學中的曲牌體，崑曲都講究曲牌體，每出戲曲都由成套曲牌構成。崑曲的表演更是舞蹈性很強，並與歌唱緊密結合，是一門集歌唱、舞蹈、道白、動作為一體的綜合性很高的藝術形式。中國戲曲的文學、音樂、舞蹈、美術以及演出的身段、程式、伴奏樂隊的編制等，都是在崑曲的發展中得到完善和成熟的。

　　崑曲的成長代表了中國戲曲的成長，它對京劇和川劇、湘劇、越劇、黃梅戲等許多劇種的形成和發展都有過直接的影響，這也就是人們常常把崑劇稱為「百戲之祖」的原因。2001 年 5 月 18 日，中國崑曲被聯合國教科文組織宣布為首批《人類口頭遺產和非物質遺產代表作》，這是對崑曲在人類文化傳承中的特殊地位、貢獻和價值的高度認定。

蘇州評彈和一般的說書有什麼區別

　　一般的說書是指說唱長篇故事的曲種。中國各地都有說書。蘇州評彈是蘇州評話和彈詞的總稱。民間也可統稱為說書，評話為「大書」，彈詞為「小書」。演出的場所叫書場，評彈演員也可稱為說書先生。評彈產生並流行於蘇州及江、浙、滬一帶，用蘇州方言演唱。評彈的歷史悠久，早在清朝乾隆時期已經頗為流行。當時最著名的藝人有王周士，他曾為乾隆皇帝演唱過。嘉慶、道光年間有陳遇乾、毛菖佩、俞秀山、陸瑞廷四大名家。咸豐、同治年間又有馬如飛、趙湘舟、王石泉等，之後名家流派紛呈，使蘇州評彈藝術歷經 200 餘年至今不衰。

蘇州評彈

　　蘇州評彈有說有唱，大體可分三種演出方式，即一人的單檔，兩人的雙檔，三人的三個檔。演員均自彈自唱，伴奏樂器有小三弦和琵琶。唱腔音樂為板式變化體，主要曲調為能演唱不同風格內容的「書調」，同時也吸收了許多曲牌及民歌小調，如「費伽調」、「亂雞啼」等。「書調」是各種流派唱腔發展的基礎，大致可分三大流派，即陳（遇乾）調、馬（如飛）調、俞（秀山）調。經過 100 多年的發展，又不斷出現繼承這三位名家風格，且有創造發展自成一家的新流派。其中「馬調」對後世影響最大，多有繼承並自成一派者，如此發展繁衍形成了蘇州評彈流派唱腔千姿百態的興旺景象。

「吳歌」到底是什麼樣的歌

　　吳歌，又稱吳聲歌曲，是指江蘇南部、浙江西部，包括上海在內的整個長江三角洲用吳語演唱的山歌、小調、號子等民歌。相傳西元前 13

世紀，殷商末年周王派長子到無錫建都並「以歌養民」，這就是吳歌的發端。我們通常所說的吳歌，主要就是流傳吳地農民中間的「唱山歌」。吳歌形式豐富，以無伴奏的即興歌唱為主，和其他文藝形式不同就在於它的口頭性、變異性、傳承性和自娛性。

江南水鄉吳文化地區孕育的吳歌特色鮮明。區別於北方民歌的熱烈奔放、率直坦蕩、豪情粗獷、高亢雄壯，吳歌委婉清麗，溫柔敦厚，含蓄纏綿，隱喻曲折。具有濃厚的水文化特點，如涓涓流水一般，清新亮麗，一波三折，柔韌而含情脈脈，和吳儂軟語有相同的格調，有著獨特的民間藝術魅力。在封建社會小農經濟為主的社會中，農村交通閉塞，農民生活貧困，文化生活非常貧乏，唱山歌就是他們唯一的自娛形式。除了勞動場所外，在夏天乘風涼、冬天圍爐取暖以及農閒逛廟會時，人們都唱山歌以自娛。這不但可以自由地抒發胸臆，而且可以施展人們的創作才能，表現人們的聰明智慧，豐富人們的勞動生活知識。當然，對於青年男女來說，唱山歌成為婚姻的媒介，會為他們帶來愛情。所以山歌成為農民生活中不可缺少的精神食糧和娛樂形式。過去家庭傳承是山歌傳承的主要方式。這樣便形成了農民自己的未經雕琢的自然形態的文化。

吳歌是下層人民創造的俗文化，是民間的口頭文學創作，主要依靠在民間口口相傳，代代承襲，是帶有濃厚民族特色和地方色彩的民間韻文形式。這種文化現象，生動地記錄了江南農民和其他下層人民的生活史，是十分珍貴的歷史資料，也是十分寶貴的民間文化遺產。作為一種口頭文學，吳歌的藝術研究價值和人文研究價值越來越高，它是藝術創作上可資借鑑的豐富源泉。

■「蕩觀前，白相玄妙觀」

「蕩觀前，白相玄妙觀」是蘇州人的一句口頭禪，大致的形成時間是在清末。「觀前」是指蘇州著名的購物街觀前街，因為街北有玄妙觀而得名。清末的觀前商市剛剛興起，並逐漸繁榮，這個時候閶門外遭戰亂破壞還沒有恢復繁華，觀前玄妙觀就成為唯一的吳中樂土了。清顧祿《清嘉錄》中詳細記述了新年玄妙觀遊人爭集的盛況，從中可看出這裡確實是一個遊樂場所。當時玄妙觀沒有專供零售的店鋪，都是支起布幕設攤，晨集暮散。攤主出售糖果、小吃、玩具、雜品等。有賣畫張的，在三清殿內聚集出售，農民爭買〈芒神春牛圖〉。東西兩廊及甬道有茶坊酒肆及小食品店，門市如雲。玄妙觀內最吸引人的是來自四方的雜耍諸戲。各式人等靡不畢至，各獻所長以售其藝。三清殿前可謂三教九流雜處，貴人庶民齊集。

平時到玄妙觀白相也有很多興致。正山門、三清殿的神像既威嚴又端莊，令人敬而恭之。燒香祈禱心靈上會有一些安慰。如果附近殿宇裡正在打醮，就會傳出悠揚悅耳的道教音樂。你不妨前去觀賞一下法事，可以感悟神道的玄妙，解脫一些世事的煩惱。玄妙觀的十八景可以一一按圖索驥去辨認。在玄妙觀東西廊有人在說大書，即說評話。有時《說岳》，有時《三國》，幾張長凳排在那裡，顧客隨到隨坐，如果走得有點累了，正好歇歇腳。聽評話聽到緊要關頭，總會聽下回分解。大家心中有一個強烈的懸念。

玄妙觀的小吃品種繁多，如雞血、鴨血、百葉包肉、油豆腐、雜燴等。如果你要嘗一碗，攤主會熟練地拿起盛有粉絲的碗來，將粉絲倒入抓漏，把抓漏擱在湯鍋裡，然後將百葉包肉、油豆腐放碗中，用剪刀三兩下剪成片狀，加入雞鴨血和雜燴，這時粉絲已燙熱，用抓漏取出倒入

碗內，加點熱湯，再抓一把香蔥，灑幾滴香油，熱氣騰騰地端給你了。玄妙觀的小吃一次是嘗不盡的，只能每次嘗一兩樣，其他的留待下次再來。遊人白相玄妙觀，看雜耍，嘗小吃，還要到各處布篷地攤一一轉悠。若覺得一次不盡興，可下次再來；待到下次再來，或許又有新的篷攤、地攤冒出來，令人玩不夠，令你再回頭。

「七里山塘到虎丘」

蘇州是著名的江南水鄉，城內水港交錯，街衢縱橫。晚唐詩人杜荀鶴有詩：「君到姑蘇見，人家盡枕河。古宮閒地少，水港小橋多。」在蘇州眾多的街巷之中，名勝山塘街被稱譽為「姑蘇第一名街」。

山塘街始建唐代寶歷年間。西元825年白居易奉命到蘇州任刺史。上任不久，他坐了轎子到虎丘去，看到附近的河道淤塞，水路不通。回衙後，他立即找來有關官吏商量，決定在虎丘山環山開河築路，並著手開鑿一條山塘河。山塘街和山塘河東起閶門渡僧橋附近，西至虎丘望山橋，長約7里，俗稱「七里山塘到虎丘」。山塘河的開鑿和山塘街的修建大大便利了灌溉和交通，使這一帶成了熱鬧繁華的市井。山塘街一頭連接蘇州的繁華商業區閶門，一頭連著花農聚集的虎丘鎮和名勝虎丘山，所以，自唐代以來它一直是商品的集散之地，南北商人的聚集之處。清乾隆年間，著名畫家徐揚創作的《盛世滋生圖》長卷（也稱《姑蘇繁華圖卷》）畫了當時蘇州的一村、一鎮、一城、一街，其中一街畫的就是山塘街，展現出「居貨山積，行雲流水，列肆招牌，燦若雲錦」的繁華市井景象。曹雪芹在《紅樓夢》第一回中也把閶門、山塘一帶稱為「最是紅塵中一二等富貴風流之地」。

山塘街上店鋪、住家鱗次櫛比，這裡的房屋多為前門沿街，後門臨河，有的還建成特殊的過街樓，真是朱欄層樓，柳絮笙歌。山塘街又是

一條典型的水巷,河上裝載著茉莉花、白蘭花及其他貨物的船隻來來往往,遊船畫舫款款而過。這裡的房屋沿河有石級,婦女們就在河邊洗衣洗菜。

山塘街可以分為東西兩段,東段從閶門渡僧橋起至半塘橋,這一段大多是商舖和住家,各種商店一家接著一家,東段又以星橋一帶最為熱鬧繁華。山塘街的西段指半塘橋至虎丘山。這一段漸近郊外,河面比東段要開闊,河邊或綠樹成蔭、芳草依依,或蒹葭蒼蒼、村舍野艇。這裡有普濟橋、野芳浜等勝景,還有「五人墓」、「葛賢墓」等古蹟。「五人墓」安葬著明末顏佩韋等五位義士,他們為了抗議魏忠賢閹黨逮捕東林黨人周順昌,率眾市民暴動,最後慷慨就義。

再向西行,就到了有「吳中第一勝景」之稱的虎丘山。峰巒塔影、山林氣象更使人神往。山塘街一向為歷代文人墨客和朝野名士所鍾愛,曾留下了許多吟詠之作。山塘街歷來還是舉行豐富多彩的民俗活動的地方,龍舟賽會以及各種廟會、節會、花會往往都在此間進行。山塘街還被寫進不少民間傳說和文藝作品之中,蘇州彈詞《玉蜻蜓》、《三笑》、《白蛇傳》就都寫到了山塘街。

夜遊網師園

網師,就是「撒網的漁翁」。以此為名含有歸隱之意。古人的歸隱可分為三種:小隱隱於市,中隱隱於野,大隱隱於朝。隱居蘇州的文人們選擇了第一種,用金錢和藝術構築起一片物化的精神綠洲。網師園就是這樣一個園子。在有限的天地裡,有小橋池水,亭臺樓閣,可謂山水重重屋重重,是蘇州園林中不可多得的「小園極致」。這腳下的每一步踏的都經過精心布置,眼底的每一眼見的都是極致的美。近年來園內開設了夜遊項目,這是模仿古人秉燭夜遊。由於票價比白天稍貴,遊客不太

多。恰恰是在這種人靜聲廖之時，因少了白日遊人如織的嘈雜，蘇州園林的本色才最能讓人領受。夜遊不僅讓遊人觀賞了網師園不同白天的另一面勝景，讓遊客充分感受白天不可能有的神韻。

園內有8個廳堂，樓臺景點分設崑曲、評彈、古箏、古琴等頗具地方傳統特色的表演，表演的節目多而短小，演出者少則一人多不過倆人，遊客隨到隨演。有一位身著紅衣白裙手提竹竿燈籠的小巧蘇州女子，靜靜地引領遊客穿梭園中，柔聲略微介紹一下曲目，就靜靜地站在角落裡等候。殿春簃中進行的是琵琶表演：只見那身著旗袍面色沉靜的蘇州女子懷抱琵琶，正襟危坐，她玉指輕彈，樂音就緊緊慢慢的飄然而至，接著樂音升高，升得越高越是急促，令聽者的整個靈魂彷彿也要隨之飄浮而去。琴音戛然而止，驀地，一陣悠揚的笛音又隨晚風飛至，引領著人不由自主的走向小園深處。濯纓水閣中，吹笛人長衫及地，笛橫在手，迎風而立，笛音悠悠揚揚，飄飄灑灑。笛音才止，簫聲又起。

網師園夜遊項目吸引了許多中外遊人。特別是對外國人來說，獨具中國特色的東方傳統藝術文化對他們更有著強烈的吸引力。

錫劇代表作《珍珠塔》

許多人都知道中國的國粹是京劇，也知道江南地區主要的戲劇劇種越劇，但對於「錫劇」，知道的人恐怕就不多了。其實錫劇在蘇南地區也是一個主要的劇種。它起源於無錫、常州等地的「灘簧戲」，在蘇南一帶有眾多的戲迷。錫劇以無錫方言念白，唱腔抑揚婉轉，曲調優美，富有江南吳地風韻，與越劇、滬劇有異曲同工之處。

《珍珠塔》是錫劇代表性傳統劇碼。《珍珠塔》，全名《孝義真跡珍珠塔全傳》，原為清代長篇彈詞作品，作者不詳。後經周殊士、馬如飛等彈詞藝人增益補充，流傳頗廣。現存最早的版本為清乾隆年間周殊士作序

的刻本。本劇故事情節是：河南書生方卿家道中落，奉母命投親借貸。因遭勢利姑母羞辱，負氣而回，發誓不做官不進陳家門。自幼與方卿青梅竹馬的表姐陳翠娥敬佩方卿窮不失志的骨氣，暗將稀世珍寶——珍珠塔贈與方卿帶回，以資助他讀書養親。風雪歸途中，方卿遭劫險些喪命。3年後，方卿高中頭名狀元，喬裝改成江湖藝人，二次來到陳府，勢利成性的姑母仍冷眼相待，方卿唱道情予以諷喻。姑母為其情理所動，將失而復得的珍珠塔贈與方卿，並讓方卿與翠娥完婚。此劇具有較高的文學性和藝術性。著名的戲劇表演藝術家王彬彬、梅蘭珍等均以此劇而成名。

揚州人的「皮包水」與「水包皮」

揚州人講「皮包水」就是指進茶館喫茶。因為愛到茶館用餐，故而揚州習慣稱早飯為「早茶」，下午吃點心也叫吃「晚茶」。揚州人喫茶，特點是講究「飲」、「食」並重，即不獨清茶一杯，還兼品嘗「茶食」。傳統的揚式茶點與京式、蘇式、潮式、廣式、高橋式、閩式、寧式、川式合稱九大幫式之一。揚式茶點兼取南北風味之長，可謂製作精細，造型美觀，香甜酥脆，鹹甜可口。傳統茶食「小八件」，即眉公餅、太師餅、黑麻、白麻、菊花餅、一條線、小佛手、小蘋果等。其內餡和外觀俱皆精妙，豆沙、棗泥、椒鹽、五仁、麻香五味俱全，有形象逼真而味不雷同之譽。

「水包皮」是指洗澡，揚州人洗澡也與其他地方各異其趣。一天勞碌下來，人們喜歡到浴池泡上個把時辰，浴池有大池、中池、娃娃池之別，座位也有雅座、客座、通鋪之分。浴池還有助浴、擦背、擦身、按摩、修腳等全套服務。洗完澡後，血管舒張，皮膚變柔，倦意全消。若是有朋自遠方來，揚州人會邀請朋友到浴室邊沐浴邊交談，此時可謂坦誠見底，心心相照。

揚州評話與王少堂的《水滸》

揚州評話是江蘇省的主要地方曲種之一，源於唐代的「說話」、宋代的「講史」。清初傑出的說書家柳敬亭曾多次在揚州演藝，他的高超技藝，成為揚州評話藝人鑽研藝術的典範，對揚州評話形成獨特的藝術風格產生過深刻的影響。整個清代，在揚州獻藝的評話藝人很多，湧現了眾多的評話名家。其中尤以說「王派《水滸》」的王少堂最為突出，他繼承和發展了父輩的說表藝術特色，兼取各家之長，著力刻劃人物，形成了具備「甜、黏、鋒、辣」特點的獨特藝術風格，將揚州評話推上了一座新的藝術高峰。

王少堂祖籍江蘇省江都縣，本人生於揚州。伯父王金章、父親王玉堂均從名師習藝，擅長說演揚州評話《水滸》。王少堂7歲隨父學藝，9歲登臺演出，12歲正式行藝。在長期的藝術實踐中，他不僅繼承父親的書藝，而且繼承了伯父的優點，並且兼收同行之長。在家傳藝術的基礎上，他先是以說演中國古典文學名著《水滸》中的武松故事為主，完善為十回的篇幅，後又說演《水滸》中的宋江故事，使之也成十回。在1950年代，他將兩部曲本整理出版。同時，他又把《水滸》中的石秀與盧俊義兩個人物的故事編成揚州評話說演，從而形成《武松》、《宋江》、《石秀》、《盧俊義》四個「十回書」，成為以他為代表的揚州評話藝術的代表作，人稱「王派《水滸》」。

「王派《水滸》」說演的特點是以人物結構故事，透過四個主要人物串聯整個《水滸》的內容。特別是王少堂對原著中所沒有或簡單交代的事蹟加以豐富，對前輩的書藝進行擴展，使之更加完整和豐滿。王少堂上承先輩之業，下衍家族書藝。他的表演，說表細膩，形神兼備，張弛有致，口齒清雅，人稱其藝術「細緻而不累贅，壯美而不粗疏」。他的兒子王筱堂、孫女王麗堂均是揚州評話表演的名家。特別是其孫女王麗堂由

於直承祖父書藝,在祖父「甜、黏、鋒、辣」之藝術風格的基礎上說演更脆雅,語言更洗練,有「秀口」和「盆豁桶傾一串珠」之譽。從而使得「王派《水滸》」的擁有者成為名副其實的「王派《水滸》」藝術世家。

享譽天下的揚州木偶

木偶戲是由演員操縱木偶以表演故事的戲劇。中國的木偶戲產生於漢代,唐宋時已經很發達,當時多稱傀儡戲。清代中葉,由於揚州是全國戲曲活動的中心,因此各地木偶戲班社也紛紛湧來。當時揚州文人筆下出現了很多吟詠木偶戲的詩詞。鄭板橋〈詠傀儡戲詩〉:「笑爾胸中無一物,本來朽木製為身。衣冠也學斯文輩,面貌能驚市井人。得意哪知當局醜,旁觀莫認戲場真。縱教四體能靈活,不藉提撕不屈伸。」作為「木偶之鄉」的揚州,其杖頭木偶與泉州的提線木偶、漳州的布袋木偶齊名。杖頭木偶,俗稱「三根棒」,是三根木棒操縱。其中一根支撐木偶頭部,稱為主棒或面棒,耳、眼、鼻、嘴均能閉合張開,眼珠轉動,頭頸上下左右扭轉;另兩根棒操縱木偶雙手,又稱「手桃子」。表演時,演者兩手能運用自如、靈活準確地把握手中的各種道具。在表演樣式上,揚州木偶吸取了京劇的不少程式動作,唱腔、道白基本上也是用的京腔。

四面楚歌

西元前 202 年,項羽被劉邦圍困在安徽垓下,兵少糧盡。夜間,忽聽四面皆楚歌聲,便大驚道:漢王已經占領西楚國了嗎?為何這麼多楚人在唱歌?

後人就用「四面楚歌」比喻四面受敵、孤立無援。但楚歌的內容是什麼?司馬遷沒寫,民間卻有一些傳唱,有五首之多:

第一首是：隆冬時節雪花飛，身上缺衣肚中飢。白髮依門盼兒回，癡情妻子望夫歸。刀劍無情人命危，骨埋沙場有誰憐？楚敗漢勝是天意，何必為人作嫁衣！

第二首是：離家十年，與母告別。妻子無靠，獨守空房。家有良田，無人耕種。鄰家有酒，無人去嘗。白髮依門，翹首盼望。兒女想爹，哭斷肝腸。漢王有德，不殺降將。想家思親，解放回鄉。當此長夜，仔細思量。趕緊逃走，免死他鄉。

第三首是：春風暖，燕子回，妾守空門望郎歸。夏日來，荷花開，白髮母親望兒來。秋天到，五穀香，黃髮乳兒問親娘：爹爹為何去打仗？冬天裡，天氣寒，母盼兒來妾盼郎，到頭來又是空一場。

第四首是：九月深秋兮四野飛霜，天高水涸兮寒雁悲愴。最苦戍邊兮日夜徬徨，披堅執銳兮骨棄沙場。離家十年兮父母生別，妻子何堪兮獨宿孤房。雖有肥田兮孰與之守，鄰人酒熱兮孰與之嘗？白髮依門兮望穿秋水，稚子憶念兮淚斷肝腸。一旦交兵兮蹈刃而死，骨肉如泥兮衰草毫梁。胡馬嘶風兮尚知戀土，人生客久兮寧往故鄉。魂魄悠悠兮不知所倚，壯志寥寥兮付之荒唐。當此深夜兮追思反省，及早散楚兮免死他鄉。汝知其命兮勿謂渺茫。漢王有德兮降軍不殺，哀告舊情兮放汝翱翔。勿守空城兮糧道已絕，如不離羽兮玉石俱傷。

第五首是：楚之聲兮散楚卒，我能歌兮通五音。往昔楚兮敗丹陽，今日楚兮敗漢王。仙音徹兮通九天，秋風起兮楚亡日。楚既亡兮汝焉歸，時不待兮如電疾。歌兮歌兮勸楚軍，字字句句是真意。勸君莫要等閒聽，順應天意快離去。

以上五首，據說都是「四面楚歌」之歌。除內容基本相同外，還有以下幾個爭論的問題：第一個爭論的問題是作者是誰？有的說為韓信所編，有的說乃張良創作，有的說是後人偽作，還有一說，說這是當地流傳的民歌。從這五首歌的表現形式和語言特徵看，第一、二、三首為普通百姓創作，屬民間文學，很可能流傳於今安徽靈璧一帶，即垓下周圍，第

四、五兩首可能是文人創作，具有楚辭風格，因為每句均帶「兮」字，而且用了一些典故。

第二個爭論的問題是：楚歌在何處所唱？一說在徐州，項羽兵困九里山，張良在子房山指揮漢軍合唱。二說，項羽兵困垓下，由韓信組織士兵合唱。唱時用楚國方言，其目的是用厭戰、思親、思鄉之情瓦解楚軍。最後漢軍也的確達到了這個目的。

項羽為何要在南山建戲馬臺

戲馬臺建在一座小山上。此山因位於徐州城南，故名南山（後改為戶部山）。但城南的山很多，如雲龍山、鳳凰山、泰山、泉山等，而且均比南山高大雄偉，項羽為何偏偏選在南山建戲馬臺呢？原因大致有二：

◆ 人與馬都上山方便

當時，項羽的西楚王宮設在彭城北關，即今彭城路北端，背靠汴水、泗水。再往北也有山，但有河相隔且較遠，不是最佳選擇。城南雖然山多，可距離西楚王宮最近的山就是南山，去南山的路程最近。南山也不太高，現在測量的海拔高度是69.9公尺。宋蘇軾任徐州太守時，說此山是廣百步、高十仞。古時一仞為八尺左右，十仞即八十尺左右，即27公尺左右，這是地面高度。上這個高度當然就省力了。項羽力可拔山，再高的山也能攀登，可他的愛人虞姬就不同了。項羽建戲馬臺是為了讓士兵表演馬技、馬戲與虞姬同樂，當然要照顧到虞姬的體力了，不能讓她爬山累著了。項羽對她十分疼愛。讓馬上山也不能選太高的山。當時，項羽的騎兵駐在今彭祖園中的兩座山頭上，在那裡飼養、訓練馬匹，故名馬棚山。這山也不高，與南山不分上下，上去也比較容易。

◆ 南山可作重要軍事據點

蘇軾在〈上神宗皇帝書〉中分析道：彭城北、西、東三面由汴水、泗水包圍，只有城南面可通車馬。而城南的戲馬臺，高十仞，廣百步，若打仗時，屯千人於其上，積三個月糧，再準備大量的木、炮、石等守衛性武器，同時可以城裡做後盾。如此這般，就是外來10萬兵馬，也難以攻破。

戲馬臺的軍事功能想來項羽是考慮到的。後來的幾次戰役也證實了戲馬臺的據點作用。西元409年，掌握東晉軍事大權的劉裕在北伐時就以戲馬臺為軍事指揮所。現在的戲馬臺是1979年和1986年兩次重建的。戲馬臺的山門內外鋪設了54級黑青石臺階。這裡有何寓意？原來山門外的臺階共31級，象徵項羽只活了31歲，短暫而壯烈。山門外的臺階共23級，象徵項羽起義時為23歲，年輕而有為。這裡的年齡可能是實歲。《史記‧項羽本紀》上說，項羽起兵時是24歲。31＋23＝54。這便是54級臺階的寓意。

有人提出：項羽是宿遷人，又是徐州沛縣人劉邦的手下敗將，徐州人為什麼還世世代代細心保護項羽的戲馬臺呢？有如下原因：

- 項羽也是徐州老鄉。秦統一六國之前，徐州和宿遷曾有60年同屬於楚國。項羽建西楚王國後，徐州和宿遷都在他的統治之下。因此，徐州人與宿遷人曾是老鄉。保護老鄉的遺跡是老鄉的親情和義務。
- 項羽是反秦英雄。徐州人認為，雖然項羽敗劉邦手下，但他仍是一位英雄，一位抗秦英雄。所以，不能簡單地以成敗論英雄。秦朝的主力部隊是被項羽消滅的，應該肯定。保護好戲馬臺，就是不忘歷史。項羽也是楚文化的代表人物之一，保護戲馬臺也就是從一個角度保護了楚文化。徐州現存的唯一楚文化遺跡就是戲馬臺了。

■象棋上的「楚河漢界」是怎樣來的

中國象棋是一種風行全國的遊戲工具，由棋盤與 32 個棋子組成。中國象棋遊戲規則若干條。中國象棋的來歷說法不一，但最可信的是緣於劉邦與項羽的楚漢戰爭，其有力證據便是棋盤上的「楚河漢界」標誌。

「楚河漢界」原楚漢戰爭中的一項停戰協議。楚，指項羽一方，他自稱「西楚霸王」。漢，指劉邦一方，他被項羽封為「漢王」。後兩人反目，打了起來，史稱「楚漢戰爭」。一直打了 4 年，最後項羽徹底失敗，自刎於烏江。

漢王二年（西元前 205 年），劉邦大敗於彭城，狼狽逃至滎陽，後在滎陽、成皋一帶與項羽作戰，雙方各有勝負，形成僵持局面。成皋原在項羽手中，後因用將不當，落到劉邦手中，總的形勢對項羽不利。但劉邦的父親和妻子還在項羽手中，他就想利用一下劉邦的這兩個親人。為了激怒劉邦，項羽在陣前立了一個高臺，臺上放了一個大的切肉案子，他把劉邦的父親放到肉案子上，讓劉邦遠遠就能看到。項羽大喊道：「劉邦，你快投降吧，否則我殺了你的父親。」接著，項羽派使臣來聽劉邦的回話。豈料劉邦說：「當初我和項羽一道反秦，都是楚懷王的部將，我們兩人還是結義兄弟，我父親就是項羽的父親。

如果項羽一定要烹殺他的父親，那就分我一碗他父親的肉做成的湯，給我嘗嘗！」項羽聽到這樣的回話，當即要殺劉邦的父親。項伯勸阻道：「劉邦想爭天下，必然不顧自己的家庭和親人，你就是殺了他父親，他也不會投降的，反而會增加仇恨。」項羽覺得有理，也就作罷。接著項羽又要與劉邦單獨決戰，分個勝負。劉邦笑道：「我寧可和你鬥智，不願和你鬥勇。」項羽無奈，便命令戰士挑戰。劉邦命令神射手一連射殺項羽三個壯士。項羽大怒，親自披甲持槍，上馬挑戰。劉邦的神射手正

要射擊，項羽大喝一聲，把他嚇了回去。這時劉邦又走了出來，數落項羽十大罪狀。項羽惱羞成怒，命部將向劉邦射箭，劉邦胸口中箭，差點落下馬來。但他怕影響士氣，便機智地彎下腰，捂著自己的腳說：「啊，我的腳趾頭被射傷了。」然後退回軍營。

僵持總不是辦法，劉邦也還是掛念他的親人。漢王四年（西元前203年）八月，劉邦派陸賈為使者來到項羽軍營，要求釋放劉邦的父親和妻子，開始和談，但被拒絕。劉邦又派能言善辯的侯生為使者。去和項羽談判，並提出和談條件：以滎陽東南的鴻溝（秦始皇時開鑿的運河）為界，鴻溝以西為劉邦所有，鴻溝以東為項羽所有，彼此各守疆土，互不侵犯。這樣，雙方停戰，既保持兄弟情義，又共用天下，老百姓也能過好日子。項羽對這個方案動心了，就準備答應。因為他也厭倦了戰爭，而且糧草不足，又三面被劉邦的部隊包圍。雖然有手下人反對，認為劉邦是反覆無常的小人，不講信義，不能放走他的父親與妻子。但項羽決心已定，認為天下自有公論。為此，雙方在這年九月達成了停戰協定，項羽也放回了劉邦的父親和妻子。這便是戰爭中的「楚河漢界」故事。

後人發明了象棋進行博弈。雖是遊戲，卻是兩軍對壘形如楚漢戰爭，於是便在棋盤上寫上「楚河漢界」四字。

徐州人如何玩鬥雞

徐州人玩鬥雞已有 2,000 多年的歷史。劉邦的父親劉執嘉就是古代一個鬥雞專家。劉邦建都長安後，「複製」了他的出生地豐邑，在京城附近建了新豐城，並在城裡建「百戲臺」，供劉邦的父親娛樂，其中一項就是玩鬥雞，百種遊戲之一。據晉代葛洪的著作《西京雜技》載，劉執嘉「平日所好，皆屠販少年，酤酒、賣餅、鬥雞、蹴鞠，以此為歡。」

現代的徐州人也喜歡玩鬥雞。每年的農曆二月十九日雲龍山廟會上就有鬥雞或鬥羊表演。

　　參加鬥雞的「運動員」都是雄壯威武的大公雞。對鬥雞體型有嚴格要求，要麼腿長、體長、脖子長，要麼腿短、體短、脖子短，行話是「長如扁擔，團如鱉」。對公雞的羽毛沒有什麼限制，青、紅、紫、黃、白都可以，但色彩要鮮豔，搭眼一看，就能給人留下不俗印象。對公雞的嘴，要求或長或短，但均須直而尖。嘴是鬥爭的武器，一定要銳利，即直而尖，長短並不重要。也有人認為，雞的嘴應當一長，二粗，三直，四尖。公雞的腿，紅、白、綠最好看，要求硬邦邦、乾巴巴；其爪，應細如麻，十字狀。公雞的總體儀錶可用「昂頭挺胸拉尾」六個字概括。

　　公雞的飼料是：高粱、玉、青菜、牛肉、雞蛋等。一日兩餐，鬥時加餐。

　　對公雞的訓練方法有以下幾種：遛——趕雞跑步；盤——模擬打鬥的動作；轉——引雞追食；跳——引雞跳躍；蹲——練雞腿力；搓——練雞肌肉；傳——練雞衝刺力。每日必練，每日練50～300次，由少漸多，再由多漸少。

淮劇的來歷

　　淮劇又稱「江淮戲」，形成於鹽阜和江淮一帶，其主要發祥地在建湖縣境內。目前淮劇是江蘇省主要地方戲劇種之一，流行於江蘇、上海、安徽等廣大地區。

　　淮劇最初起源「門談詞」，孕育於「香火戲」，並受徽劇影響，直至清末逐步定型。南宋紹熙五年（西元1194年）黃河奪淮，淮河下游和里下河地區連年水患，百姓四出逃荒，沿街乞討。為了求得社會的同情，

一些流浪者便用說唱訴說自己的苦難。他們手拿竹板，賣唱「門談詞」。「門談詞」泛指當地農村的民歌小調，曲調委婉淒涼，如泣如訴。

明代弘治年間（西元 1488～1505 年），淮安、建湖一帶農村在祈求豐收年成的「青苗會」、延福消災的「太平會」等廟會上，一種稱做「僮子」的民間藝人就用這種民間小調演唱一些以神話或民間故事為內容的簡單戲文，以鑼鼓伴奏，稱之為「香火戲」。「香火戲」在劇碼、音樂、表演等方面進一步發展，出現了獨立的戲劇形式──淮劇。在清咸豐、同治年間，僮子們會唱的「香火戲」發展到初具戲劇形式的「門板戲」，經過了 120 年的演變過程。

淮劇有著自己獨特的風格和特色。由於淮劇長期從徽劇、京劇中汲取營養，因而既保持了來自民間說唱藝術的清新、活潑、詼諧特色，又有徽劇、京劇反映內心活動的優美的表演程式，獨具一格。

蜚聲海內外的鹽城雜技

鹽城雜技起源建湖慶豐的十八團。十八團，是舊時慶豐鎮 18 個村莊的統稱。這裡是中國雜技藝術三個半發祥地之一，另兩個指河北吳橋、山東聊城，半個指北京天橋。早在漢唐時期，慶豐十八團就有民間藝人在江淮一帶表演「耍壇」、「頂碗」、「走索」、「鑽圈」等雜技，當時稱之為「百戲」。百戲藝人還走南闖北，來到京城樂棚表演角抵、衝狹、吞刀、吐火等技藝，有時還為宮廷演出，聲譽頗佳。

鹽城民間把演雜技叫做「玩把戲」。明初，朱元璋實行移民墾殖，蘇州有一部分藝人被遷至十八團，加上原先在京受戲曲排擠的本地雜技藝人陸續回鄉，從此十八團即成為雜技家庭聚居之地，計有 200 多戶。其中高、吳、周、徐、陸、萬、夏、董、廖、張十大姓人丁興旺，身手不凡，被稱為雜技「十大家」。

清代，蘇北廟會盛行，十八團馬戲班經常到廟會表演，項目日益豐富。氣功、頂技、蹬技、飛叉、爬竿、走索、舞獅、馬術、戲法（魔術）等技藝不僅難度較高，且已講究服裝和道具的應用，注意造型美觀。康熙年間（西元 1662～1722 年），十八團舉辦馬戲會，每年重陽節前後為會期，時間半個月，會址設在古基寺。屆時凡流散在外地的十八團藝人都回原籍參加演出，群英匯聚，各顯神通，觀者逾萬，極一時之盛。此間，全國各地有不少雜技藝人和雜技愛好者前來觀光或拜師學藝。清代中葉，十八團馬戲班已發展到 20 個左右，足跡遍及沿海各省，享譽大半箇中國。鹽城雜技具有南派特點：變化多端，神奇莫測，使人眼花繚亂；輕捷柔軟，綽約多姿，寓高難度動作輕鬆自如之中，將單純的技巧賦予了生活的情趣。另外，鹽城雜技服裝鮮明，道具式樣新穎，燈光絢麗悅目，音樂伴奏優美動聽，節目安排張弛相間。鹽城雜技能給人一種其他藝術形式所不能代替的藝術享受。

■古海州民間遊戲拾趣

　　過去，只要你看到幾個孩子在一起，那很肯定是他們在玩遊戲。那時候，雖然人們的文化生活比較貧乏單調，但民間孩子們玩的遊戲卻是非常的豐富多彩。海州民間的遊戲同樣也很多。這些遊戲有智力型的、有競技型的，更多的則屬於趣味型的。一年四季，每個季節都有不同的內容和不同的玩法，一般在冬、春這兩季玩的花樣最多。少至一個人的自娛自樂，如跳繩、踢毽子、打獨溜（即陀螺）、滾鐵環等，多至幾十人的集體遊戲，如捉迷藏、丟手絹、諸葛亮挑兵等。不管人多人少，隨時隨地都可以玩，沒有什麼約束，也不要什麼準備，有的就地取材，在地上簡單畫幾道線或折一根樹枝就行，有的什麼都不要，幾個人徒手就可以玩起來。其中也有一些不成文的規定，有的遊戲只能男孩子玩，有的

遊戲只是女孩子玩，更多的是男女可以混合玩的遊戲。

男孩子玩的遊戲多為摔跤、搗拐、打梭、克碑等：

◆ 摔跤

也叫做「攢跌」，需要體能和力氣，一般是兩個人比賽，誰先摔倒對方就算贏，三打兩勝。如果參加的人多，可以透過「將軍保」分成兩組。「將軍保」本身也是一種遊戲，大家圍成一圈，各人將右手藏在身後，嘴裡喊著「將軍保」或「哈彩」，一起將手伸出。出手只許三種情況，一是拳頭，叫做錘；二是五指張開，叫做布；三是食指與中指張開，叫做剪子。錘砸剪，剪鉸布，布包錘。一般分組遊戲開始都採用這種方法，公平合理，大家沒有意見。

◆ 搗拐

即把一條腿彎起，一手搬腳，一手搬膝，扳至另一條腿的漆蓋上，俗稱「拐」，左右均可。一條腿蹦跳，以「拐」相互搗、掀、壓，誰支撐不住腳先落地為輸。搗拐一般分成兩組，每組出一人，一對一，也可一對多，還可一起上進行群搗，一方全輸了為一盤，事先協商好幾盤定輸贏。

◆ 打梭

取一段直徑為一寸、長為三四寸的圓木，兩頭削尖如梭狀，再找一塊一尺長二尺寬的小木板作「梭板」。玩時，在地上以一點為圓心畫三道圈，稱作「城」，一方在「城」用梭板打梭的一頭，梭即蹦起來，接著用梭板將梭用力打出，打得越遠越好，另一方在遠處拿帽子接梭。這個遊戲規矩很多，趣味很濃，也最受男孩子喜歡。

◆ 克碑

也叫「打瓦」。在一個固定的點上，放一塊手掌大的磚頭或石塊，叫做「瓦樁」，玩的人多，也可以並排同時放幾塊，「瓦樁」不宜太大或太小，太大容易擊中，太小不易擊中，都沒有情趣了。打瓦人拿一塊大小也要適宜的瓦片，在遠處擊瓦樁。這個遊戲規則和形式變換比較多，需要體力和智力，所以，玩起來生動活潑。

女孩子最常玩的遊戲是抓彈子、摸瓜、跳皮筋等：

◆ 抓彈子

可以自練自玩，也可以比賽，誰先抓滿一盤為贏。彈子就是有手指頭大小的小圓球，如有比較光滑的鵝卵石為最好，用磚頭或石子磨製加工的也可以，也有的用布片縫製成小沙包，五個為一副。玩的時候有配套的歌謠以協調動作，每唱一句做一個動作，每抓一層唱一段，一盤下來三十層，歌詞不重複，情趣非常濃厚。玩彈歌的曲調各處差不多，但歌詞的內容差別很大，許多都是根據不同的場合、不同的事物、景物等順口編成，有的互相比喻、開玩笑。抓彈子最能訓練心靈手巧和大腦反應速度，因此最受女孩子歡迎。

◆ 摸瓜

又叫「瞎子逮跛子」。通常有十幾人玩比較有趣，大家坐成一圈，選出兩人站在圈內，一人矇住眼睛扮瞎子，一人將一隻手綁在脖子上扮跛子。以「瞎子」摸到「跛子」為一輪，再換兩人上場，重新開始，依次循環。

◆ 跳皮筋

用一根帶有彈性的橡皮筋，打一個結，由兩個人相隔五六撐起來，最初放在腳脖上，每過一關，高度提升一節，直至放到頭上，越高難度

越大，跳時踩著歌謠的節拍，可一人跳，也可兩人同時跳。

還有許多遊戲，如下棋、放風箏、老王抱小雞、辦小家家、打溜溜球、編花籃等，都是妙趣無窮。僅下棋，就有六路洲、四路洲、六路頂、四路頂、大砲轟小兵、憋死貓等幾十種。

■ 東海溫泉有何醫療功效

經專家鑑定，連雲港東海溫泉的水屬於「氯化物－鈉鈣型」水，淡藍透明，味微鹹，沒有一般溫泉常見的硫磺味和膩人的感覺，也沒有任何有害成分，水質可以與西安的華清池媲美。溫泉富含鈉、鈣、鎂、氡等元素。氡是一種弱放射性氣體，產生的物質能強化心血管的收縮和擴張，調節神經功能，促進機體代謝、細胞再生和內分泌系統的活動。因此，它對動脈硬化、高血壓、心臟病、腦溢血後遺症、神經興奮症的病人有明顯的效果，對骨折後關節僵硬、神經麻痺、肌肉萎縮等症有一定的輔助治療作用，對皮炎、牛皮癬、蕁麻疹及多種皮膚病療效顯著。在東海溫泉沐浴，可以有病治病，無病防病。在溫泉沐浴是一種休閒遊樂，同時它還給人們帶來了健康。

■ 踩文蛤 ── 「海上迪斯可」

地處南黃海的如東沿海地區，有一片大自然賜予的得天獨厚的資源，那就是總面積達 104 萬畝的大灘塗。這片灘塗不僅盛產著文蛤、四角蛤、西施舌、竹蟶等數十種珍稀貝類和其他海產，而且還以其獨特的自然風光吸引八方來客。這裡還有一個名揚海內外的特色旅遊項目──「海上迪斯可」。「海上迪斯可」就是在灘塗上踩文蛤，因雙腳輪番踩踏，身軀上下晃動，動作極富韻律感，類似跳迪斯可舞而得名。

每年桃紅柳綠的清明節前後，大量的文蛤來到灘塗上產卵繁殖。這時你漫步海灘，便會發現雪白的粒宛似珍珠嵌在腳印之中，但不一會兒牠們又鑽進了泥沙裡。如東一帶灘塗遼闊，陽光充沛，泥沙鬆軟，海藻和浮游生物豐富，餌料充足，加之氣候溫和，水質含鹽度適中，確是文蛤等貝殼類動物生長繁殖的最理想場所。這裡一年四季在祖露的沙灘上都能看到文蛤，尤其農曆七八月間為捕挖文蛤最盛的季節。此時的文蛤群集灘塗之下，個個體壯膘肥。每到農閒時節，居住在海邊的男女老少便攜帶著各式捕挖工具下海灘，一般每人每天可捕挖100多公斤。這種富有文化口味、海天情趣的灘塗踩蛤是從長沙鎮北漁村起始的，後來逐步演變擴展成名聞遐邇的特色旅遊項目。

　　他們來到灘塗腹地的踩蛤場，看到當地漁民正用雙腳踩踏灘塗泥巴，原先空無一物的沙灘上經過漁民一頓踩踏便會出現一隻隻色彩斑斕的文蛤，他們感到很驚奇。漁民們把這一古老的踩蛤方法向客人們做了詳細介紹並示範表演一番。外國客人便依樣畫葫蘆兩腳分開，晃動腰肢，用力踩踏均勻移動，待沙土踩活之後，腳板底下那滑溜溜、泥乎乎的文蛤便一隻隻露出灘面，俯拾即是。將文蛤泥沙洗去，文蛤殼上精美的花紋便顯露出來，令人愛不釋手。從此，灘塗踩蛤這一特色旅遊項目便有了一個頗具文化氣息的響亮品牌——「海上迪斯可」，並且這一名聲迅速流傳開來。

■「南通僮子戲」

　　南通的僮子戲可謂是地方一絕。所謂「僮子戲」就是指僮子在鄉間從事迷信活動——「上僮子」的過程中，把具有一定故事情節的說唱神鬼詞句及七字調、古兒書唱本加工後，化妝登臺，串演戲文。此後僮子串演戲文也就成為僮子巫覡活動中「還願」、「謝神」的主要形式。作為遠

古巫儺戲劇儀式的遺存，南通僮子戲始自周興餘唐，至今奇蹟般頑強地傳承著。南通一帶自古有巫覡之風。僮子，亦稱「香火」，即民間職業巫師。發源楚越「以舞降神」的丞儺戲劇儀式與南通的方言、文化、風俗、民情交融，同化逐漸形成了有鮮明地方色彩的古巫覡的另一個分支——南通僮子。1930年代，僮子與道教相爭，在當地徽、京草臺班啟迪下，他們於鄉間搭臺走唱。一個僮子至少要串演三五個角色，故又有「僮子串」之稱。

其劇碼主要源勸世文唱本和巫書，多為幕表戲，不分場次，聲腔承襲原屬高腔系統的僮子腔，句分上下，有板無眼，為單一聲腔曲牌聯套體。行業僅分文武兩大行，即文、武僮子。文僮子做文執事，由一至二人坐唱，一鑼一鼓伴奏，其儀式和劇碼很多。由於方言所限，僮子串僅流行於南通地區的一市（南通市）、三鎮（唐閘、狼山、天生港）和南通市郊七鄉鎮。它以南通方言加鑼鼓伴奏的演唱，其粗獷的唱腔和通俗易懂的唱詞為農民群眾喜聞樂見。僮子的做「勸」（勸世文）演戲，儘管純樸得過於簡陋，粗糙得近乎原始，但它卻千真萬確是典型的民間戲劇，擁有數十萬計的觀眾，長演長盛，歷久不衰。像南通這樣地處沿海地區，經濟和文化發達的城市，南通僮子依然比較完整地保留著原始、古樸的風貌，這簡直令人不可思議。

▇ 南通風箏 —— 空中交響樂 ▇

中國「南鷂北鳶」兩大流派的風箏在世界上久負盛名，南通是南派風箏的主要產地。南通的造型風箏以如皋所出為代表。它們融燈彩、繪畫、風箏於一體，與北派風箏相比，更顯精巧工細，靈活美觀。在品種紛繁的南通風箏中，哨口風箏（又名哨口板鷂）最具特色。古人在紙鷂上以竹絲為弦，風吹有聲，如箏鳴響，故取名風箏。可以毫不誇張地說，

在風箏世界中，形聲兼備的南通哨口板鷂是難得的名副其實的藝術瑰寶。她的雕、紮、繪、製凝聚了南通民間工匠藝人 1,000 多年來的心血和在天地之間藉助自然風力取得的實踐知識。

南通位於黃海之濱，長江之北，古人謂之「濰南江北海西頭」。這裡原為沙洲，後沙灘與陸地相連，形成大片平坦的沙灘，為放風箏提供了良好的條件。每年從農曆正月直到清明，都是放風箏的好時光。當地的俗諺說：「鷂子口聲急，明朝雨打壁」、「鷂子滿天飛，家家有得收」。可見放風箏活動已與當地人民的生活有著密切的連繫。南通的板鷂風箏碩大無比、平整如板，外形古樸，繪畫精細，為全國絕無僅有。

南通板鷂風箏

南通風箏中最有特色的是「六角板鷂」，它是由一個長方形和一個正方形組合而成的有六個凸角的風箏，也有由幾個這種風箏組合在一起的「七連星」、「九連星」等。這種「六角」大的有幾高。鷂面裝有數十乃至數百個大小不一的哨口，放飛時，發出不同的音響，組合成一支雄壯的空中交響樂，有如機群掠空，震耳欲聾，又似江海怒濤，洶湧澎湃。

板鷂風箏的紮製工藝要求頗高，首先選擇質地堅實，彈性好的江南筆竹或本地上乘老竹，用文火烤直，砂紙打光，罩以清漆，以防蟲蛀。要選擇晴天乾燥之日紮製，以便紮繩收緊。板鷂骨架紮好後，用事先按其尺寸繪繡好的絹布縫合，再用去其彈性的蠟線或細繩作引線。板鷂的兩條尾子又稱尾檔，長度約為板鷂高度的 15 倍左右，通常用加工後質地鬆柔的蒲草或稻草正反搓成上粗下細，左右均勻一致的草繩製作。尾檔可分飄板鷂下方兩側，互不纏繞，快速放線風箏後飄時，輕柔而有浮力的尾檔，在空中飄舞猶如驚蛇閃動。

板鷂紮製前後有十餘道工藝，數十條要領，這些在民間經過千錘百煉的精湛工藝，使得標準的哨口板鷂無論大小，均可在空中承受 5 級以上風力。球哨口統稱「口」，通常用葫蘆、果殼（白果殼、栗殼、龍眼殼等）和蠶繭用桐油浸泡後製成。由於這些材料輕巧而脆硬，製成的「口」音質圓潤響亮，為了製成各種大小的「口」，南通的風箏藝人培植了若乾品種的葫蘆，小的內徑僅 1 公分，大的內徑可達 50 公分以上，用這些大小各異的葫蘆製成了千百種型號的「口」。

　　南通的哨口板鷂由於裝載一整套音響設備，有一定的重量，因而放飛時對風力有一定的要求。大型板鷂要 6 級以上風力，小型板鷂也需要 5 級風力才能穩定升空並發出正常音響，這和中國北派風箏以及世界各地的無聲風箏通常只需 1～5 級風力形成了氣象條件的反差。從前，南通放鷂子是件村民中的大事，放前要在堂屋裡供香燭紙馬，恭敬如儀。放飛時要由一個身強力壯、經驗豐富的老手作「頭把手」帶著十幾個人拉繩。還有一組人扶著風箏放飛，這叫「丟」。風箏如一飛沖天，則人們歡聲雷動，認為這預示著一年的豐收，萬事如意。他們認為風箏上的哨鳴可以震天地，震懾妖魔。但鷂子如果斷線，摔落或掉在別人的房子上則是大不吉，是「不順遂」的事。這要燒利市，磕頭上香，然後把鷂子撕碎丟入河灘或墳地去。有趣的是，放風箏的線不許婦女跨越或腳踩，否則就放不上天。當然這都是過去的迷信說法。

■ 京劇《泗州城》是根據什麼傳說改編的 ■

　　清康熙十九年（西元 1680 年），一場始料未及的特大洪水淹沒了繁華的泗州古城。300 多年來，在蘇北洪澤湖西岸一直流傳著「水漫泗州的故事」。水漫泗州本來是封建統治者治水不力造成的大悲劇，卻被後來的一些文人演繹成了神話故事。故事說的是泗州城西北的大李集有個叫李

長善的青年，他到南京（當時叫應天）趕考路過洪澤湖邊住宿，湖中水妖水母娘娘慕其英俊，欲招為婿。李長善功名心重，不戀女色，當即拒絕了她的要求。水母娘娘一怒之下，借來了東海水淹沒了泗州城。李長善死後化成了一隻魚鷗，他歷盡艱難帶回成群結隊的海鷗啣土堵塞了淮河水道，沖掉了水母娘娘的水宮，為泗州的鄉親們報了深仇大恨。

京劇《泗州城》又名《虹橋贈珠》，它就是根據水漫泗州歷史事實與神話傳說改編的。其劇情主要是：女妖水母盤踞泗州，興風作浪，孫悟空率神兵天將與之格鬥，終於將其降服。近代以來，該劇先後有關肅霜、宋德珠、朱桂芳與閆巍等著名京劇演員主演。

何為「拉魂腔」

拉魂腔是地方劇曲的聲腔、劇種名稱，又稱「拉後腔」，「拉喉腔」或「拉洪腔」，流行於魯南、蘇北與皖北一帶，柳琴戲、泗州戲與淮海戲都與其有淵源關係。該劇種約形成於清乾隆年間，距今已 200 於年。拉魂腔的流行範圍大約可分為五路：中路以江蘇徐州為中心，南路以安徽宿州為中心，北路以山東臨沂為中心，東路以江蘇連雲港為中心，西路以安徽渦陽、蒙城為中心。

今日在宿遷地區還流行著的地方劇種泗州戲、淮海戲同屬於拉魂腔的姐妹劇種。由於這些劇碼唱腔優美，攝人心魄，令聽者不思寢食，故有「拉魂腔」之稱。1950 年代前後，宿遷地區著名的泗州戲演員有劉繼英、馬玉蘭、李彩鳳、蔡庚、李洪湘等。著名的淮海戲演員有朱桂洲、谷廣法、莊洪生、張宜翠、朱浩、楊秀英、劉永等人。泗州戲的代表劇碼有《血淚仇》、《小女婿》、《柳樹井》、《走娘家》、《水漫泗州》與《青陽紅霞》等。淮海戲代表劇碼有《皮秀英四告》、《樊梨花》、《秦香蓮》、《小放牛》和《月牙樓》等。

娱乐江苏

住宿江蘇

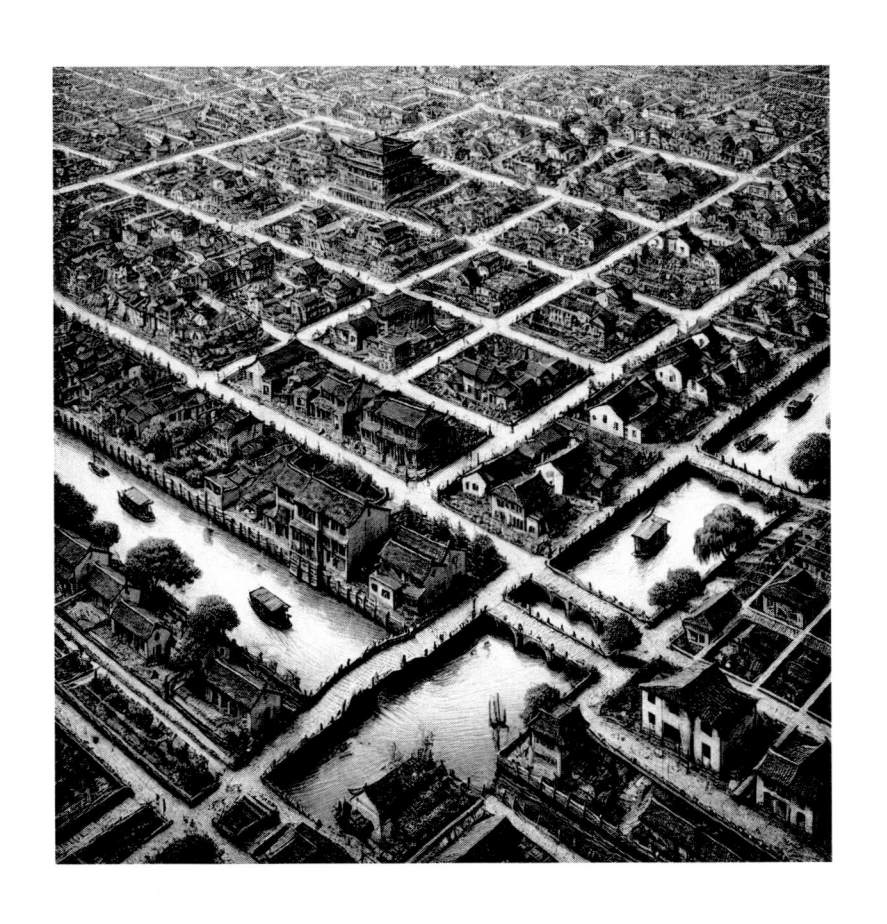

總統府是專門為孫中山當選大總統後修建的嗎

南京大行宮附近的長江路上有一座宏偉的門樓，門樓上「總統府」三個鎦金大字在陽光下熠熠生輝。這座建築在南京民國政府的歷史上曾占據了重要一頁。但總統府的得名卻不是因為孫中山。細數起來，總統府迄今已有 600 多年的歷史，前後歷經明、清、太平天國、中華民國等朝代政權。最早在明朝初年，這裡曾是陳友諒之子陳理的漢王府。清朝時這裡為江寧織造署、江南總督署、兩江總督署。清朝康熙、乾隆皇帝下江南時均以此為「行宮」。西元 1853 年 3 月太平軍占領南京，定都天京，洪秀全在此興建了規模宏大的太平天國天朝宮殿（天王府）。清軍攻破南京後，焚毀宮殿建築，於同治九年（西元 1870 年）重建了兩江總督署。林則徐、曾國藩、李鴻章、劉坤一、沈葆楨、左宗棠、張之洞、端方等均任過兩江總督。1911 年 10 月辛亥革命爆發。1912 年 1 月 1 日，孫中山在此處宣誓就任中華民國臨時大總統，並組建了中國歷史上第一個共和制的國家政權 —— 中華民國臨時政府。

1927 年 4 月，南京國民政府成立後不久，即於 9 月移駐這裡辦公。1928 年 10 月，國民政府實行「五院制」，闢國民政府東院（東花園）為行政院辦公處，國府西院（西花園）為國民政府參謀本部和主計處。在日軍侵占南京之前，這裡一直是國民政府的辦公重地。1937 年 12 月南京淪陷後，國民政府所在地先後成為日軍第 16 師團部和偽維新政府行政院，以及汪精衛國民政府的立法院、監察院和考試院；國府東院成為偽交通部、鐵道部等機構；國府西院成為偽軍事參議院。1946 年 5 月，國民政府「還都」南京後，這裡仍為國民政府所在地。東花園成為國民政府社會部、地政部、水利部和僑務委員會；西花園則成為國民政府主計處、軍令部和總統府軍務局、首都衛戍總司令部。1948 年 5 月 20 日，蔣中正、

李宗仁在「行憲國大」分別當選總統和副總統後，國民政府改稱總統府。這就是總統府得名的來歷。

　　第二次國共內戰時，1949年4月23日南京淪陷，24日，中國人民解放軍占領總統府。之後近50年中，總統府一直作為機關的辦公場所。自1980年代以來，機關單位陸續搬遷。1998年，在總統府舊址之上，開始籌建南京中國近代史遺址博物館。2003年3月落成。目前，博物館總占地面積為9萬平方公尺，共分三個參觀區域。中區（中軸線）主要是國民政府、總統府及所屬機構；西區是孫中山的臨時大總統辦公室、祕書處和西花園，以及參謀本部等；東區主要是行政院舊址、馬廄和東花園。

七家灣與朱元璋

　　說起南京的「七家灣」，很多人都知道這裡的清真牛肉鍋貼最正宗。位於城南朝天宮附近的七家灣是南京最早的少數民族聚集地，其中又以回族人口居多。據說七家灣的得名與朱元璋有關：

　　有一年元宵節朱元璋微服上街觀燈，見一家門頭上掛一綵燈，上面畫著一個蓬頭垢面的大腳女人，懷抱一顆大西瓜。朱元璋的元配夫人馬皇后就是淮西人，這分明是在諷刺馬皇后腳大，朱元璋當時就惱羞成怒，暗暗發誓要殺了這條街上的每一家人。馬皇后聞訊後獨自前往了解詳情，在小巷口看見一婦人，懷抱一個大孩子，卻手牽一個小孩子。馬皇后問她為何不抱小攙大？那婦人說小的是自己親生，大的卻是父母雙亡的姪子，不能虧待他。馬皇后聽後頓起憐憫之心，便叫那婦人晚上在門上高掛一束芝麻稭，稱此乃吉星高照之意，自有後福。婦人待馬皇后走後細細思量，大難不死才自有後福。於是急忙告知街坊四鄰仿她家避禍，但只有七家人肯按她說的做。馬皇后回宮後傳令掛芝麻稭人家勿殺。深夜時分，官司兵洗劫小巷，果然只此七家倖免，「七家灣」的地名由此而來。

實際七家灣的地名來歷要晚於朱元璋掌權時期，而是在明永樂年間。明永樂十一年，南京戶部主事張班（又名簡貴信），奉旨到寧夏鎮壓當地叛亂。得勝班師回朝時，他將當地的回民貴族帶到南京，安置在今天的水西門一帶。回民中當時有七大姓：陶、馬、丁、姚、哈、莫、白，「七家灣」因此得名。當年的七家灣地區有回民的禮拜寺、集市和學校，充滿異域風情。美味的清真牛肉鍋貼、鹽水鴨等就是從這裡發源的，為南京的飲食文化增添了別樣的風味。而繪製堂子街附近太平天國壁畫的很多就是回民，用色上帶有明顯的西域風情，如其中大片的翠綠等，另外，還有不少銀川等塞北地方的方言被吸收進南京話。現在隨著城市建設的需要，七家灣已經被拆遷得即將消失，不過那遍布南京城大街小巷的「正宗七家灣牛肉鍋貼」還延續著這段別樣的歷史。

民國南京的政府高官喜歡住在哪裡

曾經是國民政府首都的南京，舊官僚、新權貴紛紛雲集於此，留下了許多民國政要的歷史痕跡。1929年12月制定的建築規劃——《首都計畫》曾將南京按照城市功能分區。中央政治區設在紫金山南麓，市級行政區設在傅厚崗。其中住宅區也分成上層階級住宅區、公務員住宅區、一般市民住宅區和棚戶區四類。上層住宅區又細分為四個住宅區，其中第一區就是今天看到的頤和路、寧海路一帶。按照國民政府的規劃要求，南京市政當局將山西路以西、西康路以東、草場門以內闢為新住宅區。因為裡面住戶大都是達官貴人，百姓就叫公館區。

到1949年為止，這個公館區內建有花園洋房9,265幢，宮殿式官邸25幢。為表現公館區的文化品味，道路命名選擇中國各地名勝，主幹道叫「頤和」，兩側有「珞珈」、「靈隱」、「普陀」、「赤壁」、「天竺」、「莫干」、「牯嶺」、「琅琊」諸路。而且在成片的西式建築風格的官僚住宅中，有仿

美的，有仿法的，還有西班牙式的，日本式的，情調各異，千姿百態，找不到一座式樣重複，宛如萬國建築博物館。這些建築的誕生在中國建築史上也寫下了嶄新的一頁。中國傳統建築很長一段時間是不用圖紙的。

　　1930年代，一批留洋歸國的中國建築師在南京的實踐活動改變了這種千餘年傳統經驗的建造方法，走上了科學設計的道路。從城市總體規劃到片區具體規劃，再到每幢房屋的設計規劃，最後再施工，雖然這一切發生在90多年前，卻已經和今天的建設流程驚人相似，讓我們不得不承認這是中國建築史上象徵性的一筆。而頤和路民國公館區正是這種完全按照規劃設計圖紙施工的典型範例。根據當時的城市規劃，這裡有寬闊的瀝青道路，整齊的行道樹，完善的供水和排水系統。花園洋房每戶平均占地400平方公尺，室內水、電、衛生、冷暖設施齊全，室外庭院寬敞，花木茂盛。這些建築也吸取了當時歐洲最流行的建築理念，建築設計風格豐富多彩。即使在今天看來，無論在城市規劃、建築、市政、園林設計等各方面，它仍有科學合理之處，都具有較高的研究價值。國民黨高級官員如汪精衛、陳誠、陳布雷、于右任、閻錫山、湯恩伯、周佛海等以及後來的美國總統特使馬歇爾都曾住在這裡。

　　據說這個民國公館區有一部分房產都屬於一位叫馮雲亭的商人，當年一些國民黨要人都是租他的房子作公館。此人還頗有一番傳奇：1930年春天，蔣馮閻大戰前夕，他在馮玉祥手下任軍長。某日他突然辭去軍職，冒冒失失地跑來南京經營房地產。連年戰亂，使人們對投資房屋都十分慎重，豈料，蔣中正獲勝後，南京首都地位日益穩固，房地產業報酬驚人，事實證明馮雲亭的選擇實在是高明。如今這裡環境幽雅清淨，馬路寬闊整齊，一幢幢西式洋樓掩映在高牆密林中。尤其在夏天，條條道路形成綠色長廊，陰涼宜人。無論是從空中俯瞰還是深入其中，都能隱約感覺到歷史的縱深感。倘佯在這寧靜美麗的大街小巷，彷彿回到了20世紀初那個耐人尋味的年代。

◆ 附：頤和路公館區主要建築舉例

1. 寧海路 5 號馬歇爾公館：該建築原名金城銀行別墅，1935 年由著名建築師童寯設計，仿古二層樓房。日軍占領南京後，這裡曾經是「南京安全區國際委員會」總部，以拉貝為代表的國際友人保護了大批南京難民。抗戰勝利後，為美總統特使馬歇爾公館，這裡一度成為國共兩黨和談的場所。

2. 寧夏路 2 號右任公館：公館占地 2,835 平方公尺，總建築面積 662 平方公尺，為南北向西式尖頂三層樓房。因為于右任是個清官，沒錢蓋房，只好租原來的部下馮雲亭的房子住，馮只收月租金 120 元。于老先生在這裡住了近三年。

3. 頤和路 8 號閻錫山公館：這位「山西王」在南京公館有三處，玄武區上乘庵 16 號、高樓門 51 號和鼓樓區頤和路 8 號。此處原為勵志社的高級招待所。1949 年 4 月 14 日，李宗仁撥給閻錫山居住，閻及其部分家人僅住 7 天。

4. 頤和路 38 號汪精衛公館：1930 年代初，汪寄居中山北路「孫科樓」。此公館原為大漢奸褚民誼官邸，其妻陳舜貞是陳璧君母親衛月郎的養女。為報汪知遇之恩，1940 年年初，褚民誼將這幢公館獻給汪精衛。

5. 珞珈路 5 號湯恩伯公館：該宅院坐南朝北，西式樓，呈 U 形，紅瓦黃牆，建築面積 441 平方公尺。原房主是林宛文，1946 年湯任陸軍副總司令兼南京警備司令後，以其妻王竟白名義用法幣 2,500 萬元購得。

■ 甘熙故居為何又名「九十九間半」

南京市城南老巷南捕廳和大板巷附近有一處多進穿堂式古民居，這就是清代著名文人甘熙的故居。甘熙故居又名「甘家大院」，現為南京市

民俗博物館所在地。甘熙故居始建於清嘉慶年間,俗稱「九十九間半」,建築群占地面積逾 1 萬平方公尺,與明孝陵、明城牆並稱為南京市明清三大景觀,具有極高的歷史、科學和旅遊價值,是南京現有面積最大,保存最完整的私人民宅。在南京地區,規模較大的多進穿堂式民居都俗稱為「九十九間半」。究其原因,九是最大的陽數,又是吉數,過九到十就到了頭,而到頭就意味著走下坡,所以中國自古就有「九五之尊」的說法。中國最大的宮廷建築是故宮,號稱「九千九百九十九間半」,最大的官府建築為孔府,號稱「九百九十九間半」,而民居則最多不過「九十九間半」了,這半間既表示沒達百間的謙虛,又有僅半步就到目標的得意。甘熙故居其實總共有房間 300 餘間。

甘熙(西元 1798～1852 年),字實庵。祖籍安徽歙縣,出身於江南望族。清雍正、乾隆年間最為市井傳頌的勇士甘鳳池即為甘熙的直系祖先。甘熙是晚清南京著名文人、藏書家,在寧居住期間,他致力蒐集鄉邦文獻。他還著有《白下瑣言》、《桐蔭隨筆》、《棲霞寺志》等,對研究編纂南京地方志書有很大影響。甘熙精研金石地學,擅長風水堪輿、星相之術。其故居朝向不同一般住宅,而是坐南朝北。一是因甘氏家族以經商發家,而《論衡・詰術》中「圖宅術」有云:「商家門不宜南向,因商為金,南方為火,火剋金為凶。」而北方為水,金生水相生相吉,可見甘氏住宅朝向上的「悖異」是遵循風水之道的。

另外《百家姓》中甘姓後注源於「渤海」,甘氏南遷後,家中懸「於湖世澤,渤海家聲」對聯,建築上坐南朝北,以感念先祖,不忘祖宗。故居內大小天井多達 35 個,很好地解決了房屋的通風、採光以及上下水等問題,屋面簷口下的水槽讓雨水從暗溝流向院內天井,形成「四水歸明堂,肥水不外流」的作用。另外,甘熙故居的建築構件如隔扇門窗和梁枋等處都是精雕細刻,圖案精美,寓意深刻。經維修專家發現,甘熙故

居並非徽派建築,也不是完全的蘇式建築,而是和南京本土的高淳、六合等地的建築一樣,有著南京自己的建築風格。如門樓裝飾較素,顯得簡樸大方;封火牆特別高大,注重實用等。整個建築反映了金陵大家士紳階層的文化品味和倫理觀念。

甘熙故居的布局嚴格按照封建社會的宗法觀念及家族制度,講究子孫滿堂、數代同堂,這些意識反映在建築上就是宅院規模龐大、等級森嚴,各類用房的位置、裝修、面積、造型都具有大致統一的等級規定。故居內原建有後花園和江南地區最大的藏書樓——津逮樓。樓中藏書10餘萬卷,還有不少金石玉器。它們大多於太平天國期間散失,倖存下來的部分藏書幾經輾轉,後由甘氏族人捐贈給了南京龍蟠裡國學圖書館(即現南京圖書館)。

蘇州園林與退隱文化

作為一種文化現象來看,蘇州園林是一種「退隱文化」的展現。園林的主人們之所以要造園林,或是因為官場失意而厭倦政治,或是為躲避戰亂,或是受魏晉之風的影響想做隱士。怎麼辦,造園林。隱於市卻又要無車馬之喧,而有山川林木之野趣。在深巷之中,高牆之內,營造出一片優美閒適而與世相隔的境地,因此退隱、退養越來越多。他們退隱在蘇州以後也不是無所事事,而是廣結名流,著書立說,吟詩作畫,也造園林。「退隱文化」主導著當時的文化潮流,影響著人們的價值取向,代代相傳,使得蘇州人在文化的心態上具有一定的封閉性,容易滿足於已有的一方天地,缺少一種開拓與冒險的精神,善於「引進來」,而不善於「走出去」。

居蘇州園林之首的「拙政園」是明代御史王獻臣仕途失意後歸隱蘇州所建。他取西晉潘岳〈閒居賦〉中的意思,把築室種樹、澆園種菜說成

是「拙者之為政也」。「拙者」就是自己，自己從此再也不問政治了，而是把澆園種菜當作自己的「政事」，所以把園子命名為「拙政園」。吳江的「退思園」就不用說了。它是任蘭先罷官之後歸鄉所建，「退則思過」，故名「退思園」。「思過」是假，退隱卻是真情。連那蘇州最早的園林「滄浪亭」也是北宋詩人蘇舜欽在一度不得意時買下的一片荒地而建成的，他要「跡與豺狼遠，心隨魚鳥閒」。

所謂的「退隱」是一種基於對塵俗的厭倦，故而在自己所精心營造的小天地中修身養性，自我陶醉，自我麻痺，自娛自慰的行為。他們自命清高而卻不思進取，追求「超凡脫俗」，對世事凡塵不聞不問，唯求一「心」靜。這種退隱文化固然能讓人感受到一股股撲鼻而來的清新的田園氣息，體悟到那淡雅、寧靜與閒適的情趣，但也掩蓋不了消極的處事態度。

蘇州園林甲天下。古典園林是蘇州城市文化品牌的重要代表。它們是文人性情之作，也是法乎自然之作，它們所追求的意蘊是「雖由人作，宛自天開」。著名古建築學家和園林藝術家陳從周說過：「假山如真方妙，真山似假便奇。」這句話道盡了蘇州自然山水與園林風光的淵源關係和無盡的妙處。置身於蘇州任何一座園林，它所突出和強調的「模山範水」既讓你不出園門而得到暢遊自然之胸襟和情懷，又豐富了人們用藝術的眼光認識大自然、親和大自然、尊重大自然之情趣。

■ 為何蘇州古典園林的池塘水岸多「旱船」 ■

「旱船」是園林中常見的一種建築「石舫」的俗稱。因其底部通常用石砌建，也稱石船。因為石舫永遠不會移動，又稱「止舟」。石舫似船，實則是屋，是中國古典園林中最富想像和浪漫色彩的建築。

中國人是很愛船的，尤其是在人稱「水鄉澤國」的江南地區。生活

中的交通工具也被聰明的古人移到了園林中，豐富了園林的建築形式，也增添了園林的生活情趣。把建築建成船狀滿足了人們遊、賞、居的要求。旱船一般形制有兩種：完全建於陸地的船廳和半建於水中的石舫。園林之中，這兩種建築和亭、臺、樓、榭互相呼應，和諧而又得體。中國古典園林建築與自然的美巧妙地結合起來，把藝術的境界與現實的生活融合為一體。

在怡園長廊盡頭就有船廳建築「石舫」。此處的「舫」只是一個船廳，名為「白石精舍」。因原室內家具均為白石砍削而成，故名。廳內呈船形，有石臺、石桌、石凳。兩側和合窗可以放下遮風，也可以撐成三十度角半開著通風，這和舊時講究的船隻如出一轍。

怡園中還有一處石舫，名「畫舫齋」，似一葉輕舟由西向東。「畫舫齋」分為3個部分。第一部分是「頭艙」，俗稱「紗帽頂」，一側擱有石條跳板，中央設有石桌石凳，適合於三五知己朋友喝茶品茗，全然可以「問今是何世，乃不知有漢，無論魏晉」。第二部分是「中艙」，左右各有16扇冰裂紋長窗，暢暢亮亮的。中艙一般立一堂屏窗，分做內外兩艙，「畫舫齋」並不闊長，所以屏窗在中艙底部，上面配了16幅書畫。雖是一舟，卻無船身狹小、沒有迴旋餘地的窘迫。第三部分是尾艙，有兩層小樓，可登樓觀全園景色，樓名「松籟閣」，歇山頂狀如鳥翼飛舉。古人用鷁指代船，這是一種水鳥，羽毛蒼白色，形狀比鷺大，善於飛翔。

蘇州園林的石舫建築還有很多，如拙政園的香洲、獅子林的石舫、退思園的鬧紅一舸石舫等。坐臥舫中，感荷風四面，聞清香徐來，可以放飛心緒，興寄煙波，有如置身瓊島。舫，絕對是做夢的好地方。

■「美人靠」因何得名

「美人靠」是指江南園林建築中常見的一排弧形靠背長椅，往往圍在亭子四周，微微向外彎曲，便於遊人憑欄觀景。相傳美人靠的得名與四大美女之一的西施有關。相傳西施來到吳國後備受吳王寵愛，但西施思鄉心切，總是遙望著越國的方向。吳王於是專門為西施建了這種適宜憑欄遠眺的弧形靠背，陪同西施一起遠望故鄉，欣賞美景。西施是個大美女，她靠在這裡遠望故鄉的畫面在別人眼裡特別美麗，使得這種弧形靠背也有了一些特別的韻味。後來這種弧形靠背欄杆就被老百姓用到宅園中間。因為吳王和西施曾靠在這種欄杆上，所以這種弧形欄杆又被稱為「美人靠」或「吳王靠」。

■蘇州古城的「雙棋盤」格局與平江歷史街區

中國古代城市格局分為自然型與棋盤式兩種類型。其中棋盤式格局以「匠人營國，方九里，旁三門，國中九經九緯，經塗九軌，左祖右社，裡朝後市，市朝一夫」為規範。在中國3,000年城市發展演變過程中，棋盤式城市占多數，成為中國城市的特徵。作為春秋吳都的這樣一座「區域性都城」，蘇州城依託江南水鄉，呈現出典型的「雙棋盤」格局，是中國現存古城的「活標本」之一。

作為中國的歷史文化名城和重要的風景旅遊城市，蘇州的魅力就在於其擁有豐富的旅遊資源，其中尤以水旅遊資源聞名中外。蘇州境內湖泊眾多，河道縱橫，大小湖泊300多個，河道2萬多條，全市水域面積占總面積的42.5%，這在中國乃至世界都是不多見的。蘇州城內縱橫交錯的河道、枕河而居的民宅，形成了「河街相鄰、水陸並行」的雙棋盤格局和「三橫四直」的水路體系。現存蘇州文廟（碑刻博物館）內的〈平江

圖〉碑是中國也是世界上現存最早最詳細的石刻城市地圖，對全面認識蘇州古城的面貌提供了詳實的直觀圖像資料。〈平江圖〉碑上清晰可見城內「水陸平行，河街相臨」的「雙棋盤」布局特色。

20世紀中葉以來，迭經現代都市工業化的衝擊，蘇州古城已不是完璧。然而殘損的古城肌體上依然有著相對完好的局部區域，依然保存著古城「雙棋盤」的框架結構，保存著古城真實的歷史文化資訊，它就是近年來眾人矚目的平江歷史街區。平江歷史街區所轄範圍東起環城河，西至吳王屯軍憩之地而得名的臨頓路，北自白塔東路，南及以春秋鑄劍名匠干將取名的干將路，占地約116公頃，相當於古鎮周莊總面積的3倍。

〈平江圖〉碑上的街巷、河道分布狀況在今平江歷史街區基本保存著原貌。城東城牆殘垣勾勒出古城的一段輪廓，縱向有內城河、平江河；橫向有胡廂使河、柳枝河、新橋河、懸橋河，組成了「二縱四橫」的河網。小河兩岸，視線所及都是高低錯落的舊宅老屋，依然是一幅「君到姑蘇見，人家盡枕河」的畫面。目前蘇州城內河道總長度為35公里，平均每平方公里約2.5公里，而平江歷史街區0.7平方公里範圍內，就有河道3.5公里，是城內河道分布最密的街區，也是古城河道「幹支流結構」的唯一遺存。對於以水鄉著稱的蘇州古城來說，「小橋流水人家」除有歷史價值之外，更具發展旅遊的獨特人文景觀魅力。

■蘇州老宅的「備弄」有何用途

小巷弄堂是江南建築的一大特色，而「備弄」，是一種特殊的小巷弄堂，為吳地特有。在過去，中國人有森嚴的等級觀念，蘇州人自然也不例外。在一個宅子裡，主僕之間有嚴格的身分界限，「有所為，有所不為」，各司其職。這樣保證這一大家子的正常運作。宅子裡的備弄就展現

出了這種身分區別。過去蘇州的大戶人家的宅子都是由好幾進房子構成的，富貴的主人們僱傭無數的傭人丫鬟為他們服務，透過這些「下人」的服務享受精緻的生活。然而主僕有別，負責端茶倒水的傭人們是不能穿堂而過的。主人們想了這樣一個辦法：在宅子的左右兩側，或在兩進房子之間，開一條小巷。小巷很窄，僅容一人側身而過，寬一些的，也僅能容兩人貼身而過。傭人丫頭們為主人端茶、送飯、送洗臉洗腳水，就來回奔波，在這樣的備弄裡。

有些蘇州老宅中的備弄頂上沒有砌牆，看著還明亮一些。但大部分是砌頂牆的，非常黑暗，必須要隔一段路開一扇天窗，讓一些的燈光照射進來，足以使僕人們安全通過。備弄的主要用途是讓僕人通過。建備弄還有一個額外的好處，那就是一旦發生天災人禍，也可作逃生之用。所幸，蘇州歷來是個太平地方，這種用處並不很大。蘇州老宅中這樣的備弄很多，比如周莊張廳玉燕堂一側即有一條長長的備弄，在這條 20 餘的備弄南側，至今仍保存著被燈火燻黑的壁龕。

■「鴛鴦廳」因何得名

廳堂在江南園林中是主體建築，在園林中的地位十分重要。明代造院大師計成在《園冶》中提出：「凡園圃立基，定廳堂為主。」綜觀江南園林，無論大園還是小園，廳堂都位於中心地位，成為主要活動之處和風景構圖中心。廳堂前大多有臨水的寬敞平臺，面對水池和假山，互為對景，並構成園中的主要景區。

江南園林的廳堂大致分為四面廳、鴛鴦廳、花籃廳和普通大廳四種形式。其中鴛鴦廳是蘇州園林中常見的一種廳堂構建形式。用屏門、罩等裝修手法將一個廳分隔為空間大小相同的前後兩部分，好像兩座廳堂合併在一起。前半部向陽，宜於冬日居住或使用，後半部面陰，宜於夏

天居住或使用。廳前後兩部分的梁架一為雕飾精美的扁作大梁，一為極為簡練的圓作梁，由此形成對比，如同鴛鴦雄雌不同的外形，故名鴛鴦廳。

　　蘇州留園的林泉耆碩之館是典型的鴛鴦廳。裝修精美的三十六鴛鴦館是拙政園西部的主體建築，小院內有十八株山茶花。因此花又稱曼陀羅花，因此這裡被稱為十八曼陀羅花館。另外，根據其用途，蘇州園林中的很多鴛鴦廳也可分為男廳和女廳。具體的布置與裝飾也展現出細微的差別。一般來說，用於男主人款待賓朋或作休息之用的男廳裝飾得較為豪華，擺放的家具品質、款式更講究。女廳作女眷休息之用，或由女主人協助男主人，在此安排接待女客之用，此廳裝飾就簡單，家具也不那麼講究了。鴛鴦廳的這種差別，反映了傳統社會男尊女卑的社會狀況。

周莊為何能號稱「中國第一水鄉」

　　周莊位於蘇州城東南、崑山西南，古稱「貞豐里」。春秋戰國時期，周莊境內為吳王少子搖的封地，這裡被稱為搖城。北宋元祐元年，周迪功郎舍宅200餘畝建全福寺，始稱周莊。元代中期以後，周莊成為糧食、絲綢、陶瓷、手工藝品的集散地，漸漸成為江南巨鎮。周莊鎮為水鄉澤國，因河成街，呈現一派古樸、明潔、幽靜的韻味，是江南典型的「小橋流水人家」式古鎮。雖歷經900多年的滄桑，周莊仍完整地保存著原有的水鄉古鎮的風貌和格局，宛如一顆鑲嵌在澱山湖畔的明珠。

　　古鎮區內河道呈井字型，民居依河築屋，依水成街。河道上橫跨14座建於元、明、清代的古橋梁。更有特色的是，周莊幾乎家家都有自家的碼頭。「轎從前門進，船從家中過」的景緻在別處或許難得一見，而在周莊卻很是普遍。「船從家中過」的典型代表是張廳的院落中間有一

條小河「箸涇」流過，在張廳的院子裡有一個一丈見方的水池，可以在那裡會船和卸貨。還有江南巨富沈萬三留下的沈廳也很有名。陳逸飛及其以周莊雙橋為主題的〈故鄉的回憶〉畫作使周莊蜚聲海內外，吸引了無數文人雅士來到周莊，為周莊贏得了巨大的名譽。吳冠中曾撰文說「黃山集中國山川之美，周莊集中國水鄉之美」。海外報刊爭相援引這句話，甚至稱周莊為「中國第一水鄉」。

趣說蘇州古井

倉街的「福壽泉」、道前街的「青石古井」、海紅坊的「松壽泉」、范莊前的「八角古井」、周王廟弄的「周王濟急井」、天庫前的「源源泉」、古吳路的「官井」、史家巷書院弄口的「坎泉」、石板街的「流地顏泉」、玄妙觀東腳門的「懷德泉」等10口井當選「古城十大名井」，引起了人們對蘇州古井的關注。其實，「井」對於蘇州來說並不亞於「小橋流水，枕河人家」的水鄉文化。蘇州井鑿造之講究、年代之深遠、數量之多是別處無與倫比的。青石磨打成的井欄光滑美觀，造型多樣，有圓形、六角形、八角形等不一而足；麻條石砌成的井臺平實防滑，便於人們勞作，用磚砌成的井壁潔淨齊整。

據說蘇州「井」數量之多緣古時蘇州人的一種「迷信」。過去如果某一家中有人「故去」，就會造口井供人汲用，算是鑿通了「方便泉」，以此超渡亡人。許多古井欄上刻有文字，這是為了簡介故人的生平。這種刻字井始見於南朝，盛行於宋朝。除此之外，井的生活功能也很強。井水具有冬暖夏涼、甘甜清澈的特性。夏天，用網兜裝上時令瓜果，繫上繩索，浸入井水中透涼待用；傍晚吊起一桶桶井水，將曝晒一日的「天井」澆個遍，熱浪頓時了無蹤影；晚餐後，一家老少聚集「天井」，吃著透涼的瓜果，納涼聊天，共用天倫，其樂融融，這時井成了天然的「空調」，

承擔了防暑降溫的重任。冬日，蘇州女子擦門窗，抹桌椅，淘洗菜都用這溫溫的井水，這井水既暖手又護膚，這也就是蘇州人皮膚細嫩的奧祕所在。當地孩童易發俗稱「豬頭瘋」的腮腺炎，腮幫腫得老大，不能進食，疼痛無比。大人就會用晒衣長竹繫上個勺子挖出井泥，塗孩子的腮腺腫痛處，用以消腫止痛。這樣不出三日疾病即痊癒，很是靈驗。

蘇州人是離不開井的，即使隨著社會發展，家家裝上了自來水，他們仍習慣於飲用這冬暖夏涼，甘甜可口、不用花錢的井水。

■「泰山石敢當」是什麼意思 ■

今天，在蘇州古舊街巷的牆角旮旯裡，常常能夠發現刻在石碑或磚塊上的「石敢當」或「泰山石敢當」的字樣，有的地方在碑上還刻著虎頭鎮。刻「泰山石敢當」的目的是化解面對道路、巷口、橋梁等的冲射，產生鎮煞驅邪、捍衛家門保平安的作用。

以石塊作為靈物用於辟邪鎮鬼的說法，早在宋朝時已經出現了。宋慶曆年間，有人曾發現有唐代的石銘。這石銘不是現代之小石碑，它是被埋於屋宅基下的石塊，與上述鎮宅之石碑頗為相似。其實，古代人們已經以此靈物用於辟邪鎮鬼，除了將之埋於屋宅下，更寫上「石敢當」的字句，以壯聲威。後來的人將之簡化為小石碑或小石人，將其作為辟邪之靈物，所起的作用是相同的。

關於「泰山石敢當」的傳說也很多。相傳清朝康熙年間，廣東徐聞縣的有幾任知縣到任數天便不明不白的死去了。後來有一位姓黃的新任知縣，他上任之前聽說有這樣的情況，也很害怕。於是他在就職時帶了一位風水先生一同赴任。風水先生一勘察，發現徐聞縣有一座寶塔之影子正好落縣太爺的公座上，前幾任的縣官皆因不能承受寶塔的壓力而死亡。於是，風水先生便命人在縣衙門前立了一塊石碑，上面刻著「泰山

石敢當」五個大字,意思是說以泰山之神力來抵禦寶塔之影子,結果黃知縣在上任以後一直平安無事。

惠山古祠堂群

到過無錫的人都知道惠山,但是,知道惠山祠堂群的人幾乎沒有。在惠山古鎮只有0.3平方公里範圍內,現今仍保存著自唐代到民國的1,200年間完整的古祠堂及遺址118處,是國內外正在不斷消失的祠堂發展的唯一例證,堪稱中華譜牒文化的露天博物館。無錫自古山清水秀,人傑地靈,明清以來又是全國重要的「市」、「布碼頭」,素有「食供四方,衣被天下」之稱。祠堂群依託太湖風景名勝,自古以來就是江南重要的名山勝地,惠山祠堂群內有江南名剎惠山古寺、著名的天下第二泉和古典園林寄暢園,使惠山祠堂群具有寺中有祠、祠中有寺、園中有祠、祠中有園的特色,各種類型的祠堂沿河臨街、依山就勢地密集分布於此,呈現過「出郭樓臺三四里,遊人不得見山容」的祠堂廟宇林立的盛況。

惠山祠堂群雖歷經佛、道之爭、水火災難和大小戰亂,特別是1937年日軍對惠山古鎮的狂轟濫炸,但仍較為完整地保存著沿街祠堂群、沿河祠堂群、臨泉祠堂群、寺中祠堂群等獨特構成,展現沿河、臨街、近泉、靠山的景觀特色,以及由惠山古寺和天下第二泉為核心,向外輻射的分布規律。祠堂群中有欽定官設的祠堂、民間聯宗立廟所建之祠兩大類別,共分有神祠、先賢祠、墓祠、寺院祠、貞節祠、宗祠、專祠、書院祠、園林祠、行會祠十大類共二十二種祠堂的完整系列和七十多個姓氏,主祀、配祀人物的數量之多、建築密度之大、祠堂類型之齊全,為國內外所罕見。在惠山祠堂群裡,還有許多外姓祠堂。規模最大的是張中丞祠,這是無錫人為紀念唐朝平「安史之亂」的外鄉英雄張巡而建。

還有「茶聖」陸羽的陸子祠。在楊藕芳祠堂，人們可以從天井、門樓、柱拱等構件中，依稀看到中西建築和近代工商文化的風韻。因此，惠山祠堂群不僅是普通人的家族史，也是一部歷史名人傳，一部精煉的建築集萃。

惠山祠堂群的發展過程，與無錫較為發達的地域經濟的發展和民族工商業的興起有著密切關係，並與江南的宗教文化、園林文化、書院文化、泉文化、茶文化、酒文化、民間曲藝和惠山民間泥人文化等緊密結合。

■「欽使第」——中國近代外交官薛福成故居

無錫城區的西南角保存著一處晚清民居建築群，這就是有「江南第一豪宅」稱號的薛福成故居。薛福成故居也叫「欽使第」（意為欽命出使英、法、意、比四國欽差大使之府第）。說起這座豪宅，不得不先介紹一下它的主人——薛福成。

薛福成（西元 1838～1894 年），字叔耘，號庸庵，無錫人，中國近代史上著名的思想家、外交家和早期維新派代表人物之一。光緒五年（西元 1879 年）所著《籌洋芻議》一書便是他維新變法思想的代表作。他的思想成為早期維新思想「經世實學」和後來曾國藩、李鴻章領導的洋務派的思想大旗和理論指導。薛福成的改良主義思想對後世的康梁變法也產生了很深遠的影響。因此，他是中國歷史上承上啟下的一位思想家。

薛福成在清政府內政外交上取得了非凡的成就。自光緒十年（西元 1884 年）起，他歷任浙江寧紹臺道、湖南按察使（未到任）。清光緒十六年（西元 1890 年），他被朝廷任命為出使英、法、義、比四國特命全權大臣。為此，清朝政府特賜「欽使第」一座，以褒獎薛福成的歷史功績。

但朝廷所賜欽使府第也只是屬於政府開了一個可以建造府第的許可，並未給薛家下撥建造府第的費用。薛福成親自勾畫草圖，為這座宏大的住宅做了大致的設計，然後責成其兒子薛翼運具體實施。整個工程陸續進行了4年，到1894年上半年欽使第方才落成。

晚清時的無錫城還是個很小的縣城，薛家的豪宅落成後，占據了當時無錫半個城的位置，故百姓對這座欽使第有「薛半城」的俗稱，可見薛家的氣派。門廳裡，光緒帝的手跡「欽使第」高懸在上，依次排開的西韶堂、務本堂、惠然堂是當年薛氏家族落轎、接待和重要活動的場所。從正廳轉到房廳、從轉盤樓繞到後花園，移步換景。最值得稱道的是採用中外工藝建造、中國現存最大的轉盤樓，它歷經百年風雨，但依舊是瓊樓玉宇，名貴典雅，幽遠古樸。擺設文物古玩的博古廳、巧奪天工的薛家磚雕門樓和具有江南園林風格的「欽使第」後花園等，無一不盡顯「江南第一宅」的精湛建築藝術。

「繩武堂」──錢鍾書故居

錢鍾書故居在無錫城中七尺場（今崇安寺新街巷30號和32號）。故居又名「繩武堂」，坐北朝南。其第一進平房的東西兩端牆角處，至今還嵌砌著「錢繩武堂」四個刻紅字的花崗界石各一方。

錢鍾書，字墨存，無錫人，是中國當代學貫中西，博古通今的著名文學家、語言學家，也是卓有成就的現代作家。他早年先後留學英國和法國。1938年回國後，他在清華大學擔任教授。他的學術著作和文學作品較多。人們較為熟悉的有《管錐篇》和長篇小說《圍城》。其中《圍城》除在多個國家出版發行外，還被拍攝成電視劇，引起廣大讀者和觀眾的強烈反響和好評。

錢鍾書故居是 1923 年由其祖父錢福炯建造的，為一組具有江南傳統風格的近代民居建築。大廳懸掛有「繩武堂」匾額。大廳庭柱上，掛有南通狀元張騫題書的楹聯一副，曰：「金匱抽書，有太史子；泰山聳掛，若穎川君。」張騫寫此聯時已 72 歲高齡，而錢鍾書當時還是年僅 14 歲少年。他認為錢鍾書將來能成為「太史子」，「穎川君」那樣的名人，其預見可謂絕矣。

　　從這座故居中不僅走出了大文豪錢鍾書，而且先後湧現出兩代七八個著名人物。他們是錢鍾書的父親錢基博、叔父錢基厚，還有堂弟錢鍾韓、錢鍾毅、錢鍾魯、錢鍾儀等。他們分別為著名學者、教授、企業家和革命烈士。因此錢家不愧為江南名城無錫極典型的書香門第。錢鍾書故居現已被建成「錢鍾書紀念館」。

■ 青果巷──常州名人故居匯聚處 ■

　　常州名人故居最集中的地方當數青果巷。明代萬曆年之前，京杭大運河流經常州舊城南部，從今文亨橋、毗陵驛遺址入西水關，藉東、西下塘的市河，最後穿東坡公園奔東。東下塘北岸有條小巷，因運船舶如梭，商賈雲集，漸漸成為南北果品的集散地。沿岸俯視巷，觸目皆各類果品店肆，故稱「千果巷」，後遂衍名「青果巷」。這裡有瞿秋白故居──天香樓（清代），唐荊川宅（明代）、李伯元故居（明、清）、劉國鈞故居（清代）、趙元任故居（清代）等 40 多處典型建築。

■ 常州──蘇東坡的第二故鄉 ■

　　蘇東坡（西元 1037-1101 年），名軾，字子瞻，號東坡居士，四川眉山人，是中國著名的詩人、散文家、政治家。他仕途坎坷，一生多磨

難,屢遭貶謫,身不由己。唯有中年乞居常州和晚年終老常州是他自己的選擇,常州實是他的第二故鄉。

東坡對常州可謂情有獨鍾。東坡與常州的緣分最早可追溯到嘉祐二年(西元1057年),22歲的東坡金榜題名時結識了同科進士常州府宜興縣的蔣子奇、單錫和武進縣的胡完夫等少年才子,成為莫逆之交,可謂「初入仕途遇知己」。從東坡步入仕途到他終老常州止的40餘年中,他曾出入常州11次之多。

東坡曾二次上書朝廷〈乞常州居住表〉,表中他曾這樣表露了自己的心跡:「吾方上書求居常州,豈魚鳥之性,終安於江湖耶。」東坡厭倦漂泊生活,看不慣官場的勾心鬥角,黨派之爭,常發「歸去來兮,吾歸何處?」的慨嘆。每當東坡官場失意或失去愛妻嬌子痛苦之時,這種歸去來兮的哀嘆之聲愈強烈。特別是東坡晚年,他忘不了常州人對他的熱情,常州的水鄉風光更是每每念起,不能忘懷。1101年的6月15日,他沿運河繼續自靖江北歸常州家園。他萬劫歸來的消息引起了轟動,在運河兩岸,老百姓沿河迎接表示對他發乎真誠的歡迎。此時他體力較佳,已然能在船裡坐起。當時他頭戴小帽,身著長袍,在炎熱的夏天,兩臂外露,不禁轉身向船上別的人說:「這樣歡迎,折煞人也!」

伯先路 —— 鎮江近代建築博覽

伯先路近代建築群主要位於鎮江伯先路西側至京畿嶺一帶,多為清朝光緒年間至民國早期建造的建築。第二次鴉片戰爭後,清政府在咸豐八年(西元1858年)被迫簽訂了《天津條約》,闢南京、鎮江、九江、漢口等十處通商口岸。咸豐十一年(西元1861年),列國在雲臺山麓鎮屏山、迎江路、江邊一帶設租界,建起了英國、美國、日本領事館。從此這裡出現了眾多的西洋建築。慢慢地這裡又出現了一些仿西洋建築和中

西合璧式建築，其間也有些中國古典風格的建築。經過若干年的發展，這裡終於形成了我們現在所能看到的具有獨特風貌的中國近代建築群。其中主要建築有：

◆ 金山飯店舊址

西式建築，兩層，四開間。建於清末民初，寧波同鄉會曾設於此，抗戰期間改為金山飯店。

◆ 江南飯店

中西合璧式建築，四開間，中兩間為四層，兩側三層，青磚疊砌，平瓦屋面，邊門上有國民黨元老于右任手書的「捷徑」石門額一塊。它建1927年，原為國民黨政府蘇、浙、皖郵政受理處處長屠家驊的公館，後改為江南飯店。

◆ 蔣懷仁診所舊址

現在是名都大酒店。建築為仿歐洲古典建築形式，三層洋房，依山而建，有40間屋子。它是浙江寧波人蔣懷仁在清光緒三十三年（西元1907年）所建，是中國人在鎮江建造的最早、最大的私人西醫診所。據傳，蔣中正、蔣經國父子來鎮江時曾在此下榻。

◆ 鎮江商會

現為鎮江市工商業聯合會會址。整個建築為中西結合形制，一幢兩進，有房屋70多間，占地1891平方公尺。它原為洋務局遺址，現在的建築於1929年建成。近代鎮江因得江河之利，商賈雲集，有11個省的客商在這裡建了會館，20多個行業建立公所，鎮江商會是這些會館、公所的領袖，我們現在站在舊址前，仍能從建築斑駁的印跡中看到鎮江商會往日的風光。

◆ 廣肇公所

是典型的傳統古建築風格，有廳房、正房、偏房、廂房 20 多間，占地近 600 平方公尺。廣肇公所的得名是因為它是由廣州、肇慶兩府旅鎮客商合力興建的，是為兩府商人聚會及洽談業務所用，於清光緒三十三年（西元 1907 年）建成。民國初年，孫中山在辭去臨時大總統後，從上海至南京途經鎮江，曾在公所住宿一夜，在此召見各界人士，發表演講。

以上提到的幾個建築其實只是伯先路近代建築群中的一小部分，此外還有「英租界工部局舊址」、「內地會教堂」、「《新華日報》社舊址」等，無法一一述來。讀者一定要親自來鎮江，親自徜徉在這條流淌著歷史滄桑的古街上，這樣才能品味出其中更多、更好的韻味來。

張雲鵬故居

中國第一個獲「亞太地區文化遺產保護傑出獎」的古建築張雲鵬（西元 1900～1958 年），又名翼元，出生中醫世家，一生行醫，並著有《溫病辯證十三篇》等著作，是鎮江人民愛戴的名醫。張雲鵬的後人對其故居十分愛護，多年來一直不斷地籌資修繕，並堅持「修舊如故，以存其真」的原則，基本上充分保留的建築的原汁原味。作為個人保護文物成功的典範，張雲鵬故居 2,000 年被聯合國教科文組織評為亞太地區文化遺產保護傑出獎，這是中國第一次獲此殊榮的古建築。

張雲鵬故居始建於光緒年間，共占地 600 平方公尺。建築前後四進九間，四周圍牆，正門朝南。進門見小池，左首為雅室，內置古物字畫，右進迴廊與後院相連，後院有半亭、亭臺、月亮門等建築。主建築面闊三間，磚木結構，雕花門窗，花園內奇石異草賞心悅目。尤其是一

棵百年香圓樹與古井形成了「橘井流香」的意境，一個半亭與芭蕉構成了「聽蕉小築」的景觀。總之，一旦你走進這座老宅，你立刻就能感受到它曲徑通幽、雅致含蓄的韻味，同時也感受到宅子主人淡泊名利、修身養性、寧靜致遠的情懷。

明清古建五柳堂——鎮江傳統民居代表作

　　五柳堂是明清時期的民居，坐落在鎮江市區演軍巷內。五柳堂最早的主人是陶氏，祖居江西潯陽，後遷居鎮江，憑著「絡絲」的好手藝逐步發展成了江綢業的巨擘。由於陶氏是陶潛的後人，陶潛號「五柳先生」，所以題「五柳堂」堂名以示對先人的尊崇之情，同時院中還栽植了五棵怪柳，與五柳堂寓意相映成趣。

　　五柳堂的建設歷經了明、清、民國三個時期。它代表著鎮江傳統民居的特點和風格。它前後共有七進平房和藏書樓一座。第一進楠木廳是明代建築，梁架、立柱均為楠木梁架用材碩大，立柱呈梭柱狀，頂部有券剎，做抬梁，次間山面無脊柱，是宋元遺制實例，十分可貴。第二進斜廳，建於清代前期，整個屋身斜形而立，與楠木廳不在一條中軸線上，頗有個性。藏書樓又名遊經樓，取陶潛詩「遊好在六經」之意，有兩層，建於民國，是陶氏後人陶蓬仙藏書、寫作的地方。

揚州的小巷

　　揚州有「巷城」的別稱。鄭板橋的「綠楊深巷，人依朱門」說的就是巷子裡的揚州。老城區內街坊縱橫整齊，小巷寧靜幽深，給「淮左名都」增添了一層神祕的色彩。

　　猶如北京的胡同、上海的弄堂，揚州小巷多而奇。東西南北，橫豎

曲折，密如蛛網。在只有十幾平方公里的老城區就有 500 多條小巷，幾乎每隔十來就有一條小巷。它們或長、或短、或大、或小，彎彎曲曲，首尾相連，內外相通。正如揚州人所說：巷連巷，巷通巷，大巷裡面套小巷。揚州的小巷大都比較窄，有的窄處僅容一人通過。有的巷口雖寬，卻越走越窄，臨近巷底，正當山重水複疑無路時，拐過一個直角彎，便「豁然開朗」，令人有「柳暗花明又一村」之感，有的巷子巷巷相套，曲折迂迴，不熟悉它的人走來走去，卻又回到原地，使人如入迷宮。當年史可法抗清保衛揚州，雖然豫親王多鐸率清兵攻破揚州，但清兵進城後，他們人生地不熟，進入蜿蜒曲折的小巷如同進入了八卦陣中，在每一條街道，每一條小巷都遭到伏擊，可謂是寸步難行。

揚州小巷古色古香，石板、立磚的路面布列著種種圖案花紋，道旁兩邊的院牆花窗、磚刻門樓見證這揚州古老的歷史。人在巷中走，猶如看一卷不盡的圖畫：名勝古蹟、古樹名木、市井街坊、茶樓酒肆、圈門火巷、僧堂尼庵……真是「一路樓臺直到山」。特別是東圈門、東關街一帶的小巷串起了古典住宅、園林、寺廟等古建築，濃縮了揚州民俗風情、人文建築的精髓。從記載著揚州歷史的東圈門城樓開始，沿著那些首尾相連、內外相通、曲折迂迴的古巷走一回，看兩側歷盡滄桑的舊門樓和粉牆黛瓦，聽一聽小巷深處的揚州白話，才算是真正到了揚州。

揚州小巷串起名人、名居、名蹟、名園，也串起淮揚美食、維揚工藝、揚州茶道。人與民俗文化全在古巷裡生動起來，勾勒出一個意味深長的新廣陵圖。

揚州名人宅第故居知多少

揚州是一座有著近 2,500 年歷史的文化名城。由於歷史的滄桑，風雨的侵蝕，戰爭的毀壞以及人為的破壞，在這座城市裡已經很難再找到

千年以上的古宅，但在 5 平方公里多的古城區內仍散布著數百個建於 19 世紀甚至更早的古宅名第。

- 汪氏小苑是揚州鹽商汪竹銘住宅，坐落於東圈門歷史街區東首地官第 14 號。小苑以住宅為主，苑則相輔，是揚州清末民初保存最為完整的鹽商名宅。
- 尊德堂是鹽商許榕楣住宅，在揚州市丁家灣 59 號、88 號至 92 號、102 號和廣陵路 250 號。
- 慶雲堂，鹽商盧紹緒住宅。位於康山街 22 號至羊胡巷 63、65 號。又稱為「盧慶雲堂」、「盧公館」。為晚清揚州鹽商住宅之最。
- 世彩堂，清光緒末年鹽商廖可亭的住宅。位於市區南河下 118 號，坐北朝南，是揚州清末鹽商大宅門之一。
- 紹愷堂，鹽商許公澍住宅。坐落在廣陵路北，石牌樓 7 號。
- 貽孫堂，清末揚州著名大鹽商周扶九住宅。位於青蓮巷 19 號，其建築形式以中式建築為主，還有兩幢西式建築。
- 青雲山館，清末鹽商褚青山住宅。坐落在國慶路 342～346 號。
- 鹽場場董、鹽商方爾咸住宅。為清末建築，坐落在揚州市區引市街 31 號、31-1 號、渡江路 44 號總門內。
- 同福祥鹽號、鹽商賈松平住宅。共有三處：一處坐落在大武城巷 1 號、3 號、5 號；一處坐落在廣陵路 263 號，即今「二分明月樓」；還有一處坐落在丁家灣 1 號。
- 街南書屋，清康熙後期、雍正年間、乾隆早期揚州著名鹽商馬氏兄弟曰琯、曰璐的住宅園林，亦稱小玲瓏山館。位於東關街街南 257～309 號範圍。
- 魏次庚宅第，鹽商魏次庚的住宅。位於永勝街 40 號。
- 劉敏齋宅第，清光緒至民國年間劉敏齋住宅。共三處，一處在粉妝

巷 19 號，一處在甘泉路 6 號至 14 號範圍內，一處在灣子街 240 號。
- 汪魯門宅第，又稱世德堂，是鹽商汪魯門住宅。位於南河下 170 號。
- 張亮基宅第，坐落在揚州老城區丁家灣 20 號，是湖廣、雲貴總督張亮基的住宅。
- 卞寶第宅第，地址在廣陵路 219 號，是湖廣、閩浙總督卞寶第的住宅。
- 周馥宅第，坐落在丁家灣東，大樹巷 42 號，是兩江總督周馥的住宅。
- 李長樂宅第，坐落在東關街五穀巷 41 號，是直隸提督李長樂的住宅。
- 廣西巡撫張聯桂宅第，有兩處，一處在木香巷 5 號，一處在廣陵路 218 號，前者稱「春暉堂」，後者稱「延禧堂」。
- 安徽巡撫陳六舟宅第，坐落在糙巷 6 號、8 號、10 號三個門牌內，是一個三個門樓並列連在一起的老房子。
- 浙江寧紹道臺吳引蓀宅第，是揚州唯一浙派建築群，俗稱「99 間半」，其間的一座藏書樓「測海樓」在歷史上與寧波「天一閣」齊名，位於泰州路 45 號。
- 阮元故居，位於毓賢街 6～8 號，建於清嘉慶九、十年間。阮元是揚州學派的代表人物。
- 金農故居，位於市區汶河北路和淮海路之間的駝嶺巷，即今日的揚州八怪紀念館。金農，清代著名畫家，「揚州八怪」代表人物，晚年定居揚州。
- 羅聘故居，位於綵衣街彌陀巷 42 號。羅聘是清代著名畫家、「揚州八怪」之一。
- 劉文淇故居，位於東圈門 14 號，自題「青溪舊屋」。劉文淇是揚州學派代表人物之一。

- 胡仲涵宅第，位於東關街 306 號與 312 號之間，是民初銀行家胡仲涵的住宅。
- 楊鴻慶宅第，坐落在風箱巷 22 號，是民初楊氏擔任大鹽商周扶久開設的裕豐錢莊大管家時購建。
- 朱自清故居，位於文昌中路南側安樂巷 27 號，為揚州市區重要的名人故居，是進行愛國主義教育的重要場所。
- 王少堂故居，位於揚州市灣子街三多巷 10 號。王少堂是著名揚州評話表演藝術家，故居保存基本完好。
- 匏廬，位於甘泉路 221 號，民初鎮揚汽車公司的董事長盧殿虎所建。匏，俗稱「瓢」，廬，泛指一般房舍。
- 劉莊，位於廣陵路 272 號，建於光緒年間，原名「隴西后圃」，後歸吳興鹽商劉氏所有，是揚州遺存大型鹽商住宅之一。
- 王柏齡故居，位於淮海路 42 號，是民初揚州西式建築的典型之一。

徐州民俗縮影戶部山

徐州有一個古老的民謠：「窮北關，富南關，有錢的都住戶部山。」

戶部山，原名南山。1624 年，明朝戶部分司署為避水災，遷至南山，遂易名戶部山。戶部山地勢較高，風景亦美，故富人雲集，文人雲集。先後住在戶部山的文人有徐州唯一的狀元李蟠、小說《金瓶梅》評論家張竹坡，還有翰林崔燾等。

徐州戶部山民居

戶部山的名聲最早最重要的是得之於楚漢相爭年代。西楚霸王項羽，在這裡（時為南山）建起了戲馬臺，與美人虞姬在此觀賞馬戲。西元

416年，東晉的皇帝劉裕第二次北伐，把指揮中心設在了這座山上，並建了臺頭寺等。次年九月九日，正值重陽佳節，劉裕班師回到彭城（今徐州），在戲馬臺上大擺宴席，請群僚同賀勝利。在徐州這種登戶部山過重陽的習俗一直留傳至今。每至重陽，登戶部山的老人便絡繹不絕。這裡還擺過「百壽宴」，免費招待百歲老人。

戶部山的古建築是徐州古老建築最集中的場所之一。其中尚保存下來的明清時代富人的住宅建築有 400 餘間，民初的民宅更多，有 700 餘間。較完整的院落有 20 餘處，有崔燾翰林府、鄭家大院、翟家大院、家大院、李家大樓等。這些古民宅中，三十幾年前還住著他們的後代，後全部搬出。現以翟、余兩家大院為基礎，把這些古民宅改為徐州民俗博物館。博物館占地 6,000 多平方公尺，有古民宅 160 多間，內分 6 個展區：古民居展區、民間工藝展區、地方戲曲展區、近代生活展區、婚俗展區、機動展區。說戶部山是徐州民俗的縮影，恰如其分。

蘇軾為何要拆霸王樓

西元前 206 年 12 月，項羽設鴻門宴，計殺劉邦未成。數天後，項羽帶兵進入咸陽，大肆屠殺，將秦降王子嬰處死，又蒐羅秦宮珍寶與美女，攜來彭城。再後又殺掉自己先前擁立的楚懷王，自稱西楚霸王，定都彭城，並修建了氣勢雄偉的西楚王宮。後人稱西楚王宮為西楚故宮，也有稱霸王樓的，原址就在現彭城路北端的老市委北大院。清朝有人憑弔霸王樓後，吟詩一首，最後四句是：

我有劉項兩同鄉，

一則如龍一如虎。

三層樓上起悲風，

淚灑彭城一片土。

從詩中看，霸王樓是一個三層建築。

項羽烏江自刎之後，劉邦十分大度，對項氏家族沒有殺害，對包括霸王樓、戲馬臺在內的項羽遺址也加以保護，沒有破壞。但由於項羽生性殘暴，一生殺人無數，人們對項羽敬畏有加，所以霸王樓沒人敢住，甚至傳說樓裡項羽陰魂不散。到了唐、宋，斷斷續續才有徐州長官敢把霸王樓做官衙，但為數不多。

西元1077年，蘇東坡就任徐州太守，這時的霸王樓已雜草叢生，一片荒敗景象。蘇東坡在取得徐州抗洪勝利後欲建黃樓紀念，但缺材料，加上歷代對霸王樓的恐懼和當時的荒涼現狀，便把霸王樓一舉拆除了。他在一首詩中寫道：「重瞳遺址已塵埃，唯有黃樓臨泗水。」重瞳指項羽，他每隻眼裡有兩個瞳仁。遺址，指霸王樓。從此，徐州少了一個霸王樓，多了一個黃樓。蘇東坡一過一功，留給後人評說。

關盼盼與燕子樓

唐時徐州節度使張建封之妾關盼盼，姿態優雅，且善歌舞。張死後，關盼盼念舊愛而不再下樓，棲棲獨居10多年。因燕子好築巢於此樓，此樓故名燕子樓。

但後來有學者考證，燕子樓原為武寧軍節度使張愔為其寵妾、蓄歌伎關盼盼所建。地址在當年張公館後花園內。

西元806年唐代詩人白居易來徐時，張愔曾設宴招待。席間，張愔喚出關盼盼獻歌獻舞。關盼盼懷抱琵琶，唱的是白居易的一首詞〈長相思〉：「汴水流，泗水流，流到瓜州古渡頭。吳山點點愁。思悠悠，恨悠悠，恨到歸時方始休。月明人倚樓。」關盼盼善解詞意，表達得淋漓盡致，恰到好處。白居易非常激動。接下去，關盼盼又表演了《霓裳羽衣舞》。她飄然若仙，讓白居易十分欣賞。白居易遂當場贈詩一首：「風撥

金鈿砌，檀槽後帶垂。醉嬌無氣力，風嫋牡丹枝。」這首詩描寫了關盼盼彈奏琵琶唱歌時的形態，那麼嬌柔，那麼婀娜多姿，那麼光彩照人。

但自這之後，白居易與張愔及關盼盼便失去了聯繫。直到10年之後，白居易才知道張愔已戰死邊疆（一說病故），便藉著出差到徐州的機會，來對關盼盼安慰一番。關盼盼聽到張愔的死訊，頓時昏了過去。搶救醒來後，她便把自己10年來創作的300餘首詩，捧與白居易過目。關盼盼為自己的詩取了個總題目：《燕子樓詩集》。白居易閱過，感慨萬分，既同情關盼盼，又敬佩她對愛情的忠貞，後作詩三首，贈與關盼盼，其中一首是：「滿床明月滿簾霜，被冷燈殘拂臥床。燕子樓中霜月夜，秋來只為一人長。」送走白居易，關盼盼萬念俱灰，便焚燒了《燕子樓詩集》，絕食而死，年僅28歲。

蘇軾在徐州任太守時曾夜宿燕子樓，夢到關盼盼，醒來作〈永遇樂〉樂詞：「明月如霜，好風如水，清涼無限。曲港跳魚，圓荷瀉露，寂寞無人見。紞三鼓，鏗然一葉，黯黯夢雲驚斷。夜茫茫，重尋無處，覺來小園行遍。天涯倦客，山中歸路，望斷故園心眼。燕子樓空，佳人何在？空鎖樓中燕。古今如夢，何曾夢覺，但有舊歡新怨。異時對，黃樓夜景，為余浩嘆。」

宋代民族英雄文天祥被俘後，元兵押解其去京途中，在徐州停留數日。文天祥也憑弔了燕子樓，並作詩一首，最後八句是：「娥眉代不乏，埋沒安足論。因何張家妾，名與山川存？自古皆有死，忠義長不沒。但傳美人心，不傳美人色。」

張愔建的燕子樓為兩層，磚木結構，雕梁畫棟，富麗堂皇。兩層8個樓角，均如燕翅，既美觀，又有動感。據說，張愔很喜歡關盼盼舞蹈中的燕子飛翔的舞姿，故如此設計，並命名燕子樓。關盼盼身後至今已1,200多年，燕子樓毀了建，建了毀，但規模、結構、外形，均大同小異。

也有人說燕子樓一名是後人所起。他們看到，人去樓空，只有成雙成對的燕子，秋去春來，在這裡繁衍生息，恩恩愛愛，這是張愔與關盼盼再生，故名燕子樓。

關盼盼死後，葬於燕子樓旁。傳說，夜間常有關盼盼悽慘哭聲，故長期無人敢住此樓。唐昭宗景福二年（西元893年），安徽碭山人宋全忠（朱溫）是個反覆無常的軍官。他與一個叫李克用的軍官聯合起來，攻打徐州。當時徐州的行營兵馬都統叫時溥。他奮起抵抗，保衛徐州，但不幸失敗。時溥不願落到叛軍手裡，就和夫人一起躲進燕子樓。當追兵逼近時，他們點火自焚，結果把燕子樓也燒毀了。此後，徐州官民又屢屢重建燕子樓。

1938年5月，日軍飛機頻繁轟炸徐州，城內多處建築被毀，燕子樓也被炸塌。日軍占領徐州之後，將炸塌的燕子樓全部拆除，改建成一處平房，將明清時立下的燕子樓石碑，鑲嵌於平房牆上。1985年，燕子樓開始重建雲龍公園知春島上。樓為雙層，飛簷遠伸，三面臨水。樓下有畫廊，廊中有石刻畫，描繪關盼盼為白居易歌舞等場面。樓下還有一池清水，池邊立著關盼盼全身漢白玉塑像。關盼盼身穿長裙，頭頂荷花，這是出汙泥而不染的象徵。她體態豐滿，是唐代美人的典型形象。明代秣陵解元所寫的「燕子樓」三個大字的石碑也被從徐州市博物館取來，立在這裡。

■鹽阜一帶民間灶頭上為何要畫魚■

在鹽阜一帶，一般人家都有在灶頭上畫一條或兩條大鯉魚的風俗。

傳說很早以前，鹽城西鄉有戶姓陳的人家，只有母子二人相依為命，生活貧苦。俗話說：三年爛飯買頭牛，三年稀粥砌座樓。陳家母子

不想買牛，更不想砌樓，平時省吃儉用，只指望把日子過得好些。一日三餐拿下鍋前，總要抓一把放在灶頭上的紅瓦罐裡。罐子裝滿了就倒在笆斗裡。這樣每頓省一把，一年省一笆斗，三年以後，陳家有餘糧了，老媽媽替兒子改名為陳糧。陳糧憨厚勤勞，後來娶了老婆。小兩口同甘同苦，刨土種地，日子過得更好了。一天，土鍋腔改新灶，媳婦就用平時積省下來的糧食換得魚肉回來炕灶，叫「新鍋新灶，魚肉跳跳」。時間長了，過去的苦日子慢慢忘了，灶頭上的紅瓦罐子，也不一日三次地放了，老媽媽雖然經常嘮叨，但小夫妻兩個，一個耳朵聽，一個耳朵出。因此，陳家餘糧漸漸少了。

　　有一年發大水，糧食歉收，陳家的生活更困苦了。大水過後，陳家重新砌灶。炕灶時，沒糧換魚換肉，只煮了一鍋粗糠野菜。為了教育兒媳平時過日子要「有日想無日」，陳母就請瓦匠師傅在灶頭上畫了條大鯉魚，以示時時要節餘。從此以後，媳婦上灶做飯，看到灶頭上的魚，就想起了以前的苦日子，又大把大把地往灶頭的紅瓦罐裡放了。從那以後，陳家的餘糧又多起來了。

　　陳家灶頭上畫魚的故事傳開後，家家戶戶都在自家的灶頭上也畫上大鯉魚。這樣的風俗一直流傳至今。

鹽阜建房風俗趣談

　　對建房木料的選擇，民間說法是「頭不頂桑，腳不踏槐」。桑與「喪」諧音，槐與「壞」諧音，一般不用桑做梁，用槐做門檻。傳統的房宅的綠化習俗是「東種桃柳西種榆，南種梅棗北種李杏」。「中門有槐，富貴三世，宅後有榆，百鬼不近」。「宅東有杏，宅西有桃，皆為淫邪」，「門前種雙棗，四旁有竹木，青翠則進財」。

　　當牆砌到四簷齊時，瓦、木工須按照「左青龍，右白虎，前朱雀，後玄武」的要求，慎重測定與東鄰西舍房屋簷口的高度，要求平衡一

致,不能高,高了壓鄰居財氣,也不能低,低了自家晦氣。

　　新房的牆體夯築到一定高度,要舉行一次安裝房梁的「上梁」儀式。上梁通常以「月圓」、「漲潮」時為吉辰,取「闔家團圓」和「錢財如潮水漲進」之意。上梁的前一天晚上,主家購買兩條活鯉魚和太平鉤,同時在紅紙上寫「喜神之位」,端端正正貼於堂屋後牆正中,點燭焚香叩頭禮拜。木匠則將所有屋梁放在長板凳上,進行復尺,以防有誤。正梁在中間,貼上「福祿壽禧財」五字,「福」字貼在正中,餘分兩旁,再上「太平鉤」。「太平鉤」從中梁「福」字穿入,鉤嘴朝外,兩條鯉魚用紅線穿背,齊頭掛在鉤上,意為「鯉魚跳龍門」。

■ 全國唯一的岳飛生祠

　　靖江生祠鎮岳廟原稱「岳王生祠堂」,俗稱岳王廟,建岳飛在世之時,為天下最早,故有「天下第一岳飛廟」之說。《宋史》記載:南宋建炎四年(西元1130年)「詔飛退守通、泰,有旨可守即守,如不可,但於沙洲保護百姓,伺機掩擊。飛以泰無險可恃,退保紫墟,戰於南霸橋,大敗金兵,渡百姓於沙上,飛於精騎二百殿護,金兵不敢近。」這裡的通,指南通;泰,指泰州,而沙洲、沙上就是指靖江了,百姓就是跟隨岳飛的難民。

　　南宋年間,金兵進犯中原,岳飛時任軍隊的元帥,率兵抵抗。岳飛率領的軍隊所向披靡,戰無不勝。可是南宋王朝採取賣國求榮的政策,要與金兵媾和,一天之內連發12道金牌命令岳飛班師回臨安(今杭州),無可奈何的岳飛只好率兵南回。當地百姓依依不捨,緊隨岳飛軍隊後退,一直退到揚子江畔的靖江地區駐紮營寨。此時的岳飛憂國憂民,寢食難安。一天,當他忙到深夜,踱出帳篷,看到孤山地區這塊土地有山有港,瀕臨長江,平疇百里,這裡開墾後適宜植桑種糧,可建成一處魚

之鄉。拂曉，岳飛召集老百姓，說：你們就不要隨我渡江了，「沙洲」是塊好地方，你們就此生息吧，「我願沙洲八百年無水災，八百年無旱災，八百年無兵災」。岳飛的話鼓勵眾百姓安居下來。老百姓送岳飛到港邊一座橋頭才不得不停住了腳步，目送岳飛遠影消失。這座橋後被命名為「望岳橋」。後來，老百姓為懷念岳飛，就在望岳橋旁建起了一座祠堂，曰「岳王生祠堂」供奉岳飛長生牌位，後人亦稱「武穆王生祠堂」。

1968年，岳王廟重修，趙樸初先生題書為「岳忠武穆生祠堂」。廟為全宋式結構，雕梁畫棟，飛簷翹角，氣勢雄偉，蔚為壯觀。廟內岳飛塑像栩栩如生，其英武神態中隱有一絲抹不去的苦思與憂戚，據說這是中國唯一帶有憂戚神態的岳飛塑像。當年，岳飛以「莫須有」的罪名被賜死於大理寺獄。消息傳到馬馱沙（靖江古名馬馱沙），靖江人民紛紛走上昔日送別岳飛的橋上，遙望江南，思緒萬千，於是「望岳橋」又改名為「思岳橋」。

皂河龍王廟為何又被稱為「乾隆行宮」

皂河龍王廟坐落在宿遷市駱馬湖西岸，原名「敕建安瀾龍王廟」，始建於清代順治年間，改建於清康熙三十三年（西元1684年），後經雍正、乾隆與嘉慶幾代皇帝復修和擴建，規模漸漸增大。「安瀾」即祝願洪水平息，百姓得以安全的意思。清乾隆元年，河臣向皇帝稟報蘇北治黃情況，說自從皂河龍王廟修成以後，黃河、運河「經流順軌，風濤不驚」。乾隆皇帝認為這是國泰民安的吉祥之兆，特下旨在寺內立御碑，刻文字，以頌揚和紀念其父祖輩的治水功德。乾隆皇帝在60年執政期間，曾6次南巡，5次在此廟駐蹕，並題下許多詩文，也留下了許多傳說。因此，當地人又稱此廟為「乾隆行宮」。

皂河龍王廟占地面積達36畝，前後共3進院落，整體建築模式參

照北京故宮所建，規模宏大，布局嚴整，左右對稱，軸線分明，氣勢磅礡，雄偉壯觀。整個建築群分為6大部分，最南端是古戲樓，為皇帝駕臨時觀一年一度的正月初九廟會所用。廣場兩邊是相對稱的「河清」與「海晏」牌樓，是乾隆帝巡幸時進出的地方。廣場北側是禪殿，門前有一對雌雄石獅，雄獅重2.8噸，雌獅重2.76噸。御碑亭在第一進院中，其造型極似清代的皇冠，碑亭兩邊分別是鐘樓與鼓樓。第二進院為中心院落，中有龍王殿，殿中供奉著東海龍王坐像。皂河龍王廟的最後一進院中，是乾隆皇帝每次駐蹕時的寢宮。

300多年來，每年的正月初八至初十日三天為皂河龍王廟的廟會之日，屆時四面八方的善男信女們紛紛前來進香謁拜，祈福求祥。一時人山人海，盛況空前。

購物江蘇

美麗的雨花石是怎麼形成的

雨花石是世界觀賞石中的一朵奇葩，是花形的石，是石質的花。雨花石得名於一個美麗的傳說：梁武帝時期，高僧雲光法師在石子崗（今南京雨花臺）講經，精誠所至，感動上天，天花紛紛墜落，落地化作五彩石子。人們一般認為雨花石就出自雨花臺，其實它的主要產地是在揚子江畔的六合、儀徵等地。中國最早介紹礦產的著作《雲林石譜》（宋‧杜綰著）就記載：「六合水中或沙土中出瑪瑙石。頗細碎，有絕大而純白者，五色，紋如刷絲，甚溫潤瑩澈。」「江寧府江水中有碎石，謂之螺子石，凡有五色，大抵全如六合靈岩及它處所產瑪瑙無異。」「真州（即今儀徵）水中或沙土中，出瑪瑙石。」後人將沙礫石層中所產的瑪瑙石、蛋白石、水晶石玉髓、燧石等統稱為「雨花石」。

明末清初的文學家張岱寫的〈雨花石銘〉云：「大父收藏雨花石，自余祖、余叔及余積三世，而得十三枚，奇形怪狀，不可思議。」清末民初，著名雨花石收藏家張輪遠著有《萬石齋靈岩石譜》，他讚美六合靈岩石：「文色之美妙，皆出自天然。精為鬼斧，妙似神工。群芳不能喻其豔，錦繡何足比其容……以為世間無有媲美於靈岩石者，且優秀之品，形質既異，文采亦殊，萬變千奇，無一重複。」由此推知，大約在明萬曆年間，已出現歷史上第一次雨花石「收藏熱」，並且也說明了雨花石絕美者稀少難求。雨花石種類繁多，它的成因和化學成分極為複雜。

一般認為，在兩億年前，地殼內部岩漿向外噴發，冷凝後岩石間留下了許多孔洞，膠液狀的二氧化矽夾帶各種顏色的礦物質沉澱在這些孔洞裡，就像一滴墨水滴入水碗中變化出各種圖案，形成了絢麗多彩，紋理奇特的雨花石。以瑪瑙礫石為例，原生瑪瑙由岩漿的殘餘熱液形成。這種熱液充填在火山岩如玄武岩、流紋岩的空隙中，因空隙的形狀不同，或成瑪瑙球，或成瑪瑙脈。經過自然力的作用，原生瑪瑙脫落而

出,再經過山洪衝擊,流水搬運,磨成卵石。它的圈狀花紋是二氧化矽膠液圍繞火山岩空隙、空腔,由內壁開始,從外向內多層次逐層沉澱而成。原生瑪瑙的主要化學成分是二氧化矽,其次是少量的氧化鐵和微量的錳、銅、鋁、鎂等元素及化合物。它們本身具有不同的色素,如赤紅者為鐵,藍者為銅,紫者為錳,黃色半透明為二氧化矽膠體石髓,翡翠色含綠色礦物等。

由於這些色素離子溶入二氧化矽熱液中的種類和含量不同,因而呈現出濃淡、深淺變化萬千的色彩。雨花石凝天地之靈氣,聚日月之精華,孕萬物之風采,其主要特徵是「六美」:質美、形美、弦美、色美、呈象美、意境美。在賞玩、收藏雨花石時,可根據其呈象分為人物、動物、風景、花木、文字、抽象石等。按照「六美」程度可分為絕品石、珍品石、精品石、佳品石等品級。雨花石觀之令人心曠神怡,賞之可意安體泰,古往今來,備受人們喜愛。歷代名人及文人騷客愛石甚多。晚明四大書畫家之一的萬鐘任六合縣令時酷愛珍藏雨花石,民間採石、藏石之風始盛。中國政治家周恩來曾經收藏雨花石,京劇大師梅蘭芳也曾賞玩雨花石。1988年漢城(今首爾)奧運會上中國體育運動員將雨花石作為中國的象徵永久存在漢城。如今國內外賞玩、收藏雨花石越來越多,它已成為餽贈來賓、親友的高檔禮品,風光無限。

■「寸錦寸金」的南京雲錦

南京雲錦因其絢麗多姿、美如天上雲霞而得名,至今已有1,580年歷史。南京雲錦與成都的蜀錦、蘇州的宋錦、廣西的壯錦並稱「中國四大名錦」。雲錦的產生發展與南京的城市發展史密切相關。南京絲織業發端於東吳時期。東晉末年,大將劉裕北伐,滅秦後,將長安的百工全部遷到建康(今南京),其中織錦工匠占很大比例。西元417年東晉在建康

設立專門管理織錦的官署——錦署，被看做是南京雲錦正式誕生的象徵。到了元代，蒙古人入主中原。統治者的時尚是用真金妝點官服。加之當時國力擴張，黃金開採量增大，使以織金夾銀為主要特徵的雲錦脫穎而出，受到君主和貴族的寵愛。元、明、清三朝都指定雲錦為皇室御用貢品，歷代統治者相繼在南京設立官辦織造局。清康熙、雍正年間，南京雲錦生產達到高峰。當時南京擁有3萬多臺織機，近30萬人以此和相關產業為生，是當時南京最大的手工產業，秦淮河一帶機戶雲集，機杼聲徹夜不絕。

《紅樓夢》作者曹雪芹祖上三代四人曾任清代江寧織造官，共達65年之久。在古代絲織物中，「錦」是代表最高技術水準的織物，而南京雲錦則集歷代織錦工藝藝術之大成，因其豐富的文化和科技內涵，被專家稱作是中國古代織錦工藝史上最後一座里程碑，公認為「東方瑰寶」、「中華一絕」，是中華民族和全世界最珍貴的歷史文化遺產之一。被稱作「寸錦寸金」的雲錦是用5.6公尺長、4公尺高、1.4公尺寬的老式大花樓木質提花機，由上、下兩人配合操作生產出來的，兩個人一天只能生產5～6公分。雲錦主要特點是逐花異色，從雲錦的不同角度觀察，繡品上花卉的色彩是不同的。由於被用於皇家服飾，所以雲錦在織造中往往用料考究，不惜工本，精益求精。雲錦是用金線、銀線、銅線及長絲、絹絲和各種鳥獸羽毛等織成，如在皇家雲錦繡品上的綠色是用孔雀羽毛織就的，每個雲錦的紋樣都有其特定的含義。如果要織一幅78公分寬的錦緞，在它的織面上就有14,000根絲線，所有花朵圖案的組成就要在這14,000根線上穿梭，從確立絲線的經緯線到最後織造，整個過程如同給電腦程式設計一樣複雜而艱苦。

「挑花結本」相當於軟體設計，它用古老的結繩記事的方法，把花紋圖案色彩轉變成程式語言，再上機進行織造。機上坐著的人稱作「拽花

工」，只要按過線順序提拽即可，相當於在敲電腦鍵盤。機下坐著的人稱「織手」，他使用「通經繼緯」的技術（緯線由不定數的彩絨段拼接而成），挖花盤織，妝金敷彩，就能織出五彩繽紛的雲錦來，他面前的織造面即相當於電腦顯示幕。這種工藝至今尚不能被機器所替代。雲錦的織造工藝高超精細，除前面介紹的「挑花結本」、「通經繼緯」以外，「夾金織銀」也是雲錦的一大特點，織物顯得雍容華貴，金碧輝煌，滿足了皇家御用品的需求。今天的雲錦生產仍然保留著傳統的老式提花木機織造方式，南京雲錦的科學研究人員經過數十年的努力，把瀕臨消亡的南京雲錦織造工藝逐漸恢復，並蒐集整理了雲錦圖案和畫稿，培訓藝徒，恢復了「雙面錦」、「凹凸錦」、「妝花紗」等失傳品種，複製了漢代的「素紗襌衣」、宋代「童子戲桃綾」、明代「妝花紗龍袍」等珍貴文物，並徵集收藏了 900 多件雲錦實物資料，為南京雲錦的研究和發展打下了良好的基礎。

■ 南京新街口──「中華第一商圈」■

　　新街口的地名出現在清末，與南京這座歷史古城的很多地方相比，它實在是資歷尚淺。不過 1930 年代為迎接孫中山先生靈柩奉安大典，新街口地區進行了拓寬，形成南京市內第一個城市廣場，初步奠定了市中心的位置。1940 年代後期，新街口地區真正成為南京的交通、金融和商業中心。城中 4 條幹道彙聚於此，使這裡終日車水馬龍，熙來攘往。銀行、飯店、酒樓、商場、戲院等商業設施眾多，高樓林立，燈紅酒綠，堪稱當時南京的「華爾街」。如今，每逢節慶盛事，新街口廣場一帶人流彙集，好不熱鬧。

蘇州刺繡為何天下聞名

中國刺繡起源於 3,000 多年前，自春秋時期開始就已形成了一定的規模。傳說吳地有一位聰穎漂亮的女子，在結婚前正在趕製一件新嫁妝，在製作過程中不小心在衣襟上戳了一個洞。她急中生智用彩絨繡了一朵小花，不僅將破洞掩蓋住，而且還顯得特別漂亮，造成了錦上添花的效果。受此啟發，聰明的蘇州人從此就開始喜歡穿繡花衣服了。

到了宋朝，蘇州栽桑養蠶日益發達，逐漸成為絲綢之鄉，城鄉手工作坊林立，機房鱗次櫛比，夫絡妻織，刺繡得到空前發展，呈現出一派繁榮景象，各種繡品也逐漸從日常用品發展為觀賞品。元、明、清三朝，蘇繡獲得不斷的創新與發展。蘇繡題材極為廣泛，有人物、山水、花鳥等。構圖技巧上講究平衡對稱，花紋圖案繁多，層次分明疊巒，畫面栩栩如生，蘇繡的技藝提高到一個嶄新的水準。當時的雙面繡已達到相當嫻熟的程度，成為刺繡技藝中獨樹一幟的精品。

蘇繡的主要藝術特點是圖案工整絹秀，色彩清新高雅，針法豐富，雅豔相宜，繡工精巧細膩絕倫。就蘇繡的針法而言，極其豐富而變化無窮，共有 9 大類 43 種，主要有齊針、掄針、套針、施針、亂針、滾針、切針、平金、打點、打子、結子、網繡、冰紋針、挑花、納錦、刻鱗針、施毛針、穿珠針等，採用不同的針法可以生產不同的線條組織和獨特的藝術表現效果。蘇繡的馳名中外，與沈壽不無關係。沈壽在慈禧七十大壽時獻上〈八仙上壽圖〉，受到慈禧太后的賞識。1906 年，沈壽以鉛筆畫為繡稿，繡製義大利皇帝、皇后像，在巴拿馬博覽會上展出，獲金質大獎，從而使蘇繡名聞天下。

交通江蘇

江蘇的長江上已經有幾座大橋

長江下游流經江蘇的部分又名揚子江，這裡是中國乃至世界上航運最為繁忙的地區之一。過去由於長江這道「天塹」的存在，江南江北不僅往來不便，蘇南蘇北經濟發展也很不均衡。近年來，江蘇大力發展沿江經濟，長江兩岸掀起建橋熱潮，南京、鎮江、揚州、江陰、常熟、南通等地都橫跨起溝通南北的長江大橋，目前已經完工通車的有這麼五座。

南京長江大橋是江蘇境內第一座長江大橋，建成於1968年，也是長江上第一座由中國自行設計建造的雙層鐵路、公路兩用橋。上層公路橋長4,589公尺，下層鐵路橋長6,772公尺，江面上的正橋長1,577公尺，其餘為引橋，當時是中國橋梁之最。正橋路欄和公路引橋採用富有中國特色的雙孔雙曲拱橋形式。公路正橋兩邊的欄杆上嵌著200幅鑄鐵浮雕，人行道旁還有150對白玉蘭花形的路燈，潔白雅致。南北兩端各有兩座高70公尺的橋頭堡。南堡下是一個風景秀麗的公園。南京長江大橋共有9個橋墩，最高的橋墩從基礎到頂部高85公尺，底面積約400平方公尺，比一個籃球場還大。正橋的橋孔跨度達160公尺，橋下可行萬噸巨輪。整座大橋如彩虹凌空江上，十分壯觀。

二橋位於南京長江大橋下游11公里處，全長21.197公里，由南、北汊大橋和南岸、八卦洲及北岸引線組成，全線按雙向六車道高速公路標準建設。2001年3月建成通車。從南京最大的互通立交柳塘驅車向北，可見數百道銀色的鋼索拉起一道「長虹」飛越長江天塹，兩座巨大的銀色索塔高聳雲霄。二橋跨過奔騰江水，橋身在長江第三大洲——八卦洲落地，延伸舒展後再次飛躍滾滾夾江，登上江北工業重鎮大廠區，從雍莊立交盤旋而下，匯入江北交通網。

位於江陰黃山森林公園和鵝鼻嘴公園附近的江陰長江公路大橋於

1994年開工建設，1999年10月建成通車。大橋全長3,071公尺，寬36.9公尺，淨空高50公尺，是當時中國第一、世界第四的懸索大橋。

連接鎮江和揚州兩地的潤揚長江公路大橋西距南京二橋約60公里，東距江陰大橋約110公里。工程全長35.66公里，由北接線、北汊橋、世業洲互通高架橋、南汊橋、南接線及延伸段等部分組成。潤揚大橋是中國第一座由懸索橋和斜拉橋構成的組合型特大橋梁，整個大橋建設規模大，難度高，技術複雜，為中國橋梁建設史上所罕見。

鄭和下西洋是從哪裡出發的

鄭和是明成祖的親信內監，本姓馬，很小的時候在雲南當了明朝的俘虜，被送入宮中成為宦官，後被分派到燕王朱棣府邸。因其聰明乖巧，受到賞識。燕王推翻建文帝取得政權，因他隨同燕王「靖難」有功，鄭和被明成祖賜姓鄭。永樂元年（西元1403年），鄭和師從成祖的謀臣、道衍和尚姚廣孝，皈依佛教，別名三寶（三保），得名「三寶太監」（三保太監）。明成祖即位後，派了蔣賓興、王樞等人到東南亞一帶宣諭這一重大政治事件，希望加強與這些國家的連繫，也藉此炫耀大明帝國的國威。隨後，成祖以鄭和為使節，開始了一連串大規模的海上活動，前後7次延續28年，他的主要活動區域在今天的加里曼丹島以西海域，這一海域舊稱西洋，因此這些航海活動總稱「鄭和下西洋」。

永樂三年（西元1405年），鄭和首次奉成祖之命下西洋。他統帥將士28,000人，船隻208艘，從南京龍江寶船廠的長江上出發，在太倉劉家港由江入海，經過福建長樂，首站到達爪哇蘇魯馬、蘇門答臘南部舊港、馬來半島西岸的滿刺加（麻六甲）等地。船隊在滿刺加稍事休整，又在岸上設立兵營、倉庫，儲藏貿易貨物，而後繼續西行，到達錫蘭山（斯里蘭卡），又繞過印度半島向北到達葛蘭（科澤科德）、柯枝（科契），

終點站是古里（果亞邦）。鄭和部分隨行船隊分成兩隊，一支繼續向西北航行，到達伊朗，繞過阿拉伯半島進入紅海，終點是伊斯蘭教聖地麥加；另一支向西南航行，直達非洲東海岸。鄭和船隊與所到國建立了友好關係，並參與到當地的政治鬥爭和貿易體系之中。明成祖時，鄭和6下西洋，分別是永樂三年（西元1405年）、五年（西元1407年）、六年（西元1408年）、十年（西元1412年）、十九年（西元1421年）、二十二年（西元1424年），航行時間1～2年不等。永樂二十二年（西元1424年），明成祖去世，其子朱高熾繼位（明仁宗）。他聽從朝中某些大臣的意見，認為下西洋過於浪費、收效不大，宣布停止下西洋的活動。

不到1年，仁宗病，宣宗朱瞻基繼位，改年號宣德。作為明王朝開放政策的餘波，宣德五年（西元1430年）十二月，再次派鄭和下西洋，27,000餘人分乘61艘船隻從南京起航出發，鄭和在返航途中與世長辭，終年62歲。此後明朝開始關閉帝國的大門，明中期更進一步實行海禁政策。據有關資料記載，鄭和寶船最大的長44丈，寬18丈。樹立9根大桅杆，由位於南京龍灣（今南京河西下關濱江地區）的龍江船廠製造，排水量約為14,000千噸，載重量在7,000噸以上，論形制之巨大，製作之精良，在世界上首屈一指。鄭和下西洋所用的航海圖中繪製地圖20餘幅，是中國首部航海圖。

鄭和下西洋證明了在15世紀中國具有世界領先的航海科技和船隻製造技術。鄭和下西洋的行動比歐洲地理大發現早一個世紀。至於鄭和下西洋的確切原因，有人認為是為了尋找下落不明的建文帝，有人認為是為了搜尋明朝建國前割據東南一方的張士誠或方國珍的餘部，也有人認為是為了促進海上貿易，建立海上大聯盟。不管原因如何，中國自動開始了航海的黃金時代，也自動結束了一段燦爛的海上航行史。南京在鄭和下西洋的歷史上占據相當重要的位置：這裡是鄭和下西洋的決策地和出發地，江蘇太倉和福建長樂則是鄭和航海過程中由江入海及由海入洋

的起錨地和停泊港。

著名的〈鄭和航海圖〉原來的名稱是「自寶船廠開船從龍江關出水直抵外國諸番國圖」。寶船廠就在南京的龍江關，即今下關江邊。〈鄭和航海圖〉原名清楚地表明，南京不僅是鄭和下西洋的主要造船地，而且鄭和下西洋的萬里航程是從南京開始的。南京是成年後鄭和一生活動的主要地區，他生活的馬府、任職的官署、督辦的大報恩寺工程、進行宗教儀式、祭祀海神活動的宮廟寺院、死後墓葬，等等都在南京。南京城南現在還有馬府街、鄭和公園等歷史遺跡。鄭和下西洋每次大約有 27,000 多人，其中 26,000 多人是舟師。這支龐大的船隊不出海時就駐紮在南京。鄭和下西洋後，大量海外鄰國人士來到明朝都城南京，進行經濟和文化交流。這樣就增進了中國與亞非各國人民的友好往來，開創了古代中國對外開放的最後輝煌。南京成為當時具有國際性的開放城市。

中山大道 —— 南京的第一條柏油馬路

南京的第一條柏油馬路建於 1920 年代末，至今已有近 100 年歷史，沿途的建築、綠化和風景無不洋溢著南京獨特的歷史風情。1927 年 4 月，國民政府定都南京。在蔣中正親自推薦下，留學英國劍橋大學、在市政建設方面頗有研究、年僅 37 歲的廣東人劉紀文被調來南京，成為南京建市後的第一任市長。劉紀文上任後，為改變南京「教育之幼稚，實業之凋敝，市廛之湫隘，道路之不平」的現狀，他準備以孫中山臨時大總統府為中心，關建 5 條馬路。此時恰逢國民政府擬籌備孫中山奉安大典，孫中山先生的靈柩將從北京運抵南京，奉安於東郊總理陵園。劉紀文遂乘機提出了「修築迎櫬大道」的建議，並親自擔任「首都道路工程處」處長。首先開工建設的就是「中山大道」。工程從 1928 年 8 月動工，至 1929 年 5 月建成，前後不到 1 年時間。從中山碼頭進挹江門，經鼓樓、

新街口向東出中山門，到達紫金山南麓，中山大道全長15公里，40寬的路幅在民國初年的中國城市中顯得極為氣派。沿途所經碼頭、道路、橋梁乃至學校、商場、飯店等皆以「中山」命名，從而形成了一條舉世聞名的紀念性大道。

中山大道在建期間，劉紀文還派人到上海法租界購得第一批懸鈴木（即法國梧桐）數千株，植於中山東路、中山北路、薩家灣、長江路、江蘇路及陵園大道兩旁，成為南京近代第一批行道樹。中山大道促進了南京的繁榮發展，其長度比當時號稱世界第一長街的美國紐約第五街還長2英里。直到今天，中山大道仍是南京城的主軸線之一。站在中山大道上一眼望去，就是有「一線穿城」的壯闊和蔚然大氣。

如今中山大道兩側已栽種了10萬多株行道樹，有高大茂密的梧桐、蒼勁的雪松、挺拔的水杉、常青的翠柏。這裡盛夏濃蔭蔽日，深秋落葉滿街，是南京獨一無二的綠色走廊。中山大道沿途密布著近兩百處的文物保護單位、優秀的近現代建築、名人故居，有南京博物院、第二檔案館、中央飯店、福昌飯店、原交通銀行南京分行、原國民政府最高法院、原國民政府外交部、周佛海公館……彙集了南京近代歷史文化中的精髓，無一不顯現著南京這座古都厚重的歷史和滄桑之美。

渡江勝利紀念廣場、鹽倉橋廣場、山西路廣場、鼓樓廣場、新街口廣場、中山門廣場等6大廣場景觀各具特色；山西路、鼓樓、新街口、大行宮等南京商業、旅遊、金融的中心建築設施也分布在中山大道沿途。如今，中山大道一到晚間更是燈火輝煌，遊人夜晚從中山門驅車進城，一條用燈光潑墨繪出的通暢大道即映入眼簾，明城牆和沿街的民國建築被燈光烘托得特別撼人心魄，以綠色為主的地打燈渲染出一條鬱鬱蔥蔥的「梧桐隧道」。這是一條散發出濃郁古都特色、現代氣息的「金陵第一街」，成為南京有別於其他任何一座城市的獨特風景線。

■「法國梧桐」真的是來自法國嗎

夏天,外地人一到南京,首先就被城區裡隨處可見、濃蔭密匝的行道樹——法國梧桐給吸引住了。樹大蔭濃的法桐陪伴南京人度過了一個又一個炎熱的夏日,儘管每年四五月間,這些法桐都會飄飛毛絮,引起很多行人過敏,但市民對它還是情有獨鍾。南京人編了個順口溜描述栽滿梧桐的街道:「前看是桐,側看是牆,上可防空,下可乘涼。」法國梧桐簡稱「法桐」,在世界園林界享有「行道樹之王」的美譽。其實,法國梧桐的學名叫「懸鈴木」,原產東南歐、印度及美洲。根據結在總柄上的果實個數(即密密匝匝的綠葉掩映之中的「懸鈴」——也就是它的果實也即種子的集束,看起來是非常精緻的小絨球),可分為二球懸鈴木(英桐)、一球懸鈴木(又稱美桐)、三球懸鈴木(又稱法桐)。

現在通常把這三個樹種統稱「法桐」。據文獻記載,懸鈴木在晉代即從陸路傳入中國,當時被稱為祛汗樹、淨土樹。懸鈴木雖傳入中國較早,但長時間未能繼續傳播。近代懸鈴木大量種植約在20世紀初,主要由法國人種植於上海的法租界內,故被稱為「法國梧桐」,其實懸鈴木既非法國原產亦非梧桐。法桐生長快、壽命長,冠大蔭濃,耐修剪,既可以播種,也可以扦插,這些品質決定了它是理想的行道樹種。當年南京中山陵落成時,為了綠化陵前大道,從中山門到陵園的大路兩側引種了1,034棵懸鈴木。後來,又在下關到中山門的整條中山路兩側集中栽種了大批懸鈴木,使中山路綠樹密布,蔚為壯觀。

■江蘇的「江尾海頭」有幾處

從字面上看,「江尾海頭」是「江之尾,海之頭」之義,意為江海交接之處。江蘇省內號稱「江尾海頭」的地方有兩處,它們分別為江陰市和

太倉市的瀏河鎮。

　　江陰地處長江入海口，素有「江尾海頭」之稱。有人提出疑問，長江的入海口在上海，上海才是真正的江尾海頭。上海地處長江三角洲，是長江沖積和太湖沉積而形成的，因此當江陰作為入海口的時候，還沒有上海。春秋時期，江與海相接地就在江陰。晉朝時，江陰境內已設有「暨陽鹽署」，這是朝廷專門派人在這裡負責鹽場的加工解送，這也充分說明江陰是入海口。有人說，現在江陰下游的水還有鹽分。地理學家丁文江先生考證說，春秋時江陰確實是處江尾銜接海口的位置，而那時上海還沒有露出地面，上海作為入海口是秦漢以後的事了。清代文學家趙翼就留下詩句「暨陽城北皆洪流，尚是江尾已海頭」。那時江陰黃山與對面的靖江孤山相對，江與海有一段不明顯的交會處，隨著潮漲潮落而向東向西移動。長江每年夾帶約40,000萬噸泥沙東下，到口部沉積。長江口外南北兩側各慢慢地堆成反曲形嘴，將水中分散、孤立的島嶼連接起來，逐步變成了一個大喇叭形海灣，這就是我們現在看到的模樣。

　　瀏河鎮是江蘇省太倉市東部瀕江臨海的重鎮，為萬里長江第一港。瀏河鎮元代稱瀏家港，當時漕運勃發，海貿隆盛，被譽為「六國碼頭」。明代大航海家鄭和在此七下西洋，成為與當時埃及亞歷山大港媲美的大海港。今天瀏河以她獨特的區位優勢和綜合實力被譽為「江尾海頭第一鎮」。瀏河人傑地靈，人文薈萃。有著1,800多年歷史的瀏河鎮，具有豐富的旅遊資源和特色鮮明的飲食文化。這裡有鄭和紀念館、天妃宮（媽祖廟）、紫薇閣、梅花草堂、戚繼光閱兵臺、新聞橋（林則徐建）、老浮橋、望江亭、明清古街等古蹟，深受廣大遊客的歡迎。

無錫的「罵蠡橋」因何得名

在太湖大道上由無錫市區進入蠡湖風景區處有一座橋名為「馬蠡港橋」。其實，馬蠡港橋原來名「罵蠡港橋」。據當地老百姓說，在春秋戰國時期這裡是河道進入五里湖的一個港口，並且有一座橋。當年越國打敗吳國後，越國大臣范蠡帶了西施乘小船駛入五里湖，然後歸隱太湖。這件事被無錫老百姓知道了，由於無錫屬於吳國，當范蠡帶著西施乘舟經過這裡時，無錫老百姓便站在橋上、沿港口兩岸痛罵范蠡不該用美人計害得吳國滅亡，從此這座橋被命名為「罵蠡港橋」。但范蠡是越國大臣，在越國打敗吳國後，范蠡瞞著越王勾踐偷偷和西施一起出逃，這是件非常機密的事，怎麼會輕易讓屬於吳國的無錫老百姓知道呢？再說，處於戰敗地位的吳國無錫百姓又怎敢大膽地站在橋上港邊高聲謾罵戰勝國的大臣范蠡呢？那可是要掉腦袋的。由此可見，罵范蠡的不可能是無錫老百姓。

比較合乎情理的應該是范蠡的知己好友、越國大臣文種罵了范蠡。文種和范蠡都是越王勾踐的心腹大臣，為了復國雪恥，他們倆盡心盡力，獻計獻策，共同幫助勾踐打敗吳王夫差。勝利那天，本來應該高奏凱歌，返回越國，可是范蠡長期陪伴勾踐，看透了他凶惡的嘴臉，決定帶西施出逃。文種卻一直被蒙在鼓裡，臨到港口上船時，范蠡才說出真相，並勸文種道：「子不記吳王之言乎？『狡兔死，走狗烹；敵國破，謀士亡』。越王為人，長頸鳥喙，忍辱妒功，可與共患難，不可與共安樂。子今不去禍必不免！」文種是個忠君思想極其濃厚的人，不但不聽忠告，反而非常氣憤，罵范蠡是個背叛君王、拋棄鄉親父老、不忠不孝的叛逆。范蠡見文種不聽勸，無奈只得開船而去。文種回到越國，儘管他忠心耿耿，秉公辦事，但是勾踐心裡還是不踏實，不放心，害怕文種居功自傲，心想一旦文種起了叛亂之心，就無人可以制止。有一天，文

種生病，勾踐以探病為由，有意把隨身攜帶的一柄寶劍留在了文種的病榻前。

文種見劍匣上刻有「屬鏤」二字，就明白了勾踐要他自殺的用意。因為「屬鏤」這柄寶劍是吳王夫差賜給伍子胥自刎的劍。文種到這時候才仰天長嘆，說道：「吾不聽范蠡之言，乃為越王所戮，豈非愚哉！」但悔之晚矣。當時范蠡挨了文種的罵，可歷史證明，挨罵的范蠡並沒有錯，反而成了製陶、養魚、經商的鼻祖，流芳百世，罵他的文種卻犯了終身遺憾的大錯，最後只能夠拔劍自刎。為了紀念這段充滿哲理、富有教育意義的歷史，後人便把港口的那座橋命名為「罵蠡港橋」。

■「寶界雙虹」與榮氏家族■

「寶界雙虹」指的是無錫榮氏家族在蠡湖中部建造的新老寶界橋。橋在到黿頭渚去的必經之路上。過去從無錫市去黿頭渚因中間隔著蠡湖，沒有橋，不通車，很不方便。1934 年，適逢榮德生先生 60 壽誕，他捐出親友餽贈的壽儀 6 萬餘元，作為在蠡湖建橋的資金，以完成他造福桑梓、溝通無錫太湖風景區陸上交通的夙願。在橋成時，榮先生欣然命筆「寶界橋」。「寶界橋」三字被鑴於橋梁東西兩側，百姓焚香燃燭進行慶賀。「寶界橋」之名得之於寶界山名。又因它是當時無錫最長的橋，俗稱「長橋」。

橋有 60 個橋孔，以象徵榮先生六十大壽。橋寬 5.6 公尺，長 375 公尺。寶界橋猶如窈窕淑女的攔腰一束，從此橋東西兩側的蠡湖水域分別被稱東五里湖和西五里湖。60 年後，為解決寶界橋交通擁塞和促進旅遊事業發展，榮德生先生之孫、時任中國國家副主席榮毅仁之子榮智鍵又獨立捐資 3,000 萬元，在老橋東側 10 處另建新橋。新橋寬 18.5 公尺，長 390.74 尺，於 1994 年 10 月 16 日建成並舉行通車典禮。新橋落成後，

唐代李白「兩水夾明鏡，雙橋落彩虹」詩意油然而出。而祖孫造橋有口皆碑，寶界雙虹傳為佳話。故在雙橋之間、橋北堍瀕湖處建具有紀念性質的「雙虹亭」。亭中碑石正面鐫刻榮毅仁副主席親書的「寶界雙虹」四字，背面為書法大師啟功撰書的〈寶界雙橋記〉。榮氏家族這一圓滿完美、功德無量的善業義舉不但有益於交通，同時又為蠡湖增添了新的人文景觀。

古運河在無錫

有人把古運河和長城比作「人」字的一撇一捺，它象徵著中國巨人屹立在世界東方。京杭大運河已有1,400多年的歷史，全長1,794公里。與長城齊名的京杭大運河似乎對無錫情有獨鍾，它流到這裡轉了一個彎便穿城而過。京杭大運河在其1,794公里的全程上唯獨到無錫穿城而過，因此古運河無錫段堪稱京杭大運河的「瑰寶」。綿長的楚吳文化就在這裡的一座座相繼而建的石拱橋下、在鱗次櫛比的臨水民居的抱持中悠悠流淌至今。除了運輸功能外，無錫的古運河更是神奇迷人的旅遊勝地。

有人把無錫市區古運河比作一條龍，黃埠墩就是這條龍的龍頭。這段運河擁有迷人的風光，南可望惠山，北向有著名的市──三里橋，東與江尖渚遙相呼應。黃埠墩又稱「天關」，西水墩則是「地軸」。西水墩，舊稱「窯墩」，四面臨水，形如島嶼。與黃埠墩不同的是，這裡是梁溪河與古運河交會的地方，平時這裡可以透過「顯應橋」直達岸堤。繼續向南就是著名的南禪寺。古運河依傍著南禪寺流淌，形成「江南最勝叢林」（明代對南禪寺的讚譽）寺、塔（妙光塔）、河珠聯的特有風姿。而自南禪寺造成清名橋僅長1.5公里的「水弄堂」保存吳越古風最為完整，可謂是「瑰寶」中的「明珠」。清名橋十分古樸，整座橋造型勻稱，穩固雄偉，是無錫古運河上最著名的景點，也是最吸引中外遊客的地方。

交通江蘇

趣說蘇州古橋

　　古詩云：「君到姑蘇見，人家盡枕河。古宮閒地少，水港小橋多。」唐朝詩人白居易曾這樣描述：「綠浪東西南北水，紅闌三百九十橋。」可見，遠在唐代，蘇州就已經是一派小橋眾多、景色迷人之地了。蘇州的橋有美麗的命名：以人稱者有陸侍郎橋、周太保橋、李師堂橋、三太尉橋；以事物稱者有渡僧橋、飲馬橋、剪金橋、過軍橋；以方位稱者有吳縣東橋、子城後橋、朱舫宅前橋、雍熙寺西橋；以祝願、祈禱稱者有昇平橋、普濟橋、積善橋、樂安橋。

　　除了各式各樣的橋名之外，江南的橋還有許多動人的傳說。比如：

- 乘漁橋。傳說古代有二賢者，一法海，一琴高。一日，兩人路過橋頭，見綠水河中有鯉魚一丈多長，琴高奇之，入河躍鯉背，誰知大鯉竟騰然飛去，琴高由此羽化而仙。
- 落瓜橋的得名與宋初的呂蒙有關。呂蒙落難在蘇州乞討為生，一日在醋坊橋看見一位農夫擔西瓜兩簍，急急東行。忽然一個西瓜掉在地上，呂蒙撿瓜呼喊，農夫見他窮苦，就把瓜送給了他。呂蒙很是感激，正捧瓜上橋，又掉在地上，瓜成碎片，落瓜橋由此得名。
- 氣勢壯闊的寶帶橋又名長橋，與趙州橋、盧溝橋等合稱為中國十大名橋，始建於唐元和年間。蘇州刺史王仲舒，捐出自己玉質腰帶以充橋資，寶帶橋因此得名。整座寶帶橋狹長如帶，多孔聯翩，倒映水中，虛實交映，不僅為行人、牽夫提供了方便，還為江南水鄉增添了旖旎景色。
- 覓渡橋位於城東南隅封門外，這裡是水陸要津，原設有渡船，旅客要忍受舟人對渡船者的把持和敲詐。後來僧人發起集資募建橋梁，取名「滅渡」，後訛稱「覓渡橋」。

- 吳門橋位於城西南盤門外，這裡是陸路出入盤門的必經通道，最初稱新橋，又名三條橋。吳門橋高大雄偉，目前是蘇州最高的單孔石拱古橋。它與鄰近的瑞光古塔、古水陸盤門渾然一體。這裡古運河滔滔東流，舟船帆影往返不絕，是蘇州城西南重要的文物古蹟遊覽區。
- 小巧玲瓏的引靜橋，位於網師園內，被稱作古橋中的「小家碧玉」。引靜橋是一座微型的石拱橋，寬 0.94 公尺，長 2.5 公尺，跨度 1.3 尺，拱頂厚 0.2 公尺，石拱欄高 0.2 公尺。引靜橋雖然只有一步之長，但它具備了石拱古橋的所有特點，可謂「麻雀雖小，五臟俱全」。

總之，蘇州的橋架於水上，立在自然。蘇州的古橋實用而藝術化，千姿百態地屹立在那水鄉古城，呈現出一派和諧的美麗。

趣說無錫名橋

無錫具有典型的江南水鄉特色，境內河網密布，因而橋梁眾多。其中一些橋梁具有濃郁的地方特色和時代特徵，值得遊人去觀賞和品味。

◆ 清名橋

原叫清寧橋，始建於 16 世紀晚些時候的明萬曆年間。它是無錫「寄暢園」的主人秦燿的兩個兒子捐資建造的，因兄弟倆的大名分別是太清、太寧，因此各取一字作橋名，橋便叫做「清寧橋」。清康熙八年（西元 1666 年），這座石橋由無錫縣令吳興祚重建。到了道光年間，因諱道光皇帝的名字，清寧橋改名為清名橋，後來也有人稱它為「清明橋」。清名橋為單孔石拱橋，橋長 43.2 公尺，寬 5.5 公尺，高 8.5 公尺，橋孔跨度 13.1 公尺，由花崗岩堆砌而成。因兩岸地勢高低關係，東西石級不等。拱券為江南常見的分節平列式，共 11 節，券洞兩面的券石上，各有

題刻。橋欄上沒有雕飾。每側立兩個望柱，顯得十分古樸。整座橋造型勻稱，穩固雄偉，是無錫古運河上最著名的景點，也是最吸引中外遊客的地方。

◆ 吳橋

橋之所以姓「吳」，是因為此橋由清同治十三年（西元 1874 年）出生的吳梓敬付銀建造的。可惜的是，吳梓敬在吳橋竣工之前就病逝於上海，無錫各界為了紀念他，就以其姓氏命名為吳橋。吳梓敬，又名子敬，安徽人。他曾在上海與他人合開絲廠。宣統元年（西元 1909 年），他與何夢連、祝大椿在無錫惠山浜口創辦源康絲廠。每年繭汛的時候，他要到無錫購繭，兼理絲廠的業務。由於源康絲廠位於運河的南岸，行人來往都要依靠渡船，落水喪生之事時有發生。於是他提出仿照上海外白渡橋的樣子設計建造一座橋梁。民國五年（1916 年）春此橋破土動工，翌年 3 月告竣。吳橋造價為銀洋 32,324 元，全部由吳梓敬支付。站在吳橋之上，仰可眺錫山惠山，俯可瞰運河黃埠。白天，猶可見船隻穿梭在新舊河道間，晚上，尚能辨燈火閃爍在亭閣簷角上。北塘的舊影和新顏就這樣難以言喻地交織在一起，帶給人一絲莫名的惆悵和歡喜。

常州石拱古橋中最高和最長的一座橋梁是哪座

文亨橋是常州老西門（即朝京門）外京杭大運河上的第二座大型三孔橋，造型與西倉橋（廣濟橋）相同，始建於明代嘉靖二十七年（西元 1548 年）。因其比西倉橋晚建 30 餘年，故俗稱「新橋」。文亨橋屬對置排列式石拱橋，全用青石構築，橋面正中嵌置浮雕蓮紋正方巨石一方，橋面東西兩側沿嵌砌石欄板和頂端浮雕雲紋裝飾的望柱，兩側橋額均刻有「武

進縣文亨橋」六字楷書，兩側拱處各有橋斗4個。文亨橋橋高9.92公尺，全長49.2公尺，兩邊小孔跨徑各為6.1公尺，中孔跨徑11.6公尺，南北各有石階49級。

　　文亨橋是常州石拱古橋中最高和最長的一座橋梁。每當皓月當空、清風徐來的夜晚，人們可以在橋頂觀賞到一種奇特的迷人景色：晴空裡寶鏡高懸，光輝四溢，橋下微波蕩漾，河水湍行。河水像要把倒映在水中的月亮沖走穿橋而去。這是常州舊時著名的西郊八景之一──「文亨穿月」。1987年，古運河拓寬，文亨橋因「孔窄束水，中墩礙航」而被拆除。為保存文物古蹟留傳後人，文亨橋按原橋風貌被移建於護城河口，並添建了龍頭噴泉和彩雲石欄。

長江和運河的十字交叉點

　　眾所周知，長江不僅是養育了千百萬中華兒女的母親河，也是中國水上的主要航道，是橫貫中國東西的交通運輸大動脈，而全長1,800公里的京杭大運河不僅是世界上最長的人工河，更是貫通中國南北的主動脈。一個東西，一個南北，正好在中國地圖上形成了一個「十字黃金水道」，而這個「十字」的中心就是鎮江。

　　鎮江位於江蘇省中部、長江下游南岸，處於江南航道的重要位置。她西接漢沔，東臨大海，航運往來，舟楫不絕。京杭運河以長江為界分為南北兩大段，鎮江是江南運河的起點。大運河穿鎮江城而過，江南富庶地區的糧食物資透過這裡過江北運，北方的特產則從這裡輸送到江南各地。在中國兩大航道的眷顧下，鎮江確立起了交通樞紐地位，從而使經濟、文化得到了充分發展。

　　交通的優勢促進了古代鎮江手工業的發展和商業的繁榮，特別是與

運輸有關的造船、冶煉以及與民眾生活有關的絲織品等行業在中國具有一定地位。交通的優勢也促進了古代鎮江商業的繁榮。六朝以來，鎮江的商業活動就很頻繁，唐宋時期已是商戶如雲，宋代鎮江的商業稅額占中國第八位，成為當時一個繁華的商業城市。交通的優勢對促進鎮江文化的集大成發揮重要的作用。太伯、仲雍東奔渡江，到達鎮江，開創了吳文化，自此以來吳文化一直是鎮江文化的底蘊。六朝以後，隨著北方人口大量渡江南遷，中原文化開始注入到這裡，與吳文化交融發展。

大運河開通後，鎮江又成為南北交通必經之路，人員交往更加密集，各種文化在這裡交會程度進一步深入。特別是鎮江貫通中國的東西南北，許多海外來客競相通過江、河、海來到鎮江，如義大利旅行家馬可‧波羅、韓國詩人李齊賢等都曾在此停留、遊覽。這樣諸如基督教、伊斯蘭教等外來文化也相繼傳入，使鎮江地域文化內涵更加豐富多彩。

時至今日，儘管長江主航道北移，但鎮江仍擁有長江岸線260公里。其中深水岸線85公里，占全省深水岸線總長的83%以上。鎮江港是中國十大主樞紐港之一，是長江第三大港和上海國際航運中心的重要深水組合港，年輸送量在3,900多萬噸，與世界50多個國家和地區通航貿易。蘇南大運河鎮江段可常年通航500噸級船隊

▌千年古渡西津渡

長江的下游名叫揚子江，而它流經南岸鎮江的一段又稱京江、丹徒江，古代這裡江面很闊。隋唐以前，鎮江、揚州之間的江面寬40餘里，水浪很急，但在西津渡這個地方，東面有象山為屏障，擋住了洶湧的海潮，成為岸線穩定的天然港灣。六朝時這裡的渡江航線已經固定。規模空前的「永嘉南渡」時期，北方流民有一半以上是從這裡登岸的。唐代潤州刺史齊澣在瓜洲上開鑿伊婁河以後，這裡成了連接京杭大運河最方

便、快捷的渡口，過往旅客人數猛增。陸游經過西津渡到四川赴任時曾這樣描述西津渡繁忙的景象：「閒日同閱往來渡者，無慮千人，大抵多軍人也。」陸游的描述表明，當時的西津渡不僅擔負著普通客運，還擔負著軍運的任務。

清代以後，由於江灘淤漲，江面北移，渡口下移到了玉山腳下如今被稱為超岸寺的地方，並被命名為大碼頭。原有的碼頭則叫小碼頭，不過已不再是真正意義上的碼頭，而是一條熱鬧非凡的商業街。這裡商舖林立，南來北往的客人就聚集在街道兩邊的朱紅小樓上，或推盞把酒，或交朋敘友。然而，隨著鐵路運輸的興起，西津渡的喧囂漸漸遠去，只留下了清冷的石板路靜靜地向來客敘述著當年的繁華。由於西津古渡街保存得較為完整，所以，我們還能在這裡找到六朝、唐、宋、元、明、清各個朝代的歷史遺跡。這條街是研究六朝以來鎮江興衰及長江與大運河交通的實物資料，曾被英籍華裔作家韓素音稱作「一座天然的歷史博物館」、「鎮江旅遊的真正金礦」。

隋煬帝開運河

隋煬帝楊廣的名字一直與中國古運河緊緊相連，永遠無法分開。隋大業元年（西元605年），隋煬帝在開通濟渠的同時「又發淮南民十餘萬開邗溝，自山陽至揚子入江。渠廣四十步，渠旁皆築御道，樹以柳」。這是在邗溝舊有基礎上的一次大規模的整修擴大，並形成了後來運河的規模。隋朝結束了400年左右的分裂割據局面，為古運河的開鑿提供了客觀條件。開鑿古運河也是加強、改善全國的建設、交通運輸的客觀需求。統治者隋煬帝出於政治、軍事、經濟、文化的目的，開鑿運河是必然的。也有因隋煬帝嚮往江南、嚮往揚州而開運河的說法，這只能算是隋煬帝開運河的諸多原因之一。

交通江蘇

　　隋煬帝所開運河以東都洛陽為中心，分為南北兩個系統。南運河是洛陽東南方向的通濟渠、邗溝、江南運河；北運河為永濟渠。大運河設計的總方案是以黃河為基幹，充分利用黃河南北自然地形的特點，使運河順應地形由高往低緩緩流去。這種方案既利用了黃河南北水流的自然趨勢，又溝通了不同水系之間的水路交通，使南北運河成為溝通富庶經濟地區與國都的紐帶。大運河凝聚著決策人隋煬帝高瞻遠矚的戰略眼光和敢辦前人不敢辦的大事的自信和決心，同時，也凝聚著運河設計者和千百萬挖河民工的智慧與血汗。就溝通江淮的整個運河來說，文帝和煬帝基本上都是循邗溝故道。所以，當通濟渠鑿成時，邗溝也已修畢。當月，隋煬帝就乘坐龍舟，由新修好的運河浩浩蕩蕩巡行江都。「我夢江都好」。運河成全了煬帝的揚州好夢，也最終帶給他一個揚州噩夢。

　　有人說，在中國歷史上很多皇帝都修過長城，很多皇帝都挖過運河，然而，既修過長城又開了運河的皇帝，只有隋煬帝一人。這涉及對中國歷史與中國帝王的評價，可謂意味深長。揚州城與大運河緊緊相連，與隋煬帝也不能分開。這個皇帝曾當過10年揚州總管，又開通了大運河，還三下江都，最終死在了這裡。隋煬帝開鑿運河的功過一直頗受爭論。但是無論怎樣，古運河惠澤後代的功績是不爭的事實。因此人們普遍認為，唐代詩人皮日休的〈汴河懷古〉對大運河的評價是客觀公允的：「盡道隋亡為此河，至今千里賴通波。若無水殿龍舟事，共禹論功不較多。」

■「郵之根」—— 高郵的「郵文化」■

　　中國是世界上郵驛起源最早、最發達的國家之一，也是世界上最早最成功地發現並運用通信組織文書傳遞的國家之一。古往今來，郵驛是歷代王朝施行有效統治的工具之一，是高度集權政治的產物。在平時，王朝控制的郵驛傳遞系統是傳遞政令、溝通中央與地方間連繫的紐帶；

在戰時，是飛報軍情、指揮作戰的有力工具；遇到重大突異和事變，它又是政府採取特殊措施、處理非常事故的重要手段。

高郵位於蘇北水鄉，大運河縱貫南北，交通發達，歷史悠久。在中國 2,000 多個縣市中，高郵是唯一以郵為名的城市。她的燦爛歷史與古代郵驛有著不可分割的連繫。秦始皇統一中國前，郵驛迅速發展，此時高郵這塊土地上「築高臺置郵亭」，故名「高郵」、「秦郵」。郵亭既是傳達政令、管理郵驛通信事務的機構，又是地方最小的行政單位。由於高郵亭的建立，才有高郵，才帶來了高郵 2,000 多年的發展與繁榮，郵是高郵的根，郵是高郵的源。高郵因郵而名，因郵而生，因郵而興，因郵而城。2,000 多年來，幾經風雨滄桑，幾度繁榮昌盛，高郵始終如一地跳動著郵的脈搏，傳承著郵驛文明。

1985 年，在這裡發現了保存完好、現存規模宏大的明代驛站——盂城驛，這對研究中國古代郵驛制度提供了重要的實物見證。古代的高郵城地勢獨高，四面皆低，狀如覆盂，故名盂城。宋代詞人秦少游曾寫有「吾鄉如覆盂，地處揚楚脊」的詩句。據史料記載，原盂城驛規模宏壯，有前廳、正廳、後廳、庫房、廊房、神祠、馬房、前鼓樓、送禮房、外照壁、驛丞宅、皇華廳、秦郵公館等建築，驛馬 130 匹，驛船 18 條，水、馬伕 200 多人，下設 15 個遞鋪。明代的高郵州「地當廣陵、漣水交衢，兩京通津。郡國之輸將，華裔之朝貢，使節之巡行，咸取道焉」。集郵驛、接待、交通等主要功能於一身的盂城驛發揮了不可替代的作用，是中國古代南北大動脈——古大運河上水陸兼備的交通要驛。

為何說徐州是「五省通衢」

徐州自古有「五省通衢」之說。古牌樓南面的橫額就題寫這四個大字。有人不解，徐州地處蘇魯豫皖交界之處，何來五省？

回答這個問題要從大運河說起。大運河,又稱京杭大運河,全長1,762公里,是世界上最長的人工河。這麼浩大的工程,自然不是短時間完成的。最早的運河開挖是在春秋時期。吳王夫差開鑿了從揚州到淮安一段,名曰邗溝,它溝通了長江與淮河。此舉目的主要是為了在政治與軍事上稱霸中原。到了隋朝,隋煬帝又開通了通濟渠、永濟渠、江南運河,把中部與東部的主要水系串通起來,使水系縱橫交錯。元代建都北京後,又開鑿了從北京到天津的通惠河以及山東境內的會通河,並利用一些原有河段,將大運河改為南北向,從而把海河、黃河、淮河、長江、錢塘江連接起來,這時候便有了京杭大運河之稱。元朝皇帝開鑿大運河的目的是為了更好地控制江南,並從江南調集糧食。古代沒有載重的大型車輛,要運輸大量沉重物資,主要靠水運。從隋朝開始,大運河就成了運送戰爭和生活糧草的南北大通道。雖然自古就有黃河和長江的水運,但那是東西走向的,無法直接溝通南北。

那麼,大運河與徐州有何淵源呢?早在大運河開鑿之前,徐州就是「汴泗交流」。汴,指汴水,東西向,經徐州;泗,指泗水,南北向,經徐州。元代以後,大運河開到徐州,泗水就成了運河的一部分。到了明朝就在徐州建閘了,每年經徐州北上的糧船多達12,043艘。在這個時期,就出現了「五省通衢」之說。即從徐州出發,沿運河可通五省。而「五省」又有兩說,先說是蘇、魯、豫、皖、冀,後說是蘇、魯、冀、皖、浙,因為元朝之後,大運河不經河南了,而逐步開到了杭州。也有學者認為,「五省通衢」是泛指,不僅包括水路,也指陸路。「五省」,也不精確,徐州可通全國各地。正是大運河及相連的泗水(現徐州城中的故黃河),才使徐州北關牌樓一帶在數百年間都是商賈雲集之地。河裡千帆競發,岸上市場繁榮。牌樓就為這鬧市所建,用於迎客、指路,也是徐州碼頭的重要代表。附近還建了鼓樓,樓上用大鼓報告時間。

阜寧車橋的驢子認得路

在鹽城的交通運輸史上，阜寧車橋的驢子曾經發揮過獨特的作用。

以驢子為「腳力」的運輸工具稱為驢馱。在很長的一個歷史時期，它和騾轎、板轎、小轎以及木結構的軲轆獨輪小土車、獨輪六合車同是鹽城鄉村陸上客貨運輸的主要交通工具。驢馱客貨運輸既省力，又可保持一定的運輸量，還能進行長途運輸，故而運輸成本低。它又不受道路條件的限制，鄉村大道，田間小路，均可行走。因此，驢馱是這幾種交通工具中的佼佼者。所以，在清末民初，商人做生意、小腳女人趕集或回娘家都喜歡用驢做腳力，婦女尤以騎驢而感到驕傲。

經營驢運的稱「驢行」，驢行老闆又名趕腳（即客人雇驢，主人跟在後面跑）。在這些經營驢運的各鄉村中尤以車橋驢運經營有方，並留下了一些趣話。

車橋驢馱不僅營運於鄰近鄉鎮之間，而且可以到清江（即淮陰）、淮城（即淮安）和阜寧城、東坎鎮等較遠的地方。商人、豪富、市民都喜歡僱車橋的驢子做腳力或送貨。它的一個特點是，僱驢毋須主人同往，跑長途的驢子有固定的專線。如果客人雇驢到淮城並暫時不返回，他要先付了腳力錢，在到了淮城後，他只需把韁繩套在驢子的脖頸上，驢子就自動跑回家。客人在淮城想利用這頭驢子到其他地方，那是不可能的。驢經主人訓練，行到了「專線」目的地之後，牠就再也不走向其他地方。

連雲港為什麼能成為新亞歐大陸橋的「東方橋頭堡」

新亞歐大陸橋從連雲港出發，途經中國、哈薩克、俄羅斯、白俄羅斯、波蘭、德國、荷蘭等7個國家，至世界第一大港鹿特丹港，全長

10,900公里，其中在中國境內4,131公里，連結了11個省區。有朋友問：「既然是鐵路，那為何叫做『橋』？」其實，「橋」在這裡指「貫通、溝通的鐵路」。中國為何要把「橋頭堡」定在連雲港呢？這是因為連雲港是新亞歐大陸橋東端最便捷的出海港。由連雲港上橋，直線運行最短、費用最省，北比在青島港上陸橋運距短587公里，南比在上海港上陸橋運距短427公里。而且據專家計算，太平洋沿岸各國的貨物由新陸橋運往歐洲所用時間比繞道蘇伊士運河海運可以節省一半，運費可以節省20%以上。與經俄羅斯西伯利亞亞歐大陸橋相比，距離可縮短2,000公里。而且連雲港港口為不凍港，優良的港灣能常年為大型遠洋船舶提供正常靠港。

東隴海鐵路是怎樣建成的

隴海鐵路東從連雲港起西至蘭州止，全長1,759公里，是橫貫中國東西的大動脈。

隴海鐵路原名隴秦豫海鐵路。清代鐵路是帝國主義列強以貸款形式來為清政府修築的，目的是控制中國鐵路命脈及其沿線地區的經濟，把勢力深入到沿海港口，並深入到廣大腹地，從中獲得巨大的經濟利益。隴海鐵路的修築不是從東端也不是從西端始築，而是「中間開花」，先築的是開封到洛陽的汴洛路。從1905年開始測量建築到1910年通車，這段鐵路用了6年的時間。隴海鐵路東段指的是徐州到海州段，民國七年（1918年）開始建設，民國十四年（1925年）建成通車。新浦至老窯（連雲港港口）全長27.8公里的鐵路直到1935年6月才竣工通車。而全程1,759公里的隴海鐵路修建歷經滿清、北洋、民國，直至1952年才全線通車。

名人江蘇

名人江蘇

唐代高僧玄奘法師的舍利
為何會供奉在南京的九華山和靈谷寺

　　除了西安法門寺供奉的佛祖釋迦牟尼指骨舍利外，中國的佛家藏國之瑰寶就算唐代高僧玄奘大師的頂骨舍利了。玄奘法師是中國古代四大名著《西遊記》中唐僧的原型。在歷史上，他是負笈西行取經、富於探險精神的愛國僧人，歷來受到中外人士、僧俗眾生的崇敬和愛戴。據說玄奘法師圓寂後，存世頂骨舍利共計有17塊，現分佈印度、斯里蘭卡以及臺灣、陝西、江蘇等地。其中南京是保留玄奘舍利數量最多、保存最為完整的地區，現珍藏於九華山玄奘寺和東郊靈谷寺內。史載，唐高宗麟德元年（西元664年），玄奘大師圓寂於銅川玉華寺，在圓寂前他就曾囑咐弟子「葬事宜從儉省」。玄奘弟子乃遵師遺命，把遺體運回長安。唐高宗李治特賜命把玄奘厚葬在白鹿原，後移葬至樊州興教寺安葬。

　　《宋高僧傳》記載，玄奘法體遷葬時還未腐爛，面色依然紅潤。西元880年，興教寺毀於黃巢起義，寺僧又將玄奘遺骸護至終南山紫閣寺安葬。北宋初年，金陵（即南京）天僖寺住持可政法師北行至此，見終南山紫閣寺因兵荒馬亂而將玄奘大師頂骨舍利疏於保藏，無人看護，於是將其帶回南京密藏供奉。南宋《建康志》卷四十六記載：「端拱元年，僧可政於終南山，得唐三藏大遍覺玄奘頂骨，為建塔歸於寺。」明朝永樂年間，在天僖寺基礎上建大報恩寺時，還在玄奘大師三藏塔墓前專修了三藏殿。可是清代咸豐年間太平天國農民起義軍與清軍在南京交戰，大報恩寺與三藏塔墓均毀於戰火。玄奘大師的頂骨舍利長眠於地下，隨著時間的推移而被人們逐漸淡忘。

　　1942年11月初，日軍在中華門外原大報恩寺三藏殿遺址後建造神社，在挖地基時挖出了一個石函，石函上宋明兩朝所刻文字清楚地記載著玄奘頂骨遷葬來南京的經過。聖人舍利再現南京，日軍自然垂涎欲

338

滴，妄圖掠去日本。消息傳出後，全國上下一片譁然，愛國志士數萬人集會抗議，汪精衛國民政府於無奈之下與日軍交涉。由於玄奘頂骨的名聲顯著，各地都想迎請供奉，致使玄奘靈骨一分再分。1943 年 12 月 28 日，玄奘頂骨舍利在「分送典禮」後被分成三份，分別保藏於南京汪精衛國民政府、北京和日本。

汪精衛國民政府掌握的這部分又被一分為二，一份被供奉在雞鳴山下的偽政府中央文物保管委員會，一份被安置於南京九華山頂，並建三藏塔作為密藏大師頂骨舍利之用。1949 年後，由文物保管委員會保管的這部分玄奘法師頂骨舍利先後由南京博物院、毗盧寺、棲霞寺等處供奉保存。1973 年南京靈谷寺修復開放，專門設立玄奘大師紀念堂，將這部分頂骨舍利供奉於 13 層密簷楠木佛牙塔中。此後的悠長歲月裡，頂骨舍利就一直在此祕藏。1998 年 9 月南京靈谷寺分贈 1 顆玄奘頂骨舍利給臺灣新竹市的玄奘大學供奉，以便弘揚玄奘精神。

2003 年 11 月，西安大慈恩寺為紀念玄奘大師誕辰 1400 週年，又從南京靈谷寺迎請了玄奘大師的頂骨舍利供奉。相對而言，南京九華山的奘法師頂骨舍利自 1943 年封存後就一直留在三藏塔下，沒有動過，最為完整。如今，南京在九華山原青園寺、法輪寺遺址重建了玄奘寺，玄奘大師的頂骨舍利成為該寺鎮寺之寶。值得一提的是，北京當年迎請的那份玄奘頂骨舍利後來被一分為四，其中一份 1957 年被轉贈給了印度總理尼赫魯，如今仍安放在印度那爛陀寺玄奘紀念堂中。

大腳皇后馬娘娘

民間相傳的大腳皇后馬娘娘是明朝開國皇帝朱元璋的髮妻，芳名秀英，馬娘娘是皖北宿州人，生於西元至順三年（西元 1332 年）。她自幼父母雙亡，12 歲時為其父好友紅巾軍首領郭子興收為義女，並被撫養成

人。在以三寸金蓮為美為貴、婦女皆纏足的元代，馬秀英堅不裹腳，故被人稱為「馬大腳」。

朱元璋在反元戰爭中屢建軍功，受到郭子興的器重。郭子興便將21歲的義女馬秀英許配給他。3年後郭子興病故，朱元璋成為一軍統帥，經過14年的東征西戰，西元1368年朱元璋在南京稱帝，立國號為大明，建元洪武。洪武元年正月，朱元璋冊立馬氏為皇后，冊文說「諮爾馬氏，同勤勞於開創之時，由家成國，內助良多。今以金冊金寶，立爾為皇后。」洪武十五年（西元1382年）8月，積勞成疾的馬皇后在南京病故，終年51歲，死後被諡為孝慈皇后，與朱元璋合葬於明孝陵。大腳馬皇后生於亂世，她有膽有識，在艱難逆境中全力幫助朱元璋成就大業，曾5次救朱元璋死裡逃生。

做了皇后雖大富大貴，她仍始終不忘民間勞苦，時常用自己的言行規勸、影響朱元璋。她懲奸佞毫不手軟，保忠臣機智靈活，革陋習堅決果敢，倡新風大馬金刀。朱元璋稱她「家有賢妻，猶國之良相」。馬娘娘對後世影響極大，明、清諸后乃至命婦民婦皆以其為楷模。她也是史家公認的中國封建時代第一賢后。馬娘娘在南京留下了許多傳說故事和歷史遺跡，其中最出名的就要算繡球山上的馬娘娘腳印了。

繡球山緊靠獅子山，獅子山曾是朱元璋打敗勁敵陳友諒的戰場。繡球山上的這個馬娘娘「腳印」位於山頂西側最高處的一個小平臺上，長83公分，寬度各部位寬窄不一，平均約25公分，深33～40公分，上下形態基本一致，外形前圓後方，近似鞋形。對這個凹坑的形成，民間有好多傳說：一說是1360年6月，朱元璋率兵在獅子山一帶與陳友諒作戰，在繡球山觀戰的馬娘娘，見陳友諒軍隊已進入伏擊圈，朱元璋還未揮旗進攻，怕錯失良機，馬娘娘急得一跺腳，便留下這個大腳印，而且泉水湧溢。二說是大明開國之初大封功臣，大將軍湯和受奸臣胡惟庸的

挑撥，認為封賞不公，欲與朱元璋刀槍相見，此時馬娘娘正在繡球山上求訪高僧，忽聽此事，急得猛一跺腳，留下這個大腳印。

還有說朱元璋定都南京後，一日要登船遠征，對馬娘娘說，我很快就回來，你不必掛念。數日後，馬娘娘按預約日期來到繡球礬（這裡在當時處在滔滔長江的岸邊）恭候聖駕，一直等到日落西山，仍不見龍船蹤影，馬娘娘焦急萬分，忽然左右叫道：「皇上龍船到！」馬娘娘抬頭遙望江面，果見一列船隊駛來，而且看到朱元璋站在船頭。馬娘娘十分高興，蹬足急呼：「備轎！」由於用力過猛，一腳將腳下岩石踏陷成一個鞋形凹坑，泉水四溢。

最後一說是南京城牆建成後，朱元璋帶領四子燕王朱棣等環城巡視，問朱棣：「皇兒，父皇修的城牆堅固否？」朱棣答：「城牆建造得的確雄偉壯觀，只可惜，若來犯之敵將炮架在神烈山（即紫金山）上，則炮炮打著後宰門（皇宮所在地）。」朱元璋聽後大為不悅，便在返回途中命左右買了幾隻橘子給朱棣吃。當晚馬娘娘得知朱元璋賜橘朱棣一事，頓覺情況不妙，慌忙對朱棣說：「賜橘者，寓意要抽筋剝皮也，吾兒大禍臨頭矣。」於是馬娘娘設巧計讓朱棣渡江北上返回燕京，馬娘娘偷偷地來到繡球山上目送朱棣渡江，由於馬娘娘佇立長久，使腳下岩石下陷，留下如此巨大的腳印。因繡球山上留下的馬娘娘「腳印」頗具傳奇色彩，吸引大批遊客慕名而至。

沈萬三的聚寶盆和南京中華門

說起中國古代的富翁，元末明初的沈萬三絕對算得上一個，他那會生錢的聚寶盆更是在民間傳說中廣為流傳。沈萬三名富，字仲榮，俗稱萬三。元朝中葉，沈萬三的父親由吳興（今浙江省湖州）南潯沈家漾遷徙到今天蘇州崑山的周莊，在此發家致富。相傳沈萬三家有一個聚寶盆，

把金銀放進去，就會源源不斷的產生更多的金銀財寶，所以沈萬三才會那麼有錢。

實際上，關於沈萬三發財致富的原因，歷史上也是眾說紛紜：有的說他是依靠田產墾殖發家，乃至成為江南第一豪富，是不折不扣的地主；也有人說他是得到了吳江汾湖陸氏的資助，才成為江南巨富；還有一種說法是沈萬三在周莊利用水路，把江浙一帶的絲綢、陶瓷、糧食和手工業品等商品運往海外，進行對外貿易，發了大財。沈萬三致富後把蘇州作為重要的經商地，他曾支持過平江（蘇州）張士誠的大周政權，張士誠也曾為沈萬三樹碑立傳。沈萬三在南京流傳最廣的傳說，就是關於他的聚寶盆和城南中華門（原名聚寶門）的來歷。明初朱元璋定都南京，在修建城南聚寶門時，此門屢建屢塌。

劉伯溫向朱元璋獻策說，將江南巨富沈萬三家的聚寶盆埋下去才行。沈萬三當然不願意，於是由皇帝老兒出面，說好借用一夜，五更歸還。聚寶盆到手後，朱元璋便下令南京城從此不打五更，聚寶盆被永遠埋在了聚寶門下。實際上，聚寶門為南京明城牆13個城門中規模最大的城堡式城門，當時沈萬三為建城的確大大出了血，主動拿出占築城費用的三分之一的銀兩，為此朱元璋還給他兩個兒子封了官。沈家在南京建造了「廊廡一千六百五十四楹，酒樓四座」，相當威風。但好景不長，沈萬三富得連皇帝都眼紅，不久以後，朱元璋就將沈萬三發配充軍，放逐到雲南去了。

這段歷史在《明史》中確有記載：「吳興富民沈秀者，助築都城三之一，又請犒軍。帝怒曰：匹夫犒天子軍，亂民也，宜誅。後諫曰：妾聞法者，誅不法也，非以誅不祥。民富敵國，民自不祥。不祥之民，天將災之，陛下何誅焉！乃釋秀，戍雲南。」可見還是馬娘娘通情達理，救了沈萬三一命。沈萬三在南京也留下了不少歷史遺跡，它們大多集中在

城南地區。如馬道街，相傳為原來沈萬三養馬的地方。白酒坊是他私家釀造酒的作場。相傳位於集慶門西南長虹路上、橫跨秦淮河支流的賽虹橋，是沈萬三的兒媳婦為了監督公公造橋的品質和防止官員在驗收時找岔子而採取激將法和公公提出「賭賽」築橋而建成。她拿出自己的私房錢作為築橋費用，日夜施工，搶在沈萬三承諾的完工日期之前把橋修成，而且品質也要好於公公所造的橋。所以老百姓都稱它為「賽公橋」（後改稱賽虹橋）。

蔣中正在大陸為自己選的墓地在哪裡

巍巍鍾山的密林深處掩映著不少美麗的湖泊。明孝陵東北部的半山腰間有一個面積約5萬平方公尺的紫霞湖。紫霞湖一帶山清水碧，風景秀美。這是個深藏於山間林海中的人工蓄水湖泊，由華僑胡文虎於1930年代中期捐資建造，湖因與紫霞洞相連而得名。紫霞洞原名朱湖洞，為道教「第三十一洞天」。元末道士周巔隱居洞中，朱元璋稱帝後封他為紫霞真人，洞也因此得名。紫霞湖主要是用來匯聚鍾山泉水。湖水常年清澈，環境靜謐，逐漸成為當地市民避暑納涼的勝地。鮮為人知的是，蔣中正當年為自己選定的墓址就在紫霞湖東岸紫霞洞前的正氣亭。

抗戰勝利後，國民政府還都南京，蔣中正喜鍾山之勝、林壑之美，考慮到自己日後歸葬問題，餘暇總親臨東部勘察。60歲壽辰時，蔣中正在中山陵園內為自己選定了一塊墓地，並在該址興建正氣亭。正氣亭地處紫霞湖北側，位於孝陵和中山陵之間的山坡上，地勢高於孝陵而低於中山陵，據說寓意蔣中正自己比明太祖朱元璋高明，又要尊重孫中山，故又低於中山陵。

對於相信風水的蔣中正來說，這塊依山傍水的墓地無疑十分理想。亭子於1947年春動工興建。亭為方形，重檐飛角，頂覆蓋藍色琉璃瓦，

基座是蘇州花崗石。亭子內外，彩畫濃抹，金碧輝煌，耗資不菲。亭前匾額為蔣中正親題「正氣亭」三個字，其意為「養天地正氣，法古今完人」。兩側楹聯為「浩氣遠連忠烈塔，紫霞籠罩寶珠峰」，落款「蔣氏中正」。亭後花崗石擋土牆中央有孫科撰文、蔣中正親書的〈正氣亭記〉。該亭隱約在蒼松翠柏之中，景色宜人，名勝古蹟環繞，是不可多得的好去處。可是正氣亭竣工不到2年，國民政府便敗退臺灣。1975年，蔣中正在臺灣走完87年的人生歷程。按其生前指示，靈柩暫厝在臺北慈湖別墅，「待來日光復大陸，再奉安於南京紫金山」。

伍子胥為什麼會一夜白髮

伍子胥，名員，襄樊谷城冷集沈灣人。他後來成為吳國名相，成就一番偉業。在這之前，他受到無數的挫折，乃至一夜白頭。這一段一夜白頭的經歷被後世編成「伍子胥過昭關一夜白頭」的戲文故事，家喻戶曉：

伍子胥出生貴族世家，是楚國大夫伍奢第二個兒子。楚平王即位後，伍奢任太師一職。後來楚平王聽信了少師費無忌的讒言，殺害伍奢並要滅其全家。伍子胥事先聽到消息得以逃脫。楚平王下令畫出伍子胥的畫像，到處捉拿伍子胥。伍子胥首先投奔宋國，因宋國中國本身有內亂，於是他決定投奔吳國。在去吳國的路上需路過陳國的昭關。昭關在兩山對峙之間，前面便是大江，形勢險要，並有重兵把守，可謂「一夫當關，萬夫莫開」。關門又貼有捉拿伍子胥的畫像，要想過關簡直難如登天。伍子胥很是擔心出不了昭關，一整夜伍子胥都難以入眠，仍然沒有想到出關的方法。早上起來，伍子胥在洗臉水裡看到自己的頭髮在一夜之間完全變白了。伍子胥因此而化險為夷，輕而易舉地出了昭關。

當然，關於伍子胥出昭關歷史上還有另外一個說法：

伍子胥在名醫扁鵲的弟子東皋公的巧妙安排下，更衣換裝，矇混過了昭關，到了吳國。在吳國，伍子胥輔佐吳王闔閭，建立吳都，富國強兵，使闔閭成為「春秋五霸」之一。後來，在伍子胥的主張之下，吳國討伐楚國，攻破了楚國的都城郢。當時平王已經去世，伍子胥命人挖開了平王的墓，鞭屍三百以洩其憤。吳王夫差即位之後，伍子胥為大將，大敗越軍於夫椒，使吳國成為當時最強大的諸侯國之一，建立不世之功。

蘇州巧匠「香山幫」

早在 2,500 多年前，吳國的蘇州匠人就以工藝高超著稱。傳說，被人們尊稱為建築業鼻祖的魯班在蘇州靈岩山修建了巧奪天工的館娃宮。為表示對魯班的敬仰，位於太湖之濱的蘇州香山一帶村村建有魯班廟。香山一帶百餘村莊人多地少，工匠們擅長複雜精細的中國傳統建築技術，史書曾有「江南木工巧匠皆出於香山」的記載。天安門的設計者蒯祥也出生在這裡，因其建築技藝高超而被尊為「香山幫」鼻祖。

早期的香山匠人以木工、泥水工為主體，木雕由木工兼營，磚雕由泥水匠兼任。明清以後，隨著建築雕刻風格日益細膩煩瑣，業務需求量大增，香山匠人的分工也不斷向專業化方向發展。「香山幫」逐漸形成了一個集木作、泥水作、磚雕、木雕、石雕、彩繪油漆等多種建築工種匠為一體的龐大群體。據稱，香山一帶工匠最多時達 5,000 多人。從江南民間宅第、蘇州古典園林到寺廟道觀建築、京城皇家宮殿，「香山幫」工匠營造了無數令人嘆為觀止的傑出作品。其中，蘇州園林和明代帝陵已成為世界文化遺產。在幾個世紀的傳承中，「香山幫」還湧現了許多幾代人薪火相傳的「匠人世家」。香山附近的東渚陽山鎮浮寺圩村裡遠近聞名的薛姓「匠人世家」就是其中之一。

神醫葉天士的傳說

葉天士，名桂，號香岩，江蘇吳縣人。葉天士最擅長治療時疫和痧痘等症，是中國最早發現猩紅熱的人。他在溫病學上的成就尤其突出，是溫病學的奠基人之一。葉天士著的《溫熱論》為中國溫病學說的發展提供了理論的基礎和辨證施治的方法。他首先提出「溫邪上受，首先犯肺，逆傳心包」的論點，概括了溫病的發展和傳變的途徑，成為認識外感溫病的總綱。他還根據溫病病變的發展，把溫病病變分為衛、氣、營、血四個階段，並把它作為辨證施治的綱領。在診斷上，他發展了察舌、驗齒、辨斑疹、辨白疹等方法。

葉天士在蘇州幾乎是無人不知。他一生留下了許多的傳說故事：

葉天士自小就非常虛心好學，從 12～18 歲的 6 年間，他先後求教過的名醫就有 17 人。有一次，已頗有名氣的葉天士想拜一位劉姓醫生為師，又怕其不收，遂改名換姓去當學生。在劉醫生那裡，他每逢臨症處方都虛心謹慎地學習。一天，有人抬來一個神智昏迷的孕婦就診。姓劉的醫生候脈後，推辭不能治。葉天士仔細觀察思索，認為是孕婦因為臨產，胎兒不能轉胞，是痛得不省人事的。於是，他取針在孕婦臍下刺了一下，就叫人馬上抬回家去。孕婦到家後，胎兒果然產下。劉醫生很是驚奇，詳加詢問，才知道這個徒弟原來是早已名震遠近的葉天士。葉天士接著便把如何要向他學習的苦心如實說了出來。劉醫生很受感動，把自己的針灸醫術全部傳授給他。

每當碰到自己治不好的病，葉天士樂於傾聽同道的意見，也虛心吸取他們診病立方的長處。有一次，葉天士的母親年老患病。他多方治療總是無效，又遍請縣城內外有名的醫生治療，也沒有效。葉天士很憂慮，從僕人處他得知城內有個章醫生。章醫生平日總是誇耀自己的醫術，但上門請他看病的人卻不多。葉天士想：「敢如此大言不慚，應當會有真才實學的。」他便命僕人去請。章醫生詳細詢問病情。僕人告訴章

醫生說：「太夫人服藥無效，病勢日危，主人終夜徬徨，口中喋喋不休唸著『黃連』二字。」章醫生診視葉老太太后沉吟很久說：「原藥與症相合，照理應當奏效。但太夫人病由熱邪鬱於心胃之間，藥中必須加黃連，才能治癒。」葉天士一躍而起，說道：「我早就想用這味藥，因為考慮母親年紀大，不敢用。」章醫生說：「太夫人兩遲脈長而有神，本元堅固。對症下藥，用黃連有何不可？」果然，服藥一劑，太夫人病情就見好轉。之後，葉天士經常對病人說：「章醫生的醫術比我高明，可以請他看病。」可見，葉天士具有虛懷若谷、謙遜向賢的美德，能夠擺脫輕看他人的陋習，從而醫道日益長進。

蘇州歷史上的三位「詩人太守」

唐代有三位大詩人都在蘇州當過刺史，這在歷史上是絕無僅有的。「何似姑蘇詩太守，吟詠相繼有三人。」這三位大詩人就是韋應物、白居易和劉禹錫。他們在來蘇州為官之前就是著名的詩人了，他們到任之後致力於為蘇州百姓辦事。

韋應物在任3年，十分關心人民的生活，他「理賦稅，勤政務」，不忘百姓疾苦。他勤政廉潔，三年後離任時兩袖清風，連回鄉的路費都沒有，只得暫時寄寓於蘇州的永定寺。為了生活，他督促子弟租地耕種：「野寺霜露月，家興羈旅情。聊租二頃田，方課子弟耕。」2年後韋應物貧病交加，晚景淒涼，不久離開人世。人們尊敬他的人品與文品，稱他為「韋蘇州」。

白居易任蘇州刺史時過得相當瀟灑。他一上任就抓緊時間辦理公務，幾個月的時間內不出衙門，不宴賓客，甚至不寫詩。等到工作有頭緒之後，他便開始宴客出遊了。他遊遍了吳中的山山水水。他最喜歡虎丘。看到虎丘一帶地勢低窪，農田受澇，他便大興水利，疏濬開鑿了一條從閶門至虎丘長達7里的山塘河，河邊築堤，堤上遍植桃李，兩旁開

店鋪。七里山塘不僅解決了水患，同時還為蘇州人遊虎丘提供了水路交通之便，吸引了八方來客，造就了閶門外千百年來的繁榮。白居易當年也十分得意：「自開山寺路，水路往來頻。銀勒牽橋馬，花船載麗人。」白居易在蘇州當刺史的時間很短，只有17個月。因為他對朝廷失望，又因為患眼疾和跌傷，他無意繼續為官，便辭職而歸。蘇州人捨不得他走，自發地結隊送行，不少人隨船送到十里之外。蘇州人為了紀念白居易，把七里山塘命名為「白公堤」，把堤上的一座橋命名為「白公橋」，並在此修建了白公祠。

　　白居易離任不久，劉禹錫便來當刺史了。他也是一位大詩人，與白居易常有唱和，時人將之並稱為「劉白」。白居易非常推崇劉禹錫，稱之為「詩豪」，對劉禹錫的詩評價很高，認為已經到了一種神妙的境界。劉禹錫來蘇州當刺史的前一年，正好蘇州遭受到嚴重的水災。他到蘇州時，大水雖然退了，但到處都是饑民。劉禹錫做的第一件事是開展緊張的救災工作。他開倉救濟，撥出12萬石大，按戶發到災民手中，並宣布免除賦稅和徭役，對安定民心、緩和災情很有幫助。在蘇州的兩年，劉禹錫把主要的力量都放在救濟災民和恢復生產上，詩寫得不多。只是在離開蘇州時寫道：「流水閶門外，秋風吹柳條。從來送客處，今日自魂銷。」

　　三位詩人主政蘇州的時間都不長，加起來也不到6年，但他們為蘇州人辦了不少的事。最重要的是他們用自己的詩歌和言行帶動了地方文化的發展。

■腰斬《水滸》的金聖歎

　　金聖歎，名采，字若采，後改名人瑞，字聖嘆，是明末清初著名的文學批評家。金聖歎是吳縣人，年輕時即顯露出非凡的才華，在當地微有薄名。他特別喜好批書。《水滸傳》成書於明崇禎末年，他把七十一

回以後關於受招安、打方臘等內容刪掉，增入盧俊義夢見梁山頭領全部被捕殺的情節以結束全書。世人將這一段公案稱之為「金聖歎腰斬《水滸》」。正因為這一「腰斬」，再加上他評點該書所持的奇談怪論，金聖歎遂成一時風流，聲滿天下。他的《貫華堂水滸傳》閃爍著思想藝術的光芒，一經問世，就以所向披靡的氣勢戰勝了明代叢書關於「水滸」的一切本子，流行於大清一朝，在近 300 年的時間裡獨占鰲頭，成為廣大讀者案頭必備的奇書之一。

金聖歎好批，他批點過《水滸傳》、《西廂記》、《三國演義》這樣的才子書，也寫過《不亦快哉》這樣的妙文，使人讀後忍俊不禁。不過，他的命運卻很悲慘，他因為一「哭」而身陷大牢，進而丟了性命。

順治十七年，吳縣縣令向百姓催繳錢糧，百姓稍有拖延，就得挨一尺寬毛竹片的拷打，縣衙的監獄裡天天哀聲一片，鮮血淋漓。事有湊巧，就在縣太爺率領眾衙役大掄毛竹片的時候，順治皇帝駕崩。按規矩，各地官紳可以設皇帝的牌位，在牌位前哭靈。於是吳縣的許多秀才跑到文廟（孔廟）去哭，一邊哭，一邊大罵縣太爺。這一罵，把平日受過縣老爺苦的百姓都引來齊哭。據說哭者有千人之多。哭聲震天，罵聲震天，街上甚至出現了揭帖（大字報）。

這種聚眾鬧事的行為馬上被縣太爺上報，巡撫朱國治正巧是個痛恨讀書人的人物。他聞言大怒，立即派兵鎮壓，當即有 11 名儒生被抓，連夜刑訊，牽連甚眾，金聖歎也在其間。最後的結案是「不問首從，一律處斬」，死案者 100 餘人。在這一案中，吳縣稍有名氣的文人消亡殆盡。

在死亡面前金聖歎依然保持了自己名士的風範。他臨刑前留下一封家書，獄卒擔心裡面有誹謗不敬的話，將之呈送長官。長官打開一看，裡面寫的是這樣一句話：「鹽菜與黃豆同吃，有胡桃滋味，此法一傳，吾死無恨焉。」令官差哭笑不得。

「江南四大才子」

　　江南四大才子是指唐寅、文徵明、祝允明、徐禎卿等四位吳門書畫領袖。他們在蘇州一地產生深遠的影響，開創了一代畫風。

　　唐寅，字伯虎，有「江南第一風流才子」之美稱。唐寅自幼天資聰敏，熟讀「四書」、「五經」，博覽《史記》、《昭明文選》等史籍。他喜愛繪畫，稍長即拜名畫家周臣為師，又與文徵明同拜沈周為師。明弘治年赴南京鄉試，中第一名解元。因不願在官場中同流合污，唐寅辭官歸鄉，縱酒澆愁，傲世不羈。他31歲開始「千里壯遊」，以賣畫為生。唐寅擅畫山水及工筆人物，尤其是擅畫仕女。唐寅之畫筆法秀潤縝密，瀟灑飄逸，被稱為「唐畫」，為後世畫家所宗。正德年間，唐寅在蘇州城北築室桃花塢，他的後半生主要生活在桃花塢，他一生中的主要藝術作品也產生於此。唐寅晚年貧困淒苦，精神空虛，「皈心佛乘，自號六如」，思想趨向解脫頹唐。他還將自己的屋舍改稱為庵。

　　祝允明，明代書法家，號枝山，因右手多生一指，又自號枝指生，出生於七代為官的「魁儒」家庭。他自幼天資聰穎，勤奮好學，人稱為「神童」。由於生性佚蕩，又不滿官場腐敗之風，祝允明辭官回蘇。在蘇州他廣交朋友，召客豪飲，燒酒解愁，以洩憤世之情。祝枝山集各書家之長又自成一體，發展為獨特的狂草，被譽為「明朝第一」，坊間有「唐伯虎的畫，祝枝山的字」之說。祝枝山為人風趣瀟脫，才華橫溢，好遊山玩水而不拘小節。由於祝允明有不勝枚舉的趣事軼聞，是極現成的創作素材，所以他常以足智多謀、能言善辯、樂於助人的形象出現於《三笑》、《王老虎搶親》等眾多的戲曲藝術作品中。

　　文徵明，初名壁，號停雲，別號衡山居士，人稱文衡山。文徵明出身書香門第，祖父及父親都是文學家。但文徵明幼時並不聰慧。稍長，

學文於吳寬，學書於李應禎，學畫於沈周，屬於「大器晚成」一類。文徵明擅長山水，亦工花卉、人物。早年畫風細謹，中年較粗放，晚年漸趨醇正。文徵明還工行草書，尤擅小楷，篆、隸、正、草無所不能。所書四體千字文成為後人臨摹的範本。

徐禎卿，字昌穀，又字昌國，常熟梅李鎮人，後來遷居蘇州。徐禎卿天性聰穎，少長文理。徐禎卿在詩壇占有特殊地位，詩作眾多，號稱「文雄」。及第後與明文學家李夢陽、何景明交遊甚密，悔棄少作，齊倡復古。他與李夢陽、何景明、邊貢、康海、王九思、王廷相被並稱「前七子」。所作《談藝錄》只論漢魏，六朝以後不屑一顧，闡述重在復古之論。其詩格調高雅，縱橫馳騁於漢唐之間，雖刻意復古，但仍不失吳中風流之情。徐禎卿後期信仰道教，研習養生。

「唐伯虎點秋香」確有其事嗎

唐伯虎，人稱「江南第一才子」，氣度瀟灑，不拘小節，在蘇州留下了許多傳聞軼事，「唐伯虎點秋香」就是其中最有名的一段。

相傳，無錫華太師夫人率婢僕來吳中進香，正巧遇到同遊虎丘的文徵明、祝枝山及唐伯虎。唐伯虎看見華府眾人中有一位風姿明麗、秀逸絕塵的婢女，心中暗喜，不自覺地尾隨到寺廟。華府眾人走進殿堂，施禮拜佛，唐伯虎也隨著屈膝跪在那小婢女的旁邊，那小婢女無意中將一絹帕遺在地上，被唐伯虎拾得。當華府的人來到虎丘時，唐伯虎在一山石旁又遇到那小婢女，便將絹帕還給她，婢女拿著絹帕看著這個書生，嫣然一笑。

當華府一行遊罷虎丘回到船上時，唐伯虎也僱來一條小船相隨。當船行至途中婢女出來倒水的時候，正好倒在唐伯虎的身上，小婢女看到不僅不急反而在那裡憨笑的唐伯虎，又為之嫣然一笑。船到無錫，華府的人上

了岸，唐伯虎也急忙追去。在華府門前小婢女看見唐伯虎還傻裡傻氣地追來，一笑後走進門去，至此，唐伯虎已獲得心中美人的三笑。這位美人就是秋香。為進一步追求，唐伯虎不惜更換便裝到華府應徵教書先生，取名華安，教華學士的兩個不成材的兒子華文和華武讀書寫字。

華太師答應華安在所有的婢女中任意挑選一人為妻。第一次，華府的婢女集合起來供唐伯虎挑選，唐伯虎看過一遍之後說，既承恩典，我願看看全部婢女。原來秋香並沒出來。經夫人吩咐後，秋香出現，唐伯虎這才滿意。當夜唐伯虎與秋香逃跑，回到蘇州。當華學士得知實情，趕到唐家，看到華安即是唐伯虎並請出秋香時，真相大白，華學士開懷大笑，從此唐華兩家認為親家，互相往來。

這是戲文故事裡的「唐伯虎點秋香」，也稱「三笑」。事實上，唐伯虎雖然是才子，卻並不風流。據有關史學專家研究，唐伯虎從未自稱過「江南第一風流才子」。民間傳說的「點秋香」豔事也是純屬後人在文學創作時的想像。清代學者俞樾曾在《茶香室叢鈔》專書為唐伯虎闢謠，斷定「三笑姻緣」是好事者借重唐的盛名，把別人的事轉移在他的名下，是一起張冠李戴的錯案。據考證，秋香確有其人，她是當時南京一名頗具名氣的青樓妓女，至少比唐寅大十幾歲，根本不可能與他發生一場風流瓜葛。唐寅曾娶沈九娘為繼室，夫妻偕老，生有一女。所謂的唐伯虎有九個妻妾，全是從「沈九娘」這個名字上演化出來的。

一代帝師翁同龢

翁同龢，字聲甫，號叔平，又號瓶生、井眉居士，晚號松禪，江蘇常熟人。同治四年，翁同龢接替父業，入值弘德殿，為同治師傅，前後教讀九年。同治病逝後，光緒繼位，慈禧又命同龢入值毓慶宮，為光緒師傅。大清王朝歷時267年，共舉行會試112次，錄取狀元114名。在這一百多號狀元中，入閣拜相、官至大學士並榮膺太傅太保頭銜的只有

三人。而作為狀元出身的漢族大臣得以位列樞垣、權參機要的也只有三人，翁同龢便是其中之一。

　　翁同龢在職時，曾參與過軍政、外交、經濟、文教、金融、法律、工程、水利等活動，因他全力支持慈禧的兩次垂簾聽政而受到慈禧的寵眷。李鴻章雖然是翁同龢的小門生，但在重大朝政問題上與翁同龢意見相左。中日甲午戰爭的失敗，光緒不願作亡國之君，翁同龢也沉痛檢討自己，說自己「奉職無狀」。在與康有為會見後，翁同龢萌生變法念頭。他平日裡為光緒帝授讀時，大講西法之良，還向光緒介紹《日本變法考》、《泰西新政摘要》、《俄彼得變政記》等書。當光緒毅然實施改革時，翁同龢輔佐草擬變法諭旨，頒布《明定國是》的詔書，正式宣布變法。

　　剛毅、榮祿、懷塔布等抱定「祖宗成法不可變」，接連上書慈禧，彈劾翁同龢「結黨私政」、「攬權誤國」，攻擊維新運動。後慈禧下令撤去翁同龢毓慶宮授讀。變法後第五天，慈禧又迫使光緒下詔貶黜翁同龢開缺回籍。戊戌政變後，又將其革職，永不敘用。翁同龢開缺對光緒是一個沉重打擊，「同和去，皇帝股肱頓失」。翁同龢晚年生活全仰賴門生親友接濟，甚至靠典賣字畫度日。張謇先後四次到虞山探望翁同龢，還經常派專人送些白麵、大米等生活用品給翁同龢，有時則匯款。

　　翁同龢臨終前詠詩一首：「六十年中事，傷心到蓋棺；不將兩行淚，輕向汝曹彈。」自撰輓聯一副：「朝聞道，夕死可矣；今而後，予知免夫。」翁同龢死後，流亡在瑞典的康有為異常悲痛，作詩十四章，其中一章為：「中國維新業，誰為第一人？王明資舊學，變法出元臣；密勿謀帷幄，艱難救國民；峨峨常熟相，鑿空辟乾坤。」光緒死，慈禧死，三歲溥儀繼位。溥儀父載灃監國，為翁同龢平反「翁同龢著加恩開復原官」，後又追諡「文恭」。

　　翁同龢還是著名的詩人、書畫家，尤其擅書，名於當時，有「乾嘉後第一人」之譽。

宜興為何被稱為「教授之鄉」

宜興地處江蘇省南端，在蘇、寧、杭三角中心，東瀕太湖，是一座歷史悠久的文化名城。宜興人歷來就有熱衷讀書、崇尚知識的優良傳統，歷史文化積澱深厚，文脈久遠。宜興自秦代建縣，迄今已有 2,200 多年。宜興古代出過 10 個宰相、7 個狀元、380 多個進士，歷史的星空閃耀著許多宜興人的光彩。該市僅從事科學教育的正、副教授就有 6,000 多人。清華大學、北京大學、復旦大學、南京大學、上海交通大學、西安交通大學等數十所著名大學都曾有宜興人當校長。該市高塍鎮上就曾出了當時的北京大學校長蔣南翔和臺灣大學校長虞兆中。宜興又累計產生兩院院士 20 人。一個縣級市出了這麼多的院士，在全國是極其罕見的。因此，宜興既是著名的「教授之鄉」，又堪稱「院士之鄉」。

近現代歷史上為何無錫會出現許多著名的企業家

無錫人文薈萃，經濟發達，特別是在近現代歷史上湧現出一大批著名的企業家，如榮氏家族，從而使無錫在近現代成為聞名全國的經濟發達地區。這一切都得益於無錫的優良傳統文化、奮發的進取精神、良好的地理位置和自然條件。

無錫，是吳文化的發源地。泰伯奔吳，將黃河流域的先進文明和技術傳入江南。從那以後，吳地的發展總是與不斷吸收先進地區的文明和技術、並轉化為自身所特有的優勢分不開的，因此，吳文化的精神實質就是不斷地學習與吸收先進文化與技術，為我所用，這就是尚德、務實。無錫許多著名的企業家都擁有這種特質。他們早期大多都外出學習、工作，如榮德生 15 歲就隻身前往上海通匯錢莊當學徒，在上海接觸

到當時世界上先進的技術和知識後，才回錫與其兄創辦了麵粉廠。

奮發的進取精神表現在無錫人民透過幾千年與大自然的鬥爭，使無錫從「荊蠻之地」變為江南「魚米之鄉」，改變了落後的面貌。正是憑著這股精神，近現代的許多企業家在當時與洋人的競爭中克服了一個又一個困難，促進了中國工商業的發展，產生了像榮氏家族這樣的「麵粉大王」、「棉紗大王」。

隋唐以後，隨著大運河的開鑿，無錫日趨發展，明清以後，經濟更為繁榮。由於地處交通樞紐地區，這裡自然成為貨物的集散地，16世紀前後，無錫已是聞名遐邇的「布碼頭」和「絲市」，與長江沿岸的漢口「船碼頭」以及鎮江的「銀碼頭」齊名。19世紀中期，無錫又成為全國四大市之一，素有小上海之稱。水運發達的無錫，20世紀初已成為華東地區一個商品流通中心。這一切都為企業家提供了資金、技術、資訊、原材料、市場、物流等良好的外部條件。

■ 徐霞客與《徐霞客遊記》

徐霞客，名弘祖，明末江陰（今屬江蘇）人，是中國明代傑出的旅行家、地理學家。徐霞客故居位於無錫城北的江陰霞客鎮南陽岐村。霞客從小就很聰明，最喜歡涉獵歷史、地理和探險遊記一類書籍。很早就有遊遍五嶽的志願。在父親的影響和母親的勉勵下，從22歲時起直到去世為止的30多年之間，他多次遊歷中國大好河山，足跡遍現在的華東、華北、東南沿海，乃至雲貴。特別是他晚年的西南之行尤為人稱道，不但路途最長，其觀察記述也最詳盡。除去特殊情況外，他在旅途中都堅持把每天的經歷與觀察所得隨手記載下來。他記的是日記實際等於野外考察的記錄。其中也有一些關於某一地區的綜合論述，那是他初步整理的考察結果，是更加值得重視的。沒有做過野外考察工作的人很難意識到

這些逐日的記錄來之不易。霞客出遊主要是依靠自己徒步跋涉，而他所到之處又多是人跡罕至的地方。

　　登危崖，歷絕壁，涉洪流，探洞穴，冒狂風暴雨，行叢林絕徑，有時真正是出生入死，更常常要忍飢耐寒。至於人事的挫折，如遇盜絕糧的事，那就更不必說了。但是無論在何種情況下，霞客在一日行程的終了，總要把當日經歷與觀察所得記錄下來。霞客在旅途中以日記體裁所寫的這些紀錄，在他去世的時候還只是一些初稿，沒有編訂成冊。最不幸的是在霞客死後三年，清兵入關南下，當地人民遭到殘酷的殺戮，霞客長子死難，徐霞客的日記原稿也散佚。世間雖有數種抄本流傳，但也多有殘缺。最後幸虧霞客幼子徐寄苦心收集，才輾轉求得已被妄加塗抹的缺本，藉著日光的影子照出原文，大體上恢復了原來的面貌，然後刊刻成書，這就是現行的《徐霞客遊記》。

　　《徐霞客遊記》具有很高的文學價值，不僅篇幅之宏大、內容之豐富是以前任何遊記無法比擬的，而且寫景、抒情都有獨到之處。《徐霞客遊記》又有很高的科學價值。他以實地考察所得，糾正了古代地理書籍的一些謬誤，也有許多新的發現。如書中關於石灰岩地貌的考察比歐洲人早1個多世紀，在這方面是世界上最早的文獻。

季札掛劍與三讓天下

　　季札（西元前576～前484年），常州的開郡之祖，也是常州人文始祖，是春秋時吳王壽夢的第四個兒子。

　　詩聖杜甫名篇〈別房太尉墓〉詩中有這樣兩句：「對棋陪謝傅，把劍覓徐君。」前一句是說房太尉的才能，第二句說的是季札的人品。「把劍」一句所用之典指的是季子徐君墓前掛劍之事。

季札代表吳國出使北方諸國。過徐國時，徐國國君對季札的佩劍口中不言心有所慕，季札也看出了這一點，因出使禮儀需身帶佩劍，當時沒有能解劍相贈。等到出訪結束，季札回歸路過徐國，徐君已歿。季札到徐君墓前祭掃後，把佩劍解下交給他兒子。徐君的兒子以這劍是吳國之寶而不敢受。季札這時說了一段千古流芳的話：「今死而不進，是欺心也。愛劍偽心，廉者不為也。」把劍掛在徐君墓邊揮淚而去。從此，「季札掛劍」成為中國文化史上一個著名的典故，成為「誠信」的一個象徵，被百代文人廣泛引用，在中國歷史上留下深遠影響，傳為千古美談，並遠傳海外。

迄今為止，在朝鮮、日本、越南等原儒文化區域內，「季札掛劍」一直被當作「信義」的代名詞。

春秋時吳王壽夢有4個兒子，分別為諸樊、餘祭、餘昧、季札。按理，王位繼承人是諸樊，但壽夢覺得小兒子季札最賢，就想傳國於季札。但「吳人固立季札，季札不受，而耕於野」。這是季札第一次推讓王位。

諸樊去世前，對弟弟餘祭說：「必以國及季札。」季札再次不受。於是，諸樊只好冊封延陵為季札采邑，封為侯。封地大約涵蓋今常州、武進、江陰、丹陽一帶。這是季札第二次推讓王位。

諸樊死，餘祭登位。餘祭17年後去世，立弟弟餘昧為王。4年後，餘昧又去世。去世前，餘昧要把王位讓於季札。《吳越春秋·吳王壽夢傳第二》這樣記載：「季札讓，逃去，曰：『吾不受位，明矣。昔前君有命，已附子臧之義。潔身清行，仰高履尚，唯仁是處。富貴之於我，如秋風之過耳。』遂逃歸延陵。吳人立餘昧之子州於，號為吳王僚也。」這是季札第三次推讓王位。

季子三讓國位在中國歷史上是一段佳話。太史公司馬遷在煌煌《史記》中記完整個吳國史後，忍不住發了一段議論，且專為季札而發：「太史公曰：孔子言『太伯可謂至德矣，三以天下讓，民無得而稱焉』。讀

春秋古文，乃知中國之虞與荊蠻勾吳兄弟也。延陵季子之仁心，慕義無窮，見微而知清濁。嗚呼，又何其閎覽博物君子也！」

齊梁皇族蕭氏在常州

常州的文化形態自春秋期間成形後，在魏晉南北朝期間得到了巨大的發展，於南朝齊、梁年間的發展（西元479～557年）尤為突出。齊、梁年間，常州在中國文化史上崛起主要是蘭陵蕭氏的貢獻。蕭氏宗族是「永嘉南渡」時從山東蘭陵南遷到常州的。在常州生活的百餘年時間裡，蕭氏一姓英才輩出。在中國歷史和文化上做出過傑出貢獻的有蕭道成、蕭衍、蕭綱、蕭繹、蕭統、蕭子顯、蕭子雲等。

蕭衍（西元464～549年），晉陵武進中都裡人。南朝梁武帝。蕭衍雖貴為帝王，但細論起來，他首先是個文學家，其次是佛教徒，最後才是皇帝。他愛好文學，一生著有儒、老經義200餘卷、佛教經義100卷、《通史》600卷、《金策》30卷。雖其著作在唐宋以後，已散佚，明末張溥輯錄《漢魏六朝百三家集》，《梁武帝御製集》中作品的數量依然超過了許多與他同時代的文人。

蕭繹（西元508～554年），常州府武進縣人。南梁朝梁元帝。蕭繹經、史、書、畫，無所不精，在天文、音律方面也造詣頗深。後世史學家論及蕭繹均以「奇才」相稱。

蕭統（西元501～531年），字德施，小字維摩，晉陵人，梁武帝蕭衍的長子。因死後謚「昭明」，世稱「昭明太子」。蕭統一生最大的事業是編了一本影響中國歷史、尤其是中國文化史的文集《文選》，因他死後謚「昭明」，所以世稱《昭明文選》。《昭明文選》的價值在於，它不僅是一部文學作品選萃，同時也是透過選編這種形式展現編選者文學理論觀點

的批評著作，是兼有文學批評、文體論與風格論、文章學與修辭學等綜合因素的文學宏著，開了文學批評中「不著一字，盡得風流」的先河。

明清時期常州產生過哪些文學、書畫和醫學流派

常州於明清時期共產生過常州學派、陽湖文派、常州詞派、常州畫派、孟河醫派5個重要的學術團體，10多位傑出的學術領袖、作家和詩人。

常州學派常州學派，亦稱「公羊學派」，清代的今文經學派。因創始人莊存與、劉逢祿都是常州人，故名。「掩脅晚清百年來之風氣，而震盪搖撼之」是對常州學派的一個基本評價，也是認識常州學派在中國文化史上地位的一個總綱。常州學派是一個極大地影響了中國近代思想史、政治史、學術史的學術流派。經過近百年的流傳，影響遍及全國，學派主要成員都是中國近代思想界、政治界、學術界的碩儒宗師。另外，晚清以降的思想家、政治家、革命家，無論其思想體系、政治主張、學術方向有多少不同之處，幾乎都接受或研究過常州學派的學說。

陽湖派「陽湖文派」因其領袖人物惲敬、張惠言均為常州府陽湖縣人而得名。陽湖派，是清代中期在桐城派頗有影響的情況下自桐城派中分出，並進而與桐城派分庭抗禮的一個文學流派。清代中後期的文壇，陽湖派與桐城平分秋色。

常州詞派「常州詞派」的創始人為張惠言、張琦兄弟。第二代詞學家、詞人賙濟完善了常州詞派的理論體系，對清末詞壇影響頗大。

常州畫派常州畫派是惲南田開創的一個花鳥畫流派。

孟河醫派孟河，常州武進縣所轄的一個鎮，位於常州西北40公里、鎮江東30公里的長江邊。在清代道光、咸豐、同治年間，孟河鎮名醫雲

集，形成流派，號稱「孟河醫派」。到 1911 年前後，孟河醫派的宗師弟子遍及江蘇、上海醫界，影響波及全國。孟河醫派後期領袖丁甘仁放言醫界說：「吾吳醫學之盛，甲於天下。而吾孟河名醫之眾，又冠於吳中。」足見當年孟河醫派中人的學術底氣。

蘇東坡與艤舟亭

蘇東坡曾 11 次到過常州，最後終老於常州，常州堪稱東坡第二故鄉。艤舟亭，位於常州市東部的東坡公園內，基址原名文成壩。傳說，常州歷來人文薈萃，為保住常州才氣不東流，因而在古運河上築壩使河水繞個大彎東去。南宋時，常州市民為紀念北宋大文豪蘇東坡來常時泊舟於此而建「艤舟亭」以作紀念。乾隆二下江南時，至艤舟亭，為昭示對蘇東坡的敬仰，為艤舟亭題了「玉局風流」的匾額。

現艤舟亭於 1984 年重建。亭四角雙簷飛甍九脊，飾有精美磚雕和木雕，亭頂有二龍戲珠，還有蒼松仙鶴、神龍遊魚等圖案，具有很高的藝術價值。艤舟亭是常州最著名的亭之一。在亭內石柱上有兩副對聯，「二月江南好風景，故人此日共清明」、「艤舟亭畔喜迎東坡居士，洗硯池邊笑駐西蜀故人」，分別由常州現代書法家錢小山和胡一飛書寫。聯中洗硯池即「東坡洗硯池」，該池長 1 公尺，寬 0.5 公尺，深 0.5 公尺，以青石鑿成，是蘇東坡晚年卜居常州時洗滌筆硯之處，原在東坡故居藤花舊館內。乾隆第二次下江南時，常州官員將其移至艤舟亭，以討皇上歡心。

中國現代美術的開拓者劉海粟

劉海粟（西元 1896～1994 年），常州武進縣人，原名劉槃，後取蘇東坡「渺滄海之一粟」詞意，改為海粟，字季芳，筆名海翁。他是中國著

名的畫家，是中國現代美術的開拓者，也是中國美術教育事業的奠基人之一。

劉海粟6歲讀私塾，酷愛書畫。14歲到上海，入畫家周湘主持的背景畫傳習所學西洋畫。1912年11月在上海乍浦路創辦現代中國第一所美術學校──上海國畫美術院（上海美術專科學校前身），長期擔任該校校長，以拓荒者的膽略揭開了現代美術教育的帷幕。他衝破封建勢力，首創男女同校，舉辦旅行寫生，宣導人體模特兒寫生，以非凡的藝術氣質和對事業的信念，在新舊文化競爭中確立了現代美術在人們心目中的地位。

1929年劉海粟赴歐洲考察美術，遍訪法國、瑞士、比利時、義大利等國名勝，3年間創作了大批油畫，多次入選法國著名沙龍，受到巴黎美術界好評，更被譽為「中國文藝復興的先鋒」。

1949年後劉海粟曾任華東藝專校長，南京藝術學院院長。晚年在海外參觀、講學和舉辦展。1993年回國後他在家屬、子女的理解和支持下，把他一生收藏的古代書畫藝術珍品和他一生的主要創作全部無償地捐給了國家。

劉海粟學貫中西，藝通古今，在美學理論上，他主張對不同畫派體系的畫風和見解應有相容並蓄的氣度，反對宗派門戶之見。其美學理論奠定了在中國美術表現體系及其理論上的開創地位。

華羅庚與「哥德巴赫猜想」

華羅庚（西元1910～1985年），常州金壇人，是第三世界科學院創始院士，美國科學院120多年來第一位中國籍院士，被芝加哥科學技術博物館列為當今世界88位數學偉人之一。國際上以他名字命名的數學科

學研究成果就有「華氏定理」、「華氏運算元」等。他還是中國解析數論、矩陣幾何學、典型群、自守函數論、多複變函數論多方面研究的創始人和開拓者。

西元1742年6月7日，德國一位中學教師哥德巴赫寫信給當時的大數學家歐拉，提出了以下的猜想：

任何一個大於2的偶數都可以表示成兩個奇質數之和。

或者表達為：任何一個不小於6的偶數都可以表示成兩個奇質數之和。

這就是著名的哥德巴赫猜想。

1938年，著名數學家華羅庚證明了：幾乎所有大於6的偶數均可表示成兩個奇素數之和。也就是說哥德巴赫猜想幾乎對所有的偶數成立。

■ 王羲之與〈瘞鶴銘〉

焦山有一塊在中國書法發展史上有著重要地位的石碑，它被歷代書法家推崇，並被稱為「大字之祖」，它就是〈瘞鶴銘〉。對於〈瘞鶴銘〉到底是由誰書撰的這個問題一直以來爭論頗多，說法多達5種。但目前流傳最廣的說法是：此碑是「書聖」王羲之的手筆。乾隆皇帝當年登臨焦山觀〈瘞鶴銘〉後說了「非晉人不能」的話，皇上金口玉言，誰能敢說不？當然，這種說法也不是沒有道理，許多書法家認為〈瘞鶴銘〉字字出奇致勝，筆勢隨手飛起，因石成形，飄飄欲仙，行筆出入篆隸，駕馭方圓，大小參差，返璞歸真，流露出濃厚的六朝氣息。持此觀點的代表人物是宋朝書法家黃庭堅。

在民間也流傳著王羲之與仙鶴之間美麗的故事：

相傳，王羲之到焦山遊覽，從華亭（今松江）帶了兩隻仙鶴，並將牠們留在鎮江，托寺廟餵養。可是兩年後，當王羲之再次來到焦山時，兩

隻仙鶴卻不幸死去，這使王羲之十分悲傷。他用黃綾裹斂仙鶴埋在焦山西麓，並含淚揮毫在岩壁上寫下了這著名的〈瘞鶴銘〉以示悼念。

為什麼仙鶴的逝去會讓一代書聖如此傷心欲絕？原來，王羲之出身豪門，年少時就表現出非凡的才智，深得王氏家庭和朝野的厚望。然而世事弄人，正當王羲之要在政治上一展宏圖的時候，王氏家族卻與司馬皇室產生重重矛盾。種種的不如意使得這時的王羲之極度苦悶，因此在心愛的仙鶴突然離他而去的時候，他就用這篇〈瘞鶴銘〉來抒發一下自己滿懷抱負卻無從施展、鬱鬱不得志的情懷。

■ 諾貝爾文學獎得主賽珍珠的「鎮江情結」 ■

賽珍珠，一位生在美國卻長在中國的女孩，一位用一部《大地》讓世界認識她、更讓世界認識中國的女作家。她的一生充滿傳奇色彩。這位被美國前總統尼克森稱作「一座溝通東西方文明人橋」的傳奇女性與鎮江有著千絲萬縷的情結。

賽珍珠出生5個月後就來到中國，在2歲時隨父母來到鎮江，在鎮江度過了她美麗的童年、少年。後來在鎮江崇實女中（即現在的鎮江第二中學）求學。她在中國學會了她的「第一語言」──中國話，這使她在學講英語前就能很好地用中文進行交流了。在鎮江她遇到了後來影響她一生的中國女性──王媽，一位照顧了她整整18年的善良的中國母親。跟著這位母親，她了解了什麼是中國傳統文化、什麼是真正的中國老百姓。在鎮江她還有了一位曾是清末秀才的家庭老師──孔先生。這位良師不僅為她日後精通中國文學打下了堅實的基礎，也為她日後在她的作品裡刻劃飽滿的中國人形象打下了堅實的基礎。

1910年，18歲的賽珍珠離開鎮江回美國讀大學，7年後她再度回到鎮江。她在自傳中這樣寫道：「站在山頭可以俯瞰北面大江和整個市容，

那相互銜接的屋頂,就像魚背一樣,一個緊挨著一個,覆蓋著整個城市。」這是一個怎樣的被她眷戀著的城市啊,鎮江給了賽珍珠無窮的創作熱情和創作靈感,在她的登雲山小樓上她開始並完成了她的第一篇短篇小說《東風·西風》,從此一發不可收拾。

賽珍珠一生在中國生活了 40 年,在 1935 年她最終離開了這片愛她並養育了她的土地,但她的靈魂並沒有離去,在她一部部以中國大地為背景的作品中,我們能夠感受到她把她的心留在了她深愛的中國大地上。

隋煬帝與揚州

隋煬帝是在中國歷史上充滿爭議的皇帝。登帝位前他曾任 10 年揚州總管,在他做皇帝的 14 年中,先後三下揚州巡遊,直至兵變死在揚州、葬在揚州。揚州,作為一個王朝的縮影,留下了隋煬帝很多故事。揚州,是隋煬帝事業的起點和生命的終點。

西元 588 年,20 歲的楊廣第一次踏上揚州大地,當時他還是晉王,執掌行軍元帥大印,威風赫赫。他受命統帥 50 萬兵馬伐陳。三個月滅陳,南北分裂局面結束了。兩年後,他以揚州總管的身分駐紮重鎮江都,一駐就是 10 年。4 年後,楊廣登基。在位 14 年中,他始終忘不了夢中揚州,曾三下江都。他在中國大地上開挖一條古運河。這條大運河串聯起東西走向的黃河、淮河、長江、錢塘江幾大水系,使長江運河交會點的揚州得水利而繁華。所以就這點而言,揚州人心中,煬帝功比大禹。揚州人又恨他,咒其為暴君。因為他還畫過兩條線,著實害了揚州。一條是三下揚州,龍舟綿延兩百餘里,三千粉黛淒切背纖的奢侈線、血淚線;又一條是三伐高麗的窮兵線、黷武線。天怨,人怒,載舟的運河水匯成顛覆龍舟的廣陵潮。於是隋朝垮了,天命之年的煬帝被縊殺。

其實，千年之後的揚州人對他的評價，惋惜更多於仇恨，所以，在修復被冠名為「鑑」的那座迷樓的同時，還為他在雷塘修了一座墓——隋煬帝陵。

李白與揚州

李白喝酒作詩，壯遊天下，可謂瀟灑之至。所到之處，留下足跡與豪情，也留下詩篇。從李白的詩文看，他曾至少五次來過揚州。

李白第一次到揚州時才27歲，一住就是一年。他年少氣盛，行俠仗義。據他自己說：「曩昔東遊維揚，不逾一年，散金三十餘萬，有落魄公子，悉皆濟之。」他因此在揚州結識的朋友甚多，詩酒流連。就在與揚州朋友告別時，他醉醺醺地寫下了〈廣陵贈別〉：「興罷各分袂，何須醉別顏。」不久，李白在江夏（漢口）遇到了詩名遠颺的孟浩然。40歲的孟兄要去廣陵，李白在黃鶴樓相送，寫下千古絕唱：「故人西辭黃鶴樓，煙花三月下揚州。孤帆遠影碧空盡，唯見長江天際流。」李白對孟浩然的深情成就了「千古麗句」，也讓揚州人得到了一筆精神財富。

李白再來揚州時已是40多歲。他在揚州、蘇州、淮安、安宜（寶應）等地盤桓，甚至春節也在揚州度過。期間他寫有〈留別廣陵諸公〉，留下行程紀錄。

54歲的時候，李白再次來到揚州。他在〈酬崔侍御〉中說：「嚴陵不從萬乘遊，歸臥空山釣碧流。自是客星辭帝座，元非太白醉揚州。」其心態已不再是當初年輕時的模樣。但這次在揚州卻讓李白認識了一個人，那就是青年詩人魏萬。狂放自負的魏萬對李白的仰慕和追隨感人至深。他為了訪問李白，居然沿著其蹤跡追尋了三千里，終於在揚州相遇。魏萬描寫李白的形象是：「眸子炯然，哆如餓虎，或時束帶，風流蘊藉。」

一老一少兩個狂人在揚州結成了忘年莫逆，成就一則詩壇佳話。李白甚至將文集與兒子一併託付給魏萬，後來兩人同去金陵（南京），李白竟寫了長達 120 句的〈送王屋山人魏萬還王屋〉，足見相知之深。

不知是哪一次，李白還曾登上揚州蜀崗上的棲靈塔，寫下〈秋日登揚州棲靈塔〉。詩句氣勢恢弘，極其華麗：「寶塔凌蒼蒼，登攀覽四荒。頂高元氣合，標出海雲長。萬象分空界，三天接畫梁。水搖金剎影，日動火珠光。鳥拂瓊簷度，霞連繡拱張。目隨征路斷，心逐去帆揚。露洗梧楸白，霜催橘柚黃。玉毫如可見，於此照迷方。」而他登臨於何時且詩做於何時，則成為研究者沒有定論的課題。李白與揚州的關係密切，他對揚州的感情，也可以從他的詩句中體會。〈秋浦歌十七首〉其一中寫道：「寄言向江水，汝意憶儂不？遙傳一掬淚，為我達揚州。」感情深厚可見一斑。

李白留在揚州的足跡與詩篇不但說明了揚州對於李白的意義，也在很大程度上說明了揚州對於李白那個時代的意義。現在看來，李白可以說是一個具有典型含義的符號。他的足跡所及，與其時中國的名城、名勝、名山、名川等亦即今天的所謂旅遊資源的分布，是互為印證的。以今天人流、物流、資訊流之類的說法，揚州成為包括李白在內的著名文人的必經之地，必到之處，無疑是源於揚州的歷史、文化與經濟的巨大吸引力。

揚州太守歐陽脩

凡遊人遊揚州必遊平山堂。平山堂在揚州蜀崗中峰上，大明寺西側，因憑欄遠眺江南諸山，山與堂相平，故名平山堂。平山堂是歐陽脩於北宋慶曆八年（西元 1048 年）在揚州任太守時所建。

歐陽脩任揚州太守的時間其實很短，他於慶曆八年（西元1048年）2月22日到任，皇祐元年（西元1049年）正月離任，時間不足1年。可是歷代揚州地方長官沒有誰不敬佩他的。在歐陽脩來揚州之前，宣導新政的韓琦也做過揚州知州。歐陽脩是支持新政的，他到揚州後，一面應酬繁忙的公務，一面推行寬簡的政策，不久就使得揚州出現政通人和的氣象。

蜀崗上的大明寺是唐代鑑真和尚出家的古剎，歐陽脩自然要去尋訪。蜀崗海拔不高，只是一座土丘罷了。但揚州地勢平坦，一馬平川，所以這座土丘倒也顯得氣勢不凡。加之這裡林木蔥鬱，寺廟巍峨，歷來被揚州人視為風水寶地。揚州人甚至傳說這土丘乃是四川峨眉山之餘脈，「天下第五泉」與蜀中之水一脈相通，故把這高僅數丈的小丘號為「蜀崗」。

歐陽脩並不喜歡佛教，當年歐陽脩登上蜀崗，一方面為這裡清靜優美的環境而欣喜，另一方面又覺得這樣的好地方不該讓和尚們獨占。因此，他要在大明寺近旁建造平山堂，作為儒生們縱酒吟詩的場所。平山堂，也許暗含著與和尚平分山色的寓意吧！歐陽脩所築的平山堂雄偉秀麗，在淮南一帶可謂首屈一指。堂踞蜀崗之巔，遙望江南，彷彿能看見潤州和金陵的山巒。夏日的清晨，歐陽脩和朋友們早早登山，並派人騎快馬到邵伯湖中摘取剛剛開放的荷花千餘朵，遍插盆中，布於平山堂裡。賓主們縱情詩酒，親密無間，指點江山，放浪形骸。這與近旁大明寺中嚴守佛家清規戒律的不苟言笑的僧侶們恰恰形成鮮明的對照。

除了在大明寺旁建平山堂，歐陽脩在揚州又在蕃釐觀中築無雙亭。蕃釐觀，俗稱瓊花觀，即古后土祠。寺中瓊花一株，號稱天下無雙。宋人詩云：「維揚一株花，四海無同類。」「東風萬木競紛華，天下無雙獨此花。」均極言揚州瓊花是獨一無二的奇葩。歐陽脩顯然對瓊花情有獨鍾，故在觀內建無雙亭，以示喜愛與尊崇。

歐陽脩在揚州為官時間雖短，留下的財富卻是無窮財富，他的文章、他的道德、他的風華、他的才氣直到今天還為揚州人所景仰、所傳誦。走進平山堂，便看到堂上高懸著「風流宛在」、「坐花載月」的匾額，這正是後人對歐公風範的追懷。作為一任太守，歐陽脩德才兼備，寬簡而治，在千百年後尚為後人稱頌，他的確可以說是「自知不負廣陵春」了。

■朱自清先生──「我是揚州人」

朱自清（西元1898～1948年）字佩弦，原籍浙江紹興，生於江蘇東海縣，成長於揚州。因祖父、父親都定居揚州，他本人又畢業於揚州的江蘇省第八中學（今揚州中學），後又在揚州做教師，故自稱揚州人。他也是文學研究會的早期成員，中國新文學運動的開拓者之一。在小學時，每年春天，他總要登梅花嶺，憑弔史可法的抗清遺跡。他還喜歡漫步瘦西湖，朗誦文天祥「人生自古誰無死，留取丹心照汗青」的詩句。他一生經歷了詩人、學者和民主戰士三個階段。他藝高品更高。抗戰勝利後，他在清華大學任教，期間曾多次參加學生愛國遊行的活動，支持學生的革命行動。他一身病重，寧可餓死，毅然簽字抗議美國扶日政策並拒絕領取美國的救濟金，雖在貧病交加中逝去，但正氣長存人間。

他一生在兩個地方生活最長，一是北京，二是揚州。青少年時期有13年是在揚州度過的。在〈我是揚州人〉中他很坦然地說：「揚州好也罷，歹也罷，我總該算是揚州人的。」現今朱自清故居安樂巷27號是一平房古宅，正屋三間兩廂，連著前面的三間照屋，為一小四合院。朱自清故居今日已復原，讓人們參觀瞻仰，使人們緬懷這位平生淡泊、窮困而不失其志、著作甚豐、淵博而獨樹一幟的一代文豪光輝一生，從而繼承他的哲學思想、美學思想、教育思想和文藝思想。

史可法揚州抗清

史可法（西元 1602～1645 年）字憲之，號道鄰，河南祥符（今開封）人，自幼好學，為左光斗所賞識。他為官清正，辦事幹練，聲名大著，官至東閣大學士、兵部尚書。後自請出朝督師揚州，指揮了震驚中外、名留青史的揚州保衛戰，寫下了可歌可泣的英雄詩篇。

4 月 18 日，豫王多鐸率清兵在城外大量結集，當時清兵至少 10 萬人，揚州守兵僅萬多人，可謂敵眾我寡。清朝對史可法是相當看重的，極力想將他收為己用，藉以號召天下。在未出兵之前，清攝政王多爾袞就寫了一封歷史上有名的勸降長信給史可法，史可法在回信中明確回答：「法處今日，鞠躬致命，克盡臣節所以報也。」圍城後多鐸不斷派明降將勸降，被史可法痛斥，並用箭射回。接著多鐸親自出馬，連發五封書信，史可法都不啟封，全部付之一炬。

此時史可法清楚地知道，在這樣艱難的情況下要想取得勝利是不可能的，他只能抗戰到底，以一死報國。他首先招集諸將說：「吾誓與城為殉，然倉皇之中不可落於敵人之手以死，誰為我臨期成此大節者？」副將史德威慨然任之。史可法高興地說：「吾尚未有子，汝當以同姓為吾後，吾上書太夫人，譜汝諸孫中。」接著他一氣寫下了五封遺書，除一封致豫王多鐸外，其餘都是給家人（母親、夫人、叔父、兄弟）的，21 日又寫了最後一封遺書給母親和夫人，就是後來鑲在史公祠壁上的那封信。

25 日，城西北崩塌以後，清兵攻入，揚州城失陷。史可法欲以佩刀自殺，部屬強行奪過佩刀，擁其走入小東門，清兵迎面而來，史可法大聲喝道：「我史閣部也！」清兵見他自報是史可法，便把他縛至城樓上。多鐸對他很客氣，口稱先生，當面勸降，許以高官厚祿。但史可法嚴加拒絕：「城亡與亡，我意已決，即碎屍萬段，甘之如飴，但揚城百萬生

靈，不可殺戮！」壯烈犧牲於南城樓上，當時年僅44歲。

揚州城外梅花嶺有民族英雄史可法衣冠塚。前有對聯：「數點梅花亡國淚；二分明月故臣心。」這是對史可法堅守揚州、以身殉國的悼詞和讚歌。

徐州雲龍山北魏大石佛

雲龍山位於徐州市區南部，海拔142公尺，長3公里，有九節山峰。因春秋之際山峰間常有雲霧繚繞而整個山體又狀如游龍，故名雲龍山。雲龍山是徐州最著名的旅遊景點之一，自古以來，許多名人登上雲龍山遊覽。

宋熙寧十年（西元1077年）5月，蘇軾任徐州太守（知州）後，至少8次上雲龍山遊覽。陪同他遊覽的，有弟弟蘇轍、夫人、小妾及歌伎。他寫的著名遊記〈放鶴亭記〉被收入《古文觀止》一書。現有放鶴亭、飲鶴泉、黃茅崗等與蘇軾有關的古蹟。

清皇帝乾隆也多次遊覽過雲龍山。他寫了〈遊雲龍山而作〉等詩。還為山上的佛寺興化寺、大士岩（供奉菩薩）題寫對聯。他寫的「黃茅崗」三個字，至今仍有刻石在。雲龍山北頭的乾隆行營，是他四次來徐住宿的地方。

蔣中正來過此山。1927年6月，他擔任北伐軍總司令，他來徐攻打軍閥部隊。期間，他遊覽雲龍山，並請山上的兩個小朋友為他做導遊。他在放鶴亭內購買了諸葛亮和蘇軾的手跡和碑帖。

劉邦吹牛得嬌妻的傳說

秦時在離沛縣不遠的地方有個單父縣。縣中有個呂公，其人仗義疏財，可謂望族名士。不料他得罪了當地豪紳惡霸，不得不舉家遷至沛縣。沛縣縣令與呂公是至交。隨呂公一起遷來的有夫人及兩個千金。縣令想幫

呂公擴大影響,便設宴替呂公接風。聽說縣令主辦宴會,全縣大小官吏誰不想去?由於想去的人多,座位安排不下。當時在縣令手下管文祕的蕭何便想了一個點子:將客人分為三六九等,規定交賀金千錢以上者,可進廳直接與呂公會見,不滿千金者只好在外廳及前庭等候呂公出來打招呼。

劉邦當時是亭長。秦時,十里設一亭,亭長,主亭之吏。老百姓有了官司,亭長可以調解,也可以審判。亭長還有緝盜的權力。當時,劉邦手裡並沒有多少錢,但去赴宴時,卻故意大聲吆喝:賀金一萬!蕭何是劉邦的好朋友,連忙上前制止。誰知呂公聽到了吆喝,心想:誰給我萬金?肯定此客不同尋常,又如此看得起我!便急忙走出內廳,迎接劉邦。蕭何忙解釋說:「呂公莫當真,劉兄這個人好開玩笑……」呂公卻說:「不妨不妨,這份情義我領了!」

呂公所以如此說,一方面出於虛榮心,大庭廣眾之下,有人出賀禮萬金,這不是看得起我,給我大面子嗎?既然劉邦已高聲宣布,那就得以假當真了。另一方面,呂公善相術,抬眼一看,劉邦身材魁梧,相貌堂堂,乃福貴之相,心裡更加高興。宴後呂公又留住劉邦,親自將大女兒呂雉許配給他。劉邦時已三十多歲,尚未娶妻,自然樂意。呂公又叫呂雉出來見面,兩人竟一見鍾情。此時的呂雉乃富貴之家的小姐,清純可愛,嬌態美姿,劉邦一眼便看上了。而呂雉也見劉邦是一美男子,又有父親提親,自然也就答應了。

此時,呂夫人出面阻撓,怒對呂公發脾氣說:「你平常都說大女兒是貴人,不能隨便嫁人,前些天縣令要納她為妾,你都拒絕,不怕得罪他。你今天怎麼隨便把大女兒許給這個不過是小亭長的人呢?」呂公臉帶微怒道:「婦道人家,你懂什麼?」就這樣,呂雉嫁給了劉邦。二人結婚後,呂雉回劉邦的老家豐邑中陽裡,下地種莊稼,在家侍奉公婆,是一個很稱職的媳婦。之後又為劉邦生下一男一女,即後來的孝惠皇帝和魯元公主。

蘇軾在徐州如何做官

著名詩人秦觀在〈別子瞻〉一詩中寫道：「我獨不願萬戶侯，唯願一識蘇徐州。」

「蘇徐州」是秦觀對蘇軾的尊稱。因為從宋熙寧十年（西元 1077 年）四月至元豐二年（西元 1079 年）三月，蘇軾任徐州知州。後秦觀果然來徐，拜於蘇軾門下，成為「蘇門四學士」之一。但蘇軾曾在杭州等諸許多地方為官，卻無人稱其「蘇杭州」等，這有點耐人尋味。

當年的徐州人對蘇軾更是一片深情。蘇軾離徐時，徐州的老百姓割斷他的馬鐙，拉住他的馬韁，甚至跪在馬前，再三挽留。蘇軾對徐州也是戀戀不捨，但不得不與徐州百姓灑淚告別。他在〈靈璧張氏園亭記〉中說：「余為彭城二年，樂其土風，將去不忍，而彭城之父老，亦莫厭余也，將買田於泗水之上而老焉。」如此這般的「官民關係」，不能不說是個奇蹟。更值得一說的是，徐州人的「懷蘇」情結竟歷經千秋，綿延至今。今天的徐州人，仍捧讀他的詩文，收藏他的墨寶，保護他的遺跡，參觀與他有關的景點……

蘇軾在徐州做了不到兩年的最高行政長官，在他整個仕途中，可謂來去匆匆。可老百姓為何對他如此愛戴呢？世上沒有無緣無故的愛。蘇軾在徐期間的「好官」形象是他在為徐州老百姓做大事、做好事中樹立起來的。

首先一件事，也是驚心動魄的一件事，是他率領徐州軍民，在西元 1077 年戰勝了因黃河決口引發而來的洪水，保住了徐州城及其百姓的生命財產。在抗洪過程中，蘇軾臨危不懼，決策正確，動員軍民，措施有力，表現出他卓越的指揮和組織才能。他置個人生死於度外，身披蓑衣，手執工具，親自巡查，甚至夜宿大堤之上，數過家門而不入。他不

惜得罪富豪，阻止其出逃，以穩定民心。洪水過後，蘇軾又動員老百姓千方百計恢復生產，加固堤防。次年春旱嚴重，蘇軾又下鄉考察，甚至為民求雨謝雨。他同時派人勘察地質，在徐州第一次發現了煤炭，既緩解了百姓燒飯的困難，也為徐州的冶鐵業提供了燃料。徐州今天能成為江蘇的煤都，蘇軾不愧為「創始人」。抗洪、抗旱、找煤，這些關係到國計民生的大事，蘇軾都抓得緊，做得實，很有成效。

蘇軾調離徐州時，老百姓張燈結綵為他送行。大家動情地說：「要不是你，俺徐州人早化為魚鱉了。」蘇軾卻說：「水來不是我的過錯，水去也不是我的功勞。」

蘇軾的一生著作等身，而他在徐州的2年，則是他創作豐收的2年，同時也是他創作思想成熟的2年。他寫下了200多篇詩文。蘇軾在徐州寫的散文不多，但一篇〈放鶴亭記〉流傳全國。此文以優美而簡練的筆墨描繪了放鶴亭及雲龍山周圍的自然景色，表達了他對隱逸生活的嚮往。後收入中國古代權威性文集《古文觀止》。雲龍山能成為中國50座名山之一，蘇軾功不可沒。

韓信怎樣從「胯下受辱」成長為「興漢三傑」之一

韓信，是中國秦末漢初傑出的大軍事家，後世譽之為「兵仙」。據《史記》記述，他在年少時「飽讀經典，尤精韜略，但不諳生計」。但在楚漢戰爭中，他為漢王朝的建立立下了不可磨滅的功勳，與張良、簫何並稱「興漢三傑」。

韓信生在秦時淮陰縣的南昌亭（今淮安市清浦區韓城村）。他少年時家境貧寒，不具備被「推擇為吏」的條件，又不會做生意，也沒有做生意

的本錢，常到鄉里人家去寄食，遭人厭煩，後流落縣城（今江蘇省淮安市淮陰區碼頭鎮），垂釣於城下，常常沒有飯吃，一位好心漂洗麻紗的老婦人（人稱漂母）將自己帶的飯分給他吃，一連數十日。韓信感動地說：「我以後一定要好好的報答妳。」漂母說：「大丈夫竟不能養活自己，我是看你小小年紀值得憐惜才給你吃的，難道是望你報答嗎？」縣城有個年輕的屠夫卻侮辱他，說：「你雖然長這麼高，還佩帶著長劍，你敢用劍刺我！不敢，就從我的胯下爬過去。」韓信仔細地打量一下這個人，便從他的胯下爬了過去，人們都笑他懦弱。

當項梁的義軍北渡淮河，韓信就仗劍跟隨而去，當了一名小卒。項梁敗亡，他又屬項羽部下。他幾次向項羽提出建議，都沒有被採納。後韓信又投奔劉邦，多次向蕭何上言。蕭何認為他是不可多得的人才，曾多次向劉邦推薦，未見重用。當大軍到南鄭時，不少士兵逃跑，韓信也隨之出走，蕭何得知，月下緊追。當韓信被追回以後，蕭何又竭力向劉邦舉薦，說：「大王若決心得到天下，則非依賴韓信不可。」韓信向劉邦陳言與項羽爭奪天下的大計，劉邦即拜他為大將軍。在楚漢相爭的戰場上，他率百萬之眾，縱橫沙場，戰必勝，攻必克，虜魏，破代，平趙，下燕，定齊，滅楚，為劉邦建立漢王朝立下了赫赫戰功。後由於他「功高震主」，終被冠以「謀反」罪名，為呂后和蕭何所殺。歷代著名詩人如李白、崔國輔、劉長卿、溫庭筠、蘇軾、梅堯臣、楊萬里、薩都剌等，在路過淮陰時，都留下了憑弔詩文。

梁紅玉金山擊鼓退金兵

梁紅玉是今淮安市楚州區人，是中國歷史上一位巾幗英雄。她出身貧寒，以編織為生。北宋後期，金兵南犯，「江淮兵亂」，梁紅玉隨家人南遷，流落到京口（今鎮江市），後嫁南宋抗金名將韓世忠，開始了戎馬生涯。

建炎四年（西元1130年）韓世忠和梁紅玉奉命抗擊金兵，鎮守京口與金兵大戰。梁紅玉「親執桴鼓」，指揮作戰，率八千精兵，將金兀朮十萬軍隊圍困在黃天蕩。金兀朮幾次要獻出在江南掠奪的大量財物、良馬等乞求借道放歸北方，均被韓世忠、梁紅玉拒絕。此時梁紅玉提醒主帥乘勢進攻，韓世忠自信敵人難以逃脫，緊緊把敵人圍困等待敵人投降。金兵被困48天，人困馬乏。後金兵了解到黃天蕩西端有一條小河可通長江，就鑿開一條通道，主將只帶了十幾個人落荒逃跑。韓、梁黃天蕩大勝，舉朝慶祝。韓世忠因功受到皇帝的提拔重用，梁紅玉也受褒揚。但梁紅玉認為在敵人垂手可殲的情況下，卻被其逃走，無功可言。於是親擬奏本，彈劾主帥韓世忠，請求對韓世忠治罪。

宋高宗看了梁紅玉的奏章，當廷宣讀，君臣都為梁紅玉這種深明大義所感動。梁紅玉不僅是巾幗英雄，還是個是非分明的女中「丈夫」。紹興五年（西元1135年），韓世忠、梁紅玉屯兵楚州，韓世忠與士兵同甘共苦。梁紅玉親自「織蒲為屋」，挖蒲根，以充軍糧。由於將士同心，士氣大盛，他們僅以3萬軍隊駐守淮安，金兵始終不敢進犯。梁紅玉在數十年的戎馬生涯中功勳卓著，蜚聲朝野，先後被封為安國夫人、揚國夫人。韓世忠、梁紅玉去世後，宋孝宗令樹碑建祠祭祀。今蘇州市滄浪區棗市街小學即原蘄王祠，供韓、梁兩尊塑像，壁上有「春祭韓王誕──正月二十日，秋祭梁夫人誕──九月初六日」。梁紅玉家鄉淮安的父老為紀念這位女中豪傑，亦在其出生地建祠塑像以司祭祀。

梁紅玉祠原附設在淮安市楚州區北辰坊火神廟內，明清時多次進行修建。祠後毀於兵火，早已破爛不堪。1959年，淮安縣政府在原址重新建祠，「文革」中被拆除。1982年又重建東西長19.56公尺，南北寬30.53公尺的新祠，占地面積597.17平方公尺。梁紅玉祠有圍牆庭院，院中遍植松柏花木，大門南向，門楣上有中國著名女書法家蕭嫻所書「梁紅玉祠」四個大字。庭院北側有京殿三間，東西長10.5公尺，南北寬

7公尺，建築面積73.5平方公尺，仿明代建築，古色古香。殿中神臺上置有高1.7公尺的梁紅玉戎裝佩劍塑像，神采飄逸，英姿颯爽。塑像兩側配當代書法家楊修品所書「也是紅妝翠袖，然而青史丹心」的楹聯。兩旁擎柱上掛著一副長達54字的泥金對聯：

青眼識英雄，寒素何嫌？憶當年北虜鷗張，桴鼓親操，半壁山河延宋祚；

紅顏摧大敵，鬚眉有愧！看此日東風浩蕩，崇祠重整，千秋令譽仰淮壖。

吳承恩寫《西遊記》之前到過花果山嗎

吳承恩的《西遊記》是當今世界上發行量最大、讀者和觀眾最多的文學藝術作品之一。吳承恩在寫西遊記前曾去過好多地方，如洪澤湖畔的盱眙（第一）山、龜山、老子山，為他的名著收集生動真實的素材。他也曾到過花果山。在他著作中吳承恩把他所到之處基本上都做生動的描寫。

傳說，吳承恩從花果山回到淮安（今淮安市楚州區）家中寫《西遊記》，寫到孫悟空時，感覺材料不多，於是停筆過年。除夕夜，他聽鄰居老人講故事。老人講的是大禹治水降伏淮渦水神無支祁的故事：

這個無支祁縮鼻高額，金目雪牙，他能聽懂人的語言，兩眼射出金色的光芒，力量大過許多頭大象，奔跑異常迅速，騰雲駕霧，一個跟頭能翻十萬八千里，一眨眼就不見他的蹤影，還能呼風喚雨，嘴一張，能吐得遍地都是洪水，淹沒了不少村莊、莊稼，淹死了無數的群眾百姓。大禹恨透了這個水妖，請來了天神庚辰捉住牠。將牠鎖在淮河入洪澤湖口的龜山腳下八角琉璃井中。

聽了這個故事以後，吳承恩豁然開朗，心想一個水怪無支祁能有這麼大的本領，孫悟空當然可以有比牠更大的本領。於是他回到「射陽簃」

繼續寫他的《西遊記》，創造出一個「勇敢善良、聰穎機智、正直無私、勇於抗爭的孫悟空」來。

魯迅在《中國小說歷史的變遷》中曾講，小說中的主人翁孫悟空原型是被大禹到淮河治水時擒獲並鎖在龜山腳下支歧井中的淮渦水神無支祁。《文學研究》1958年第一期刊載吳曉鈴先生〈《西遊記》和《羅摩延書》〉一文，文中也做出同樣的論斷。《太平寰宇記》有大禹擒獲無支歧的記述，經過童律、烏木田、庚辰三個神靈才制服無支祁，「遂頸鎖大索，鼻穿金鈴，徙淮泗陰，鎖龜山之足，淮水乃安流注於海」。

《西遊記》「大鬧天宮」中孫悟空被擒獲的描述與大禹擒獲無支祁相似，孫悟空也是經過三次才被制服。天兵天將無法制服孫悟空，於是灌口的二郎真君被請來。在兩人鏖戰不分勝負的時候，孫悟空冷不防被觀戰中的太上老君的金鋼圈擲中後腦，昏絕被擒。可是在老君爐裡煉了七七四十九天，孫悟空不但沒有化為「血水」，反而煉出了火眼金睛。太上老君揭開爐蓋，還是眼睜睜地讓孫悟空跑了。最後玉帝請來西天如來佛祖才將孫悟空擒獲，將其壓在五行山下，天宮才得以安寧。兩個故事情節的安排幾乎完全一致。此外，《西遊記》中多次提到觀世音菩薩的紫竹林，是寫的雲臺山的實景。嘉慶《海州直隸州志》曾提及後頂觀音寺云：「（陳志）一名倒座崖，在峰頂之後面北，俗稱為北海觀音，白鶯紫竹，常觀雲中。」萬壽山五莊觀大概也是以雲臺山為背景寫的。

■ 徐福為何要東渡日本

徐福，又名徐市，字君房，秦代琅琊郡贛榆人，是當地著名的方士，中國歷史上東渡日本第一人。相傳，2,000多年前，徐福率3,000童男童女東渡扶桑（日本），正值古代日本繩文到彌生文化時期，徐福帶去了燦爛的中華文化。他在日本傳授稻作、蠶桑等先進生產技術，對日本

上古時代的物質文明和精神文明發展做出了巨大貢獻。徐福在日本被尊為「稻作、蠶桑、醫藥之神」。為弘揚徐福文化，贛榆縣成立了徐福研究會，創辦了徐福文化節。

秦始皇統一六國後，為了鞏固中央集權，多次巡遊全國，西元前 219 年，秦始皇東巡琅琊時，「齊人徐巿等上書，言海中有三神山，名蓬萊、方丈、瀛洲，仙人居之。請得齋戒，與童男童女求之。於是遣徐巿發童男童女數千人，入海求仙人」。

■劉阿斗為何會死在東海

蜀被滅亡後，劉阿斗被俘虜到洛陽，整天聽歌觀舞，樂不思蜀。司馬昭這人疑心大，仍然對他不放心，不但不許他回西川，還把他送到東海邊的雲臺山，這裡姓糜的是他舅舅家。現在中國有句話，如果哪個小孩表現不好，就會說「送他姥姥（外婆）家去」，大概就是這個意思。

阿斗一生只知道吃喝玩樂，在娘舅家一點也不快活，最後窩窩囊囊地死了，就葬在城東一帶。劉阿斗的親屬怕人扒了阿斗的墓，又在旁邊築了好多假墳，用來迷惑人。

■孔子與連雲港

在 2,500 年前，今名孔望山的地方屬郯國地界，而郯國又是魯國一個附屬國。一次郯國國君到魯國國府曲阜去朝拜，孔子問郯子：聽說東夷少昊這個國家的官職都用鳥的名字稱呼，這是為什麼？郯子侃侃而談，敘述得清清楚楚。孔子聽後，感到少昊國家官職制度嚴謹，值得考察。不久，孔子即來郯國考察，於是，就有了一個「仲尼問官於郯子」的說法。孔子在郯國的海邊半島上，佇立山頂，向郯子問官。於是，孔子

站立的這個半島就被後人稱為「孔望山」。這是孔子第一次登海州之山。

第二次是從海路登山的。孔子認為東夷族注重禮儀,「有仁賢文化」,因此帶著弟子子路來東夷考察。東夷首領少昊的遺址就在現在的南、北、中雲臺山和錦屏山一帶,這些山當時都在大海裡,必須漂遊而過。敢跟他冒險、涉海遊山的只有門生子路一人。孔子嘆息說:「道不行乘桴於海從我者其由(子路)也歟!」這次遊山不僅登上了朐山(今錦屏山),還同時遊覽了海中諸山。孔子在遊覽了這些山之後讚揚說:「宇內之山,人世蓬瀛也。」後來孔子輔佐魯君於夾谷山(今贛榆夾山鄉)會盟齊諸侯時又第三次到孔望山觀海。

張謇:從清末狀元到企業家

提到南通近代的城市發展,就不能不提張謇。在這座城市裡,幾乎每個角落都可以看見張謇遺留下來的印記,大至南通的一廠一校,小至南通的一橋一路。張謇用盡後半生的30年時間,將家鄉南通建設成為一個大不相同於當時苦難中國的理想化城市。

張謇(西元1853～1926年)字季直,號嗇庵,海門常樂鎮人。1894年,張謇考中狀元,當上翰林院修撰。甲午戰敗,國事日非,為了實現「救貧」、「塞漏」的抱負,張謇在兩江總督張之洞的支持下,在南通開始了「實業救國」的實踐。

1895年,張謇集資50萬兩銀子,在通州的唐閘鎮創辦了南通的第一個近代工廠——大生紗廠(後改名大生一廠),之後,南通藍印花布又陸續在崇明外沙(今啟東)久隆鎮創辦了大生二廠,在海門創辦了大生三廠,在城南創辦了大生副廠。他在呂四,海門交界處圍墾沿海荒灘,建成了紗廠的原棉基地——擁有10多萬畝耕地的通海墾牧公司。

隨著資本的不斷累積，張謇又在唐閘創辦了廣生油廠、復新麵粉廠、資生冶廠等，逐漸形成唐閘鎮工業區。同時，為了便於器材、機器和貨物的運輸，他在唐閘西面沿江興建了港口——天生港，之後，天生港又興建了發電廠，在城鎮之間、鎮鎮之間開通了公路，使天生港逐步成為當時南通的主要長江港口。

　　張謇於19世紀末創辦的紡織工廠和其他工廠使南通的城市功能由交換為主轉為生產為主，南通成為中國早期的資本主義工業基地之一。在興辦實業的同時，張謇按照他「父教育，母實業」的思想，在南通興辦了一系列文化教育事業。1902年，張謇創辦了中國最早的師範學校——通州師範學校。

　　接著，1905年，他又創建了中國第一座民辦博物院，1907年，創辦了農業學校和女子師範學校，1909年倡建通海五屬公立中學。1912年，他創辦了醫學專門學校和紡織專門學校。後來，農、醫、紡三所學校合併成為南通學院。與此同時和稍後，他還興辦了各種中初級職業學校、短期講習班和特殊教育事業，如商業學校、銀行專修科、測繪專修科、工商補習學校、鍍鎳傳習所、蠶桑講習所、女工傳習所、伶工學社、盲啞學校等。他還按照一城三鎮的格局進行城市建設，南通開始從一個封閉落後的城鎮向資本主義的城市過渡，成為長江下游的重要商埠和蘇北的經濟、文化和政治中心。

六朝遺風，江蘇舊影 —— 歲月流轉的見證與滄桑：

四大名園 × 民國故址 × 名橋運河 × 畫舫古船 × 霸王別姬，渠道縱橫湖泊遍布，探索古典園林的絕美

主　　　編：	肖飛，章曉曆
發 行 人：	黃振庭
出 版 者：	崧燁文化事業有限公司
發 行 者：	崧燁文化事業有限公司
E - m a i l：	sonbookservice@gmail.com
粉 絲 頁：	https://www.facebook.com/sonbookss
網　　　址：	https://sonbook.net/
地　　　址：	台北市中正區重慶南路一段61號8樓 8F., No.61, Sec. 1, Chongqing S. Rd., Zhongzheng Dist., Taipei City 100, Taiwan
電　　　話：	(02)2370-3310
傳　　　真：	(02)2388-1990
印　　　刷：	京峯數位服務有限公司
律師顧問：	廣華律師事務所 張珮琦律師

版權聲明

本書版權為旅遊教育出版社所有授權崧燁文化事業有限公司獨家發行電子書及繁體書繁體字版。若有其他相關權利及授權需求請與本公司聯繫。

未經書面許可，不得複製、發行。

定　　　價：499 元
發行日期：2024 年 10 月第一版
◎本書以 POD 印製
Design Assets from Freepik.com

國家圖書館出版品預行編目資料

六朝遺風，江蘇舊影 —— 歲月流轉的見證與滄桑：四大名園 × 民國故址 × 名橋運河 × 畫舫古船 × 霸王別姬，渠道縱橫湖泊遍布，探索古典園林的絕美 / 肖飛，章曉曆 主編 . -- 第一版 . -- 臺北市：崧燁文化事業有限公司 , 2024.10
面 ； 公分
POD 版
ISBN 978-626-394-903-4(平裝)
1.CST: 旅遊 2.CST: 人文地理 3.CST: 江蘇省
672.16　　　　　113014344

電子書購買

爽讀 APP　　　　臉書